東洋古典譯註叢書 136

譯註 韓詩外傳 2

附 索引

著者 韓嬰 註疏 周廷寀

책임번역 許敬震

공동번역 具智賢 崔二浩

전통문화연구회

飜譯委員

責任飜譯　許敬震
共同飜譯　具智賢　崔二浩
企劃編輯　東洋古典飜譯編輯委員會
原文校閱　吳圭根
飜譯研究管理　南賢熙
潤　文　吳圭根　朴勝珠
校　訂　朴相水　李孝宰
出　版　郭成龍　姜雲淑
裝　幀　김진디자인

圖書管理

弘報管理　李和春
普　及　徐源英
古典情報化　東洋古典情報化研究室

東洋古典譯註叢書를 발간하면서

우리의 古典國譯事業은 민족문화 진흥의 기초사업으로 1960년대부터 政府 支援으로 古文獻 現代化 작업을 추진하여 많은 成果를 거두었다. 당시 이 사업 추진의 先行課題로 東洋古典이라 일컬어지는 중국의 基本古典을 먼저 飜譯하여야 한다는 學界의 주장이 있었음에도 불구하고 우리 고전이 아니라는 일부의 偏狹한 視角과 財政 事情 등으로 인하여 배제되어 왔다.

전통적으로 중국의 기본고전은 우리 歷史와 함께 숨쉬며 각종 교육기관의 教科書로 활용됨은 물론이고 지식인들의 必讀書가 되어 왔으며, 우리 文化의 基底에 자리잡고 거의 모든 방면의 體系와 根幹을 형성하여 왔다. 그래서 학문연구의 기본서 역할을 해 왔을 뿐만 아니라 오늘날에도 우리의 國學徒 및 東洋學 硏究者들에게 같은 역할을 하고 있음은 주지의 사실이다. 그럼에도 불구하고 中國古典은 우리 것이 아니라 하여 專門機關의 飜譯對象에 포함하지 않음으로써, 대부분 原典에서의 직접 번역이 아닌 重譯이나 拔萃譯의 방식이 주를 이루면서 教養水準으로 出版되어 왔다.

오늘날 東洋 三國 중에서 우리의 東洋學 연구가 가장 부진한 이유는, 東洋基本古典에 대한 폭넓은 이해의 부족과 漢文古典 讀解力의 저하에 기인함을 우리는 솔직히 인정하여야 한다. 따라서 이들 중국고전에 대한 신뢰할 만한 國譯이 이루어지는 것이 한국학 연구를 촉진시키는 시급한 先行課題라 할 수 있다.

이에 韓國學 및 東洋學의 연구와 古典現代化의 基盤構築을 위해서는, 전문기관으로 하여금 동양고전을 단기간에 각 분야의 專門 硏究者와 漢學者가 상호 협동하여 연구번역하여 飜譯의 傳統性과 效率性, 硏究의 專門性을 높일 수 있도록 政策的 配慮가 있어야 한다.

이에 本會에서는 元老 및 中堅 漢學者와 斯界의 專攻者로 하여금 協同硏究飜譯하여 공부하는 사람들이 믿고 引用하거나 깊이 있는 註釋 등을 활용할 수 있게 하고, 知識人들의 敎養을 증진시켜 줄 수 있는 東洋古典의 國譯書 간행을 지속적으로 추진해 왔다. 근래에 다행히 이 사업에 대하여 각계 지도층의 폭넓은 이해와 지원에 힘입어 2001년도부터 國庫補助를 받아 東洋古典譯註叢書를 간행하게 되었다. 이를 계기로 우리 先學의 註釋과 見解를 반영하는 등 국역사업의 內實을 기하게 되었음을 이 자리를 빌려 衷心으로 감사드리며, 아울러 國譯에 參與하신 관계자 여러분의 勞苦에 깊은 謝意를 표한다.

끝으로 우리의 이러한 작업은 오랜 역사 위에 축적된 先賢들의 業績과 現代學問을 이어주는 튼튼한 架橋와 礎石이 되어 진정한 韓國學과 東洋學 발전에 기여할 것을 굳게 믿으며, 21세기를 우리 文化의 世紀로 열어 가는 밑거름이 되도록 우리의 力量을 本 事業에 경주하고자 한다. 江湖諸賢의 부단한 관심과 지원을 기대해 마지않는다.

社團法人 傳統文化硏究會 理事長 李啓晃

凡 例

1. 본서는 ≪譯註 韓詩外傳≫의 제2책이다.
2. 본서는 ≪韓詩外傳≫은 趙懷玉이 교감하고 周廷寀가 주소를 단 畿輔叢書本 ≪韓詩外傳≫을 底本으로 하되 韓魏叢書本 ≪韓詩外傳≫과 汲古閣津逮祕書本 ≪韓詩外傳≫과 國立中央圖書館本 ≪韓詩外傳≫ 木活字(古朝48), 木版本(古10-30), 木版本(古6-45)과 奎章閣本 ≪韓詩外傳≫(奎古171-v.1-6), 藏書閣本 ≪韓詩外傳≫(MF35-8996)을 참고하였다.
3. 본서는 원전의 傳統性과 번역의 現代性을 구현하기 위해 노력하였다.
4. 原文은 우리나라 전통 방식으로 懸吐하였다.
5. 본서는 저본의 原文에 별행으로 구분된 단락을 따랐고, 각 단락마다 편의를 위해 단락 번호를 부여하였다.

   예) 6권 1단락 : 6-1
6. 讀音이 특수하거나 僻字인 경우에는 ( ) 속에 한글로 音을 달아주었다.
7. 飜譯은 原義에 충실하게 하되, 이해가 어려운 부분은 意譯 또는 補充譯을 하였다.
8. 飜譯文은 한글과 漢字를 混用하였으며, 맞춤법과 띄어쓰기는 한글 맞춤법과 표준어 규정을 따르는 것을 원칙으로 하였다.
9. 譯註는 故事, 官職, 校勘, 難解語, 역사적 사건, 人物, 인용문의 出典, 전문용어, 制度, 異說 등에 관한 사항을 밝혔다.
10. 校勘은 원문의 衍字, 誤字, 脫字, 倒文 등을 대상으로 하였다.
11. 본서의 校勘에 사용된 符號는 다음과 같다.

    ( )〔 〕: (저본의 誤字)〔교감한 正字〕

    〔 〕: 저본의 脫字 보충

    ( ): 저본의 衍字 삭제
12. 본서에 사용된 주요 符號는 다음과 같다.

    " ": 對話, 각종 引用

    ' ': " " 안에서 再引用, 强調

    「 」: ' ' 안에서 再引用, 强調

    ( ): 원문에서는 讀音이 특수한 글자나 僻字의 音, 번역문에서는 간단한 譯註

    〔 〕: 번역문의 이해를 돕기 위한 原文의 漢字나 句節, 譯註에서 인용한 原文, 疏에서 설명 대상으로 제시한 經이나 傳의 단어나 구절

    ≪ ≫: 書名이나 典據

    〈 〉: 篇章名, 作品名, 補充譯

目 次

≪韓詩外傳2≫ 解 說

1. ≪韓詩外傳≫이란 책은

≪韓詩外傳≫은 西漢시대 초기에 燕지역의 학자인 韓嬰이 남긴 저술로서, 고사를 소개하는 방식을 취하며, 주로 ≪詩經≫ 등의 구절을 말미에 인용하는 것으로 결론을 내리는 형식을 보이고 있다. 전통적인 ≪시경≫ 학습방법을 따라 朱子에 의해 정리된 ≪시전≫을 위주로 하여 배운 고전적인 학습자의 경우에는 ≪毛詩≫만 해도 대단한 古形의 텍스트라고 생각하기 쉬운데, 이 ≪韓詩外傳≫은 ≪모시≫보다도 더 이전에 융성했던 ≪魯詩≫, ≪齊詩≫, ≪韓詩≫의 존재를 증거하는 중요한 자료이므로, ≪시경≫에 대한 심도 있는 이해를 위해서 이를 숙지할 필요와 가치가 있다. 특히, 이는 ≪모시≫의 구절에서 특정 시어를 왜 다른 글자로 읽어도 무방한지 그 이유를 해명해 주거나, 특정 구절에 대한 해석이 다양하게 이루어질 수 있는 근거를 제공하기도 한다.

물론 ≪노시≫, ≪제시≫, ≪한시≫는 오래전에 일실되어 그 전모를 알 수는 없다. 하지만 그 구절구절의 자투리는 여러 곳에 남아 전하고 있어서, 청나라 말기 王先謙(1842~1917)은 이를 모으고 정리하여 ≪詩三家義集疏≫같은 명저를 남기기까지 했다. 이 책 역시 落穗를 모은 것이라 여러모로 아쉬움이 없는 것은 아니다. 그렇기에 ≪시경≫과 관련한 풍부한 자료를 남기고 있는 ≪한시외전≫은 자료적 측면에서도 매우 각별하여, ≪시경≫의 이해와 인간사에서 일어나는 온갖 이야기를 들을 살펴보는데 매우 요긴한 자료가 된다.

2. 조선시대 문인들의 애독서

우리 선조들이 많이 읽었던 동양고전으로서의 면모를 살피는데 있어 가장 인상적인 것은 정조가 經筵에서 ≪한시외전≫을 ≪시경≫ 이해의 학술적인 근거로 다루려는 시도를 보인 점이다. 그 이전의 ≪한시외전≫ 독서는 풍부한 교양을 위한 독서에서 그쳤지만, 정조는 이를 뛰어넘어 ≪시전≫이나 ≪모시≫ 이전의 자료적 가치에 주목하고 있는 안목을 보여주기 때문이다. 물론 교양의 토대로서의 ≪한시외전≫ 독서열풍도 인상적이지 않은 것은 아니다. 조선시대 문인들 가운데 서거정, 김종직, 이행, 유희춘, 김성일, 유몽인, 권필, 이정구, 신흠, 차천로, 허목, 김세렴, 윤휴, 이익, 박지원, 정약용, 이상정, 이유원, 이만도 등도 ≪韓詩外傳≫ 구절을 詩文에 가져다 썼으며, 허목, 김세렴, 이익, 한치윤, 이유원 등은 文獻考證에 ≪韓詩外傳≫ 구절을 자주 인용하였다.

이익은 ≪星湖全集·訂易跋≫에서 홍중징이 지은 ≪訂易≫이 "規模는 ≪韓詩外傳≫을 본받았고 精彩는 朱子의 ≪儀禮經傳通解≫를 본받았으니, 易을 배우는 학자가 어찌 이 한 수를 하찮게 여길 수 있겠는가."라고 칭찬하면서 ≪한시외전≫을 朱子의 ≪儀禮經傳通解≫과 같은 반열에서 논하며 칭송의 근거로 내세웠다.

문체반정 등 문단에 여러 가지 영향력을 행사하고자 힘을 기울였던 정조는 策問이나 經史講義에 자주 ≪한시외전≫의 서명과 구절을 인용하여 신하들에게 이 책을 읽으라고 장려하였다. 성균관에 등재된 유생들을 위한 春試에서 ≪한시외전≫에 보이는 내용을 시험에 낼 정도였으니 성균관 유생을 비롯해 얼마나 많은 선비들이 이 책을 읽었는지 짐작할 수 있다.

韓詩外傳 第六卷

6-1 比干[1)]이 간언을 하고 죽자, 箕子[2)]가 말하였다.

"자신의 말을 들어주지 않을 줄 알면서도 말하는 것은 어리석은 짓이고, 자신의 몸을 죽이면서까지 임금의 악행을 드러내는 것은 不忠한 짓이다. 이 두 가지는 해서는 안 되는데 이러한 일을 하였으니, 이보다 상서롭지 못한 일은 없다."

그러고는 머리를 풀어 헤치고 미친 척하며 떠났다. 군자가 이 소문을 듣고 말하였다.

"괴로웠겠구나, 기자여! 자신의 마음을 다하고 〈紂王에 대해〉 충성과 사랑을 다 바쳤지만, 비간의 일을 보고서 그 몸의 화를 면하였으니 仁愛와 智惠가 지극하구나."

≪詩經≫ 〈大雅 抑〉에 말하였다.

"사람들이 또한 말하기를 명철한 사람치고 난세에 어리석은 척하지 않은 사람이 없다고 하네."

比干

箕子

比干諫而死하니 箕子曰 知不用而言은 愚也요 殺身以彰君之惡은 不忠也라 二者不可어늘 然且爲之하니 不祥莫大焉이라하고 遂被髮佯狂而去①하니라 君子聞之하고 曰 勞矣라 箕子여 盡其精神하고 竭其忠愛호대 見比干之事하고 免其身하니 仁知之至라 詩曰 人亦有言호대 靡哲不愚라

① 遂被髮佯狂而去 : '被'는 어떤 本에는 '解'로 되어 있다. 趙懷玉이 교감한 내용에 "毛本에는

1) 比干 : 殷나라 紂王의 숙부로, 폭군 주왕의 淫行을 극간하자, 주왕이 노하여 성인의 심장에는 7개의 구멍이 있다는데 확인해 보자며 심장을 도려내 죽였다.(≪史記≫ 권3 〈殷本紀〉)

2) 箕子 : 殷나라 紂王의 숙부로, 주왕이 淫行을 간언하였으나 듣지 않았다. 어떤 사람이 "떠날 만하다."라고 말하자, 기자는 "신하가 되어서 자신의 간언을 들어주지 않는다 하여 떠나는 것은 바로 군주의 악을 드러내고 자신은 백성들에게 환심을 얻는 것이니, 나는 차마 이렇게 할 수 없다."라고 하고, 머리를 풀어 산발하고 미친 체하면서 종이 되었다.(≪史記≫ 권38 〈宋微子世家〉)

'解'로 되어 있다." 하였다.
被는 一作解라 趙校語에 毛本作解라

6-2 齊 桓公[3]이 小臣[4]을 만나기 위해 세 차례 찾아갔으나 만나볼 수가 없었다. 그러자 좌우의 신하들이 말하였다.

"소신은 나라의 미천한 신하인데, 임금께서 세 차례가 찾아갔으나 만나볼 수 없었으니 그만 찾아가도 괜찮을 것입니다."

제 환공이 대답하였다.

"아! 이것이 무슨 말인가. 내가 듣기로 벼슬이 없는 선비가 富貴를 바라지 않으면 굳이 萬乘의 천자에게 몸을 가볍게 굽히지 않고, 만승의 천자가 仁義를 좋아하지 않으면 굳이 벼슬이 없는 선비에게 몸을 가볍게 굽히지 않는다고 하였다. 설령 선생이 부귀를 바라지 않는 것은 괜찮더라도 내가 인의를 좋아하지 않는다는 것은 있을 수 없다."

그러고는 다섯 차례 찾아가서야 만나볼 수 있었다. 천하의 제후들이 이 소식을 듣고 '환공은 벼슬이 없는 선비에게도 자신을 낮추는데 하물며 나라의 임금에 있어서야 더 말할 것이 있겠는가.'라고 생각하였다. 이에 서로 이끌고 조현하여 이르지 않는 나라가 없었다. 환공이 제후들을 규합하고 천하를 한번 바로잡을 수 있었던 것[5]은 이 때문이다.

≪詩經≫ 〈大雅 抑〉에 말하였다.

"단정한 덕행이 있으면 온 나라 사람들이 따른다."

齊桓公見小臣①하여 三往不得見②한대 左右曰 夫小臣은 國之賤臣也③어늘 君三往而不得見하니 其可已矣로이다 桓公曰 惡라 是何言也오 吾聞之호니 布衣之士不欲富貴면 不輕身於萬乘之君하고 萬乘之君不好仁義면 不輕身於布衣之士라하니 縱夫子不欲富貴는 可也어니와 吾不

3) 齊 桓公 : 춘추시대 五霸의 우두머리로 이름은 小白이다. 어진 管仲을 정승으로 삼아, 제후들을 규합하여 천하를 바로잡았다.
4) 小臣 : 직위가 매우 낮은 관직이다.
5) 환공이……것 : 모두 ≪論語≫ 〈憲問〉에 보이는 말로, 제 환공을 도와 패업을 이룩한 管仲의 공적을 공자가 칭찬하기를 "환공이 제후들을 규합하되 무력을 쓰지 않은 것은 관중의 힘이었다.〔桓公九合諸侯 不以兵車 管仲之力也〕"라고 하였고, 또 "관중이 환공을 도와 제후의 패자가 되어 한번 천하를 바로잡아 백성들이 지금까지 그 혜택을 받았다.〔管仲相桓公霸諸侯 一匡天下 民到于今受其賜〕"라고 하였다.

好仁義는 不可也[④]라하고 五往而得見也러라 天下諸侯聞之하고 謂桓公猶下布衣之士어든 而況國君乎아 於是에 相率而朝하여 靡有不至하니 桓公之所以九合諸侯하고 一匡天下者는 此也일새라 詩曰 有覺德行이면 四國順之[⑤]라

① 小臣：小臣稷이다. ≪呂氏春秋≫ 〈愼大覽〉과 ≪新序≫ 〈雜事〉에 모두 '小臣稷'이라고 하였다. 趙懷玉이 교감한 내용에 "≪呂氏春秋≫ 〈下賢〉, ≪韓非子≫ 〈難一〉, ≪新序≫ 〈雜事 五〉에 모두 '小臣稷'으로 되어 있다." 하였다.
小臣稷也라 呂覽愼大와 新序雜事竝云이라 趙校語에 呂氏下賢篇과 韓非難一과 新序雜事五에 皆作小臣稷이라

② 三往不得見：≪呂氏春秋≫와 劉向의 ≪新序≫에 모두 "一日三至(하루에 세 번 이르다.)"라고 하였다.
呂劉竝云 一日三至라

③ 國之賤臣也：趙懷玉이 교감한 내용에 "≪韓非子≫에 '處士'라고 하였다." 하였다.
趙校語에 韓非云 處士라

④ 布衣之士不欲富貴……不可也：≪呂氏春秋≫에는 "士驁祿爵者 固輕其主 其主驁覇王者 亦輕其士 縱夫子驁祿爵 吾庸敢驁覇王乎(爵祿을 대수롭지 않게 여기는 선비는 그 군주를 참으로 가볍게 대하고, 覇業과 王業을 대수롭지 않게 여기는 군주는 또한 그 선비를 가볍게 대하는 법이다. 설령 선생이 작록을 대수롭지 않게 여기더라도 내가 어찌 감히 패업과 왕업을 대수롭지 않게 여길 수 있겠느냐?)"라고 하였다. ≪呂氏春秋≫의 '驁'는 ≪新序≫에 '傲'로 되어 있으니 뜻은 같다.
呂云 士驁祿爵者는 固輕其主하고 其主驁覇王者는 亦輕其士하나니 縱夫子驁祿爵이라도 吾庸敢驁覇王乎아 驁는 序作傲同이라

⑤ 有覺德行 四國順之：趙懷玉이 교감한 내용에 "≪新序≫의 글과 대략 같다." 하였다.
趙校語에 新序文略同이라

6-3 근면한 자에게 상을 주고 게으른 자에게 벌을 주면 백성들이 태만하지 않고, 의견을 두루 듣고 전체의 사정을 분명히 살핀다면 천하 사람들이 돌아오게 된다. 그러한 뒤에 명분과 직책을 명확히 하고, 각자가 해야 할 일을 살피며, 관직이 능력에 맞는지 비교하여 두루 잘 다스린다면, 公事의 길이 열리고 사적인 門이 막히며, 公論이 확립되고 사적인 논의가 종식될 것이다. 이렇게 되면 지니고 있는 덕이 두터운 사람은 조정에 진출하고 아첨하는 자는 저지되며, 財利만을 탐하는 사람은 퇴출되고 청렴한 사람은 기용될 것이다. 周나라 제도에 말하였다.

“天時보다 앞선 자도 용서하지 말고 죽이며, 천시에 미치지 못한 자도 용서하지 말고 죽인다.”[6)]

사람은 자기의 일을 익혀 그대로 이어서 해야 하니, 사람이 하는 일은 耳目口鼻의 감각기관이 서로의 기능을 어지럽혀서는 안 되는 것과 같다. 그러므로 직무가 나누어지면 백성들은 태만하지 않고, 신분의 등급이 안정되면 질서가 문란하지 않으며, 의견을 두루 듣고 전체의 사정을 분명히 살핀다면 온갖 일이 정체되지 않을 것이다. 이렇게 되면 백성들과 관리들은 모두 자신을 수양한 뒤에 감히 자신의 벼슬을 편하게 여기고 능력을 갖춘 뒤에 감히 직임을 받을 것이다. 그리하여 小人들은 마음을 고쳐먹고, 백성들은 습속을 바꾸며, 간악한 무리들은 모두 성실한 사람으로 변할 것이다. 이것이 정치와 교화의 극치이니, 이보다 더 좋은 것은 없을 것이다.

≪詩經≫ 〈大雅 抑〉에 말하였다.

“계책을 크게 하고 명령을 살펴 정하며, 계획을 원대하게 하고 때에 맞게 고하며, 威儀를 공경하고 삼간지라 백성의 모범이 된다.”

賞勉罰偸①하면 則民不怠하고 兼聽齊明하면 則天下歸之라 然後明其分職하며 考其事業②하며 較其官能③하여 莫不理法④하면 則公道達而私門塞하고 公義立⑤而私事息이라 如是則持厚者進⑥하고 而佞諂者止⑦하며 貪戾者退⑧하고 而廉節者起리라 周制曰⑨ 先時者도 (死)〔殺〕無赦하며 不及時者도 (死)〔殺〕無赦⑩라하니라 人習事而因이니 人之事使⑪는 如耳目鼻口之不可相錯(착)也⑫라 故曰 職分而民不慢⑬하고 次定而序不亂하며 兼聽齊明而百事不留라 如是則羣下百吏⑭가 莫不修己然後敢安仕⑮하고 成能⑯然後敢受職이라 小人易心⑰하고 百姓易俗하며 奸宄之屬⑱이 莫不反愨하리니 夫是之爲政教之極이니 則不可加矣리라 詩曰 訏謨定命하며 遠猶辰告⑲하며 敬愼威儀라 惟民之則이리라

① 賞勉罰偸 : ‘勉’은 ≪荀子≫ 〈君道〉에 ‘克’으로 되어 있다.
勉은 荀子君道作克이라

② 考其事業 : ‘考’는 ≪荀子≫에 ‘序’로 되어 있다.
考는 荀作序라

③ 較其官能 : ‘較其’는 ≪荀子≫에 ‘材技’로 되어 있다.
較其는 荀作材技라

6) 天時보다……죽인다 : ≪書經≫ 〈夏書 胤征〉에 보이는 말로, 曆象을 담당하는 신하가 제때에 하늘의 변고를 알리지 않으면 자신이 맡은 업무를 제대로 수행하지 못한 것이므로 죽인다는 말이다.(≪書傳≫ 〈胤征〉 蔡沈注)

④ 莫不理法 : '理法'은 ≪荀子≫에 '治理'로 되어 있다.

理法은 荀作治理라

⑤ 公義立 : '立'은 ≪荀子≫에 '明'으로 되어 있다.

立은 荀作明이라

⑥ 持厚者進 : '持'는 ≪荀子≫에 '德'으로 되어 있다.

持는 荀作德이라

⑦ 謟者止 : '謟'은 ≪荀子≫에 '說'로 되어 있다.

謟은 荀作說이라

⑧ 貪戾者退 : '戾'는 ≪荀子≫에 '利'로 되어 있다.

戾는 荀作利라

⑨ 周制曰 : '周制'는 ≪荀子≫에 '書'로 되어 있다. 내가 살펴보건대 이것은 〈夏書〉에서 政典(先王의 정치를 기록한 典籍)을 인용하여 말한 것일 뿐이니 周나라 제도가 될 수 없다.

周制는 荀作書라 宋按컨대 此夏書引政典云爾니 未得爲周制也라

⑩ 不及時者 死無赦 : '及'은 ≪荀子≫에 '逮'로 되어 있다. '死'는 모두 ≪書經≫을 따라 '殺'로 되어야 한다.

及은 荀作逮라 死는 竝從書作殺이라

⑪ 人習事而因 人之事使 : '習' 뒤에 ≪荀子≫에 '其'자가 있다. '因'은 '固'로 되어 있고, '事使'는 '百事'로 되어 있다.

習下에 荀有其字라 因은 作固요 事使는 作百事라

⑫ 如耳目鼻口之不可相錯也 : '錯'은 ≪荀子≫에 '借'로 되어 있고, 뒤에 이어서 '官'자가 있다.

錯은 荀作借요 下仍有官字라

⑬ 職分而民不慢 : '慢'은 ≪荀子≫에 '探'으로 되어 있다.

慢은 荀作探이라

⑭ 羣下百吏 : '羣'은 ≪荀子≫에 '臣'으로 되어 있다.

羣은 荀作臣이라

⑮ 敢安仕 : '仕'는 ≪荀子≫에 '正'으로 되어 있다.

仕는 荀作正이라

⑯ 成能 : '成'은 ≪荀子≫에 '誠'으로 되어 있다.

成은 荀作誠이라

⑰ 小人易心 : 여기의 '易'은 ≪荀子≫에 '變'으로 되어 있다.

此易은 荀作變이라

⑱ 奸宄之屬 : '奸宄'는 ≪荀子≫에 '姦怪'로 되어 있다.

奸宄는 荀作姦怪라

⑲ 遠猶辰告 : 趙懷玉本에 '猷'로 되어 있고, 그 교감한 내용에 "'猷'는 여러 本에 모두 '猶'로

되어 있으나 이제 ≪詩考≫를 따른다." 하였다.
趙本에 作猷요 校語에 猷本皆作猶하나 今從詩考라

6-4 子路가 蒲邑[7]을 다스린 지 3년이 지났을 때에 공자가 그곳을 지나가게 되었다. 境內에 들어가서 칭찬하여 말하였다.

"由는 공경하면서도 신의가 있구나."

읍에 들어가서 말하였다.

"훌륭하다, 유여! 忠信이 있으면서도 관대하구나."

公庭에 이르러 말하였다.

"훌륭하다, 유여! 밝게 살피면서도 결단력이 있구나."

子貢이 고삐를 잡은 채 물었다.

"부자께서는 유가 어떻게 정치를 하는지 보지 않으시고 세 차례나 훌륭하다고 칭찬하시니, 그 이유를 들을 수 있겠습니까?"

공자가 대답하였다.

"그 경내에 들어가 보니, 농지와 황무지가 잘 개간되어 있었다. 이는 공경하면서도 신의가 있기 때문에 백성들이 힘을 다한 것이다. 그 읍에 들어가 보니, 담장과 집이 잘 갖추어져 있고 수목이 매우 무성하였다. 이는 忠信이 있으면서도 관대하기 때문에 백성들이 야박하지 않은 것이다. 그 公庭에 들어가 보니, 매우 한가로웠다. 이는 밝게 살피면서도 결단력이 있기 때문에 백성들이 어수선하지 않은 것이다."

≪詩經≫ 〈大雅 抑〉에 말하였다.

"아침 일찍 일어나고 밤늦게 자며 뜰에 물 뿌리고 청소한다."

子路

子貢

7) 蒲邑 : 춘추시대 衛나라 땅으로, 지금의 河北省 長垣縣 지역이다.

子路治蒲三年에 孔子過之러라 入境而善之曰 由는 恭敬以信矣로다 入邑曰 善哉라 由여 忠信以寬矣로다 至庭曰 善哉라 由여 明察以斷矣로다 子貢執轡而問曰 夫子未見由而三稱善하니 可得聞乎잇가 孔子曰 入其境호니 田疇①草萊甚辟②하니 此恭敬以信라 故民盡力이요 入其邑호니 墉屋甚尊③하고 樹木甚茂하니 此忠信以寬이라 其民不偸요 入其庭甚閒④하니 此明察以斷이라 故民不擾也니라 詩曰 夙興夜寐하고 灑掃庭內니라

孔子

① 田疇 : 趙懷玉本에 '甚易' 두 글자가 있고, 그 교감한 내용에 "이 두 글자는 여러 本에 모두 빠져 있었는데 ≪文選≫ 〈籍田賦〉注에서 인용한 글에 의거하여 보충한다." 하였다.
趙本에 有甚易二字요 校語에 此二字는 本皆脫이러니 據文選籍田賦注引補라

② 田疇草萊甚辟 : '田疇' 뒤에 ≪孔子家語≫ 〈辯政〉에는 '盡易(다 다스려지다.)' 두 글자가 있고, '辟' 뒤에 '溝洫深治(도랑과 하천이 깊이 준설되다.)' 네 글자가 있다.
田疇下에 家語辯政에 有盡易二字하고 辟下에 有溝洫深治四字라

③ 墉屋甚尊 : ≪孔子家語≫에 "牆屋完固(담장과 집이 잘 갖추어지고 견고하다.)"라고 하였다.
家語云 牆屋完固라

④ 入其庭甚閒 : '庭' 뒤에 ≪孔子家語≫에는 '庭' 한 글자가 중복되어 있다. '閒' 앞에 '淸'자가 있고 뒤에 '諸下用命(아랫사람들이 명령을 잘 따르다.)' 네 글자가 있다.
庭下에 家語重一庭字라 閒上에 有淸字하고 下有諸下用命四字라

6-5 옛날에 이러한 법령이 있었다. 백성 중에 어른을 공경하고 고아를 불쌍히 여기며, 취하고 버릴 때 사양하기를 좋아하며, 일을 할 때 힘을 다하는 자가 있으면, 임금에게 명을 받는다. 그러한 뒤에 임금의 명으로 두 필의 말이 끄는 화려한 수레를 탈 수 있고, 임금의 명을 받지 못한 자는 두 필의 말이 끄는 화려한 수레를 탈 수 없었다. 〈타는 사람은〉 모두 벌을 받았다. 그러므로 백성은 비록 넘쳐나는 재물을 소유하였더라도 禮義와 功德이 없으면 그 재물을 쓸 수 없었다. 이런 까닭에 仁義를 숭상하고 財利를 천시한 것이다. 재리를 천시하면 서로 다투지 않고, 서로 다투지 않으면 강한 자가 약한 자를 능멸하지 않고 다수가 소수를 침범하지 않는다. 이것이 임금이 일정한 형벌로 보여주면[8] 백성들이 법을 어기지 않는 이유이다. 백성들이

8) 일정한 형벌로 보여주면 : ≪書經≫ 〈舜典〉의 "象以典刑"의 준말로, 墨刑, 劓刑, 剕刑, 宮刑, 大辟의 五刑을 제정하여 죄를 지은 사람에게 시행한다는 뜻이다.(≪書經集傳≫ 〈虞書 舜典〉

법을 어기지 않으면 분란이 그치게 될 것이다.

≪詩經≫ 〈大雅 抑〉에 말하였다.

“너의 백성을 안정시키고 너의 임금으로서의 법도를 삼가서 뜻밖의 변고를 조심하라.”

古者有命이라 民①之有能敬長②憐孤③하고 取舍好讓하고 居事力者어든 命於其君하니 然後에 君命得乘飾車駢馬하고 未得命者는 不得乘飾車駢馬④하니 皆有罰이라 故民雖有餘財侈物이라도 而無禮義功德이면 則無所用이라 故皆興仁義而賤財利라 賤財利則不爭하고 不爭則彊不凌弱하고 衆不暴寡하니 是君⑤之所以象典刑而民莫犯法⑥이라 民莫犯法而亂斯止矣라 詩曰 質爾人民하며 謹爾侯度하여 用戒不虞하라⑦

① 古者有命民 : 趙懷玉이 교감한 내용에 “≪尙書≫ 唐傳에 ‘古之帝王必有命民(옛날의 제왕은 반드시 命民(일반 백성에게 특별히 우대하는 命을 내리는 일)이 있었다.)’으로 되어 있다.” 하였다.
趙校語에 尙書唐傳에 作古之帝王必有命民이라

② 民之有能敬長 : 趙懷玉本에 ‘民之有能’으로 되어 있고, 그 교감한 내용에 “여러 本에 모두 빠져 있는데, ≪太平御覽≫ 권637에서 인용한 글에 의거하여 보충한다.” 하였다.
趙本에 作民之有能이요 校語에 本皆脫하니 據御覽六百三十七引補라

③ 憐孤 : ‘孤’는 어떤 本에는 ‘幼’로 되어 있다.
孤는 一作幼라

④ 乘飾車駢馬 : 趙懷玉本에 ‘乘飾車駢馬’ 다섯 글자가 중복되어 있고, 그 교감한 내용에 “舊本에 이 다섯 글자가 없었는데, 文義를 살펴보니 마땅히 있어야겠기에 보충한다.” 하였다.
趙本에 重乘飾車駢馬五字요 校語에 舊本無此五字나 案文義컨대 當有補之라

⑤ 是君 : 趙懷玉本에 ‘是唐虞’로 되어 있고, 그 교감한 내용에 “舊本에 ‘是君’으로 되어 있었으니 잘못된 것이다. ≪太平御覽≫에 의거하여 고친다.” 하였다.
趙本에 作是唐虞요 校語에 舊作是君譌라 據御覽改라

⑥ 民莫犯法 : 趙懷玉이 교감한 내용에 “≪太平御覽≫에는 ‘民莫敢犯也’로 되어 있다.” 하였다.
趙校語에 御覽作民莫敢犯也라

⑦ 質爾人民 謹爾侯度 用戒不虞 : 趙懷玉本에 ‘告爾人民’으로 되어 있고, 그 교감한 내용에 “‘告’는 여러 本에 대부분 ‘質’로 되어 있다. 살펴보건대≪詩考≫에서 인용한 글에 ‘告’로 되어 있으니, 이제 이에 의거하여 고친다. ≪說苑≫ 〈脩文〉편도 같다.” 하였다.
趙本에 作告爾人民이요 校語에 告는 本多作質이라 案詩考引作告니 今據改라 說苑脩文篇亦同이라

蔡沈注)

6-6[9] 천하의 辯論에는 가장 좋은 변론 세 등급과 훌륭한 변론 다섯 등급이 있는데 言辭로 하는 변론은 下等에 속한다. 변론은 같고 다름을 분별하여 서로 섞이지 않게 하고, 다른 견해를 차례로 서술하여 서로 문란하지 않게 하며, 公論을 전달하고 논설의 취지를 통하게 하여 말하려는 요점을 드러내어, 사람들이 분명히 알 수 있게 해서 애매한 점이 없도록 해야 한다. 이 때문에 변론하여 이긴 자는 자신이 견지하는 옳은 견해를 잃지 않고 이기지 못한 자는 자신이 요구하는 바를 얻게 된다.[10] 그러므로 변론은 볼만 한 것이다. 하지만 文辭를 번잡하게 해서 논점에서 멀어지게 하고 言辭를 꾸며서 논점과 어긋나게 하며, 잦은 비유를 들어서 논점을 옮겨가 주제에서 벗어나 본래의 뜻을 파악할 수 없게 하면, 논의는 그럴듯하나 뒤에 문제가 생기기 된다.

대체로 자신의 뜻을 정확하게 드러내지 않아 남이 모르게 하는 것을 隱이라 하고, 뜻이 벗어나고 주제에서 벗어나는 것을 諱라고 하며, 비유가 온당치 못한 것을 移라고 하고, 황당한 말을 그대로 따르는 것을 苟라고 하니, 이 네 가지는 하지 않는 것이다. 그러므로 올바른 이치를 모두 함께 볼 수 있는 것이다. 이 네 가지 隱, 諱, 移, 苟를 앞 다투어 말하고 행하여 상대를 어떻게든 굴복시키려 한 뒤에 그만둔다면, 군자가 되는 데 방해가 되지 않을 수 없다. 그러므로 군자는 이 네 가지를 하지 않는 것이다.

≪論語≫에 말하였다.

"군자는 그 말에 있어서 구차한 바가 없다."[11]

≪詩經≫ 〈大雅 抑〉에 말하였다.

"가볍게 말하지 말고 구차하게 말하지 말라."

---

9) 이 장은 ≪資治通鑑≫에도 비슷한 내용이 보이는데, 전후의 사정을 설명하면 다음과 같다. 趙나라 平原君은 公孫龍이 변론을 잘하여 그를 食客으로 삼고 매우 아꼈다. 그때 齊나라 鄒衍이 趙나라에 내방하자, 평원군은 추연에게 공손룡과 함께 '흰 말은 말이 아니다.〔白馬非馬〕'를 논변하게 하였다. 그러자 추연이 공손룡의 詭辯을 반박하면서 이 장의 글이 시작된다. 결국 공손룡은 이 일로 인해 명성이 실추되고 말았다.(≪資治通鑑≫ 권3 赧王 17년)

10) 변론하여……된다 : 이 구절에 대해 ≪資治通鑑≫의 주석을 낸 胡三省은 "변론은 옳은 이치를 구하는 것이다. 변론을 이기지 못하더라도 옳은 이치를 알 수 있으니, 이른바 자신이 요구하는 바를 얻는다는 것이다.〔辯以求是 辨雖不勝 而得審其是 所謂得其所求也〕"라고 풀이하였다.

11) 군자는……없다 : ≪論語≫ 〈子路〉에 보이는 말로, 한 가지 일이라도 구차하면 나머지도 모두 구차해지기 때문에 말에 있어서도 구차히 하지 않는다는 말이다.(≪論語集註≫)

天下之辯에 有三至五勝하니 而辭置下라 辯者는 別殊類하여 使不相害하고 序異端하여 使不相悖하며 輸公通意하여 揚其所謂하여 使人預知焉하고 不務相迷也라 是以로 辯者는 不失所守하고 不勝者는 得其所求라 故辯可觀也니라 夫繁文以相假하며 飾辭以相悖하며 數譬以相移하며 外人之身하여 使不得反其意하면 則論便하나 然後害生也니라 夫不疏其指而弗知를 謂之隱이요 外意外身을 謂之諱요 幾廉倚跌을 謂之移요 指緣謬辭를 謂之苟니 四者所不爲也라 故理可同睹也라 夫隱諱移苟를 爭言競爲而後息이면 不能無害其爲君子也라 故君子不爲也니라 論語曰 君子於其言에 無所苟而已矣니라 詩曰 無易由言이요 無曰苟矣하라

6-7 내가 너에게 말하노라.[12] 사람의 마음을 복종시키는 방법은 지위가 높고 존귀하더라도 남을 교만하게 대하지 않고, 총명하고 지혜가 있더라도 남을 곤란하게 하지 않으며, 용맹하고 강직하더라도 남을 침해하지 않고, 민첩하고 영리하더라도 남을 속이지 않아야 한다. 또 능하지 못하면 배우고 알지 못하면 물어야 하니, 비록 알더라도 반드시 겸양한 뒤에야 지혜가 되는 것이다. 임금에 대해서는 신하의 도리를 행하고, 고향 사람에 대해서는 長幼의 도리를 행하며, 父兄에 대해서는 子弟의 도리를 행하고, 동년배에 대해서는 붕우의 도리를 행하며, 어리고 미천한 사람에 대해서는 이끌고 포용하는 도리를 행해야 한다. 그러므로 모두를 사랑하지 않음이 없고 공경하지 않음이 없으며 남과 다투는 일이 없어서 넓은 도량이 천지가 만물을 감싸주듯 하는 것이다. 이렇게 하면 늙은 사람은 그를 편안하게 여기고 젊은 사람은 그를 그리워하며 벗들은 그를 신뢰할 것이다.[13]

≪詩經≫ 〈大雅 抑〉에 말하였다.

"붕우와 庶民 小子에게 은혜를 베풀면, 자손들이 이어받아 만백성이 다 받들리라."

吾語子하노라 夫服人之心①은 高上尊貴라도 不以驕人하며 聰明聖知라도 不以幽人②하며 勇猛强武③라도 不以侵人④하며 齊給便捷⑤이라도 不以欺誣人⑥이니라 不能則學하고 不知則問하니 雖

12) 내가 너에게 말하노라 : ≪荀子≫ 〈非十二子〉와 ≪說苑≫ 〈敬愼〉에는 모두 이 말이 없다.
13) 늙은……것이다 : ≪論語≫ 〈公冶長〉에도 이 구절과 순서만 다를 뿐 같은 구절이 보이는데, ≪論語≫에서는 子路가 공자의 뜻을 물은 데 대한 공자의 대답이므로 "늙은 사람을 편안하게 해주고, 벗들에게는 미덥게 해주고, 젊은 사람을 감싸주고자 한다.〔老者安之 朋友信之 少者懷之〕"라고 하였고, 여기에서는 군자가 은혜를 베풀면 그에 따른 효과를 말하였으므로 의미가 다른 것이다.

知必讓然後爲知⑦니라 遇君則修臣下之義하며 (出)〔遇〕鄕⑧則修長幼之義하며 遇長老則修弟子之義하며 遇等夷則修朋友之義⑨하며 遇少而賤者則修告道寬裕之義⑩라 故無不愛也하며 無不敬也하며 無與人爭也하여 曠然而天地苞萬物也⑪라 如是則老者安之하고 少者懷之하고 朋友信之니라 詩曰 惠于朋友와 庶民小子면 子孫繩繩⑫하여 萬民靡不承이리라

① 夫服人之心 : ≪荀子≫ 〈非十二子〉에 "兼服天下之心(천하 사람들의 마음을 모두 복종시키다.)"라고 하였다.

荀子非十二子云 兼服天下之心이라

② 幽人 : '幽'는 ≪荀子≫에 '窮'으로 되어 있다.

幽는 荀作窮이라

③ 勇猛强武 : ≪荀子≫에 "剛毅勇敢(강직하고 용감하다.)"이라고 하였다.

荀云 剛毅勇敢이라

④ 不以侵人 : '侵'은 ≪荀子≫에는 '傷'으로 되어 있고, ≪說苑≫ 〈敬愼〉에는 '勝'으로 되어 있다.

侵은 荀作傷이요 說苑敬愼作勝이라

⑤ 齊給便捷 : '便捷'은 ≪荀子≫에 '速通'으로 되어 있다. ≪說苑≫에 "資給疾速(민첩하고 신속하다.)"이라고 하였다.

便捷은 荀作速通이라 說苑云 資給疾速이라

⑥ 不以欺誣人 : '欺誣'는 ≪荀子≫에 '爭先'으로 되어 있다.

欺誣는 荀作爭先이라

⑦ 雖知必讓然後爲知 : 앞의 '知'는 ≪荀子≫에 '能'으로 되어 있고, 뒤의 '知'는 '德'으로 되어 있다. ≪說苑≫에 "雖智必質然後辯之 雖能必讓然後爲之(지혜롭더라도 반드시 질정한 뒤에야 分辨하고, 잘하더라도 반드시 겸양한 뒤에야 해야 한다.)"라고 하였다.

上知는 荀作能이요 下知는 作德이라 說苑云 雖智必質然後辯之하고 雖能必讓然後爲之라

⑧ 出鄕 : '出'은 또한 ≪荀子≫를 따라 '遇'로 되어야 한다.

出은 亦當從荀作遇라

⑨ 遇等夷則修朋友之義 : ≪荀子≫에는 "遇友則修禮節辭讓之義(벗에 대해서는 예절과 사양의 도리를 행한다.)"라고 하였다.

荀云 遇友則修禮節辭讓之義라

⑩ 遇少而賤者則修告道寬裕之義 : '道'는 ≪荀子≫에 '導'로 되어 있고, '裕'는 '容'으로 되어 있다.

道는 荀作導요 裕는 作容이라

⑪ 曠然而天地苞萬物也 : '曠然'은 ≪荀子≫에 '恢然'으로 되어 있다. '而'는 '如'로 되어 있으니 '如'와 '而'는 옛날에 통용되었다.

曠然은 荀作恢然이요 而는 作如니 如而는 古通이라

⑫ 繩繩 : 趙懷玉本에 '承承'으로 되어 있고, 그 교감한 내용에 "여러 本에 모두 '繩繩'으로 되어 있으나 ≪詩考≫에서 인용한 글에 의거하여 고친다." 하였다.
趙本에 作承承이요 校語에 本皆作繩繩이나 據詩考引改라

6-8 어진 사람은 반드시 남을 공경한다. 남을 공경하는 데는 방법이 있다. 賢能한 사람을 만나면 사랑하고 친애하면서도 공경하고, 不肖한 사람을 만나면 두려워하고 멀리하면서도 공경하니, 공경하는 것은 똑같지만 실제 내용은 두 가지이다. 충성스럽고 성실하며 단정하고 독실하여 남을 해치지 않는 사람의 경우는 누구를 만나더라도 다 그렇게 하니, 이것이 어진 사람이 가진 바탕이다. 仁을 바탕으로 삼고 義를 법규로 삼으면 무슨 말을 하든 사람들의 표준이 되지 않을 수 없을 것이다.

≪詩經≫ 〈大雅 抑〉에 말하였다.

"어그러지지 않고 해치지 않으면 다른 사람들의 모범이 된다."

仁者는 必敬其人이라 敬其人有道하나니 遇賢者則愛親而敬之①하고 遇不肖者則畏疏而敬之②하니 其敬一也나 其情二也라 若夫忠信端慤而不害傷은 則無接而不然하니 是仁之質也라 仁以爲質③하고 義以爲理④하면 開口無不可以爲人法式者⑤라 詩曰 不僭不賊이면 鮮不爲則이라

① 愛親而敬之 : '愛親'은 ≪荀子≫ 〈臣道〉에 '貴'로 되어 있다.
愛親은 荀子臣道에 作貴라

② 畏疏而敬之 : ≪荀子≫에는 '畏'자가 없다.
荀無畏字라

③ 仁以爲質 : '仁'은 ≪荀子≫에 '忠信'으로 되어 있다. '爲質' 뒤에 '端慤以爲統 禮義以爲文(단정하고 독실함을 기강으로 삼고, 예의를 규범으로 삼는다.)' 열 글자가 있다.
仁은 荀作忠信이라 爲質下에 有端慤以爲統하고 禮義以爲文十字라

④ 義以爲理 : '義'는 ≪荀子≫에 '倫類'로 되어 있다.
義는 荀作倫類라

⑤ 仁以爲質 義以爲理 開口無不可以爲人法式者 : ≪荀子≫에 "喘而言 臑而動 而一可以爲法則(간단한 말과 가벼운 움직임이라도 일체 사람들의 표준이 될 수 있다.)"이라고 하였는데, 楊倞의 注에 "臑與煗同 一皆也(臑(윤)은 '煗(온화하다)'과 뜻이 같다. '一'은 '皆(모두)'의 뜻이다.)"라고 하였다.
荀云 喘而言과 臑(윤)而動이라도 而一可以爲法則이라하니 楊注에 臑與煗同이라 一은 皆也라

6-9 孔子가 말하였다.

"배우지 않고 생각하기만을 좋아하면 비록 알더라도 지식이 넓지 않고, 배우되 행실을 태만히 하면 비록 배우더라도 학식이 높지 않을 것이다. 또 성실함으로 自立하지 않으면 비록 자립하더라도 그 성실함이 오래가지 못하고, 성실함이 몸에 배지 않았는데도 말하기를 좋아하면 비록 말하더라도 그 말이 신뢰를 받지 못할 것이다. 훌륭한 자질을 갖추고 있더라도 군자의 도를 알지 못하여 작은 일에 가려서 큰 일을 방해하는 자는 반드시 자신에게 재앙이 닥칠 것이다."

≪詩經≫〈大雅 桑柔〉에 말하였다.

"어찌 잘 될 수 있겠는가. 서로 멸망의 구렁텅이로 빠지고 말 것이다."

子曰 不學而好思면 雖知不廣矣요 學而慢其身이면 雖學不尊矣라 不以誠立이면 雖立不久矣요 誠未著而好言이면 雖言不信矣라 美材也而不聞君子之道하여 隱小物以害大物者는 災必及身矣리라 詩曰其何能淑이리오 載胥及溺이라

6-10 백성이 수고로우면 안락을 생각하고 정치가 포악하면 어진 사람을 생각하며, 법이 위태하면 안정을 생각하고 나라가 혼란하면 하늘의 구원을 생각하는 법이다.

≪詩經≫〈大雅 桑柔〉에 말하였다.

"힘이 남아 있지 않은지라 하늘을 생각하도다."[14)]

民勞思佚하며 治暴思仁하며 刑危思安하며 國亂思天하나니라 詩曰 靡有旅力이라 以念穹蒼이라

6-11 어떤 사람이 이렇게 물었다.

"옛날에 道를 아는 자를 先生이라고 한 것은 어째서입니까?"

이 물음에 대해 다음과 같이 대답하였다.

"'먼저 깨닫다〔先醒〕'라는 말과 같다. 도에 대해 듣지 못한 사람은 일의 得失에 어둡고 나라의 治亂이 왜 생겨나는지 몰라 취한 것처럼 흐리멍덩하다. 그러므로 역대의 군주들 중에 일이 일어나기 전에 깨달은 사람이 있고, 일이 일어난 뒤에 깨달은

14) 힘이……하도다 : 원래 ≪시경≫의 의미는 '하늘이 내린 재앙으로 나라가 위태로워서 하늘이 재앙을 내린 뜻을 생각할 힘도 없다.'라는 뜻인데, 여기에서는 '나라가 혼란하여 힘이 없기 때문에 하늘의 구원을 생각한다.'라는 뜻으로 번역하였다.

사람이 있고, 영영 깨닫지 못하는 사람도 있다.

옛날에 楚 莊王[15]이 일을 도모하는 데 합당하였지만 근심하는 낯빛을 띠자, 申公巫臣[16]이 물었다.

'왕께서는 무엇 때문에 근심하십니까?'

그러자 장왕이 대답하였다.

'내가 들으니, 제후의 덕행은 스스로 스승을 택하는 자는 王이 되고, 스스로 벗을 택하는 자는 霸者가 되며, 자신만 못한 자와 함께 처하면 망한다고 하였다. 과인이 불초한데 대부들의 논의가 과인에게도 미치지 못하기 때문에 근심하는 것이다.'

장왕은 군주의 덕을 가지고 있고 제후들을 위엄으로 복종시켰는데도 날마다 두려워하면서 자신을 보필할 훌륭한 신하를 찾으려고 생각하였다. 이런 사람이 일이 일어나기 전에 먼저 깨달은 자이다.

옛날 宋 昭公[17]이 쫓겨나 도망 다닐 적에 마부에게 말하였다.

'나는 나라를 잃은 이유를 알고 있다.'

마부가 물었다.

'어째서입니까?'

소공이 대답하였다.

'내가 御衣를 입고 조정에 서 있으면 모시는 자 수십 인이 모두 「우리 임금께서는 훌륭하십니다.」라고 하고, 어떤 말을 하거나 어떤 일을 할 때에 조정의 신하 수백 인이 모두 「우리 임금께서는 성인이십니다.」라고 한다. 이렇게 내가 안팎으로 나의 과실을 알지 못하기 때문에 나라를 잃은 것이다.'

그러고는 자신의 뜻을 고치고 행실을 바꾸며 바른 의리를 편하게 여기고 바른 도리를 행하자, 2년이 넘지 않아 송나라에 훌륭한 면이 알려졌다. 송나라 사람들이 그를 맞이하여 복위시켰고 죽은 뒤에는 '昭'라는 시호를 받았다. 이런 사람이 일이 일어난 뒤에 깨달은 자이다.

옛날에 郭나라 군주[18]가 郭國에서 쫓겨났을 적에 마부에게 말하였다.

---

15) 楚 莊王 : 춘추시대 五霸의 한 사람으로, 穆王의 아들이고, 이름은 旅이다.
16) 申公巫臣 : 춘추시대 楚나라 사람으로, 성은 屈, 이름은 巫이다. 일명 武臣이다. 申公에 봉해졌다.
17) 宋 昭公 : 춘추시대 宋나라 군주로, 昭公 得을 말한다.(≪春秋左氏傳≫ 哀公 26년)
18) 郭나라 군주 : 누구인지 정확하지 않으나, ≪韓詩外傳今註今譯≫에 "'郭'은 ≪新書≫ 〈先醒〉

'내가 목이 마르다. 물을 마시고 싶구나.'

그러자 마부가 淸酒를 올렸다. 또 말하였다.

'내가 배가 고프다. 음식을 먹고 싶구나.'

그러자 마부가 말린 脯와 미숫가루를 올렸다. 곽나라 군주가 물었다.

'어떻게 이것들을 준비하였느냐?'

그러자 마부가 대답하였다.

'신이 미리 보관해 두었습니다.'

'어찌하여 미리 보관해 두었느냐?'

그러자 마부가 대답하였다.

'임금께서 쫓겨나 도망 다니시면 길에서 배가 고프고 목이 마르기 때문입니다.'

'너는 내가 나라를 잃을 줄 알았느냐?'

마부가 대답하였다.

'그렇습니다.'

'그런데 어찌하여 간언하지 않았느냐?'

마부가 대답하였다.

'임금께서는 아첨하는 말만 좋아하고 타당한 말을 싫어하십니다. 신이 간언을 올리고 싶었으나 곽나라가 망하는 것보다 제가 먼저 죽을까 두려웠습니다. 그래서 간언하지 않은 것입니다.'

곽나라 군주가 정색하고 노하여 말하였다.

'내가 나라를 잃은 이유는 실로 어째서이냐?'

마부가 말을 바꾸어 〈듣기 좋은 말로〉 대답하였다.

'임금께서 나라를 잃은 이유는 너무 현명하시기 때문입니다.'

'현자가 나라를 보존하지 못하고 잃은 이유는 어째서이냐?'

마부가 대답하였다.

'천하에 현명한 사람이 없는데 홀로 현명하시기 때문에 나라를 잃은 것입니다.'

그 말을 듣고 곽나라 군주가 기뻐하여 軾에 기대 탄식하며 말하였다.

에 '虢'으로 되어 있으니, '郭'과 '虢'은 음이 같고 글자가 통한다. 郭君은 곽국의 군주인 虢仲을 가리킨다. ≪春秋≫ 魯 僖公 2년에 晉나라가 虢을 멸망시켰는데, ≪春秋左氏傳≫에는 '虢'으로 되어 있고, ≪春秋公羊傳≫에는 '郭'으로 되어 있다." 하였다.

'아, 현자의 운명이 이와 같단 말인가?'

그러고는 몸이 지치고 힘이 풀려 마부의 무릎에 머리를 대고 누워 잠들자, 마부는 흙덩이로 바꾸어 베어 주고 몰래 떠나 버렸다. 결국 곽나라 군주는 들판에서 죽어 범과 이리의 밥이 되었다. 이런 사람이 영영 깨닫지 못하는 자이다.

그러므로 먼저 깨달은 자는 그 해에 霸者가 되었으니 초 장왕이 이러한 경우이고, 뒤에 깨달은 자는 3년이 지나 복위하였으니 송 소공이 이러한 경우이고, 영영 깨닫지 못하는 자는 들판 한 가운데서 죽어 범과 이리의 밥이 되었으니 곽나라 군주가 이러한 경우이다. 그러므로 일이 일어나기 전에 깨달은 사람이 있고, 일이 일어난 뒤에 깨달은 사람이 있고, 영영 깨닫지 못하는 사람이 있는 것이다."

≪詩經≫ 〈大雅 桑柔〉에 말하였다.

"아첨하는 말은 기뻐 대답하나 좋은 말은 술에 취한 듯 듣지 않네."

問者曰① 古之謂知道者曰先生은 何也오 猶言先醒也②라 不聞道術之人은 則冥於得失하고 不知治③亂之所由④하여 眊眊乎其猶醉也⑤라 故世主有先生(성)者⑥하며 有後生(성)者하며 有不生(성)者니라 昔者에 楚莊王謀事而(居)〔當〕⑦호대 有憂色이어늘 申公巫臣問曰 王은 何爲有憂也잇가 莊王曰 吾聞호니 諸侯之德은 能自取師者王이요 能自取友者霸요 而與居不若其身者亡⑧이라하니 以寡人之不肖也로 諸大夫之論이 莫有及於寡人이라 是以憂也니라 莊王之德宜君人하고 威服諸侯⑨호대 日猶恐懼하여 思索賢佐⑩하니 此其先生者也⑪라 昔者에 宋昭公出亡할새 謂其御曰 吾知其所以亡矣⑫니라 御者曰 何哉오 昭公曰 吾被服而立에 侍御者數十人⑬無不曰 吾君麗者也라하고 吾發言動事⑭에 朝臣數百人⑮無不曰 吾君聖者也라 吾外內不見吾過失이라 是以亡也니라 於是에 改操易行⑯하고 安義行道하니 不出二年하여 而美聞於宋이어늘 宋人迎而復之하고 〔卒〕諡爲昭⑰하니 此其後生者也⑱라 昔에 郭君出郭⑲할새 謂其御者曰 吾渴호니 欲飮하노라 御者進淸酒하다 曰吾饑⑳호니 欲食하노라 御者進乾脯粱糗㉑하다 曰何備也㉒오 御者曰 臣儲之니이다 曰奚儲之오 御者曰 爲君之出亡而道饑渴也니이다 曰 子知吾且亡乎아 御者曰 然하니이다 曰 何不以諫也㉓오 御者曰 君喜道諛㉔하고 而惡至言이라 臣欲進諫이로대 恐先郭亡이라 是以不諫也니이다 郭君作色而怒曰 吾所以亡者는 誠何哉오 御轉其辭曰 君之所以亡者는 太賢일새니이다 曰 夫賢者所以不爲存而亡者는 何也㉕오 御曰 天下無賢而獨賢㉖이라 是以亡也니이다 郭君喜㉗하여 伏軾而歎㉘曰 嗟乎라 夫㉙賢人者如此乎㉚아 於是㉛에 身倦力解하여 枕御膝而臥한대 御自易以塊㉜하여 疎行而去㉝하니 身死中野하여 爲虎狼所食하니 此其不生者也㉞라 故先生者는 當年霸하니 楚莊王是也요 後生者는 三年而復하니 宋昭公是也요 不生者는 死中

野㉟하여 爲虎狼所食하니 郭君是也라 有先生者하고 有後生者하고 有不生者㊱니라 詩曰 聽言則對하고 誦言如醉니라

① 問者曰 : 賈誼의 ≪新書≫ 〈先醒〉편에 "懷王問於賈君(懷王이 賈君(가의)에게 물었다.)"이라고 하였다. 懷王은 漢 文帝의 작은 아들로, 梁王 揖이다.
賈誼新書先醒篇云 懷王問於賈君이라하니 懷王은 漢文帝少子니 梁王揖也라

② 猶言先醒也 : '醒'은 '星'이라고 읽는다. 趙懷玉本에 '曰猶言先醒也'로 되어 있고, 그 교감한 내용에 "여러 本에 모두 '曰'자가 빠져 있었는데, 賈誼의 ≪新書≫ 〈先醒〉편을 살펴보면 懷王의 물음을 이어 賈君이 대답하였으니, 여기에 마땅히 '曰'자가 있어야 하므로 이제 보충한다." 하였다.
醒은 讀曰星이라 趙本에 作曰猶言先醒也요 校語에 本皆脫曰字라 案賈子先醒篇컨대 係懷王問하여 賈君答하니 則此當有曰字라 今補라

③ 治 : 趙懷玉本에는 이 글자가 없다.
趙本에 無此字라

④ 不知治亂之所由 : '治'자는 ≪新書≫를 따라 교정하고 보충한다. '亂' 뒤에 이어서 '存亡' 두 글자가 있다.
治字는 從新書校補이라 亂下에 仍有存亡二字라

⑤ 眊眊乎其猶醉也 : '眊眊乎'는 ≪新書≫에 '純純然'으로 되어 있다. 趙懷玉이 교감한 내용에 "'眊眊'는 賈誼의 ≪新書≫에 '忳忳'으로 되어 있다." 하였다.
眊眊乎는 書作純純然이요 校語에 眊眊는 賈子作忳忳이라

⑥ 故世主有先生者 : '生'은 '醒'으로 간주하여 읽어야 한다. 뒤에도 모두 같다. ≪新書≫에는 모두 '醒'으로 되어 있다. 趙懷玉이 교감한 내용에 "'生'자 세 개는 賈誼의 ≪新書≫에 모두 '醒'으로 되어 있으니, 여기의 기록은 잘못된 듯하다. 아래에도 모두 같다." 하였다.
生은 當讀爲醒이니 下皆同이라 書竝作醒이라 趙校語에 三生字는 賈子에 俱作醒하니 此似譌라 下竝同이라

⑦ 謀事而居 : '居'는 '當'이 되어야 한다. 趙懷玉이 교감한 내용에 "'當'인 듯하다." 하였다.
居는 當作當이라 趙校語에 疑當이라

⑧ 能自取師者王 能自取友者霸 而與居不若其身者亡 : ≪新書≫에 "其君賢君也而又有師者王 中君也而有友者伯 下君也而群臣又莫若者亡(그 군주가 현명한 군주인데다가 스승이 있는 자는 왕이 되고, 그 군주가 중간 정도의 수준인데 벗이 있는 자는 패자가 되고, 그 군주가 하등의 수준인데 신하들도 그만 못하는 자는 망한다.)"이라고 하였다. ≪新序≫ 〈雜事〉에 "足己而群臣莫之若者亡(자기에게 만족하고 신하들도 그만 못하는 자는 망한다.)"이라고 하였다.
書云 其君賢君也而又有師者는 王이요 中君也而有友者는 伯요 下君也而群臣又莫若者亡

이라 新序雜事云 足己而群臣莫之若者는 亡이라

⑨ 莊王之德宜君人 威服諸侯 : ≪新書≫에 "戰服大國 義從諸侯(큰 나라와 싸워 복종시키고 의리로 제후들을 복종시키다.)"라고 하였다.

書云 戰服大國하고 義從諸侯라

⑩ 思索賢佐 : '索'은 ≪新書≫에 '得'으로 되어 있다.

索은 書作得이라

⑪ 此其先生者也 : 나라 존망의 이유를 먼저 깨달음을 말한 것이다.

謂先寤所以存亡也라

⑫ 吾知其所以亡矣 : 趙懷玉이 교감한 내용에 "≪新序≫ 〈雜事五〉에 '其'자가 없다." 하였다.

趙校語에 新序雜事五에 無其字라

⑬ 數十人 : ≪新書≫에 '數百人'으로 되어 있다.

書作數百人이라

⑭ 發言動事 : ≪新書≫에 '發政擧吏(정사를 행하고 관리를 천거하다.)'로 되어 있다.

書作發政擧吏라

⑮ 百人 : ≪新書≫에 '千人'으로 되어 있다.

書作千人이라

⑯ 改操易行 : '改操'는 ≪新書≫에 '革心(마음을 바꾸다.)'으로 되어 있다.

改操는 書作革心이라

⑰ 諡爲昭 : '諡' 앞에 '卒'자가 있어야 한다. 趙懷玉이 교감한 내용에 "賈誼의 ≪新書≫에는 '公'자가 있다." 하였다.

諡上에 當有卒字라 趙校語에 賈子有公字라

⑱ 此其後生者也 : 이미 망하였지만 그래도 나라 존망의 이유를 깨달은 것이다.

旣亡矣로대 而乃寤所以存〔亡〕[19]이라

⑲ 郭君出郭 : '郭'은 ≪新書≫에 '虢'으로 되어 있다. 趙懷玉이 교감한 내용에 "賈誼의 ≪新書≫에는 '出走'로 되어 있다." 하였다.

郭은 書作虢이라 趙校語에 賈子作出走라

⑳ 饑 : 趙懷玉本에 '飢'로 되어 있다. 뒤에도 같다.

趙本에 作飢니 下同이라

㉑ 進乾脯粱糗 : '乾'은 ≪新書≫에 '腶(단)'으로 되어 있다.

乾은 書作腶라

㉒ 何備也 : '備'는 ≪新書≫에 '給'으로 되어 있다.

備는 書作給이라

---

19) 亡 : 원문에는 없으나 각 단락 끝의 '先生', '不生'을 설명한 각주에 '謂先寤所以存亡也' '此已亡矣猶不寤所以存亡'으로 되어 있는 것에 의거하여 보충하였다.

㉓ 何不以諫也 : 趙懷玉이 교감한 내용에 "'不'과 '以'는 도치된 듯하다." 하였다.
趙校語에 不以는 疑倒라

㉔ 君喜道諛 : '喜道'는 ≪新書≫에 '好諂'으로 되어 있다.
喜道는 書作好諂이라

㉕ 夫賢者所以不爲存而亡者何也 : ≪新書≫에 "賢人之所以存也 亡何也(현명함은 사람이 살아남을 수 있는 이유인데, 망한 것은 어째서인가?)"라고 하였다.
書云 賢은 人之所以存也어늘 亡은 何也오하니라

㉖ 獨賢 : 趙懷玉本에 '君獨賢'으로 되어 있고, 그 교감한 내용에 "舊本에는 '君'자가 없었는데 文義를 살펴 보충한다." 하였다.
趙本에 作君獨賢이요 校語에 舊本無러니 案文義補라

㉗ 郭君喜 : 여기의 세 글자는 ≪新書≫를 따라 교정하고 보충한다. 趙懷玉本에 '喜'자가 없고, 그 校語에 "'郭君' 두 글자는 舊本에 없었는데 文義를 살펴 보충한다." 하였다.
此三字는 從新書校補라 趙本에 無喜字요 校語에 郭君二字는 舊本無러니 案文義補라

㉘ 伏軾而歎 : '伏'은 ≪新書≫에 '據'로 되어 있다. '軾'은 '式'으로 되어 있으니 '式'과 '軾'은 옛날에 통용되었다.
伏은 書作據라 軾은 作式이니 式軾은 古通이라

㉙ 夫 : 趙懷玉이 교감한 내용에 "'夫'는 여러 本에 '失'로 되어 있으니 잘못된 것이다. 이제 개정한다." 하였다.
趙校語에 夫는 本作失譌라 今改正이라

㉚ 賢人者如此乎 : ≪新書≫에 "賢固若是苦耶(현명한 것이 참으로 이렇게 괴로운 것인가.)"라고 하였다.
書云 賢固若是苦耶아하니라

㉛ 於是 : ≪新書≫에 "徒行山中(걸어서 산속으로 가다.)"라고 하였다.
書云 徒行山中이라

㉜ 自易以塊 : '塊'는 舊本에 '備'로 되어 있었는데 잘못된 것이다. 이제 ≪新書≫를 따라 교정한다. 趙懷玉本에는 '備'로 되어 있다.
塊는 舊作備誤라 今從新書校正이라 趙本作備라

㉝ 踈行而去 : 踈行은 '間行(몰래 가다)'의 뜻이다. ≪新書≫에는 '逃行'으로 되어 있다.
踈行은 間行也라 書作逃行이라

㉞ 此其不生者也 : 이것은 이미 망하였는데도 여전히 나라 존망의 이유를 깨닫지 못한 것이다.
此已亡矣어늘 猶不寤所以存亡이라

㉟ 死中野 : ≪新書≫에 "枕土而死(흙덩이를 베고 죽다.)"라고 하였다.
書云 枕土而死라

㊱ 有先生者 有後生者 有不生者 : 趙懷玉本에 이 열두 글자가 없고, 그 교감한 내용에 "이 뒤에 각 本에는 '先生者後生者有不生者' 모두 열한 글자가 쓸데없이 덧붙여 있다." 하였다. 趙本에 無此十二字요 校語에 此下各本에 衍有先生者後生者有不生者(其)〔共〕[20]十一字라

6-12 田常이 簡公을 시해하고[21] 나라 사람들과 다음과 같이 맹약하였다.

"맹약에 참여하지 않는 자는 그 가족까지 죽이리라"

이 말을 듣고 石他가 말하였다.

"옛날 임금을 섬기는 자는 그 임금의 일을 위해 죽었다. 임금을 버리고 어버이를 온전히 지키는 것은 충성이 아니고, 어버이를 버리고 임금의 일을 위해 죽는 것은 효도가 아니니, 나는 이렇게 하지 못하겠다. 그렇지만 맹약에 참여하지 않으면 나의 어버이가 죽게 되고 남을 따라 맹약에 참여한다면 나의 임금을 저버리게 된다. 아아! 亂世에 태어나 正道를 따라 행하지 못하고 포악한 사람에게 협박을 받아 의리를 온전히 지키지도 못하니, 슬프구나."

그러고는 나아가 맹약에 참여함으로써 부모의 목숨을 지키고, 물러나 자살함으로써 임금을 위해 죽었다. 이 소문을 들은 자가 말하였다.

"군자답다. 편안히 받아들였으니, 天命이로다."[22]

≪詩經≫ 〈大雅 桑柔〉에 말하였다.

"사람들이 말하기를 이러지도 저러지도 못한다고 하네."

이는 石선생을 두고 말한 것이다.

田常弑簡公①하고 乃盟於國人曰 不盟者는 死及家②리라 石他③曰 古之事君者는 死其君之事하니 舍君以全親은 非忠也요 舍親以死君之事는 非孝也니 他則不能이라 然不盟④은 是殺吾

---

20) (其)〔共〕 : 저본에는 '其'로 되어 있으나, ≪韓詩外傳集釋≫에 의거하여 '共'으로 바로잡았다.

21) 田常이 簡公을 시해하고 : 田常은 齊나라의 대부 陳恒으로, 제나라 국정을 擅斷하다가 齊簡公을 죽이고 스스로 승상이 되었다. 이 사건은 ≪論語≫ 〈憲問〉에도 보이는데, 거기에 "陳成子가 簡公을 시해하자, 공자께서 목욕하고 조회하여 애공에게 아뢰기를, '진항이 그 군주를 시해하였으니 토벌하소서.' 하였다.〔陳成子弑簡公 孔子沐浴而朝 告於哀公曰 陳恒弑其君 請討之〕"라고 하였다.

22) 편안히……天命이로다 : 이 부분은 周廷寀의 주석에 따라 번역한 것인데, 이에 대해 ≪韓詩外傳集釋≫의 저자 維遹은 "여러 本에서 모두 '천명을 편안히 받아들이다.〔安之命矣〕'라고 하였다. '之'는 '於'와 같다. 周廷寀가 '安之'에서 구를 끊은 것은 틀린 듯하다."라고 하였다.

親也요 從人而盟은 是背吾君也라 嗚呼라 生亂世⑤하여 不得正行하고 劫乎暴人하여 不得全義하니 悲夫라하고 乃進盟以免父母하고 退伏劍以死其君이라 聞之者曰 君子哉라 安之⑥하니 命矣로다 詩曰 人亦有言호대 進退惟谷[23]이라하니 石先生之謂也라

① 田常弑簡公 : 이 일은 ≪春秋≫哀公 14년 6월에 기린을 잡고 絶筆한 일 뒤에 있다.
事는 在春秋哀公十四年六月獲麟絶筆之後라

② 乃盟於國人曰 不盟者死及家 : ≪新序≫〈義勇〉에 "盟者皆完其家 不盟者殺之(맹약에 참여한 자는 그 집안 식구들을 모두 살려주고, 맹약에 참여하지 않은 사람은 죽이다.)"라고 하였다.
新序義勇云 盟者皆完其家하고 不盟者殺之라

③ 石他 : ≪新序≫에는 '石他人'으로 되어 있다. 趙懷玉이 교감한 내용에 "≪新序≫〈義勇〉편에 '石他人'으로 되어 있다." 하였다.
序作石他人이라 趙校語에 新序義勇篇에 作石他人이라

④ 然不盟 : '然' 앞에 ≪新序≫에는 '雖'자가 있다.
然上에 序有雖字라

⑤ 生亂世 : '生' 뒤에 ≪新序≫에는 '於'자가 있다.
生下에 序有於字라

⑥ 安之 : 여기에서 구를 끊어야 한다.
句라

6-13 ≪周易≫에 말하였다.

"돌에 채이고 가시에 앉아있다. 집에 들어가더라도 아내를 보지 못하니 凶하다."[24]

이것은 곤란한 상황에 처해 있지만 賢人의 도움을 받지 못함을 말한 것이다. 옛날에 秦 繆公은 殽山에서 곤란한 일을 당하였지만 즉시 五羖大夫(百里奚), 蹇叔, 公孫支의 도움을 받아 작게나마 霸者가 되었고,[25] 晉 文公은 驪氏 때문에 곤란한 일을

23) 進退惟谷 : '惟'는≪詩經≫에 '維'로 되어 있다.
24) 돌에……凶하다 : 困卦 六三의 爻辭의 내용으로, 進退가 모두 불가하여 편안히 처할 바가 없으므로 凶한 것이다. 이에 대해〈繫辭傳 下〉에서는 "困難을 당할 바가 아닌데 이를 피하지 않아 困難을 당하였으니 名譽가 반드시 辱되고, 앉을 곳이 아닌데 앉았으니 몸이 반드시 위태롭다. 이미 辱되고 위태롭다면 죽음이 이를 것이니 어찌 그 아내를 만날 수 있겠는가.〔非所困而困焉 名必辱 非所據而據焉 身必危 旣辱且危 死期將至 妻其可得見耶〕"라고 풀이하였다.
25) 秦 繆公은……되었고 : 秦 繆公은 魯 僖公 33년에 鄭나라 사람의 꾐에 빠져 蹇叔과 百里奚의 말을 듣지 않고 정나라를 공격하게 하였다가 실패하고 돌아오는 길에 殽山에서 晉나라의 매복군에 의해 크게 패하였다. 그러자 진 목공은 素服을 입고 자책하고 건숙과 백리

당하였지만 즉시 咎犯, 趙衰, 介子推의 도움을 받아 마침내 임금의 자리에 올랐으며,[26] 越王 句踐은 會稽山에서 곤란한 일을 당하였지만 즉시 范蠡, 大夫種(文種)의 도움을 받아 남쪽 나라의 패자가 되었고,[27] 齊 桓公은 長勺에서 곤란한 일을 당하였지만 즉시 管仲, 甯戚, 隰朋의 도움을 받아 천하를 바로잡았다.[28] 이들은 모두 곤란한 상황에 처해 있었지만 즉시 현인의 도움을 받아들일 줄 안 사람들이다. 대체로 곤란한 상황에 처해 있는데도 즉시 현인의 도움을 받아들일 줄 몰라 망하지 않는 자는 이제까지 없었다.

≪詩經≫ 〈大雅 瞻卬〉에 말하였다.

"善人의 보필이 없으니 나라가 병들고 피폐해졌도다."

이는 善人이 없음을 말한 것이다.

易曰 困于石하며 據于蒺藜라 入于其宮이라도 不見其妻니 凶이라하니 此言困而不見據賢人者也라 昔者에 秦繆公은 困於殽로대 疾據五羖大夫 蹇叔 公孫支而小霸하고 晉文①은 困於驪氏로대 疾據咎犯 趙衰 介子推而遂為君하고 越王句踐은 困於會稽로대 疾據范蠡 大夫種而霸南國하고 齊桓公은 困於長勺이로대 疾據管仲 甯戚 隰朋而匡天下하니 此皆困而知疾據賢人者也라 夫困而不知疾據賢人而不亡者는 未嘗有之也니라 詩曰 人之云亡하니 邦國殄瘁로다하니 無善人之謂也라

① 晉文 : 趙懷玉本에 '公'자가 있는데, 그 校語에 "舊本에는 이 글자가 빠져 있었는데 이제 보충한다. 秦 繆公, 齊 桓公과 같은 예이다." 하였다.
趙本에 有公字요 校語에 舊脫今補라 與秦齊一例라

6-14 孟子가 齊 宣王에게 유세하였는데[29] 왕이 좋아하지 않았다. 淳于髡[30]이 왕을

해, 公孫支 등을 중용하여, 그 후에 晉나라와 싸워 크게 이겼다. 이 때문에 秦나라는 크게 부흥하여 제후의 霸者가 되었다.(≪春秋左氏傳≫ 僖公 32년, 33년, ≪史記≫ 〈秦本紀〉)

26) 晉 文公은……올랐으며 : 晉 文公은 아버지 晉 獻公의 寵姬 驪姬의 亂으로 19년 동안 국외에서 망명생활을 하였다. 이때 狐偃, 趙衰, 介子推, 賈佗, 先軫 등의 도움으로 살 수 있었고, 나중에 임금 자리에 올라 진나라를 안정시키고 패자가 되었다.(≪史記≫ 권39 〈晉世家〉)

27) 越王 句踐은……되었고 : 越王 句踐은 吳王 夫差와 싸웠는데 패배하여 會稽山에서 굴욕적인 강화를 맺었다. 구천은 월나라로 돌아간 뒤 자리 옆에 쓸개를 매달아 놓고 이를 맛보며 스스로 회계산의 치욕을 상기하였고, 范蠡, 文種 등과 10년 동안 부국강병을 이룩하여 오나라에 패배를 설욕하고 패자가 되었다.(≪史記≫ 권41 〈越王句踐世家〉)

28) 齊 桓公은……바로잡았다 : 齊 桓公은 魯 莊公 10년에 魯나라를 침략하였다가 長勺에서 패배하였다. 그후 管仲, 甯戚, 隰朋 등의 도움으로 패자가 되었다.(≪春秋左氏傳≫ 莊公 10년)

29) 孟子가……유세하였는데 : 齊 宣王은 文學에 빼어나고 遊說에 뛰어난 선비를 좋아하여 騶

모시고 있었는데, 맹자가 말하였다.

“오늘 公의 군주께 유세하였는데 공의 군주가 좋아하지 않은 것은 아마도 좋은 의견이 좋은 줄 몰라서 그런 듯합니다.”

순우곤이 대답하였다.

“선생께서도 진실로 좋은 의견이 없어서일 뿐입니다. 옛날 瓠巴[31]가 비파를 연주하자 물속의 물고기들이 수면 위로 나와서 들었고, 伯牙[32]가 거문고를 연주하자 여섯 필의 말[33]이 고개를 들고 꼴을 먹었습니다. 물고기와 말도 오히려 좋은 것이 좋을 줄을 아는데 하물며 사람의 경우에 있어서야 말할 것이 있겠습니까.”

그러자 맹자가 말하였다.

“대체로 우레와 벼락이 치면 대나무가 꺾이고 나무가 부러지며 천하를 진동시키지만 귀머거리는 끝내 듣지 못하고, 밝은 해와 달이 천하를 두루 비추지만 소경은 끝내 보지 못합니다. 지금 공의 군주가 이와 같습니다.”

이 말을 듣고 순우곤이 대답하였다.

“그렇지 않습니다. 옛날에 揖封이 高商에서 자라자 齊나라 사람들이 노래를 좋아하였고, 杞梁의 아내가 슬프게 哭을 하자 사람들이 칭찬하였습니다.[34] 그러므로 소리는 아무리 작더라도 들리게 마련이고 행동은 아무리 숨기더라도 드러나게 마련입니다. 선생께서 참으로 賢能하다면 魯나라에 계실 때 노나라의 영토가 줄어든 것은 어째서입니까?”

그러자 맹자가 말하였다.

衍, 淳于髡, 田駢 등 76명을 초빙하여 작위를 내리고 번화한 길에 큰 집을 지어 주며 잘 대우하여 제나라에서 천하의 현명한 선비들을 불러 모았다. 이때 맹자도 齊나라에 가서 유세하였으나 결국 등용되지 못하였다.(≪史記≫ 권74 〈孟子荀卿列傳〉)

30) 淳于髡 : 전국시대 제나라의 辯士이다. 齊 宣王의 초빙에 응하여 높은 작위를 받았다.

31) 瓠巴 : 고대에 비파를 잘 타던 사람이다.

32) 伯牙 : 춘추시대 거문고의 명수로, 伯牙絶絃의 고사로 유명하다.

33) 여섯 필의 말 : 천자의 수레는 여섯 마리의 말이 끌기 때문에 보통 천자의 말을 가리킨다. 일설에는 여섯 종류의 말로 種馬, 戎馬, 齊馬, 道馬, 田馬, 駑馬를 가리킨다고도 한다.

34) 옛날에……칭찬하였습니다 : 이 구절과 비슷한 내용이 ≪孟子≫ 〈告子 下〉에도 보이는데, 거기에 “淳于髡이 말하기를 ‘옛적에 王豹가 淇水가에서 지내니 河西 지방의 사람들이 노래를 잘하였고, 綿駒가 高唐에서 지내니 제나라 서쪽 지방의 사람들이 노래를 잘하였고, 華周와 杞梁의 아내가 그 남편의 喪에 곡을 잘하니 나라의 풍속이 변했다.’ 하였다. 〔曰昔者王豹處於淇 而河西善謳 綿駒處於高唐 而齊右善歌 華周杞梁之妻 善哭其夫 而變國俗〕”라고 하였다.

“賢人을 기용하지 않으면 어찌 영토를 빼앗기는 데에 그치겠습니까. 그러므로 배를 삼킬만한 큰 물고기는 작은 못에서 살지 못하고 법도가 있는 선비는 더러운 세상에서 살지 못합니다. 국화꽃은 겨울이 되면 반드시 시들게 마련이니, 저도 그러한 때에 처해 있는 것입니다.”

≪詩經≫에 말하였다.

“먼저 태어나지도 나중에 태어나지도 못하였네.”[35]

이는 도가 쇠퇴한 세상을 만남을 말한 것이 아니겠는가.

孟子說(세)齊宣王而不說(열)이라 淳于髡侍러니 孟子曰 今日說公之君호대 公之君不說은 意者其未知善之爲善乎아 淳于髡曰 夫子亦誠無善耳라 昔者에 瓠巴鼓瑟이어늘 而潛魚出聽하고 伯牙鼓琴이어늘 而六馬仰秣①하니 魚馬猶知善之爲善이어든 而況若人者也아 孟子曰 夫雷電之起也에 破竹折木하고 震驚天下호대 而不能使聾者로 卒有聞②하고 日月之明이 徧照天下호대 而不能使盲者로 卒有見하니 今公之君若此也라 淳于髡曰 不然하다 昔者에 揖封生高商③이어늘 齊人好歌하고 杞梁之妻悲哭이어늘 而人稱詠하니 夫聲無細而不聞하고 行無隱而不形④하니이다 夫子苟賢이면 居魯而魯國之削⑤은 何也오 孟子曰 不用賢이면 削何有也[36]오 呑舟之魚는 不居潛澤하고 度量之士는 不居汙世이라 夫蓺는 冬至必彫하나니 吾亦時矣로다 詩曰 不自我先하며 不自我後라하니 非遭彫世者歟아

① 瓠巴鼓瑟而潛魚出聽 伯牙鼓琴而六馬仰秣 : ≪荀子≫ 〈勸學〉편 楊倞의 注에 “瓠巴伯牙竝不知何代人(瓠巴와 伯牙는 모두 어느 시대의 사람인지 모른다.)”이라고 하였다. ≪列子≫에 “瓠巴鼓瑟 鳥舞魚躍(瓠巴가 瑟을 연주하자 새가 춤을 추고 물고기가 뛰었다.)”이라고 하였고, 또 “伯牙善鼓琴 鐘子期善聽(伯牙는 琴을 연주하는 것을 잘하고 鐘子期는 듣기를 잘하였다.)”이라고 하였으니, 그렇다면 ‘瑟’과 ‘琴’은 동일한 악기이다. ≪書經≫에 “懍乎若朽索之馭六馬(썩은 새끼줄로 여섯 필의 말을 모는 것처럼 두려움을 느낀다.)”라고 하였는데, 班固의 ≪白虎通≫에 “天子之馬六者 示有事於天地四方也(천자의 말이 여섯 필인 것은 천지와 사방에 일이 있음을 보인 것이다.)”라고 하였다.

荀子勸學篇文楊注에 瓠巴伯牙는 竝不知何代人이라 列子云 瓠巴鼓瑟하니 鳥舞魚躍이라하고 又云 伯牙善鼓琴하고 鐘子期善聽이라하니 然則瑟琴一也라 書云 懍乎若朽索之馭六馬라하니 白虎通云 天子之馬六者는 示有事於天地四方也라

---

35) 먼저……못하였네 : 이 구절은 ≪詩經≫ 〈小雅 正月〉과 〈大雅 瞻卬〉 두 곳에 보인다.

36) 不用賢削何有也 : ≪孟子≫ 〈告子 下〉에는 “현자를 기용하지 않으면 망하니, 어찌 영토를 뺏기는 데에 그치겠는가.〔不用賢則亡 削何可得與〕”라고 하였다.

② 卒有聞 : '卒'은 '猝'로 간주하여 읽는다.
卒은 讀曰猝이라

③ 揖封生高商 : 趙懷玉이 교감한 내용에 "≪孟子≫의 '緜駒'는 '揖封'이라고 하고, '高唐'은 '高商'이라고 하였으니 ≪孟子≫와 다르다." 하였다.
趙校語에 以緜駒爲揖封하고 以高唐爲高商하니 與孟子異라

④ 夫聲無細而不聞 行無隱而不形 : 두 구절도 ≪荀子≫ 〈勸學〉의 글이다.
二句亦勸學文이라

⑤ 居魯而魯國之削 : 趙懷玉이 교감한 내용에 "어떤 本에는 뒤의 '魯'자가 없기도 하다." 하였다.
趙校語에 本或無次魯字라

6-15 孔子가 말하였다.

"남과 종일토록 말하더라도 싫증나지 않는 것은 오직 학문일 것이다. 그 용모는 볼 만한 것이 없고, 勇力은 두렵게 할 만한 것이 없으며, 가문은 칭송할 만한 것이 없고, 先祖는 말할 만한 분이 없지만, 사방에 널리 알려지고 제후에게 명성이 드러날 수 있는 것은 오직 학문일 것이다."

≪詩經≫ 〈大雅 假樂〉에 말하였다.

"잘못되지 않고 잊지도 않음은 옛 법도를 따르기 때문이다."

이는 학문을 이른 것이다.

孔子曰[①] 可與言終日[②]而不倦者는 其惟學乎인저 其(身)〔容〕體不足觀也[③]요 勇力不足憚也요 族姓不足稱也요 宗祖不足道也[④]로대 而可以聞於四方[⑤]而昭於諸侯者[⑥]는 其惟學乎인저 詩曰 不愆不忘은 率由舊章이라하니 夫學之謂也라

① 孔子曰 : ≪孔子家語≫ 〈致思〉에 "孔子謂伯魚也(공자가 伯魚에게 이르다.)"라고 하였다.
家語致思에 以爲孔子謂伯魚也라

② 可與言終日 : '言'은 ≪孔子家語≫에 '人'으로 되어 있다. ≪說苑≫ 〈建本〉도 같다.
言은 家語作人이라 說苑建本同이라

③ 其身體不足觀也 : '身'은 ≪孔子家語≫에 '容'으로 되어 있으니, 옳다.
身은 家語作容是라

④ 族姓不足稱也 宗祖不足道也 : '宗'은 ≪說苑≫과 ≪孔子家語≫에 모두 '先'으로 되어 있다. 趙懷玉이 교감한 내용에 "≪說苑≫ 〈建本〉편과 ≪孔子家語≫ 〈致思〉편에 모두 앞 구절은 '先祖'로 되어 있고 뒤 구절은 '族姓'으로 되어 있다." 하였다.

宗은 說苑과 家語에 竝作先이라 趙校語에 說苑建本篇과 家語致思篇에 皆上句作先祖요 下句作族姓이라

⑤ 聞於四方：≪孔子家語≫에 "顯聞四方(사방에 널리 알려지다.)"이라고 하였다.
家語云 顯聞四方이라

⑥ 昭於諸侯者：≪孔子家語≫에 "流聲後裔(명성이 후대에까지 전해지다.)"라고 하였다.
家語云 流聲後裔라

6-16 孔子가 말하였다.

"天命을 모르면 君子가 될 수 없다."[37)]

이는 하늘이 낸 사람에게는 모두 仁義禮智와 善을 따르는 마음이 있음을 말한 것이니, 하늘이 생명을 부여한 이유를 모른다면 인의예지와 선을 따르는 마음이 없는 것이다. 인의예지와 선을 따르는 마음이 없는 사람을 小人이라고 한다. 그러므로 "천명을 모르면 군자가 될 수 없다."라고 하는 것이다.

≪詩經≫〈小雅 天保〉에 말하였다.

"하늘이 너를 보호하고 안정시키기를 또한 심히 견고히 하도다."

이는 하늘이 인의예지를 주어 사람을 보호하고 안정시키기를 아주 견고하게 함을 말한 것이다.

≪詩經≫〈大雅 烝民〉에 말하였다.

"하늘이 백성을 내시니 사물이 있는 곳에 법칙이 있도다. 백성이 떳떳한 본성을 지닌지라 이 아름다운 덕을 좋아한다."

이는 백성이 덕을 갖추고 이로써 하늘을 본받음을 말한 것이다. 그러므로 하늘을 본받아야 하는 이유를 모른다면 또 어떻게 군자가 될 수 있겠는가.

子曰 不知命이면 無以爲君子라하니 言天之所生이 皆有仁義禮智順善之心하니 不知天之所以命生이면 則無仁義禮智順善之心이라 無仁義禮智順善之心을 謂之小人이라 故曰 不知命이면 無以爲君子라하니라 小雅曰 天保定爾 亦孔之固로다하니 言天之(所)以仁義禮智保定人之甚固也①라 大雅曰 天生蒸民하니 有物有則이로다 民之秉彝라 好是懿德이라하니 言民之秉德以則天也라 不知所以則天이면 又焉得爲君子乎아

---

37) 天命을……없다：≪論語≫〈堯曰〉에 보이는 말로, 天命이 있음을 알아서 해로운 일을 보더라도 반드시 피하려 하지 않고 이로운 일을 보더라도 반드시 쫓아가려 하지 않기 때문에 군자가 될 수 있다고 하였다.(≪論語集註≫)

① 言天之所以仁義禮智保定人之甚固也 : '所'자는 衍字인 듯하다.
所字疑衍이라

6-17 王은 반드시 牧[38]을 세우고 각 방면에 두 사람씩 두어 그들에게 먼 지방의 실정을 살피고 백성을 다스리게 하였다. 그리하여 먼 지방의 백성들이 굶주리고 추위에 떨고 있는데도 옷과 음식이 없거나, 訟事가 있는데도 억울함을 풀어주지 못하거나, 賢者을 놓치고 천거하지 않은 경우가 있으면 들어가 천자에게 보고하게 하였다. 그러면 천자는 그 제후국의 군주가 朝見할 때 揖을 하면 조정에 나오게 하여 말하였다.

"아, 朕의 政敎가 합당하지 못한 것이 있소? 어찌하여 백성들이 굶주리고 추위에 떨고 있는데도 옷과 음식이 없으며, 송사가 있는데도 억울함을 풀어주지 못하며, 賢者를 놓치고 천거하지 않는 것이오?"

그러한 뒤에 제후국의 군주가 물러나 〈본국에 돌아가서〉 卿大夫와 함께 〈이 일에 대해 어떻게 처리할지〉 의논하였다. 먼 지방의 백성들이 이 소문을 듣고 모두 말하였다.

"이분은 참으로 천자이시다. 우리가 궁벽한 곳에 살고 있는데 우리의 사정을 가까이에서 보며, 우리가 깊은 곳에 살고 있는데 우리의 사정을 밝게 보고 있으니, 속일 수 있겠는가."

그러므로 牧은 사방의 눈을 밝히고 사방의 귀를 통하게 하는 것이다.[39]

≪詩經≫ 〈大雅 烝民〉에 말하였다.

"나라의 善惡을 仲山甫[40]가 밝히도다."

이것을 말한 것이다.

王者는 必立牧하고 方二人①하여 使闚遠牧衆也②라 遠方之民이 有饑寒而不得衣食하며 有獄訟而不平其冤③하며 失賢而不擧者④어든 入告乎天子케하면 天子於其君之朝也에 揖而進之曰 噫⑤라 朕之政敎有不得爾者邪아 何如⑥乃有饑寒而不得衣食하며 有獄訟而不平其冤하며 失賢而不擧오 然後其君退하여 而與其卿大夫謀之하니 遠方之民聞之하고 皆曰 誠天子也라 夫我居

38) 牧 : 각 州를 다스리는 牧民官이다.
39) 사방의……것이다 : 눈과 귀를 열어두고 사방의 사정을 두루 살피고 사방의 사정을 두루 듣는다는 말이다. ≪書經≫ 〈舜典〉에 "사악에게 물어 사방의 문을 열어놓고, 사방의 눈을 밝히고 사방의 귀를 통하게 하셨다.〔詢于四岳 闢四門 明四目 達四聰〕"라고 하였다.
40) 仲山甫 : 周 宣王 때의 賢臣으로, 자세한 내용은 5-24 注에 보인다.

之僻호대 見我之近也요 我居之幽호대 見我之明也니 可欺乎哉아 故牧者는 所以開四目하며 通四聰也니라 詩曰 邦國若否를 仲山甫明之라하니 此之謂也라

① 方二人 : '二'는 ≪說苑≫ 〈君道〉에 '三'으로 되어 있는데, 잘못된 것이다.
二는 說苑君道에 作三誤라

② 方二人 使闚遠牧衆也 : 趙懷玉本에 '三人'으로 되어 있고, 그 교감한 내용에 "'三人'은 舊本에 '二人'으로 되어 있었는데, 잘못된 것이다. 살펴보건대 각 방면마다 세 사람이 네 방면에 있기 때문에 12牧이 되는 것이다. 이제 ≪續漢書≫ 〈百官志五〉 劉昭의 注에서 인용한 글에 의거하여 고친다. 또 '使'자 앞에 '所以' 두 글자가 있다." 하였다.
趙本에 作三人이요 校語에 三人은 舊本作二人譌라 案컨대 方三人四方이라 故十有二牧也라 今據續漢書百官志五劉昭注引改라 又使字上에 有所以二字라

③ 有獄訟而不平其冤 : ≪說苑≫에 "有獄訟而失職者(송사가 있는데도 직책을 다하지 않는 경우가 있다.)"라고 하였다. 趙懷玉이 교감한 내용에 "劉昭의 注에서 인용한 글에는 '獄訟而冤失職(송사가 있는데도 억울함에 대해 직책을 수행하지 못하다.)'으로 되어 있다. 뒤에도 같다. 이제 여기의 '失'자는 바로 뒤 구절에 붙어야 한다." 하였다.
說苑云 有獄訟而失職者라 趙校語에 劉昭注引作獄訟而冤失職이니 下同이라 今此失字는 乃屬下句라

④ 失賢而不擧者 : ≪說苑≫에 "有賢才而不擧者(어진 인재가 있는데도 천거하지 않은 경우가 있다.)"라고 하였다.
說苑云 有賢才而不擧者라

⑤ 噫 : 趙懷玉이 교감한 내용에 "劉昭의 注에는 '意'로 되어 있다." 하였다.
趙校語에 劉注作意라

⑥ 何如 : 趙懷玉本에 '如何'로 되어 있고, 그 교감한 내용에 "예전에는 도치되어 있었는데 이제 劉昭의 注에 의거하여 순서를 바꾼다." 하였다.
趙本에 作如何요 校語에 舊倒러니 今據劉注乙이라

6-18 楚 莊王이 鄭나라를 치자,[41] 鄭伯이 上衣를 벗어 상체를 드러내고서 왼손으로는 茅旌[42]을 잡고 오른손으로는 鸞刀[43]를 잡고 나아가 장왕에게 말하였다.

"과인이 不德하여 변방을 지키는 신하가 하늘에 죄를 지어 大國의 군주로 하여금

---

41) 楚 莊王이……치자 : 鄭 襄公이 楚나라와 맹약을 하고서 晉나라를 섬기자, 魯 宣公 12년 봄에 초나라가 정나라를 정벌하여 도성을 포위한 지 3개월 만에 정나라의 항복을 받아내었다.(≪春秋左氏傳≫ 宣公 12년)
42) 茅旌 : 고대 제사에서 술을 거를 때 사용하는 띠풀의 일종이다.
43) 鸞刀 : 고대 제사에서 희생을 자를 때 사용하는 칼로, 칼의 고리에 방울이 달려 있다.

크게 진노한 채 멀리 이곳까지 오게 하였습니다."

장왕이 대답하였다.

"군주의 좋지 못한 신하가 왕래하면서 못된 말을 퍼트렸습니다. 이 때문에 과인으로 하여금 군주의 귀한 얼굴을 대면하게 하였으니, 자잘한 말 때문에 이 지경에 이른 것입니다."[44)]

장왕이 旌節을 받고 좌우로 초나라 군대를 지휘하고서 7里를 물러나 주둔하였다. 그러자 장군 子重[45)]이 앞으로 나와 간언하였다.

"남쪽 郢(초나라 수도)에서 정나라까지는 수 천리나 떨어져 있습니다. 이번 정벌에서 대부는 몇몇이 죽었고 잡역부는 수백 명이 죽었는데, 이제 전쟁에서 이기고서 정나라를 취하지 않는다면 백성과 신하의 힘을 헛되이 낭비한 것이 아니겠습니까?"

장왕이 대답하였다.

"내가 듣기로 옛날에 그릇이 쌓여 깨지거나 가죽옷이 쌓여 좀이 슬 정도로 국가 재정이 풍족하지 않으면 천하 사방으로 나가 정벌하지 않는다고 하였다. 이 때문에 군자는 예의를 중시하고 재물을 천시하는 것이다. 그 백성들을 복종시키기를 바랄 뿐 그 땅을 차지하기를 바라지 않으니, 정나라 사람이 복종하겠다고 알려왔는데 용서하지 않는 것은 상서롭지 못한 일이다. 내가 상서롭지 못한 일로 천하에 선다면 재앙이 내 몸에 미칠 것인데 어떻게 그 땅을 차지할 수 있겠는가."

얼마 후에 晉나라에서 파견한 정나라 구원병이 이르러 말하였다.

"一戰을 벌이기를 청합니다."

장왕이 허락하자, 장군 자중이 나와 간언하였다.

"진나라는 강한 나라입니다. 또 정나라까지 길이 가깝고 군사들도 정예병인데 반해 초나라 군사들은 오랜 원정에 지쳐있으니, 임금께서는 허락하지 마소서."

장왕이 대답하였다.

"안 된다. 强大國이라고 우리가 피하고 弱小國이라고 우리가 위협을 가한다면, 과인은 천하에 떳떳하게 설 수 없을 것이다."

그러고는 마침내 군대를 돌려 진나라 군대와 맞서 싸웠다. 장왕이 북채를 잡고 북을

---

44) 자잘한……것입니다 : 대수롭지 않은 말 때문에 오해를 불러와 전쟁을 하게 되었다는 말이다. ≪春秋公羊傳注疏≫에 "'微'는 작음을 비유한 것이다. 자잘한 말을 쌓아서 이 지경에 이른 것이다.〔微 喩小也 積小語言以致於此〕"라고 하였다.

45) 子重 : 楚나라 公子 嬰齊로, 令尹 子重이라고도 하며 左尹 子重이라고도 한다.

쳐서 군사들을 독려하자 진나라 군대가 大敗하였다. 그리하여 달아나는 병졸들이 다투어 배에 오르려다 잘린 손가락이 한 움큼이 될 정도였다. 장왕이 말하였다.

"아, 우리 양국의 군주가 사이좋지 못할 뿐인데 백성들이 무슨 죄인가."

그러고는 초나라 군대를 물려 진나라 군사들이 강을 건너갈 수 있게 하였다.

≪詩經≫ 〈大雅 烝民〉에 말하였다.

"부드러워도 삼키지 않고 강해도 뱉지 않네."

楚莊王伐鄭①하니 鄭伯肉袒하여 左把茅旌②하고 右執鸞刀以進③하여 言於莊王曰 寡人無良하여 邊陲之臣④이 以干天禍⑤하여 使大國之君으로 沛焉遠辱至此하니이다 莊王曰 君之不令臣⑥이 交易爲言이라 是以로 使寡人으로 得見君之玉面也而微至乎此하니라 莊王受節⑦하고 左右麾楚軍하여 退舍七里⑧한대 將軍子重進諫曰 夫南郢之與鄭으로 相去數千里에 大夫死者數人이요 廝役死者數百人⑨이니 今克而弗有면 無乃失民臣之力乎잇가 莊王曰 吾聞古者에 杅不穿⑩하고 皮不蠹면 不出於四方이라하니 以是君子之重禮而賤財也⑪라 要其人이요 不要其土하니 人告以從而不舍은 不祥也⑫라 吾以不祥立乎天下면 災及吾身하리니 何取之有⑬리오 旣晉之救鄭者至曰 請戰하노이다 莊王許之⑭한대 將軍子重進諫曰 晉은 彊國也라 道近兵銳⑮어니와 楚師奄罷⑯하니 君其勿許하소서 莊王曰 不可하다 彊者我避之하고 弱者我威之면 是寡人無以立乎天下也라하고 乃遂還師以逆晉寇하다 莊王援桴⑰而鼓之하니 晉師大敗하여 士卒奔者가 爭舟而指可掬也라 莊王曰 噫라 吾兩君不相好어늘 百姓何罪오하고 乃退楚師하여 以佚晉寇⑱하다 詩曰 柔亦不茹하고 剛亦不吐라

① 楚莊王伐鄭 : 邲 땅에서의 전투이니, 이 사건은 ≪春秋公羊傳≫ 宣公 12년에 있다. 趙懷玉이 교감한 내용에 "≪新序≫ 〈雜事 四〉에 '克之' 두 글자가 있다." 하였다.
邲之役也니 事在春秋宣公十二年公羊傳이라 趙校語에 新序雜事四에 有克之二字라

② 左把茅旌 : '茅旌'은 제사에 사용되는 것으로, 자른 것을 '籍'[46]라고 하고 자르지 않은 것을 '旌'이라고 한다. ≪新序≫ 〈雜事〉에 "旄旌"[47]이라고 한 것은 틀린 것이다.
茅旌은 祭祀所用이니 斷者曰籍이요 不斷曰旌이라 新序雜事云 旄旌者非也라

③ 右執鸞刀以進 : '進'은 ≪春秋公羊傳≫에 '逆'으로 되어 있고, ≪說苑≫에 '迎'으로 되어 있다.
進은 傳作逆이요 說苑作迎이라

④ 陲之臣 : '陲'는 ≪春秋公羊傳≫에 '垂'로 되어 있으니, '垂'와 '陲'는 옛날에 통용되었다.
陲는 傳作垂니 垂陲古通이라

46) 籍 : 문맥상 '茅'가 되어야 할 듯하다.
47) 旄旌 : 제사에 사용되는 것으로, 장대 끝에 소 꼬리털을 매단 깃발이다.

⑤ 天禍 : "天譴(하늘의 견책)"이라고 말하는 것과 같다. 여러 本에 모두 '大禍'로 잘못 되어 있는데 이제 ≪春秋公羊傳≫을 따라 校正한다. 趙懷玉이 교감한 내용에 "舊本에 '大褐'로 잘못 되어 있었는데 이제 ≪春秋公羊傳≫ 宣公 12년의 글에 의거하여 고친다." 하였다.

猶云天譴也라 本皆譌作大禍러니 今從公羊校正이라 趙校語에 舊譌作大褐이러니 今依公羊宣十二年傳文改라

⑥ 君之不令臣 : 趙懷玉이 교감한 내용에 "'之'는 舊本에 '子'로 잘못 되어 있었는데 ≪春秋公羊傳≫과 ≪說苑≫에 의거하여 고친다." 하였다.

趙校語에 之는 舊譌子러니 據兩書改라

⑦ 莊王受節 : ≪春秋公羊傳≫에 "莊王親自手旌(장왕이 직접 깃발을 잡다.)"이라고 하였다.

傳云 莊王親自手旌이라

⑧ 左右麾楚軍 退舍七里 : '麾'는 ≪春秋公羊傳≫에 '撝'로 되어 있다. '退'는 ≪說苑≫에 '還'으로 되어 있다.

麾는 傳作撝라 退는 說苑作還이라

⑨ 廝役死者數百人 : 풀을 베고 방비하는 자를 '廝'라고 하고, 물을 긷는 자를 '役'이라고 한다. '役' 뒤에 ≪春秋公羊傳≫에는 '扈養' 두 글자가 있다. '廝'는 ≪說苑≫에 '斯'로 되어 있으니 '斯'와 '廝'도 옛날에 통용되었다.

艾草爲防者曰廝이요 汲水漿者曰役이라 役下에 傳有扈養二字라 廝는 說苑作斯니 斯廝亦古通이라

⑩ 杅不穿 : '杅'는 물을 마시는 그릇이다. ≪說苑≫에 '盂'로 되어 있는데, 그 뜻은 같다.

杅는 飮水器라 說苑作盂同이라

⑪ 以是君子之重禮而賤財也 : '以是' 뒤에 ≪說苑≫에는 '見'자가 있다. ≪春秋公羊傳≫에 "是以君子篤於禮而薄於利(이 때문에 군자는 예의를 중시하고 이익을 천시한다.)"라고 하였다. 趙懷玉本에 '見君子'로 되어 있고, 그 교감한 내용에 "예전에는 '見'자가 빠져 있었는데, ≪新序≫에 의거하여 보충한다. ≪春秋公羊傳≫에는 '是以君子篤於禮而薄於利'로 되어 있다." 하였다.

以是下에 說苑有見字라 傳云 是以君子篤於禮而薄於利라 趙本에 作見君子요 校語에 舊脫見字러니 依新序補라 公羊作是以君子篤於禮而薄於利라

⑫ 人告以從而不舍不祥也 : '舍'는 ≪春秋公羊傳≫에 '赦'로 되어 있고, '祥'은 '詳'으로 되어 있다. 趙懷玉이 교감한 내용에 "≪春秋公羊傳≫과 ≪說苑≫에 '赦'로 되어 있다." 하였다.

舍는 傳作赦요 祥은 作詳이라 趙校語에 兩書作赦라

⑬ 何取之有 : '取'는 ≪春秋公羊傳≫에 '曰'로 되어 있다. 趙懷玉이 교감한 내용에 "'取'는 ≪春秋公羊傳≫과 ≪說苑≫에 '曰'로 되어 있다." 하였다.

取는 傳作曰이라 趙校語에 取는 兩書作曰이라

⑭ 莊王許之 : '之'는 ≪春秋公羊傳≫에 '諾'으로 되어 있다.
之는 傳作諾이라
⑮ 道近兵銳 : '兵銳'는 ≪說苑≫에 '力新'으로 되어 있다.
兵銳는 說苑에 作力新이라
⑯ 楚師奄罷 : '奄'은 ≪春秋公羊傳≫에 '淹'으로 되어 있으니 '奄'과 '淹'은 통용된다. '罷'는 '病'으로 되어 있고, ≪說苑≫에는 '疲勞'로 되어 있다. 趙懷玉이 교감한 내용에 "≪春秋公羊傳≫에 '楚師淹病矣(초나라 군대가 모두 지쳐있다.)'로 되어 있다." 하였다.
奄은 傳作淹이니 奄與淹通이라 罷는 作病이요 說苑作疲勞라 趙校語에 公羊作楚師淹病矣라
⑰ 桴 : ≪說苑≫에 '枹'로 되어 있으니 뜻은 같다.
說苑에 作枹니 同이라
⑱ 乃退楚師 以佚晉寇 : '退'는 ≪春秋公羊傳≫에 또한 '還'으로 되어 있다. '佚'은 '過'의 뜻이다. ≪說苑≫에는 '軼'로 되어 있다.
退는 傳亦作還이라 佚은 過也라 說苑作軼이라

6-19 군자가 남의 덕을 높이고 남의 아름다움을 찬양하는 것은 아첨하기 위함이 아니고, 말과 행실을 바르게 하여 남의 잘못을 지적하는 것은 비방하기 위함이 아니다. 부드러운 태도로 남을 따르기도 하고 강한 태도로 남에게 굽히지 않기도 하여 만물에 따라 변화하되 도덕의 범주 밖으로 벗어나지 않는다.

≪詩經≫ 〈大雅 烝民〉에 말하였다.

"부드러워도 삼키지 않고 강해도 뱉지 않아, 홀아비와 과부를 업신여기지 않고 힘세고 포악한 자를 두려워하지 않도다."

君子崇人之德하고 揚人之美는 非道諛也[①]요 正言直行[②]하여 指人之過[③]는 非毁疵也라 詘柔順從하고 剛强猛毅하여 與物周流호대 道德不外라 詩曰 柔亦不茹하며 剛亦不吐하여 不侮矜寡하며 不畏强禦라

① 非道諛也 : '道'는 ≪荀子≫ 〈不苟〉에 '諂'으로 되어 있다.
道는 荀子不苟에 作諂이라
② 正言直行 : ≪荀子≫에 "正義直指(공정한 논의와 바른 지적)"이라고 하였다.
荀云 正義直指라
③ 指人之過 : '指'는 ≪荀子≫에 '擧'로 되어 있고, '過' 뒤에 '惡'자가 있다.
指는 荀作擧요 過下에 有惡字라

6-20 衛 靈公[48]이 낮잠을 자고 일어났는데 志氣가 더욱 쇠해졌다. 그래서 사람을 시켜 빨리 가서 勇士 公孫悁을 불러 오게 하였다. 가다가 길에서 行人 卜商[49]을 만났는데, 복상이 물었다.

"무슨 일로 서둘러 가는가?"

사자가 대답하였다.

"公께서 낮잠을 자고 일어나셔서 저에게 용사 공손연을 불러 오게 하였습니다."

자하가 물었다.

"공손연이 아니더라도 공손연만큼 용기가 있는 자라면 괜찮겠는가?"

그러자 사자 마부가 대답하였다.

"괜찮습니다."

자하가 말하였다.

"나를 수레에 싣고 돌아가라."

궁에 도착하자 임금이 물었다.

"그대에게 용사를 불러 오라고 시켰는데 어찌하여 儒者를 불러왔는가?"

사자가 대답하였다.

"행인이 저에게 말하기를 '공손연이 아니더라도 공손연만큼 용기가 있는 자라면 괜찮겠는가?'라고 하기에 臣이 '괜찮습니다.'라고 하였습니다. 그래서 즉시 수레에 실어 함께 온 것입니다."

임금이 말하였다.

"알았다. 선생을 모셔 殿에 올리고, 속히 가서 공손연을 불러오라."

공손연이 도착하여 궁문으로 들어가 칼을 잡고 크게 소리치며 말하였다.

"商은 내려오라. 내가 너의 머리를 그대로 둘 성 싶으냐?"

자하가 돌아보고 꾸짖으며 말하였다.

"어이! 칼을 넣어라. 내가 너와 용맹에 대해 말해 보겠다."

그러자 임금이 칼을 칼집에 넣고 전에 오르게 하였다.

자하가 말하였다.

---

48) 衛 靈公 : 춘추시대 衛나라의 군주로 獻公의 손자이고, 이름은 元이다. 위 영공이 공자에게 陣法에 대해 물은 이야기가 ≪論語≫ 〈衛靈公〉에 보인다.

49) 行人 卜商 : 行人은 고대에 朝覲과 聘問을 담당하던 벼슬 이름이고, 卜商은 공자의 제자인 子夏이다.

“이리 오너라. 내가 일찍이 너와 임금을 따라 서쪽으로 갔을 때 趙簡子[50)]를 보았는데, 조간자가 머리를 풀어헤친 채 창을 잡고 우리 임금을 만났다. 그러자 나는 열세 번째 줄에 있다가 종종걸음으로 나아가 이렇게 말하였다. ‘제후끼리 만날 때에는 朝服을 입지 않으면 안 됩니다. 만약 조복을 입지 않으신다면 행인 복상이 목의 피로 임금의 옷을 더럽히겠습니다.’ 그러고는 돌아가 조복을 입고 우리 임금을 만나게 하였다. 이 일을 한 사람은 그대인가, 나인가?”

공손연이 대답하였다.

“그대이다.”

자하가 말하였다.

“이것이 그대의 용기가 나만 못하다는 첫 번째 증거이다. 또 그대와 임금을 따라 동쪽으로 阿땅에 이르렀을 때, 齊나라 임금은 겹 방석에 앉고 우리 임금은 홑 방석에 앉은 일이 있었다. 그러자 나는 열세 번째 줄에 있다가 종종걸음으로 나아가 이렇게 말하였다. ‘禮에 제후끼리 만날 때에는 위에서 내려다보아서는 안 됩니다.’ 그러고는 그 방석 하나를 빼서 버렸다. 이 일을 한 사람은 그대인가, 나인가?”

공손연이 대답하였다.

“그대이다.”

자하가 말하였다.

“이것이 그대의 용기가 나만 못하다는 두 번째 증거이다. 또 그대와 苑囿에서 임금을 따르고 있었는데, 그때 큰 맹수 두 마리가 우리 임금에게 달려들자 창을 빼 들고서 내려와 맞서 싸우고서 돌아왔다. 이 일을 한 사람은 그대인가, 나인가?”

공손연이 대답하였다.

“그대이다.”

자하가 말하였다.

“이것이 그대의 용기가 나만 못하다는 세 번째 증거이다. 선비가 귀하게 대우받는 것은 위로는 만승의 천자를 두렵게 하면서도 아래로는 감히 필부를 업신여기지 않으며, 국외로는 나라를 단속하고 강력하게 만들어 적이 침범하지 못하게 하고 국내로는 살육을 제지하여 임금이 위태롭지 않도록 하기 때문이다. 이는 선비가 잘하는 것으로 군자가 귀하게 여기는 바이다. 하지만 자신이 강하다고 하여 약한 자를 해치고

---

50) 趙簡子 : 춘추시대 晉나라의 大夫인 趙鞅으로, 晉 定公 때에 卿이 되었다.

무리가 많다고 하여 소수를 사납게 대하여 죄가 없는 백성들을 능멸하고 마을에서 위세를 부리는 것으로 말하자면, 선비가 매우 해롭게 여기는 것으로 군자가 싫어하는 바이니, 이렇게 하면 대중에게 죽임을 당하게 된다. ≪詩經≫에 말하기를 '사람으로서 예의가 없으면 죽지 않고 무엇 하는가?'라고 하였으니, 그대는 무엇을 가지고 임금 앞에서 용기를 논하는가?"

이에 위 영공이 자리에서 물러나 손을 잡고 말하였다.

"과인이 不敏하나 선생의 용기를 따르겠소."

≪詩經≫ 〈大雅 烝民〉에 말하였다.

"홀아비와 과부를 업신여기지 않고 힘세고 포악한 자를 두려워하지 않도다."

이는 卜선생을 두고 말한 것이다.

衛靈公晝寢而起러니 志氣益衰하여 使人馳召勇士公孫悁이라가 道遭行人卜商한대 卜商曰 何驅[①]之疾也오 對曰 公晝寢而起하여 使我召勇士公孫悁하니이다 子夏曰 微悁而勇若悁者면 可乎아 御者曰 可하니이다 子夏曰 載我而反하라 至한대 君曰 使子召勇士어늘 何爲召儒오 使者曰 行人曰 微悁而勇若悁者면 可乎아하여늘 臣曰可라하고 卽載與來하니이다 君曰 諾다 延先生上하고 趣召公孫悁하라 至하여 入門杖[②]劍疾呼曰 商下하라 我存若頭아 子夏顧咄[③]之曰 咄內劍하라 吾將與若言勇호리라 於是에 君令內劍而上하다 子夏曰 來하라 吾嘗與子從君而西할새 見趙簡子한대 簡子披髮杖矛而見我君이어늘 我從十三行之後라 趨而進曰 諸侯相見에 不宜不朝服하니 不朝服[④]하면 行人卜商將以頸血濺君之服矣[⑤]리이다하고 使反朝服而見吾君은 子耶아 我耶아 悁曰 子也니라 子夏曰 子之勇不若我一矣로다 又與子從君而東至阿할새 遭齊君重鞇而坐하고 吾君單鞇而坐어늘 我從十三行之後라 趨而進曰 禮에 諸侯相見에 不宜相臨이라하고 以庶揄其一鞇而去之者는 子耶아 我耶아 悁曰 子也니라 子夏曰 子之勇不若我二矣로다 又與子從君於囿中할새 於是에 兩寇肩逐我君이어늘 拔矛下格而還은 子耶아 我耶아 悁曰 子也니라 子夏曰 子之勇不若我三矣로다 所貴爲士者는 上攝萬乘하고 下不敢敖乎匹夫하며 外立節矜而敵不侵擾하고 內禁殘害而君不危殆니 是士之所長요 君子之所致貴也라 若夫以長掩短하고 以衆暴寡하여 凌轢無罪之民而成威於閭巷之間者는 是士之甚毒요 而君子之所致惡也라 衆之所誅鋤也니이다 詩曰 人而無儀면 不死何爲오하니 夫何以論勇於人主之前哉아 於是에 衛靈公避席抑手曰 寡人雖不敏이나 請從先生之勇하리이다 詩曰 不侮矜寡하며 不畏强禦라하니 卜先生也라

① 驅 : 趙懷玉本에 '馳'로 되어 있다.

趙本에 作馳라

② 仗 : 趙懷玉本에 '杖'으로 되어 있다. 뒤에도 같다.
趙本에 作杖이니 下同이라

③ 子夏顧咄 : 趙懷玉本에 '咄'자가 없는데, 그 校語에 "舊本에는 '顧'자 뒤에 또한 '咄' 한 글자가 있었는데, ≪太平御覽≫ 권436에서 인용한 글에 없으므로 이제 삭제한다." 하였다.
趙本에 無咄字요 校語에 舊本顧字下에 亦有一咄字라 御覽四百三十六引無하니 今刪이라

④ 不朝服 : 趙懷玉本에 '君不朝服'으로 되어 있고, 그 교감한 내용에 "舊本에는 '君'자가 빠져 있었는데 ≪太平御覽≫에 의거하여 보충한다." 하였다.
趙本에 作君不朝服이요 校語에 舊脫君字러니 據御覽補라

⑤ 君之服矣 : 趙懷玉本에 '君之衣'로 되어 있고, 그 교감한 내용에 "'衣'는 舊本에 '服'으로 되어 있었는데 ≪太平御覽≫에 의거하여 고친다." 하였다.
趙本에 作君之衣요 校語에 衣는 舊作服이니 據御覽改라

6-21 공자가 가고 있을 때, 簡子가 陽虎를 죽이려고 하였는데[51] 공자가 양호와 닮았으므로 무장한 군사들을 보내 공자가 묵고 있는 곳을 포위하였다. 子路가 화가 나서 창을 들고 나가 싸우려고 하자, 공자가 만류하면서 말하였다.

"由아, 어찌 仁義를 닦고도 여유가 부족하느냐. 詩書를 익히지 않고 禮樂을 講明하지 않은 것은 나의 잘못이지만, 내가 양호가 아닌데 나를 양호로 여긴 것은 나의 죄가 아니다. 운명이다. 由야, 노래하라. 내가 너의 노래에 화답하겠다."

자로가 노래하자 공자가 화답하였다. 세 곡의 노래가 끝나자 포위가 풀렸다.

≪詩經≫ 〈大雅 卷阿〉에 말하였다.

"와서 놀고 와서 노래한다."

이는 훌륭한 덕을 가진 사람이 화답하는 경우에는 작위하지 않음을 말한 것이다.

孔子行之①할새 簡子將殺陽虎②러니 孔子似之라 帶甲以圍孔子舍라 子路慍怒하여 奮戟將下한대 孔子止之曰 由아 何仁義之寡裕也③아 夫詩書之不習과 禮樂之不講은 是丘之罪也어니와 若吾非陽虎而以我爲陽虎는 則非丘之罪也라 命也라 (子歌我和若)〔由歌하라 予和汝〕④호리라 子路歌한대 孔子和之라 三終而圍罷⑤하다 詩曰 來游來歌라하니 以陳盛德之和而無爲也라

① 孔子行之 : 宋나라에 간 것이다. ≪說苑≫ 〈雜言〉과 ≪孔子家語≫ 〈困誓〉에 모두 그렇게

51) 簡子가……하였는데 : 簡子는 匡땅 사람이다. 陽虎는 陽貨라고도 칭하는데, 季氏의 가신이다. 양호가 예전에 匡땅 사람들을 못살게 굴었으므로 양호를 죽이려고 한 것이다.(≪論語 子罕≫)

말하였다.

之宋也라 說苑雜言과 家語困誓에 竝云이라

② 簡子將殺陽虎 : ≪說苑≫에 "匡簡子"라고 하였고, ≪孔子家語≫에도 "匡人"이라고 하였다. 그렇다면 簡子는 匡邑의 대부일 것이다. 趙懷玉이 교감한 내용에 "≪說苑≫ 〈雜言〉편에 '孔子之宋匡簡子云云(공자가 宋나라에 갈 때 匡簡子가……'으로 되어 있고, ≪孔子家語≫ 〈困誓〉편에 '匡' 뒤에 '人'자가 있다." 하였다.

說苑云 匡簡子요 家語에 亦以爲匡人이라 然則簡子는 匡邑大夫也라 趙校語에 說苑雜言篇에 作孔子之宋匡簡子云云이라하고 家語困誓篇에 匡下有人字라

③ 何仁義之寡裕也 : ≪孔子家語≫에 "惡有修仁義而不免俗者乎(어찌 인의를 닦고서 세속의 질시를 면하지 못할 자가 있겠는가.)"라고 하였다.

家語云 惡有修仁義而不免俗者乎아하니라

④ 子歌我和若 : 여러 本에 '子'와 '我' 두 글자는 도치되어 있다. 지금 살펴보건대 ≪說苑≫을 따라 '由歌予和汝'로 교정한다. 趙懷玉本에 '由歌如若'로 되어 있고, 그 교감한 내용에 "舊本에 '我歌子和若'으로 되어 있었는데 잘못된 것이다. ≪說苑≫에 '由歌予和汝'로 되어 있으니 이제 이를 의거하여 고친다." 하였다.

諸本에 子我二字文倒라 今案從說苑하여 由歌予和汝校正이라 趙本에 作由歌如若이요 校語에 舊本作我歌子和若譌라 說苑作由歌予和汝하니 今據改라

⑤ 圍罷 : ≪孔子家語≫에 "匡人解甲而罷(匡人이 병기를 거두고 해산하다.)"라고 하였다.

家語云 匡人解甲而罷라

6-22 ≪詩經≫ 〈大雅 泂酌〉에 말하였다.

"和樂한 군자여, 백성의 부모로다."

군자가 백성의 부모가 되려면 어떻게 해야 하는가? 그에 대한 대답은 다음과 같다.

군자는 모습은 공손하면서도 행실은 정직하고, 자신은 검소하면서도 남에게는 널리 베풀기 때문에 덕행이 부족한 사람은 여기에 미치지 못한다. 또 자기의 재물을 다 내어서 남에게 이익이 되도록 하기 때문에 사람들이 몸과 마음을 바쳐 섬긴다. 사람들을 독실히 사랑하되 그들의 財力을 빼앗지 않고 후하게 베풀되 자랑하지 않으며, 남의 善을 보면 欣然히 즐거워하고 남의 不善을 보면 두렵게 여겨 덮어준다. 또 그들에게 잘못이 있더라도 널리 감싸주며, 옷을 주되 좋은 것을 주고 음식을 주되 많이 주며, 법령을 간단하게 하여 따르기 쉽게 하고 일을 줄여서 행하기 쉽게 한다. 이 때문에 中正하게 서서 백성들의 부모가 되는 것이다. 城市를 쌓아 거주하게

하고, 田地를 구별하여 먹고 살게 하며, 학교를 세워서 가르쳐 그들로 하여금 부모를 친하게 여기고 어른을 존경함을 알게 한다. 백성들이 부모를 친하게 여기고 어른을 존경하기 때문에 아버지의 喪에 삼년 동안 斬衰服을 입고 군주를 위해서도 삼년 동안 참최복을 입는다. 이는 백성의 부모가 됨을 말한 것이다."

詩曰 愷悌君子[52)]여 民之父母라하니 君子爲民父母는 何如오 曰 君子者는 貌恭而行肆하고 身儉而施博이라 故不肖者不能逮也라 殖盡於己而區略於人이라 故可盡身而事也라 篤愛而不奪하고 厚施而不伐하며 見人有善이어든 欣然樂之하고 見人不善이어든 惕然掩之하며 有其過而兼包之하며 授衣以最하고 授食以多하며 法下易由하고 事寡易爲라 是以中立而爲人父母也니라 築城而居之하고 別田而養之하고 立學以敎之하여 使人知親尊이라 親尊故父服斬縗三年하고 爲君亦服斬縗三年하니 爲民父母之謂也라

6-23 강포한 나라를 섬기기는 어렵고 강포한 나라로 하여금 나를 섬기게 하기는 쉽다. 재화와 보물로 그들을 섬기면 보물이 바닥나더라도 친교를 맺지 못하고, 계약을 체결하고 맹약을 맺으면 약정하더라도 하루도 안 되어 배반하며, 나라의 변경 땅을 떼어서 뇌물로 주면 떼어주는 일을 마치더라도 저들의 욕심은 끝이 없다. 섬기기를 더욱 공손히 하더라도 그들은 더욱 심하게 침탈하여 반드시 보물이 바닥나고 나라를 전부 다 바치고 난 뒤에야 그칠 것이니, 비록 堯舜 같은 인물이 좌우에 있더라도 이러한 방법으로는 화를 면할 수 없다. 그러므로 성인의 大道를 쓰지 않고 단지 교묘하게 꾸미고 배알하면서 두려워 떨며 섬긴다면, 나라를 유지하고 몸을 보호할 수 없을 것이다. 그러므로 명철한 군주는 이러한 방법을 쓰지 않는 것이다.

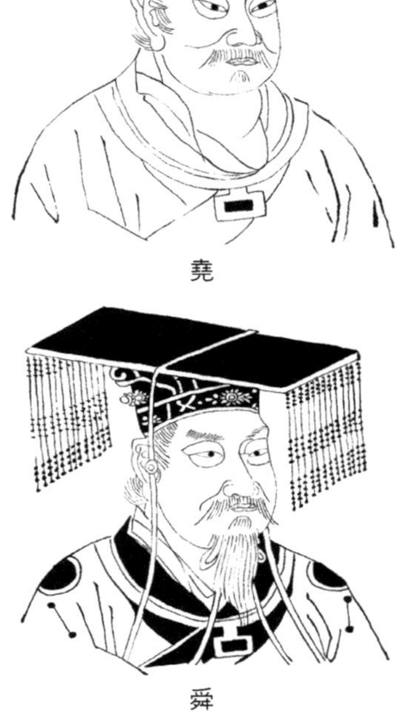
堯

舜

〈명철한 군주는〉 반드시 예의를 닦아서 조정을 정돈하고, 법규를 바로잡아 관원을 정돈하며, 정치를 공평

52) 愷悌君子 : '愷悌'는 ≪詩經≫에 '豈弟'로 되어 있다.

하게 시행하여 백성들을 정돈한다. 그러한 뒤에야 예의와 제도가 조정에서 정돈되고, 법칙과 법규가 官府에서 바로잡히며, 忠信과 愛利가 아래에서 공평해지게 되니, 한 가지 일이라도 不義를 행하거나 한 사람이라도 죄 없는 이를 죽이면서 천하를 얻는 짓은 하지 않는다.[53] 그러므로 가까운 나라는 앞 다투어 친해지려 하고 먼 나라는 오기를 원하는 것이다. 上下가 한마음이 되고 三軍[54]이 힘을 합하면, 훌륭한 명성이 천하를 달굴 수 있고 威力이 천하를 통일할 수 있을 것이다. 그렇게 되면 공경한 자세로 지휘하기만 해도 강포한 나라가 모두 달려와 사역 당하기를 마치 어린 아이가 어머니에게 돌아가는 것과 같이 할 것이다. 이는 어째서인가? 인을 행하고 의를 확립하며 교육을 성실히 하고 사랑을 크게 베풀기 때문이다.

그러므로 ≪詩經≫ 〈大雅 常武〉에 말하였다.

"왕의 道가 참으로 충실하니 徐方이 와서 복종하도다."

事彊暴之國難하고 使彊暴之國事我易라 事之以貨寶면 則寶單而交不結하고 約契盟誓①면 則約定而反無日②하며 割國之疆垂③以賂之④면 則割定而欲無厭이라 事之彌順⑤이라도 其侵之愈甚하여 必致寶單國舉而後已⑥니 雖左堯右舜이라도 未有能以此道免者也라 故非有聖人之道하고 持⑦以巧敏拜請畏事之면 則不足以持國安身矣라 故明君不道也니라 必修禮以齊朝하며 正法以齊官하며 平政以齊下라 然後禮義節奏齊乎朝⑧하며 法則度量正乎官하며 忠信愛利平乎下⑨하니 行一不義하며 殺一無罪而得天下는 不爲也라 故近者競親하고 而遠者願至라 上下一心하고 三軍同力하면 名聲足以薰炙之⑩하고 威强足以一齊之⑪니 則拱揖指麾호대 而强暴之國莫不趨使가 如赤子歸慈母者하니 何也오 仁行⑫義立하고 教誠愛深일새니라 故詩曰 王猷允塞[55]하니 徐方既來라하니라

① 約契盟誓 : '契'는 ≪荀子≫ 〈富國〉에 '信'으로 되어 있다.
　契는 荀子富國에 作信이라
② 約定而反無日 : '反'은 ≪荀子≫에 '畔'으로 되어 있다.
　反은 荀作畔이라

---

53) 한 가지……않는다 : ≪孟子≫ 〈公孫丑 上〉에 공손추가 맹자에게 伯夷, 伊尹, 孔子의 같은 점이 무엇인지 묻자 맹자가 대답한 말로, 朱熹는 마음이 올바르기〔心之正也〕 때문에 이렇게 할 수 있다고 풀이하였다.(≪孟子集註≫)

54) 三軍 : 全軍을 말한다. 周나라 제도에 제후의 大國에 三軍을 두는데, 中軍이 가장 높고, 上軍이 그 다음이고, 下軍이 또 그 다음이다.

55) 王猷允塞 : '猷'는 ≪詩經≫에 '猶'로 되어 있다.

③ 疆垂 : 趙懷玉本에 '强乘'으로 되어 있다.
趙本에 作强乘이라

④ 割國之疆垂以賂之 : '疆垂'는 "邊隅(변경)"라고 말하는 것과 같다. '垂'와 '陲'는 통용된다. 여러 本에 모두 '彊乘'으로 잘못 되어 있는데 이제 ≪荀子≫ 楊倞의 注를 따라 교정한다. '疆垂'는 ≪荀子≫에 '錙銖(적은 양)'로 되어 있다.
疆垂는 猶言邊隅也라 垂與陲通이라 本皆譌爲彊乘이러니 今從楊倞注荀校正이라 疆垂는 荀作錙銖라

⑤ 事之彌順 : '順'은 ≪荀子≫에 '煩'으로 되어 있다.
順은 荀作煩이라

⑥ 必致寶單國擧而後已 : '寶'는 ≪荀子≫에 '資'로 되어 있다. '單'과 '殫'은 통용된다.
寶는 荀作資라 單與殫通이라

⑦ 持 : 趙懷玉이 교감한 내용에 "'特'으로 되어야 한다." 하였다.
趙校語에 當作特이라

⑧ 禮義節奏齊乎朝 : '節' 앞에 ≪荀子≫에는 '禮義' 두 글자가 없다.
節上에 荀無禮義二字라

⑨ 法則度量正乎官 忠信愛利平乎下 : '平'은 ≪荀子≫에 '形'으로 되어 있다. 이 두 구절은 ≪荀子≫ 〈儒效〉의 글이다. ≪荀子≫〈富國〉에는 "百事齊於官 衆庶齊於下也(온갖 일이 官府에서 정돈되며, 백성들이 아래에서 정돈되다.)"라고만 하였다.
平은 荀作形이라 此二句는 儒效文이라 富國에 但云 百事齊於官衆庶齊於下也라

⑩ 名聲足以薰炙之 : '薰'은 ≪荀子≫에 '暴'로 되어 있다.
薰은 荀作暴라

⑪ 威强足以一齊之 : '一齊'는 ≪荀子≫에 '捶笞'로 되어 있다.
一齊는 荀作捶笞라

⑫ 行 : 趙懷玉本에 '形'으로 되어 있다.
趙本作形이라

6-24 勇士가 한번 소리를 지르면 三軍이 모두 피하는 것은 용사의 誠心이 발현되었기 때문이다. 옛날에 楚나라 熊渠子가 밤길을 가다가 누워있는 바위를 보고 엎드려 있는 호랑이로 착각하고 활을 당겨 쏘았는데, 〈너무 깊이 박혀〉 화살촉과 화살 깃이 보이지 않을 정도였다. 내려가서 보고서야 그것이 돌인 줄 알았다. 돌도 성심에 감동하여 쪼개졌는데 하물며 사람의 마음에 있어서야 말할 필요가 있겠는가. 先唱하여도 和應하지 않고 움직여도 따르지 않는 것은 군주의 마음이 온전하지 못하기 때

문이다. 대체로 임금의 자리에서 내려오지 않아도 천하를 바로잡을 수 있는 것은 자신에게서 일의 원인을 찾기 때문이다.

공자가 말하였다.

"몸가짐이 바르면 명령하지 않아도 행해지고, 몸가짐이 바르지 못하면 명령하더라도 행해지지 않는다."[56)]

先王이 공경한 자세로 지휘하기만 해도 천하 사람들이 복종하는 이유는 성실함이 지극하므로 덕이 표출되어 밖으로 드러나기 때문이다.

≪詩經≫ 〈大雅 常武〉에 말하였다.

"왕의 道가 참으로 충실하니 徐方이 와서 복종하도다."

勇士一呼에 而三軍皆避는 士之誠也라 昔者에 楚熊渠子夜行이라가 寢石①以爲伏虎하여 彎弓而射(석)之②하니 沒金飮羽③러라 下視하고 知其爲石④이라 石爲之開⑤어든 而況人乎아 夫倡而不和하고 動而不僨⑥은 中心有不全者矣⑦라 夫不降席而匡天下者는 求之己也라 孔子曰 其身正이면 不令而行하고 其身不正이면 雖令不從이라하니 先王之所以拱揖指麾而四海來賓者는 誠德之至也라 色以形於外也⑧라 詩曰 王猷允塞하니 徐方旣來라

① 寢石 : '寢' 앞에 ≪新序≫ 〈雜事〉에 '見'자가 있다. 趙懷玉本에 '見寢石'으로 되어 있고, 그 교감한 내용에 "여러 本에 '見'자가 빠져 있는데 ≪新序≫ 〈雜事 四〉에 의거하여 보충한다." 하였다.

寢上에 新序雜事有見字라 趙本에 作見寢石이요 校語에 本脫見字러니 據新序雜事四補라

② 彎弓而射之 : '彎'은 ≪新序≫에 '關'으로 되어 있다.

彎은 序作關이라

③ 沒金飮羽 : '沒金'은 ≪新序≫에 '滅矢'로 되어 있다.

沒金은 序作滅矢라

④ 下視 知其爲石 : 趙懷玉本에 '下視 知其石也 因復射之 矢躍無迹 熊渠子見其誠心 而金石爲之開(내려가 보고서야 돌인 줄 알았다. 인하여 다시 쏘았는데 화살은 튕겨나가 흔적조차 없었다. 웅거자가 성심을 보여주자 화살촉과 바위도 그 때문에 쪼개졌다.)'로 되어 있고, 그 교감한 내용에 "≪新序≫에 '躍'은 '摧'로 되어 있다." 하였다.

趙本에 作下視하고 知其石也라 因復射之하니 矢躍無迹러라 熊渠子見其誠心에 而金石爲之開요 校語에 新序躍作摧라

⑤ 昔者……石爲之開 : ≪呂氏春秋≫에도 "養由基射虎中石 矢乃飮羽 誠乎虎也(養由基가 호

56) 몸가짐이……않는다 : ≪論語≫ 〈子路〉에 보인다.

랑이를 쏘다가 바위를 맞추었는데 화살이 화살 깃까지 깊이 박혔으니, 호랑이에게 성심을 다했기 때문이다.)"라고 하였다.

呂氏春秋亦云 養由基射虎라가 中石한대 矢乃飮羽하니 誠乎虎也일새라

⑥ 動而不僨 : '僨'은 ≪新序≫에 '隨'로 되어 있다. 趙懷玉이 교감한 내용도 같다.
僨은 序作隨라 趙校語同이라

⑦ 中心有不全者矣 : 趙懷玉이 교감한 내용에 "≪新序≫에 '心'은 '必'로 되어 있다." 하였다.
趙校語에 新序心作必이라

⑧ 誠德之至也 色以形於外也 : 趙懷玉이 교감한 내용에 "≪新序≫에 '誠德之至 已形於外也(지극히 성실한 덕이 이미 밖으로 드러났기 때문이다.)'로 되어 있는데, 여기에서는 '衍文'이 있는 듯하다." 하였다.
趙校語에 新序作誠德之至已形於外也로대 此似有衍文이라

6-25 옛날에 趙簡子가 죽고 장례가 끝나기도 전에 中牟 땅의 사람들이 배반하였다.[57] 장례를 치른 후 5일이 지나 趙襄子[58]가 군대를 일으켜 정벌하러 갔는데, 완전히 포위하기도 전에 城이 10길이나 저절로 무너졌다. 조양자가 징을 쳐서 군대를 물리자, 軍吏가 다음과 같이 간언하였다.

"주군께서 중모 사람들의 죄를 벌하려고 하는데 성이 저절로 무너졌습니다. 이는 하늘이 도운 것인데 주군께서는 어찌하여 군대를 물리십니까?"

조양자가 대답하였다.

"나는 叔向[59]에게 다음과 같은 말을 들었다. '군자는 남이 위태로울 때를 틈타 공격하지 않고, 남이 위험할 때에 곤란하게 하지 않는다.' 그러니 그들이 성을 보수하게 한 뒤에 공격하겠다."

중모 사람들이 조양자의 의로운 행위를 듣고 항복하기를 청하며 말하였다.

"훌륭하다. 양자의 말이여!"

≪詩經≫ 〈大雅 常武〉에 말하였다.

"왕의 道가 참으로 충실하니 徐方이 와서 복종하도다."

昔者에 趙簡子薨而未葬에 而中牟畔之어늘 葬五日①에 襄子興師而(次)〔伐〕之②한대 圍未

57) 趙簡子가……배반하였다 : 趙簡子의 家臣이었던 佛肹이 中牟 땅을 근거로 반란을 일으켰다. 이때 공자를 부르자, 공자가 가려고 했다는 기록이 ≪論語≫ 〈陽貨〉에 보인다.
58) 趙襄子 : 晉나라의 大夫 趙簡子의 아들로, 이름은 無恤이다.
59) 叔向 : 춘추시대 晉나라 사람으로, 羊舌肹이다. 학식이 풍부하고 특히 외교에 뛰어났다.

帀[③]어늘 而城自壞者十丈[④]이러라 襄子擊金而退之한대 軍吏諫曰 君誅中牟之罪에 而城自壞者[⑤]는 是天助之[⑥]也어늘 君曷爲而退之잇가 襄子曰 吾聞之於叔向호니 曰 君子不乘人於危[⑦]하고 不厄人於險[⑧]이라하니 使其城[⑨]然後에 攻之호리라 中牟聞其義하고 而請降曰 善哉라 襄子之謂也[⑩]여 詩曰 王猷允塞하니 徐方既來라

① 葬五日 : 趙本에 '既葬五日'로 되어 있고, 그 교감한 내용에 "舊本에 '既'자가 빠져 있었는데 ≪太平御覽≫ 권192에서 인용한 글에 의거하여 보충한다." 하였다.
趙本作既葬五日이요 校語에 舊脫既字러니 據御覽百九十二引補라

② 次之 : '次'는 ≪新序≫ 〈雜事〉를 따라 '伐'이 되어야 한다. 趙懷玉本에 '攻之'로 되어 있고, 그 교감한 내용에 "'攻'은 舊本에 '次'로 잘못 되어 있었는데 또한 ≪太平御覽≫에 의거하여 개정한다." 하였다.
次는 當從新序雜事作伐이라 趙本에 作攻之요 校語에 攻舊譌次러니 亦據御覽改正이라

③ 圍未帀 : '帀'은 ≪新序≫에 '合'으로 되어 있다.
帀은 序作合이라

④ 十丈 : '丈'은 ≪新序≫에 '堵'로 되어 있다. 趙懷玉이 교감한 내용에 "≪新序≫ 〈雜事四〉에 '十堵'로 되어 있다." 하였다.
丈은 序作堵이라 趙校語에 新序四作十堵라

⑤ 城自壞者 : 趙懷玉本에 '者'자가 없고, 그 교감한 내용에 "舊本에 '者'자가 있었는데 衍字이다." 하였다.
趙本에 無者字요 校語에 舊有者字衍이라

⑥ 是天助之 : 趙懷玉本에 '之'자가 없고, 그 교감한 내용에 "舊本에 '之'자가 있었는데 衍字이다. 모두 ≪新序≫에 의거하여 삭제한다." 하였다.
趙本에 無之字요 校語에 舊有之字衍이라 俱依新序删이라

⑦ 不乘人於危 : '危'는 ≪新序≫에 '利'로 되어 있으니 틀린 것이다. 趙懷玉本에 '利'로 되어 있다.
危는 序作利非라 趙本作利라

⑧ 不厄人於險 : '厄'은 ≪新序≫에 '迫'으로 되어 있다.
厄은 序作迫이라

⑨ 使其城 : 趙懷玉이 교감한 내용에 "≪新序≫에 '使之城'으로 되어 있다. ≪太平御覽≫에는 뒤에 '成'자가 있으나 이제 따르지 않는다." 하였다.
趙校語에 新序作使之城이라 御覽에 下有成字하니 今不從이라

⑩ 曰善哉襄子之謂也 : 趙懷玉이 교감한 내용에 "이 여덟 글자는 문장에 脫誤가 있다." 하였다.
趙校語에 此八字는 文有脫誤라

6-26 威嚴에는 세 가지 종류가 있으니, 道德의 위엄이라는 것이 있고, 혹독하게 감찰하는 위엄이라는 것이 있으며, 오만방자한 위엄이라는 것이 있다. 이 세 가지 위엄은 자세히 살피지 않아서는 안 된다. 무엇을 도덕의 위엄이라고 하는가? 禮樂은 잘 정비되어 있고 分義는 분명하며, 국가의 조치는 당시 사정에 맞고 愛利의 마음은 행동으로 드러난다. 이렇게 되면 백성들이 그를 帝王처럼 존귀하게 여기고 부모처럼 친근히 여기며, 神明처럼 敬畏할 것이다. 그러므로 賞을 주지 않아도 백성들이 권면되고, 벌을 시행하지 않아도 위엄이 행해진다. 이것이 도덕의 위엄이다.

무엇을 혹독하게 감찰하는 위엄이라고 하는가? 예악은 잘 정비되어 있지 않고 분의는 분명하지 않으며, 국가의 조치는 당시 사정에 맞지 않고 애리의 마음은 행동으로 드러나지 않는다. 그러면서 잘못을 금지하는 일은 혹독하고 복종하지 않은 사람을 처벌하는 일은 철저하며, 형벌은 많이 가하면서도 어김없이 시행하고 죽이는 일은 매서우면서도 가차없이 시행하여, 느닷없이 벼락처럼 내리치고 담벼락처럼 짓누른다. 그런 백성들은 위협을 당하면 두려워하고 태만하면 윗사람을 업신여기며, 구속당하면 모여들고 군주와 멀어지면 흩어진다. 그리하여 형벌과 권세로써 위협하지 않거나 처벌과 사형으로써 두렵게 하지 않으면 백성들을 다스릴 수 없다. 이것이 혹독하게 감찰하는 위엄이다.

무엇을 오만방자한 위엄이라고 하는가? 남을 사랑하는 마음이 없고 남을 이롭게 하는 일도 없으면서 날마다 남을 혼란시키는 일을 하다가 백성들이 웅성대면 그들을 붙잡아 형벌로 두렵게 하여, 인심에 순응하지 못하고 天理에 위배되는 짓을 한다. 이 때문에 홍수와 가뭄이 때를 가리지 않고 들어 곡식이 익지 않아, 백성들은 위로는 포악하고 혼란한 정치로 인한 곤란을 겪고 아래로는 일상의 衣食이 결핍되어, 수심하고 슬퍼하나 하소연할 데가 없고 무리지어 분노해 흩어져 윗사람을 떠나게 된다. 이렇게 되면 나라가 전복되고 멸망하는 것을 바로 기다릴 수 있을 것이다. 이것이 오만방자한 위엄이다.

대체로 도덕의 위엄은 국가를 强大하게 하고, 혹독하게 감찰하는 위엄은 국가를 衰弱하게 하며, 오만방자한 위엄은 국가를 滅亡시킨다. 그러므로 위엄이라는 이름은 같지만 吉凶의 효과는 크게 벌이지는 것이다. 그러므로 이를 살피지 않아서는 안 된다.

≪詩經≫ 〈大雅 召旻〉에 말하였다.

"하늘이 위엄을 부리시어 크게 喪亂을 내려, 우리를 기근으로 곤궁하게 하여 결국 백성들이 뿔뿔이 흩어졌네."

威有三術하니 有道德之威者하며 有暴察之威者하며 有狂妄之威者라 此三威는 不可不審察也라 何謂道德之威오 曰禮樂則修하며 分義則明하며 擧措則時하며 愛利則(刑)〔形〕①이라 如是則百姓貴之如帝王②하며 親之如父母하며 畏之如神明이라 故賞不用而民勸하고 罰不加而威行이라 是道德之威也라 何謂暴察之威오 曰禮樂則不修하며 分義則不明하며 擧措則不時하며 愛利則不(刑)〔形〕이라 然而其禁非也暴③하며 其誅不服也(繁)審④하며 其刑罰〔繁〕而信⑤하며 其誅殺猛而必⑥하여 闇然如雷擊之⑦하며 如牆壓之라 百姓劫則致畏하며 怠則傲上⑧하며 執拘則聚⑨하며 遠聞則散⑩이라 非劫之以刑勢하며 振之以誅殺이면 則無以有其下라 是暴察之威也라 何謂狂妄之威오 曰無愛人之心하며 無利人之事하여 而日爲亂人之道라가 百姓讙譁⑪하면 則從而放執하여 於刑灼⑫하여 不和人心하고 悖逆天理라 是以水旱爲之不時하여 年穀以之不升이라 百姓은 上困於暴亂之患하고 而下窮衣食之用하여 愁哀而無所告訴하고 比周憒潰以離上⑬하니 傾覆滅亡을 可立而待라 是狂妄之威也라 夫道德之威는 成乎衆强⑭하며 暴察之威는 成乎危弱하며 狂妄之威는 成乎滅亡이라 故威名同而吉凶之效遠矣라 故不可不審察也니라 詩曰 昊天疾威⑮라 天篤降喪하여 瘨我饑饉하여 民卒流亡이라

① 愛利則刑 : '刑'은 ≪荀子≫ 〈强國〉을 따라 '形'으로 되어야 한다. 뒤의 '不刑'도 같다. 趙懷玉이 교감한 내용에 "≪荀子≫ 〈彊國〉편에 '形'으로 되어 있다." 하였다.
刑은 當從荀子强國作形이라 下不刑同이라 趙校語에 荀子彊國篇作形이라

② 百姓貴之如帝王 : '帝' 뒤에 ≪荀子≫에는 '王'자가 없다. 뒤에 "高之如天(하늘처럼 높이 받들다.)"이라고 하였다.
帝下에 荀無王字라 下云高之如天이라

③ 其禁非也暴 : 趙懷玉이 교감한 내용에 ≪荀子≫에 '其禁暴也察(포악한 행동을 금지하는 일은 철저하다.)'로 되어 있다.
趙校語에 荀作其禁暴也察이라

④ 其誅不服也繁審 : ≪荀子≫를 살펴보면 '繁'자는 '罰' 뒤에 있어야 하니 '繁' 또한 '重'의 뜻이다. 趙懷玉本에 '繁'자가 없고, 그 교감한 내용에 "'審' 앞에 舊本에 '繁'자가 있었는데, 이제 ≪荀子≫를 따라 삭제한다." 하였다.
案荀子에 繁字는 當在罰下하니 繁亦重也라 趙本에 無繁字요 校語에 審上舊有繁字러니 今依荀子刪이라

⑤ 其刑罰而信 : 여기에서 구두를 끊어야 한다. 趙懷玉本에 '刑罰重'으로 되어 있고, 그 교감한 내용에 "舊本에 '重'자가 없었는데 ≪荀子≫에 의거하여 보충한다." 하였다.
句라 趙本作刑罰重이요 校語에 舊無重字러니 依荀子補라

⑥ 其誅殺猛而必 : 여기에서 구두를 끊어야 한다.
句라

⑦ 闇然如雷擊之 : '闇'은 ≪荀子≫에 '黭(암)'으로 되어 있다. '然'자는 ≪荀子≫를 따라 교정하고 보충한다. 趙懷玉本에 '其誅殺猛而必 闐如雷擊之(죽이는 일은 매서우면서도 가차 없이 시행하여, 우르릉하고 벼락처럼 내리친다.)'로 되어 있고, 그 교감한 내용에 "'闐'은 舊本에 '闇'으로 되어 있었는데 잘못된 것이다. 살펴보건대 ≪荀子≫에 '黭然'으로 되어 있으니 '填然'과 뜻이 같다. 여기의 '闇'은 '闐'으로 되어야 하니 음과 뜻이 '填'과 같다." 하였다.
闇은 荀作黭이라 然字는 從荀校補라 趙本에 作其誅殺猛而必闐如雷擊之요 校語에 闐은 舊作闇譌라 案컨대 荀子作黭然은 與填然同이라 是闇은 當作闐이니 音義同填이라

⑧ 怠則傲上 : '怠'는 ≪荀子≫에 '嬴'으로 되어 있다. '傲'는 '敖'로 되어 있으니 '敖'와 '傲'는 옛날에 통용되었다.
怠는 荀作嬴이라 傲는 作敖니 敖傲古通이라

⑨ 執拘則聚 : '聚'는 ≪荀子≫에 '最'로 되어 있으니 '最'는 또한 '聚'의 뜻이다.
聚는 荀作最니 最亦聚也라

⑩ 遠聞則散 : '遠聞'은 ≪荀子≫에 '得閒'으로 되어 있다. 趙懷玉이 교감한 내용에 "≪荀子≫에 '得閒則散'으로 되어 있으니 이 기록은 잘못된 듯하다." 하였다.
遠聞은 荀作得閒이라 趙校語에 荀作得閒則散하니 此似譌라

⑪ 百姓讙譁 : '譁'는 ≪荀子≫에 '放'으로 되어 있다.
譁는 荀作放이라

⑫ 從而放執 於刑灼 : ≪荀子≫에 "執縛之 刑灼之(잡아 결박하고 형벌로 두렵게 하다.)"라고 하였다. 趙懷玉이 교감한 내용에 "'譁'는 ≪荀子≫에 '放'으로 되어 있고, 뒤에는 '則從而執持之 刑灼之'로 되어 있다." 하였다.
荀云 執縛之刑灼之라 趙校語에 譁는 荀作放이요 下作則從而執持之刑灼之라

⑬ 比周憤潰以離上 : '憤'은 ≪荀子≫에 '賁'으로 되어 있는데, 楊倞의 注에 "賁讀爲憤('賁'은 '憤'으로 간주하여 읽는다.)"라고 하였다. 그렇다면 '賁'과 '憤' 또한 옛날에 통용되었다.
憤은 荀作賁이라 楊注에 賁讀爲憤이니 然則賁憤은 亦古通也라

⑭ 衆强 : 趙懷玉이 교감한 내용에 "≪荀子≫에 '安强'으로 되어 있다." 하였다.
趙校語에 荀作安强이라

⑮ 昊天疾威 : 趙懷玉이 교감한 내용에 "毛本에 '昊'는 '旻'으로 되어 있다." 하였다.
趙校語에 毛本昊作旻이라

6-27 晉 平公[60)]이 河水에서 뱃놀이를 하다가 즐거워 말하였다.

"어떻게 훌륭한 선비를 얻어서 그와 함께 이러한 즐거움을 누릴 수 있을까?"

뱃사공 盍胥가 무릎을 꿇고 대답하였다.

"主君께서는 또한 선비를 좋아하지 않을 뿐입니다. 대체로 珍珠는 바다에서 나오고 寶玉은 崑崙山에서 나오는데, 발이 없는데도 이곳까지 올 수 있는 것은 주군께서 좋아하기 때문이고, 선비는 발이 있지만 이곳까지 오지 않는 것은 주군께서 선비를 좋아하는 뜻이 없기 때문입니다. 그러니 훌륭한 선비가 없다고 근심하지 마소서."

그러자 진 평공이 말하였다.

"나의 食客은 문 왼쪽에 천 명이 있고 문 오른쪽에 천 명이 있다. 아침에 먹을 식량이 부족하면 그날 저녁에 거둘 세금을 시장에서 미리 거두고, 저녁에 먹을 식량이 부족하면 다음날 아침에 거둘 세금을 시장에서 미리 거두는데, 내가 선비를 좋아하지 않는다고 할 수 있느냐?"

이 말을 듣고 합서가 대답하였다.

"鴻鵠이 한 번에 천리를 날아갈 때에 믿는 것은 여섯 개의 깃촉일 뿐입니다. 등 위의 털과 배 밑의 솜털은 한 줌의 털을 보태주더라도 더욱 높게 나는 것이 아니고, 한 줌의 털을 뽑더라도 더욱 낮게 나는 것이 아닙니다. 지금 주군의 식객이 문의 좌우에 각각 천 명인데, 또한 그 중에 여섯 개의 깃촉 역할을 하는 사람이 있습니까? 아마 모두 등 위의 털과 배 밑의 솜털 같은 사람일 것입니다."

≪詩經≫ 〈小雅 小旻〉에 말하였다.

"謀議하는 사람이 너무 많아 일이 이루어지지 않는다."

晉平公이 游於河而樂①曰 安得賢士하여 與之樂此也오 船人盍胥②跪而對曰 主君亦不好士耳로이다 夫珠出於江海③하고 玉出於崑山④이나 無足而至者는 猶主君之好也⑤요 士有足而不至者는 蓋主君無好士之意耳니 無患乎無士也하소서 平公曰 吾食客은 門左千人이요 門右千人이라 朝食不足이어든 夕收市賦하고 暮食不足이어든 朝收市賦⑥어늘 吾可謂不好士乎아 盍胥對曰 夫鴻鵠一擧千里할새 所恃者六翮爾요 背上之毛와 腹下之毳는 益一把⑦라도 飛不爲加高요 損一把⑧라도 飛不爲加下라 今君之食客이 門左門右各千人⑨이어늘 亦⑩有六翮在其中矣잇가 將皆背上之毛와 腹下之毳耶인저 詩曰 謀夫孔多라 是用不集⑪이니라

① 游於河而樂 : ≪新序≫에 "西河也(서하이다.)"라고 하였다. '晉 平公'은 ≪說苑≫ 〈尊賢〉

60) 晉 平公 : 춘추시대 晉 悼公의 아들로, 이름은 彪(표)이다.

에 '趙簡子'로 되어 있다. 趙懷玉이 교감한 내용에 "≪說苑≫ 〈尊賢〉편에 '趙簡子'로 되어 있다." 하였다.

新序云 西河也라 晉平公은 說苑尊賢作趙簡子라 趙校語에 說苑尊賢篇作趙簡子라

② 船人盍胥 : ≪新序≫에는 '固桑'으로 되어 있고, ≪說苑≫에는 '古乘'으로 되어 있다. 趙懷玉이 교감한 내용에 "≪文選≫ 注에서 모두 네 차례 인용한 글에는 '蓋胥'로 되어 있고, ≪說苑≫에는 '舟人古乘'으로 되어 있고, ≪新序≫ 〈雜事 一〉에는 '固桑'으로 되어 있다. ≪漢書≫ 〈古今人表〉도 같다.

新序에 作固桑이요 說苑에 作古乘이라 趙校語에 文選注에 凡四引한대 皆作蓋胥요 說苑作舟人古乘이요 新序雜事一에 作固桑이라 漢書古今人表同이라

③ 夫珠出於江海 : '海'는 ≪新序≫에 '漢'으로 되어 있다.

海는 序作漢이라

④ 玉出於崑山 : '崑'은 ≪新序≫에 '昆'으로 되어 있으니 뜻은 같다.

崑은 序作昆同이라

⑤ 猶主君之好也 : '猶'와 '由'는 통용된다. 趙懷玉本에 '由'로 되어 있고, 그 교감한 내용에 "'由'는 어떤 本에 '猶'로 되어 있기도 하니, 옛날에는 통용되었다." 하였다.

猶由通이라 趙本에 作由요 校語에 由는 本或作猶니 古通用이라

⑥ 朝收市賦 : '賦'는 ≪新序≫에는 '租'로 되어 있고, ≪說苑≫에는 '征'으로 되어 있다.

賦는 序作租요 說苑作征이라

⑦ 益一把 : ≪說苑≫에 "益之滿把(한 줌 가득 보태주다.)"라고 하였다.

說苑云 益之滿把라

⑧ 損一把 : ≪說苑≫에 "去之滿把(한 줌 가득 뽑다.)"라고 하였다.

說苑云 去之滿把라

⑨ 門左門右各千人 : 趙懷玉이 교감한 내용에 "≪文選≫ 注에서 인용한 글에는 뒤의 '門'자가 없다." 하였다.

趙校語에 選注引無次門字라

⑩ 亦 : 趙懷玉이 교감한 내용에 "≪文選≫ 注에는 또한 '矣'로 되어 있다." 하였다.

趙校語에 選注亦作矣라

⑪ 集 : 趙懷玉本에 '就'로 되어 있다.

趙本作就라

傳은 모두 27장이다.

凡傳二十有七이라

韓詩外傳 第七卷

7-1 齊 宣王[1)]이 田過[2)]에게 말하였다.

"내가 듣기로 儒者는 부모의 喪에 三年服을 입는다고 하던데, 임금과 아버지 중에 누가 더 중요한가?"

전과가 대답하였다.

"아마도 아버지만큼 중요하지 않을 것입니다."

선왕이 발끈하여 말하였다.

"그렇다면 무엇 때문에 선비가 부모를 떠나 임금을 섬기는가?"

전과가 대답하였다.

"임금이 소유한 토지가 아니면 제 부모를 거처하게 할 수 없고, 임금이 주신 祿俸이 아니면 제 부모를 봉양할 수 없으며, 임금이 하사한 爵位가 아니면 제 부모를 존귀하고 현달하게 할 수 없습니다. 이러한 것들을 임금에게 받아서 부모에게 바치는 것이니, 임금을 섬기는 것은 부모를 위해서입니다."

이 말을 듣고 선왕은 답답해할 뿐 아무 대꾸도 할 수 없었다.

≪詩經≫ 〈小雅 四牡〉에 말하였다.

"나랏일을 소홀히 할 수 없기에 아버지를 봉양할 겨를이 없노라."

齊宣王이 謂田過曰 吾聞儒者는 (親喪)〔喪親〕三年①이라하니 君②與父孰重고 過對曰 殆不如父重③이니이다 王忿然曰④ 曷爲士去親而事君고 對曰 非君之土地면 無以處吾親이요 非君之祿이면 無以養吾親이요 非君之爵⑤이면 無以尊顯吾親이라 受之於君하여 致之於親하나니 凡事君은 以爲親也⑥니이다 宣王悒然⑦하여 無以應之러라 詩曰 王事靡盬라 不遑將父라하니라

① 吾聞儒者 親喪三年 : 살펴보건대 ≪說苑≫ 〈修文〉에 '吾聞儒者 喪親三年 喪君三年(내가 듣기로 부모의 喪에 三年服을 입고 임금의 喪에 三年服을 입는다고 하였다.)'이라고 하였으니, '親'자는 '喪' 뒤에 있어야 한다. 이 문장은 '喪'과 '親'이 도치되었고, 아울러 뒷 구절이 빠진 듯하다. 趙懷玉이 교감한 내용에 "≪說苑≫ 〈修文〉편에 '喪親三年 喪君三年'으

---

1) 齊 宣王 : 전국시대 齊 威王의 아들로, 이름은 辟疆이다.
2) 田過 : 전국시대 齊나라 大夫이다. 행적은 미상이다.

로 되어 있다." 하였다.

按說苑修文에 吾聞儒者는 喪親三年하고 喪君三年이라하니 則親字는 當在喪下라 疑此文倒하고 兼脫下句라 趙校語에 說苑修文篇에 作喪親三年하고 喪君三年이라

② 君 : 趙懷玉이 교감한 내용에 "≪文選≫ 顏延年의 〈陶徵士誄〉 注에서 인용한 글에는 '之'자가 있다." 하였다.

趙校語에 文選陶徵士誄注引에 有之字라

③ 過對曰 殆不如父重 : 趙懷玉本에 '田過對曰殆不如父重(田過가 대답하여 말하기를 「아마도 아버지만큼 중요하지 않을 것입니다.」'으로 되어 있고, 그 교감한 내용에 "舊本에는 '田'자가 없었는데, ≪文選≫ 注에서 인용한 글에 의거하여 보충한다. 또 뒤의 '重'은 '宣'으로 되어 있다. 살펴보건대 '重'자는 마땅히 있어야 하고, '宣'자는 뒷 구절에 붙어야 한다." 하였다.

趙本에 作田過對曰殆不如父重이요 校語에 舊無田字러니 據文選注引補라 又下重作宣이라 案重字는 當有요 宣字는 屬下句라

④ 王忿然曰 : 趙懷玉本에 '宣王忿然曰(宣王이 발끈하여 말하였다.)'로 되어 있다.

趙本에 作宣王忿然曰이라

⑤ 爵 : 趙懷玉이 교감한 내용에 "≪說苑≫에는 뒤에 '位'자가 있다." 하였다.

趙校語에 說苑有位字라

⑥ 凡事君 以爲親也 : 趙懷玉이 교감한 내용에 "≪文選≫ 注에는 '凡事君者亦爲親也(임금을 섬기는 것 또한 부모를 위한 것이다.)'로 되어 있다." 하였다.

趙校語에 文選注에 作凡事君者亦爲親也라

⑦ 悒然 : ≪說苑≫에는 '邑邑'[3]으로 되어 있다.

說苑에 作邑邑이라

7-2 趙王이 楚나라에 使者를 보낼 적에 비파를 연주하면서 전송하여 말하였다.

"신중히 하여 나의 말을 빠뜨리지 마시오."

그러자 사자가 명을 받고서 엎드려 일어나지 않은 채 대답하였다.

"大王의 비파 연주가 오늘처럼 슬픈 적이 없었습니다."

왕이 말하였다.

"잘 조율되어서 그렇소."

사자가 말하였다.

"잘 조율되었다면 기러기발에 기록해 두소서."

---

3) 邑邑 : '悒悒'과 통용되며, '답답하다'는 뜻이다.

그러자 왕이 대답하였다.

"안 되오. 天氣는 건조할 때도 있고 습기가 있을 때도 있으며 絃은 느슨할 때도 있고 팽팽할 때도 있어서, 기러기발을 상황에 따라 옮겨야 하므로 기록해 둘 수 없소."

사자가 말하였다.

"이 이치를 빌려 말씀드리겠습니다. 楚나라와 趙나라와의 거리는 천여 리나 되고, 또한 그 사이에 길흉의 변고가 있을 수 있습니다. 흉한 일이 있으면 조문하고 길한 일이 있으면 축하하는 것이 기러기발을 상황에 따라 옮겨 기록해 둘 수 없는 것과 같습니다. 그러므로 왕이 사신을 보낼 때에는 반드시 사신으로 보낼 사람을 신중히 뽑고 〈사신으로 보냈으면 마음으로 맡기고〉 言辭로만 맡기지 않는 것입니다."4)

≪詩經≫ 〈大雅 烝民〉에 말하였다.

"심부름 가는 사람은 민첩한데도 윗사람은 늘 미치지 못할까 염려하네."

이는 윗사람이 아랫사람을 지나치게 단속함에 상심한 것이다.

趙王使人於楚할새 鼓瑟而遣之曰 愼無失吾言하라 使者受命하고 伏而不起曰 大王鼓瑟이 未嘗若今日之悲也니이다 王曰 調①니라 使者曰 調則可記其柱니이다 王曰 不可하다 天有燥濕하고 絃有緩急이라 柱有推移②하니 不可記也니라 使者曰 請借此以喩호리이다 楚之去趙也 千有餘里요 亦有吉凶之變③하니 凶則弔之하고 吉則賀之가 猶柱之有推移하여 不可記也④니이다 故로 王之使人에 必愼其所之요 而不任以辭니이다 詩曰 征夫捷捷⑤호대 每懷靡及이로다하니 蓋傷自上而御下也라

① 調 : ≪說苑≫ 〈奉使〉에 "宮商固方調矣(宮과 商의 음조가 진실로 막 조율되었다.)"라고 하였다.
說苑奉使云 宮商固方調矣라

② 柱有推移 : ≪說苑≫에 '宮商移徒(宮과 商이 변화하다.)'로 되어 있다.
說苑에 作宮商移徒라

③ 亦有吉凶之變 : ≪說苑≫에 "吉凶憂患不可豫知(吉凶과 憂患은 미리 알 수 없다.)"라고 하였다.
說苑云 吉凶憂患不可豫知라

4) 그러므로……것입니다 : 이 부분은 ≪群書治要≫에 "그러므로 명철한 임금이 사신을 보낼 때에는 반드시 사신으로 보낼 사람을 신중히 뽑고 사신으로 보냈으면 마음으로 그에게 맡기고 언사로 맡기지 않는 것이다.〔故明王之使人也 必愼其所使 既使之 任之以心 不任以辭也〕"라고 한 것에 의거하여 보충하여 번역하였다.

④ 趙王使人於楚……不可記也 : 趙懷玉이 교감한 내용에 "≪文選≫ 〈廣絶交論〉의 注에서 인용한 글에 '鼓瑟'은 '鼓琴'으로 되어 있는데, 글이 대부분 같지 않으므로 근거할 수 없다." 하였다.

趙校語에 文選廣絶交論注引에 鼓瑟은 作鼓琴이어늘 文多不同이라 不可爲據라

⑤ 征夫捷捷 : 이것은 〈大雅〉 烝民詩이다. ≪說苑≫에서 인용한 글에는 '莘莘征夫(부지런히 달리는 정부)'로 되어 있으니 〈小雅 皇皇者華〉의 구절로 여긴 것이다. '莘莘'은 또한 지금 ≪詩經≫의 '駪駪'과 글이 다르다. 趙懷玉이 교감한 내용에 "≪說苑≫ 〈奉使〉편에서 인용한 글에는 '莘莘征夫'로 되어 있다." 하였다.

此는 大雅烝民之詩라 說苑引에 作莘莘征夫하니 則以爲小雅皇華也라 莘莘은 亦與今詩駪駪文異라 趙校語에 說苑奉使篇引에 莘莘征夫라

7-3 齊나라에 隱士 東郭先生과 梁石君이 있었는데,[5] 曹相國[6]이 제나라의 재상 노릇을 할 때였다. 客이 匱生[7]에게 말하였다.

"동곽선생과 양석군은 당대의 賢士로, 깊은 산에 은거하면서 끝까지 몸을 굽히고 뜻을 낮추어서 벼슬하기를 구하지 않는 사람들입니다. 제가 듣기로 선생께서는 조상국을 뵐 수 있다고 하니, 원컨대 선생께서는 조상국에게 그들을 소개해 주십시오. 臣이 사는 동네의 아낙들이 서로 잘 지냈는데 그중 어떤 며느리가 고기를 훔쳤다는 의심을 받아 그 시어머니가 내쫓자, 恨을 품고 마을의 다른 아낙에게 이 사실을 고하였습니다. 그러자 마을의 아낙이 말하기를 '천천히 가게나. 지금 그대의 시어머니로 하여금 그대를 부르게 하겠네.' 하였습니다. 그러고는 즉시 〈불에 잘 타는〉 풀을 얽어매고 불씨를 빌리려고 며느리를 내쫓은 집으로 가서 말하기를 '우리 집 개가 고기를 두고 싸우다가 서로 죽였기에 불씨를 빌려 개를 요리하려고 합니다.' 하였습니다. 그러자 시어머니가 곧장 사람을 시켜 내쫓은 며느리를 쫓아가 돌아오게 하였습

5) 齊나라에……있었는데 : 東郭先生과 梁石君은 모두 秦末漢初 때의 齊나라 사람이다. 項羽가 제나라를 삼분하여 田氏에게 나누어 줄 때 田榮이 分封을 받지 못하였다. 그러자 전영은 분노하여 항우에 대항하기 위해 제나라의 文士들을 강권하여 따르게 하였는데, 이때 동곽선생과 양석군도 협박에 못 이겨 억지로 협조하였다. 뒤에 항우의 공격으로 제나라가 멸망하자 두 사람은 부끄러워서 함께 깊은 산에 은거하였다.(≪史記≫ 권94 〈田儋列傳〉, ≪漢書≫ 권45 〈蒯通傳〉)

6) 曹相國 : 曹參(참)이다. 漢 高祖가 봉기하자 그를 도와 漢나라 개국공신이 되었다. 惠帝 2년에 승상 蕭何가 죽자, 齊나라 재상으로 있던 조참은 소하의 후임으로 승상이 되었다.

7) 匱生 : 齊나라 출신의 策士인 蒯通을 말한다. 본명은 蒯徹이다.

니다. 마을의 아낙은 유세하는 선비가 아니고 풀을 얽어매고 불씨를 빌리는 것은 며느리를 돌아오게 하는 방법이 아닙니다. 하지만 사물은 서로 감응하는 바가 있고 사정은 상황에 따라 맞기도 하니, 어찌 소개시키지 않는단 말입니까."

궤생이 말하였다.

"내가 잘 해내지 못할까 걱정되나 내 힘을 다해 동곽선생과 양석군을 위해 풀을 얽어매고 불씨를 빌려달라고 청하겠소."

이에 드디어 조상국을 뵙고 말하였다.

"신의 마을에 남편이 죽은 지 3일 만에 改嫁한 부인이 있고 종신토록 개가하지 않는 부인이 있습니다. 아내를 맞이한다면 장차 누구를 부인을 맞이하겠습니까?"

조상국이 대답하였다.

"나 또한 종신토록 개가하지 않는 부인을 아내로 맞이하겠소."

그러자 궤생이 말하였다.

"제나라에 은사 동곽선생과 양석군이 있는데 당대의 현사입니다. 이들은 깊은 산에 은거하면서 끝까지 몸을 굽히고 뜻을 낮추어서 벼슬하기를 구하지 않습니다. 조상국께서 아내를 맞이할 때에는 종신토록 개가하지 않는 여인을 아내로 맞이하려하면서 신하를 취할 때에는 유독 끝까지 벼슬하지 않는 신하를 취하지 않는단 말입니까."

그러자 조상국이 궤생을 통해 束帛[8]과 安車[9]를 보내 동곽선생과 양석군을 맞이하게 하여 후하게 예우하였다.

≪詩經≫ 〈召南 草蟲〉에 말하였다.

"이미 군자를 만났으니 이내 마음 가라앉네."

齊有隱士東郭先生梁石君①하니 當曹相國爲齊相也②라 客謂匱生曰③ 夫東郭先生梁石君은 世之賢也라 隱於深山하여 終不詘身下志以求仕者也라 吾聞先生得謁曹相國이라하니 願先生爲之先하라 臣里母相善이러니 婦見疑盜肉하여 其姑去之하니 恨而告於里母한대 里母曰 安行④하라

8) 束帛 : 고대 聘物할 때의 예물로, 비단 5필을 각각 양끝에서 마주 말아서 한 묶음으로 한 것을 이른다.

9) 安車 : 앉아서 탈 수 있는 작은 수레로, 국가의 원로나 重望있는 인사를 불러들일 때 공경의 의미로 조정에서 안거를 보내 예우하였다. ≪禮記≫ 〈曲禮 上〉에 "大夫는 일흔 살에 직책을 임금께 돌려주는데, 사직을 허락할 수 없으면 반드시 궤장을 하사한다. 공무로 다닐 때에는 부인을 대동하고, 사방을 다닐 때는 안거를 탄다.〔大夫七十而致事 若不得謝 則必賜之几杖 行役以婦人 適四方 乘安車〕"라고 하였다.

今令姑呼汝[⑤]호리라 卽束蘊請火하여 去婦之家[⑥]曰 吾犬爭肉相殺하여 請火治之하노이다 姑乃直使人追去婦하여 還之라 故里毋非談說之士요 束蘊請火는 非還婦之道也라 然物有所感[⑦]하고 事有(可適)〔適可〕[⑧]하니 何不爲之先이리오 匱生曰 愚恐不及이나 然請盡力爲東郭先生梁石君束蘊請火호리라 於是에 乃見曹相國曰 臣之里에 有夫死三日而嫁者하고 有終身不嫁者하니 則自爲娶인댄 將何娶焉고 相國曰 吾亦娶其終身不嫁者耳니라 匱生曰 齊有隱士東郭先生梁石君하니 世之賢士也라 隱於深山하여 終不詘身下志以求仕하니 相國娶婦에 欲娶其不嫁者어늘 取臣에 獨不取其不仕之臣耶아 於是에 曹相國因匱生하여 束帛安車로 迎東郭先生梁石君하여 厚客之[⑨]하니라 詩曰 旣見君子호니 我心則降(항)이라

① 齊有隱士東郭先生梁石君 : 이 일은 ≪漢書≫ 〈蒯通傳〉에 있다.
事在漢書蒯通傳이라

② 當曹相國爲齊相也 : 曹相國은 漢 高祖의 功臣인 平陽侯 曹參이다. 齊相은 齊나라 悼惠王의 재상을 이른다.
曹相國은 高祖功臣平陽侯參也라 齊相은 謂相齊悼惠王이라

③ 客謂匱生曰 : 匱生은 蒯生이니 蒯通을 말한다. '蒯'와 '匱'는 옛날에 통용된 듯하다. 趙懷玉이 교감한 내용에 "匱生은 바로 蒯通이다. '匱'는 音이 '蒯'와 가깝다. 이 일은 ≪漢書≫ 〈蒯通傳〉에 보인다." 하였다.
匱生은 蒯生이니 謂通也라 蒯匱는 疑古通이라 趙校語에 匱生은 卽蒯通也라 匱는 音近蒯라 事見漢書通傳이라

④ 安行 : 顔師古 注에 "安 徐也('安'은 '徐(천천히)'의 뜻이다.)"라고 하였다. 趙懷玉이 교감한 내용에 "≪漢書≫에는 '汝安行'으로 되어 있다." 하였다.
顔注에 安은 徐也라 趙校語에 漢書作汝安行이라

⑤ 今令姑呼汝 : 〈蒯通傳〉에 "我今令而家追汝矣(내가 지금 너의 집안사람으로 하여금 너를 좇아가게 하겠다.)"라고 하였다.
傳云 我今令而家追汝矣라

⑥ 卽束蘊請火去婦之家 : '蘊'은 〈蒯通傳〉에 '縕'으로 되어 있으니, '縕'은 얽은 삼이고, '蘊'은 풀을 모아 불을 사르는 것이니, 뜻이 둘 다 통한다. '去婦之家'는 '亡肉家'로 되어 있다. 趙懷玉이 교감한 내용에 "'蘊'은 ≪漢書≫에 '縕'으로 되어 있으니 얽은 삼이다. 뒤에도 같다." 하였다.
蘊은 傳作縕이니 縕은 亂麻也요 蘊은 聚草以爇火也니 義得兩通이라 去婦之家는 作亡肉家라 趙校語에 蘊은 漢書作縕이니 亂麻也라 下同이라

⑦ 物有所感 : '所'는 〈蒯通傳〉에 '相'으로 되어 있다.
所는 傳作相이라

⑧ 事有可適 : '可適'은 글이 도치되었으니, 〈蒯通傳〉을 따라 '適可'로 되어야 한다. 趙懷玉이 교감한 내용에 "≪漢書≫에 '物有相感 事有適可'로 되어 있다." 하였다.
可適은 文倒하니 當從傳作適可라 趙校語에 漢書에 作物有相感事有適可라

⑨ 厚客之 : 〈蒯通傳〉에 "皆以爲上賓也(모두 上賓으로 삼다.)"라고 하였다.
傳云 皆以爲上賓也라

7-4 孔子가 말하였다.

"옛날에 周公이 文王을 섬길 적에 행실은 독단으로 결정한 일이 없었고 일은 자기 멋대로 처리하는 경우가 없었으며, 몸은 옷의 무게를 이기지 못하는 듯 조심하였고, 말은 입 밖으로 내지 못하는 듯 삼갔으며, 문왕 앞에서 물건을 받들어 올릴 적에 공경하여 놓칠 듯이 하였으니, 자식 된 도리를 잘 하였다고 말할 만하다.[10] 武王이 돌아가시고 成王이 어렸으므로 주공은 문왕·무왕의 업을 이어받아 천자를 지위를 대행하여 천자의 정사를 처리하였다. 그리하여 오랑캐의 난리를 정벌하고 管叔과 蔡叔의 죄를 다스렸으며,[11] 성왕을 안고서 제후들을 조현하고 상벌을 과감하게 결단하여 이에 대해 물어본 일이 없었으며, 위엄이 천지를 진동시키고 海內를 떨게 하였으니, 무력을 잘 시행하였다고 말할 만하다. 성왕이 장성하자 주공이 정사를 돌려주고 北面하여 섬길 적에, 허락 받은 뒤에 행하고

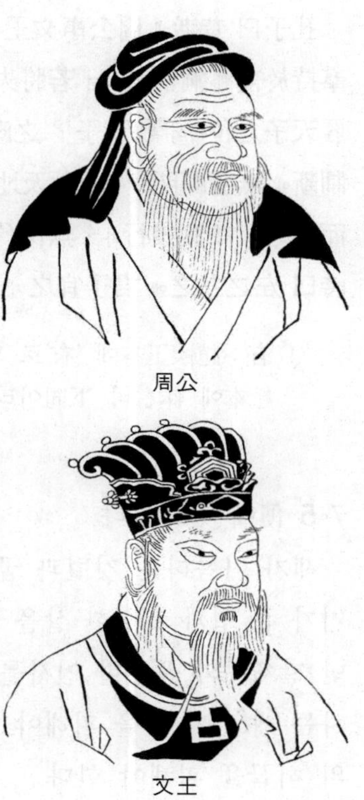
周公
文王

10) 옛날에……만하다 : 이와 비슷한 구절이 ≪淮南子≫ 〈氾論〉에도 보인다. 거기에는 "周公이 文王을 섬길 적에 행실은 독단으로 결정한 일이 없었고 일은 자기 멋대로 처리한 일이 없었으며, 몸은 옷의 무게를 이기지 못하는 듯 조심하였고, 말은 입 밖으로 내지 못하는 듯 삼가셨으며, 문왕 앞에서 물건을 받들어 올릴 적에 공경하고 조심하여 감당하지 못하는 듯 놓칠까 두려워하는 듯이 하였으니, 자식 된 도리를 잘 하였다고 말할 만하다.〔周公之事文王也 行無專制 事無由己 身若不勝衣 言若不出口 有奉持於文王 洞洞屬屬 如將不勝 如恐失之 可謂能子矣〕"라고 하였다.

11) 管叔과……다스렸으며 : 周公이 섭정할 때 주공의 아우인 管叔과 蔡叔이 紂王의 아들 武庚을 끼고 반란을 일으키자, 주공이 이들을 죽여서 주나라 왕실을 안정시켰다.(≪史記≫ 권4 〈周本紀〉, 권35 〈管蔡世家〉)

자랑하거나 뻐기는 안색이 없었으니, 신하의 도리를 잘 하였다고 말할 만하다. 그러므로 한 사람의 몸이 세 번이나 태도가 변할 수 있었으니 이는 상황에 따라 잘 대응하였기 때문이다."

≪詩經≫ 〈小雅 裳裳者華〉에 말하였다.

"왼쪽으로 인도하고 왼쪽으로 인도할 적에 君子가 알맞게 하며, 오른쪽으로 인도하고 오른쪽으로 인도할 적에 군자가 빠짐없이 일을 하도다."[12)]

孔子曰 昔者에 周公事文王에 行無專制하며 事無由己하며 身若不勝衣하며 言若不出口하며 有奉持於前에 洞洞焉하여 若將失之하니 可謂子矣로다 武王崩하고 成王幼하니 周公承文武之業하여 履天子之位하여 聽天子[13)]之政하여 征夷狄之亂하며 誅管蔡之罪하며 抱成王而朝諸侯하며 誅賞制斷에 無所顧問하며 威動天地하고 振恐海內하니 可謂能武矣로다 成王壯하니 周公致政하고 北面而事之에 請然後行하고 無伐矜之色하니 可謂臣矣로다 故一人之身이 能三變者는 所以應時也라 詩曰 左之左之에 君子宜之며 (有①之有之)〔右之右之〕[14)]之(有)〔右〕之에 君子有之로다

① 有 : 趙懷玉本에 '右'로 되어 있다. 뒤에도 같다.
趙本에 作右니 下同이라

7-5 傳에 말하였다.

새가 아름다운 깃털과 굽은 부리를 가지고 있으면 다른 새들이 두려워하고, 물고기가 큰 입과 토실한 살을 가지고 있으면 다른 물고기들이 두려워하며, 사람이 뛰어난 말재주와 풍부한 언사를 가지고 있으면 다른 사람들이 두려워한다. 이 때문에 군자는 세 가지 끝을 피해야 하니, 文士의 붓끝을 피하고, 武士의 칼끝을 피하고, 辯士의 혀끝을 피해야 한다.

≪詩經≫ 〈小雅 沔水〉에 말하였다.

"우리 벗이 공경한다면 참소하는 말이 일어나겠는가."

---

12) 왼쪽으로……하도다 : ≪毛詩鄭箋≫에는 "왼쪽은 조회와 제사에 관한 일을 가리키고, 오른쪽은 상례와 전쟁에 관한 일을 가리킨다."라고 하였다. 이에 맞추어 번역하면 "왼쪽에서 왼쪽 일을 도울 적에 군자가 알맞게 하며, 오른쪽에서 오른쪽 일을 도울 적에 군자가 빠짐없이 일을 하도다."라고 해야 한다.

13) 天子 : ≪淮南子≫ 〈氾論〉에는 '天下'로 되어 있다.

14) (有之有之)〔右之右之〕 : 저본에는 '有之有之'로 되어 있으나, ≪詩經≫과 ≪說苑≫ 〈修文〉에 의거하여 '有'를 '右'로 바로잡아 번역하였다.

傳曰 鳥之美羽句(啄)〔喙〕者①는 鳥畏之하며 魚之侈口垂腴者는 魚畏之하며 人之利口贍辭者는 人畏之라 是以로 君子避三端하니 避文士之筆端하며 避武士之鋒端하며 避辯士之舌端이라 詩曰 我友敬矣면 讒言其興가

① 鳥之美羽句啄者 : '啄'은 '喙'로 되어야 할 듯하다. 趙懷玉本에 '喙'로 되어 있다.
啄은 疑當作喙라 趙本에 作喙라

7-6 孔子가 陳나라와 蔡나라 사이에서 곤액을 당하여[15] 三經[16]을 펼쳐 놓은 자리에 나아가 앉으며, 7일 동안 밥을 먹지 못하고 쌀을 넣지 않은 멀건 명아주국을 먹었다. 제자들이 굶주린 기색이 있었지만 책을 읽고 禮樂을 익히는 일을 쉬지 않았다. 그러자 자로가 앞으로 나와 말하였다.

"착한 일을 행한 사람에게는 하늘이 福으로 갚아주고, 나쁜 일을 행한 사람에게는 하늘이 재앙으로 갚아준다고 합니다. 지금 선생님께서 德과 仁을 쌓은 지 오래인데, 생각건대 도리어 덕행에 결점이 있습니까? 어찌하여 근심 속에 처해 있습니까?"

공자가 대답하였다.

"由야, 이리 오너라. 너는 小人이니, 세상의 이치를 익히지 못했구나. 앉아라. 내가 너에게 말해 주겠다. 너는 지혜가 있는 사람은 죄가 없다고 생각하느냐? 그렇다면 王子 比干은 어찌하여 심장이 도려내진 채로 죽었겠느냐.[17] 너는 의리가 있는 사람은 그가 한 말을 들어준다고 생각하느냐? 그렇다면 伍子胥는 어찌하여 눈알이 뽑혀 吳나라 東門에 걸렸겠느냐.[18] 너는 청렴한 사람은 등용된다고 생각하느냐? 그렇

15) 孔子가……당하여 : 魯 哀公 4년에 공자가 楚 昭王의 초빙을 받고 陳나라와 蔡나라 사이를 지나게 되었는데, 진나라와 채나라 大夫가 공자가 초나라에 重用되면 자기의 나라에 불리할까 두려워 군사를 보내 들에서 공자 일행을 포위하였다.(≪史記≫ 권47 〈孔子世家〉)

16) 三經 : 세 종류의 經書이다. 이 구절 뒤에 ≪說苑≫ 〈雜言〉에 "讀詩書治禮不休(≪詩經≫·≪書經≫을 읽고 ≪周禮≫를 연구하는 일을 쉬지 않았다.)"라고 한 것을 보면 ≪詩經≫·≪書經≫·≪周禮≫를 가리키는 듯하다.

17) 王子 比干은……죽었겠느냐 : 比干은 殷나라 紂王의 숙부이다. 폭군 주왕의 음행을 극간하자 노한 주왕이 성인의 심장에는 7개의 구멍이 있다는데 확인해 보자며 심장을 도려내 죽였다.(≪史記≫ 권3 〈殷本紀〉)

18) 伍子胥는……걸렸겠느냐 : 伍子胥는 춘추시대 吳나라 대부 吳員을 가리킨다. 자서는 그의 자이다. 越王 句踐이 吳王 夫差에게 和親을 청하였을 때, 오자서가 오왕에게 월왕의 청을 거절하라고 강력히 권유하였지만, 오왕이 소인의 참소하는 말을 믿고 오자서에게 屬鏤劍을 내려 자결하게 하였다. 그러자 오자서가 죽음에 임하여 말하기를 "내 눈알을 빼서

다면 伯夷와 叔齊는 어찌하여 首陽山에서 굶어 죽었겠느냐.[19] 너는 충심이 있는 사람은 등용된다고 생각하느냐? 그렇다면 鮑叔은 어찌하여 등용되지 않았겠으며,[20] 葉公 子高는 평생 벼슬하지 못하였겠으며,[21] 鮑焦는 나무를 껴안고 울었겠으며,[22] 介子推는 산에 올라가 불에 타 죽었겠느냐.[23] 그러므로 군자 중에 널리 배우고 깊이 도모하지만 좋은 때를 만나지 못한 사람이 많으니 어찌 나만 그렇겠느냐. 현명하고 不肖한 것은 재주에 달려 있고, 만나고 만나지 못하는 것은 때에 달려 있는 것이다. 지금은 좋은 때가 아닌데 현자가 어디에 등용될 수 있겠느냐.

伯夷

그러므로 虞舜은 歷山의 남쪽에서 경작하였지만 즉위하여 천자가 된 것은 堯 임금을 만났기 때문이고,[24] 傅說(부열)은 흙을 짊어지고 담을 쌓았지만 大夫가 된 것은

吳나라 東門에 걸어 두어 월나라가 오나라를 멸망시키는 것을 보게 해 달라.〔抉吾眼置之吳東門 以觀越之滅吳也〕"라고 하였다.(≪史記≫ 권31 〈吳太伯世家〉)

19) 伯夷와……죽었겠느냐 : 伯夷와 叔齊는 殷나라 말기의 현자로, 孤竹君의 아들이다. 周 武王이 은나라 紂王을 정벌하려 하자 백이와 숙제가 무왕의 말고삐를 잡고 간하였다. 주 무왕이 간언을 듣지 않고 은나라를 멸망시키자 주나라 곡식 먹는 것을 부끄럽게 여겨 수양산에 들어가 굶어 죽었다.(≪史記≫ 권61 〈伯夷列傳〉)

20) 鮑叔은……않았겠으며 : 鮑叔에 대해서는 미상이다. 일설에는 管仲을 齊 桓公에게 천거한 鮑叔牙로 보기도 하나, 그는 등용되어 벼슬을 하였기 때문에 맞지 않은 듯하다.

21) 葉公 子高는……못하였겠으며 : 葉公 子高는 葉(섭) 땅에 봉해진 沈諸梁으로, 자가 子高이다. 춘추시대 楚나라 白公 勝이 정변을 일으켜 楚 惠王을 위협하자, 섭공이 군병을 거느리고 공격하여 반란을 평정하였다.(≪史記≫ 권40 〈楚世家〉)

22) 鮑焦는……울었겠으며 : 鮑焦는 춘추시대 周나라의 隱士이다. 세상을 비난하며 天子에게 신하 노릇하지 않고 諸侯와 벗하지 않으면서 홀로 가난하고 깨끗하게 살았다. 子貢이 그의 행실을 꾸짖자, 나무를 끌어안고 죽었다.(≪莊子≫ 〈盜跖〉, ≪風俗通≫ 〈愆禮〉)

23) 介子推는……죽었겠느냐 : 介之推라고도 한다. 晉 文公이 국외로 망명하는 동안 허벅지살을 베어 봉양할 정도로 충성을 다했는데, 문공이 즉위한 뒤 그에게 祿賞이 없었으므로 綿山에 숨어 버렸다. 문공이 뒤늦게 그 사실을 알고 그를 불렀으나 응하지 않자 산에 불을 놓아 그를 오게 했으나 끝내 타 죽고 말았다. 후에 그가 죽은 날을 寒食日이라고 하여 불을 지피지 않고 그의 덕을 추모하였다.(≪春秋左氏傳≫ 喜公 24년)

24) 虞舜은……때문이고 : 舜이 미천하였을 때 歷山에서 농사를 지었는데 역산 지방의 사람들이 모두 밭이랑을 양보하는 등 모두 그 덕에 감화되었고, 어리석은 아버지와 간악한 어머니까지도 효성에 감화되었다. 그러자 堯 임금이 두 딸을 시집보내고 아홉 아들을 보내 따르게 하여 안팎으로 살펴 28년간 攝政을 하게 한 다음 천자의 자리를 禪讓하였다.(≪史記≫ 권1 〈五帝本紀〉, ≪孟子≫ 〈萬章 上〉)

武丁을 만났기 때문이며,[25] 伊尹은 옛날 有莘氏의 종이 되어 솥을 짊어지고 도마를 들고서 五味로 음식을 조리하였지만 재상의 자리에 오른 것은 湯 임금을 만났기 때문이고,[26] 呂望은 나이 50에 棘津에서 음식을 팔고 나이 70에 朝歌에서 소를 잡다가 나이 90이 되어서야 천자의 스승이 된 것은 文王을 만났기 때문이며,[27] 管夷吾는 결박을 당한 채 檻車에 있었지만 仲父가 된 것은 齊 桓公을 만났기 때문이고,[28] 百里奚는 스스로 다섯 마리 양 가죽에 팔려가 秦伯을 위해 소를 길렀지만 천거되어 대부가 된 것은 秦 繆公을 만났기 때문이며,[29] 虞邱는 천하에 명망이 있어 令尹이 되었으나

25) 傅說은……때문이며 : 傅說이 傅巖의 들판에서 담을 쌓는 일을 하고 있었는데 殷 高宗인 武丁이 그를 찾아내어 재상으로 삼았다.(≪書經≫ 〈商書 說命 下〉, ≪孟子≫ 〈告子 下≫)

26) 伊尹은……때문이고 : 伊尹은 商나라를 건국한 湯王의 신하이다. 이윤이 탕왕을 聖君으로 만들고 싶어도 방법이 없자 有莘氏의 媵臣이 된 뒤에 솥과 도마를 지고 가서 음식 요리를 가지고 탕왕을 王道에 이르게 하였다.(≪史記≫ 권3 〈殷本紀〉)

27) 呂望은……때문이며 : 呂望은 太公望 呂尙으로, 姜太公으로 칭해진다. 태공은 본래 동해 사람으로, 자신을 알아주는 임금을 만나지 못해 50세 때에는 棘津에서 물건을 팔아먹고 살았고, 70세 때에는 朝歌의 시장에서 소를 잡았으며, 90세 때에는 渭水에서 낚시질을 하고 있었는데, 周 文王이 위수 가에서 사냥을 하다가 낚시질을 하고 있던 태공을 만나 말을 나눠 보고는, 크게 기뻐하여 수레에 싣고서 함께 돌아와 스승으로 섬겼다. 극진은 黃河에 있는 나루터 이름이고, 조가는 은나라의 도읍지이다.(≪史記≫ 권32 〈齊太公世家〉)

28) 管夷吾는……때문이고 : 管夷吾는 管仲으로, 夷吾는 그의 이름이다. 齊 襄公이 無道하자 鮑叔牙는 公子 小白(훗날 齊 桓公)을 받들고 莒나라로 망명하였고, 管仲은 공자 糾를 받들고 魯나라로 망명하였다. 망명 중에 양공이 죽자 본국으로 먼저 들어가기 위해 싸우다가 공자 규의 군대가 패하자 소백은 공자 규를 죽이고 관중을 檻車에 가두고 제나라로 돌아왔는데, 포숙아가 환공에게 말하여 관중을 정승으로 삼게 하였다.(≪史記≫ 권62 〈管晏列傳〉)

29) 百里奚는……때문이며 : 百里奚는 춘추시대 虞나라 대부이다. 우나라가 晉나라에게 멸망하자 楚나라로 달아났다가 그곳 사람에게 잡혀 소먹이는 일을 하고 있었다. 秦 穆公이 그가 어질다는 소문을 듣고 양 다섯 마리의 가죽을 몸값으로 주고 데려와 정승으로 삼았다.(≪孟子≫ 〈萬章 上〉, ≪史記≫ 권5 〈秦本紀〉)

孫叔敖에게 양보한 것은 楚 莊王을 만났기 때문이고,[30] 伍子胥는 전에는 많은 공을 세웠으나 뒤에 죽임을 당한 것은 지혜에 盛衰가 있어서가 아니라 전에는 闔閭를 만났고 뒤에는 夫差를 만났기 때문이다.[31]

천리마가 소금 수레를 끌다 피폐해 진 것은 이는 천리마로서의 형상이 없어서가 아니라 천리마를 알아보지 못하기 때문이다. 만약 천리마가 伯樂[32]을 만나지 못했다면 어떻게 천리를 달릴 수 있는 발을 가질 수 있었겠느냐. 이럴 경우 造父[33] 또한 천리를 몰고 갈 재주가 없을 것이다. 蘭草와 茝(채)草는 무성한 숲 가운데와 깊은 산속에서 자라는데 사람이 보지 않는다고 향기를 발산하지 않는 것은 아니다. 마찬가지로 배우는 것은 현달하기 위해서가 아니라, 곤궁하여도 근심하지 않고 곤란하여도 志氣가 쇠퇴하지 않아서 禍福이 시작되는 조짐을 미리 알아 마음에 현혹되지 않기 위해서이다. 그러므로 성인은 은거하면서 깊이 생각하여 홀로 듣고 홀로 아는 것이다. 舜 또한 聖賢이지만 南面하여 천하를 다스린 것은 오직 요 임금을 만났기 때문이니, 가령 순이 桀王이나 紂王의 시대에 살았다면 刑戮에서 스스로 면하는 것도 잘한 일일 것인데 무슨 벼슬을 얻을 수 있겠느냐. 걸왕이 關龍逢을 죽이고 주왕이 왕자 비간을 죽였으니,[34] 당시에 어찌 관용봉은 지혜가 없고 왕자 비간은 슬기롭지 못해서 죽임을 당하였겠느냐. 이는 모두 좋은 때를 만나지 못했기 때문이다. 그러므로 군자는 학문에 힘쓰면서 자신을 수양하고 행실을 단정히 하여 때를 기다리는 것이다. 그러니 너는 의혹하지 말라."

≪詩經≫ 〈小雅 鶴鳴〉에 말하였다.

"학이 깊은 곳에서 울면 그 소리가 하늘에까지 들린다."

---

30) 虞邱는……때문이고 : 虞邱는 虞丘, 또는 虞丘子라고도 한다. 춘추시대 楚나라의 令尹으로, 孫叔敖가 어질다는 말을 듣고 莊王에게 천거하여 자신의 자리를 대신하게 하였다.

31) 伍子胥는……때문이다 : 伍子胥는 원래 楚나라 사람인데, 부형이 楚 平王에게 살해되자, 吳나라로 망명하여 오왕 闔閭를 섬겨 오나라를 강대국으로 만들었다. 하지만 합려의 뒤를 이은 아들 夫差에게 외면당하고 모함을 받아 명을 받고 자결하였다.(≪史記≫ 권66 〈伍子胥列傳〉)

32) 伯樂 : 춘추시대 秦 穆公 때에 駿馬를 잘 감별하는 것으로 유명했던 孫陽의 별명으로, 그에게 인정을 받으면 그 말의 값이 3배로 뛰었다고 한다.(≪昌黎文集≫ 권3 〈爲人求薦書〉)

33) 造父 : 周나라 穆王 때 목왕의 八駿馬를 몰던 마부로, 말을 잘 몰기로 이름난 사람이다.(≪史記≫ 권43 〈趙世家〉)

34) 桀王이……죽였으니 : 關龍逢은 夏나라 桀王 때의 忠臣인데, 걸왕이 술을 지나치게 마시는 잘못에 대해 간하다가 걸왕에게 죽임을 당하였다. 紂王이 왕자 比干을 죽인 일은 앞에 보인다. ≪莊子≫ 〈人間世〉에 "옛날 桀王은 關龍逢을 죽이고 紂王은 왕자 比干을 죽였다.〔昔者桀殺關龍逢 紂殺王子比干〕"라고 하였다.

孔子困於陳蔡之間①하여 卽三經之席②하며 七日不食③하고 藜羹不糝④이라 弟子有饑色호대 讀書習禮樂不休어늘 子路進諫曰 爲善者는 天報之以福하고 爲不善者는 天報之以(賊)〔禍〕⑤니이다 今夫子積德累仁⑥하여 爲(善)〔日〕久矣⑦로대 意者尙遺行乎⑧잇가 奚居之隱也오 孔子曰 由아 來하라 汝小人也니 未講於論也로다 居하라 吾語汝호리라 子以知者爲無罪乎아 則王子比干은 何爲刳心而死⑨오 子以義者爲聽乎⑩아 則伍子胥何爲抉目而懸吳東門⑪고 子以廉者爲用乎아 則伯夷叔齊何爲餓於首陽之山고 子以忠者爲用乎아 則鮑叔何爲而不用⑫이며 葉公子高終身不仕⑬며 鮑焦抱木而泣⑭하며 子推登山而燔⑮고 故君子博學深謀호대 不遇時者衆矣니 豈獨丘哉리오 賢不肖者는 材也요 遇不遇者는 時⑯也라 今無有時하니 賢安所用哉리오 故虞舜耕於歷山之陽호대 立爲天子는 其遇堯也요 傅說負土而版築호대 以爲大夫⑰는 其遇武丁也요 伊尹故有莘氏僮也⑱라 負鼎操俎하고 調五味⑲호대 而立爲相은 其遇湯也요 呂望行年五十賣食棘津하고 年七十屠於朝歌라가 九十乃爲天子師는 則遇文王也요 管夷吾束縛自檻車⑳호대 以爲仲父는 則遇齊桓公也요 百里奚自賣五羊之皮하여 爲秦伯牧牛㉑호대 擧爲大夫는 則遇秦繆公也요 虞邱於天下㉒以爲令尹호대 讓於孫叔敖는 則遇楚莊王也라 伍子胥前功多後戮死는 非知有盛衰也라 前遇闔閭㉓하고 後遇夫差也일새라 夫驥罷鹽車는 此非無形容也라 莫知之也니 使驥不得伯樂㉔이런들 安得千里之足고 造父亦無千里之手矣리라 夫蘭茝㉕生於茂林之中深山之間에 〔不爲〕[35] 人莫見之故不芬㉖이니라 夫學者非爲通也라 爲窮而不憂하고 困而志不衰㉗하여 先知禍福之始而心無惑焉일새라 故聖人隱居深念하여 獨聞獨見㉘이니라 夫舜亦賢聖矣로대 南面而治天下는 惟其遇堯也니 使舜居桀紂之世면 能自免於刑戮之中則爲善矣니 亦何位之有㉙리오 桀殺關龍逢하고 紂殺王子比干하니 當此之時하여 豈關龍逢無知而㉚王子比干不慧乎哉㉛아 此皆不遇時也라 故君子務學㉜하고 脩身端行하여 而須其時者也니라 子無惑焉하라 詩曰鶴鳴于九皐어든 聲聞于天이라

① 孔子困於陳蔡之間 : '困'은 ≪荀子≫ 〈宥坐〉에 '戹'으로 되어 있다.
困은 荀子宥坐에 作戹이라

② 卽三經之席 : '卽'은 ≪說苑≫ 〈雜言〉에 또한 '席'으로 되어 있다.
卽은 說苑(經)〔雜〕[36]言에 亦作席이라

③ 七日不食 : ≪荀子≫에 '不火食'으로 되어 있고 ≪呂氏春秋≫ 〈孝行〉에 '不嘗食'으로 되어 있다.

---

35) 不爲 : 저본에는 없으나, ≪韓詩外傳集釋≫에 의거하여 '人莫' 앞에 '不爲' 두 자를 보충하였다.

36) (經)〔雜〕 : 저본에는 '經'으로 되어 있으나, ≪說苑≫에 의거하여 '雜'으로 바로잡았다.

荀에 作不火食이요 呂覽孝行에 作不嘗食이라

④ 糝 : ≪荀子≫에 '糂'으로 되어 있는데, 楊倞의 注에 "糂與糝同('糂'은 '糝'과 같다.)"이라고 하였다. ≪呂氏春秋≫ 〈審分〉에 또 '斟'으로 되어 있고 ≪孔子家語≫ 〈在厄〉에 '充'으로 되어 있다.

荀에 作糂이라 楊注에 糂은 與糝同이라 呂覽審分에 又作斟이요 家語在厄에 作充이라

⑤ 天報之以賊 : '賊'은 ≪荀子≫와 劉向의 ≪說苑≫을 따라 '禍'로 되어야 한다. 趙懷玉本에 '天報之以禍'로 되어 있고, 그 교감한 내용에 "어떤 本에는 '賊'으로 되어 있는데 틀린 것이다." 하였다.

賊은 當從荀劉作禍라 趙本에 作天報之以禍요 校語에 一作賊이니 非라

⑥ 積德累仁 : ≪荀子≫에 "累德積義(德과 義를 쌓다.)"라고 하였고, ≪孔子家語≫에 또 '累仁'이 '懷義'로 되어 있다.

荀云 累德積義요 家語에 又以累仁爲懷義라

⑦ 爲善久矣 : '善'은 '日'이 되어야 할 듯하다.

善은 疑當作日이라

⑧ 意者尙遺行乎 : '尙'은 어떤 本에 '當'으로 되어 있는데 이제 ≪說苑≫을 따라 校正한다. 趙本에 '意者尙有遺行乎'로 되어 있고, 그 교감한 내용에 "어떤 本에 '意者當遺行乎'로 되어 있었으니, 잘못된 것이다. ≪文選≫ 〈對楚王問〉과 〈辯命論〉 두 편의 注에서 인용한 글에 의거하여 改正한다." 하였다.

尙은 本作當이니 今從說苑校正이라 趙本에 作意者尙有遺行乎요 校語에 本作意者當遺行乎譌라 據文選對楚王問과 辯命論兩注引하여 改正이라

⑨ 何爲刳心而死 : '刳'는 여러 책에 모두 '剖'로 되어 있다.

刳는 諸家竝作剖라

⑩ 子以義者爲聽乎 : '義'는 여러 책에 '諫'으로 되어 있다.

義는 諸家作諫이라

⑪ 伍子胥何爲抉目而懸吳東門 : 趙懷玉이 교감한 내용에 "당시 유세하는 선비들의 말은 매번 전후를 상세하게 고찰하지 않았다."[37] 하였다.

趙校語에 當時說士所爲每不細考前後라

⑫ 鮑叔何爲而不用 : ≪說苑≫에는 "鮑莊"이라고 하였고, ≪荀子≫에는 '關龍逄'으로 되어 있다.

37) 당시……않았다 : 趙懷玉이 교감한 내용에 대해 趙善詒는 "조회옥이 교감한 내용이 옳다. 공자가 陳나라와 蔡나라 사이에서 곤란을 겪은 것은 魯 哀公 6년에 있었고, 오자서가 피살된 것은 魯 哀公 11년에 있었다."라고 하였다. 즉 공자가 말하고 있는 시점은 애공 6년인데 5년 뒤에 일어난 오자서의 피살 사건을 공자가 미리 말하였기 때문에 이렇게 말한 것이다.

說苑云 鮑莊也요 荀에 作關龍逢이라

⑬ 葉公子高終身不仕 : '仕'는 劉向의 ≪說苑≫에 '顯'으로 되어 있다.

仕는 劉作顯이라

⑭ 鮑焦抱木而泣 : '泣'은 劉向의 ≪說苑≫에 '立枯'로 되어 있다. 趙懷玉이 교감한 내용에 "≪說苑≫ 〈雜言〉편에 '鮑焦抱木而立枯(鮑焦는 나무를 안고 그대로 말라 죽었다.)'로 되어 있다." 하였다.

泣은 劉作立枯라 趙校語에 說苑雜言篇에 作鮑焦抱木而立枯라

⑮ 推登山而燔 : '燔'은 劉向의 ≪說苑≫에 '焚死(불에 타 죽다.)'로 되어 있다.

燔은 劉作焚死라

⑯ 時 : 趙懷玉本에 '命'으로 되어 있다.

趙本에 作命이라

⑰ 以爲大夫 : 劉向의 ≪說苑≫에 "立佐天子(천자를 보좌하다.)"라고 하였다.

劉云 立佐天子라

⑱ 伊尹故有莘氏僮也 : '僮'은 劉向의 ≪說苑≫에 '媵臣'으로 되어 있다. ≪呂氏春秋≫에 '莘'은 '侁'으로 되어 있다.

僮은 劉作媵臣이라 呂覽에 以莘爲侁이라

⑲ 伊尹故有莘氏僮也 負鼎操俎 調五味 : ≪呂氏春秋≫에 "湯得伊尹 祓之於廟 爝以爟火 釁以犧猳 明日設朝而見之 說湯以至味(湯이 伊尹을 얻고 종묘에서 푸닥거리를 할 때에 횃불로 불을 밝히고 희생으로 쓰는 수퇘지에 피를 발랐다. 다음날 조회를 열자 伊尹이 뵙고 탕에게 지극히 맛있는 음식으로 유세하였다.)"라고 하였다.

呂覽云 湯得伊尹하고 祓之於廟할새 爝以爟火하고 釁以犧猳러라 明日에 設朝而見之하고 說湯以至味하다

⑳ 管夷吾束縛自檻車 : 趙懷玉이 교감한 내용에 "'自'는 ≪說苑≫에 '膠目(눈을 가리다.)'으로 되어 있으니, 여기에서는 脫誤가 있다." 하였다.

趙校語에 自는 說苑作膠目하니 此脫誤라

㉑ 爲秦伯牧牛 : ≪說苑≫에는 '伯' 뒤에 '氏'자가 있으니 옳다.

說苑에 伯下에 有氏字하니 是라

㉒ 虞邱於天下 : '虞丘'는 劉向의 ≪說苑≫에 '沈尹'으로 되어 있다. '於'자 앞에는 ≪說苑≫에 의거하여 '名聞' 두 글자를 보충해야 한다. 趙懷玉이 교감한 내용에 "'於' 앞에 脫文이 있다. ≪說苑≫에 '沈尹名聞天下(沈尹은 이름이 천하에 알려졌다.)'로 되어 있다." 하였다.

虞丘는 劉作沈尹이라 於字上에 當據說苑하여 補名聞二字라 趙校語에 於上有脫文이라 說苑에 作沈尹名聞天下라

㉓ 劉向의 ≪說苑≫에 '閭廬'로 되어 있으니, '閭'와 '廬'는 통용된다.

劉作閭廬니 閭與廬通이라

㉔ 使驥不得伯樂 : '伯'은 '博'으로 간주하여 읽는다. ≪廣韻≫에는 '伯樂'이 '博勞'로 되어 있다. 옛날에 博勞가 있었는데 말을 잘 감정하였다.
伯은 讀曰博이라 廣韻에 以伯樂爲博勞云이라 古有博勞하니 善相馬也라
㉕ 蘭茝 : '茝'는 ≪荀子≫에 '芷'로 되어 있으니, '芷'와 '茝'는 같다. 劉向의 ≪說苑≫에는 '芝蘭'으로 되어 있다.
茝는 荀作芷하니 芷與茝同이라 劉作芝蘭이라
㉖ 人莫見之故不芬 : ≪荀子≫에 "非以無人而不芳(사람이 없다고 향기를 발산하지 않는 것이 아니다.)"이라고 하였다. 趙懷玉本에 '不以人莫見之故不芬'으로 되어 있고, 그 교감한 내용에 "'不以' 두 글자는 舊本에 빠져 있었는데, 文義를 살펴 보충하였다. ≪荀子≫ 〈宥坐〉편에 '非以無人而不芳'으로 되어 있고 ≪孔子家語≫ 〈在厄〉편에 '非爲無人而不香'으로 되어 있다." 하였다.
荀云 非以無人而不芳이라 趙本에 作不以人莫見之故不芬이요 校語에 不以二字는 舊本脫하니 案文義補라 荀子宥坐篇에 作非以無人而不芳이요 家語在厄篇에 作非爲無人而不香이라
㉗ 爲窮而不憂 困而志不衰 : ≪荀子≫에 '憂'는 '困' 뒤에 있으니 도치된 듯하다. 趙懷玉이 교감한 내용에 "毛本에 '憂'와 '困'은 서로 자리가 바뀌었다." 하였다.
荀子에 憂在困下하니 疑倒라 趙校語에 毛本에 憂與困互易이라
㉘ 獨聞獨見 : '聞'은 劉向의 ≪說苑≫에 '知'로 되어 있다.
聞은 劉作知라
㉙ 亦何位之有 : 劉向의 ≪說苑≫에 "又何官得治乎(또 무슨 벼슬을 얻어 다스릴 수 있겠느냐?)"라고 하였다.
劉云 又何官得治乎아하니라
㉚ 豈關龍逢無知而 : 趙懷玉本에 '而'자가 없다.
趙本에 無而字라
㉛ 王子比干不慧乎哉 : '不慧'는 劉向의 ≪說苑≫에 '無惠'로 되어 있다.
不慧는 劉作無惠라
㉜ 君子務學 : '務'는 劉向의 ≪說苑≫에 '疾'로 되어 있다.
務는 劉作疾이라

7-7 曾子가 말하였다.

"한번 가면 돌아올 수 없는 것은 부모이고, 차면 더 보탤 수 없는 것은 나이이다. 이 때문에 효자가 봉양하려고 해도 부모는 기다려 주지 않고, 나무가 곧게 자라려고 해도 시간은 기다려 주지 않는 것이다. 이 때문에 소를 잡아 무덤에 제사 지내는 것은

닭과 돼지로 살아계신 부모를 봉양하는 것만 못하다. 그래서 내가 일찍이 齊나라에서 벼슬하여 관리가 되었을 적에 봉록이 鐘釜[38]에 불과하였지만, 그래도 즐거워하면서 기뻐한 것은 봉록이 많아서가 아니라 부모를 봉양할 수 있는 것이 즐거웠기 때문이다. 돌아가신 뒤에 내가 일찍이 남쪽 초나라에 있을 적에 높은 관직을 얻고 9길 높이의 집과 3겹 두께의 서까래와 수레 100승이 있었지만, 그래도 북쪽을 향해 울었던 것은 관직이 낮아서가 아니라 나의 부모를 봉양할 수 없는 것이 슬펐기 때문이다. 그러므로 집이 가난하고 부모가 연로하시면 관직을 가리지 말고 벼슬해야지 자신의 뜻을 실현하려고 부모를 곤궁하게 하는 것은 孝가 아니다."

曾子

≪詩經≫ 〈小雅 祈父〉에 말하였다.

"어머니가 음식을 장만하게 해서야 되겠는가."

曾子曰 往而不可還者는 親也요 至而不可加者는 年也라 是故로 孝子欲養而親不待也요 木欲直而時不待也라 是故로 椎牛而祭墓는 不如雞豚之逮親存也라 故吾嘗仕齊爲吏에 祿不過鐘釜로대 尙猶欣欣而喜者는 非以爲多也라 樂其逮親也요 旣沒之後에 吾嘗南遊於楚하여 得尊官焉하고 堂高九仞①과 榱題三圍와 轉轂百乘이로대 猶北鄕而泣涕②者는 非爲賤也라 悲不逮吾親也③라 故家貧親老면 不擇官而仕하니 若夫信其志하여 約其親者는 非孝也라 詩曰 有母之尸雍가

① 仞 : 趙懷玉本에 '尺'으로 되어 있다.
趙本에 作尺이라

② 泣涕 : 趙懷玉本에 '涕泣'으로 되어 있다.
趙本에 作涕泣이라

③ 吾嘗仕齊爲吏……悲不逮吾親也 : ≪莊子≫ 〈寓言〉에 "曾子再仕 而心再化曰 吾及親仕 三釜而心樂 後仕 三千鐘 不洎 吾心悲(曾子가 두 번 벼슬하였는데 마음이 그때마다 변하여 말하기를 '내가 어버이 생존 시에 벼슬할 때에는 3釜의 녹봉만 받아도 마음이 즐거웠는데, 그 뒤에 벼슬할 때에는 3천 鍾의 녹봉을 받았지만 어버이가 계시지 않아 내 마음이 슬펐다.' 하였다.)"라고 하였다. '逮'와 '洎'는 모두 '及'의 뜻이다.
莊子寓言에 曾子再仕에 而心再化曰 吾及親仕에 三釜而心樂이러니 後仕에 三千鐘호대

---

38) 鐘釜 : 물건의 양을 재는 단위이다. 鐘은 鍾과 통용되는데 鍾은 6斛 4말이고, 釜는 6말 4되이다. 여기에서는 아주 적은 양을 의미한다.

不洎하여 吾心悲라하니라 逮洎는 皆及也라
④ 有母之尸雍 : '雍'과 '饔'은 뜻이 같다.
雍與饔同이라

7-8 趙簡子[39]의 신하 중에 周舍[40]라는 자가 있었는데 사흘 밤낮을 그의 문 아래에서 있었다. 그러자 조간자가 사람을 시켜 물어보게 하였다.

"그대는 무슨 일로 寡人을 보려고 하는가?"

주사가 대답하였다.

"바라건대 바른 말로 간쟁하는 신하가 되어, 筆墨과 書板을 들고서 임금의 뒤를 따라다니면서 임금의 잘못을 관찰하여 쓴다면, 날마다 기록한 것이 있고 한 달이 되면 성취한 것이 있으며, 한 해가 되면 잘못을 고친 효과가 있을 것입니다."

그리하여 조간자는 거처할 때는 그와 함께 거처하고 외출할 때는 그와 함께 외출하였다. 그런데 얼마 되지 않아 주사가 죽자 조간자는 자식을 잃은 듯 슬퍼하였다. 뒤에 대부들과 洪波의 누대에서 술을 마실 적에 술에 취하자 조간자가 눈물을 흘렸다. 그러자 대부들이 모두 달려 나와 말하였다.

"신들에게 죄가 있는데도 스스로 알지 못하였습니다."

이 말을 듣고 조간자가 대답하였다.

"대부들은 도리어 죄가 없소. 예전에 나에게 주사라는 사람이 있었는데, 나에게 말하기를 '천 개의 양가죽보다는 한 개의 여우 겨드랑이 털이 훨씬 낫고, 여러 사람이 아첨하는 것보다는 한 사람의 선비가 바른 소리를 하는 것이 훨씬 낫습니다.[41] 옛날에 商나라의 紂王은 임금의 잘못을 말하지 않는 신하를 두어 멸망하였고 武王은 바른 말하는 신하를 두어 번창하였습니다.' 하였소. 이제 주사가 죽은 뒤로 나는 나의 잘못을 들어본 적이 없으니, 내 망할 날이 얼마 남지 않은 것이오. 이 때문에 과인이 우는 것이오."

趙簡子有臣曰周舍니 立於門下를 三日三夜한대 簡子使問之曰 子欲見寡人은 何事①오 周舍對曰 願爲諤諤之臣하여 墨筆操牘②하여 (從君之過而)〔從君之後하여 司君之過而書之면〕③日有

39) 趙簡子 : 춘추시대 晉나라의 大夫인 趙鞅으로, 晉 定公 때에 卿이 되었다.
40) 周舍 : 춘추시대 晉나라 사람으로, 直諫을 잘 하였다.
41) 천……낫습니다 : 이 구절은 ≪史記≫ 권68 〈商君列傳〉에도 보인다.

記也요 月有成也요 歲有效也[④]리이다 簡子居則與之居하고 出則與之出이러니 居無幾何하여 而周舍死어늘 簡子如喪子하다 後에 與諸大夫로 飮於洪波之臺할새 酒酣에 簡子涕泣이어늘 諸大夫皆出走曰 臣有罪而不自知[⑤]로이다 簡子曰 大夫(皆)〔反〕無罪[⑥]로다 昔者에 吾有周舍하니 有言曰[⑦] 千羊之皮[⑧]는 不若一狐之腋이요 衆人諾諾[⑨]은 不若一士之諤諤이라 昔者에 商紂默默而亡[⑩]하고 武王諤諤而昌이라하니 今自周舍之死로 吾未嘗聞吾過也하니 吾亡無日矣로다 是以로 寡人泣也[⑪]로다

① 子欲見寡人何事 : ≪新序≫ 〈雜事〉에 "夫子將何以令我(선생께서는 장차 나에게 무엇으로 가르치려는 것이오?)"라고 하였다.

新序雜事云 夫子將何以令我오하니라

② 墨筆操牘 : 趙懷玉이 교감한 내용에 "'墨'은 ≪太平御覽≫ 권603에서 인용한 글에는 '秉'으로 되어 있다." 하였다.

趙校語에 墨은 御覽六百三引作秉이라

③ 從君之過而 : ≪新序≫를 살펴보건대 마땅히 "從君之後 司君之過而書之(임금의 뒤를 따라다니며 임금의 잘못을 관찰하여 쓰다.)"라고 해야 하니, 여기에서 '從' 뒤와 '而' 뒤에 글이 빠진 듯하다. 趙懷玉本에 '從君之後 司君之過而書之'로 되어 있고, 그 교감한 내용에 "舊本에 '之後司君書之' 여섯 글자가 없었는데 ≪太平御覽≫에 의거하여 보충한다. ≪新序≫ 〈雜事 一〉에도 이 구절이 있다." 하였다.

案新序當云 從君之後하여 司君之過而書之라하니 疑此從下而下文脫이라 趙本에 作從君之後 司君之過而書之요 校語에 舊本에 無之後司君書之六字러니 據御覽補라 新序雜事一에 亦有라

④ 月有成也 歲有效也 : '成'은 ≪新序≫에 '效'로 되어 있고, '効'는 '得'으로 되어 있다. 趙懷玉이 교감한 내용에 "≪新序≫에 '成'은 '效'로 되어 있고, '効'은 '得'으로 되어 있다." 하였다.

成은 序作效요 効은 作得이라 趙校語에 新序成作效요 効作得이라

⑤ 臣有罪而不自知 : 趙懷玉本에 '也'자가 있고, 그 교감한 내용에 "舊本에는 '也'자가 없었는데, ≪太平御覽≫ 권491에서 인용한 글에 의거하여 보충한다." 하였다.

趙本에 有也字요 校語에 舊無也字러니 據御覽四百九十一引補라

⑥ 大夫皆無罪 : '皆'는 ≪新序≫를 따라 '反'으로 되어야 할 듯하다.

皆는 疑當從序作反이라

⑦ 吾有周舍有言曰 : 앞의 '有'는 ≪新序≫에 '友'로 되어 있다. 趙懷玉本에 '吾友'로 되어 있다.

上有는 序作友라 趙本에 作吾友라

⑧ 千羊之皮 : '千'은 ≪新序≫에 '百'으로 되어 있다.

千은 序作百이라

⑨ 諾諾 : ≪新序≫에 '唯唯'로 되어 있다. 趙懷玉本에 '衆人之諾諾'으로 되어 있고, 그 교감한 내용에 "'之'자는 舊本에는 없었는데, 살펴보건대 마땅히 있어야 한다." 하였다.
序作唯唯라 趙本作衆人之諾諾이요 校語에 之字舊無러니 案當有라

⑩ 商紂默默而亡 : '默默'은 ≪新序≫에 '昏昏'으로 되어 있다.
默默은 序作昏昏이라

⑪ 寡人泣也 : 이 뒤에 ≪詩經≫의 내용이 빠진 듯하다.
此下疑脫詩辭라

7-9 傳(≪晏子春秋≫)에 말하였다.

齊 景公[42]이 晏子[43]에게 물었다.

"나라를 다스리는 데 무엇을 걱정해야 합니까?"

그러자 晏子가 대답하였다.

"祠堂에 사는 쥐를 걱정해야 합니다."

경공이 물었다.

"사당의 쥐는 무엇을 말합니까?"

안자가 대답하였다.

"사당에 사는 쥐는 나가서는 밖에서 음식을 훔치고 들어와서는 사당에 의탁해 사는데, 물을 붓자니 담장이 망가질까 염려되고 불을 지펴 질식시키자니 나무가 탈까 염려됩니다. 이것이 쥐를 걱정하는 이유입니다. 지금 임금의 측근은 밖으로는 임금을 팔아 이익을 차지하고 안으로는 임금에 의탁하여 법을 어지럽혀도 죄를 주지 않고 임금께서 또 아울러 덮어주고 길러줍니다. 이것이 사당에 사는 쥐를 근심하는 이유입니다."

경공이 말하였다.

"아, 어찌 그러한단 말입니까?"

〈그러자 안자가 대답하였다.〉

"아주 맛있는 술을 파는 사람이 있었는데 술집임을 표시하여 건 깃발이 매우 길었

42) 齊 景公 : 춘추시대 齊 莊公의 아우로 이름은 杵臼이다.

43) 晏子 : 晏嬰으로, 춘추시대 齊나라의 名相이다. 자는 平仲이다. 靈公·莊公·景公 3대를 섬기면서 재상을 지냈다. 그에 관한 기록으로 ≪晏子春秋≫가 있는데, 이는 그의 언행을 후세의 사람이 기록한 것이다.

습니다.[44] 그러나 술이 쉬도록 팔리지 않자, 마을 사람에게 술이 팔리지 않는 이유를 물었는데 마을 사람이 이렇게 대답하습니다. '당신 집의 개가 매우 사나워서 빈 그릇을 가지고 술을 사려는 사람이 있으면 개가 먼저 맞이하여 물어버립니다. 이 때문에 술이 쉬도록 팔리지 않는 것입니다.' 이처럼 선비가 만승의 천자에게 건의하려고 해도 권력을 장악한 자가 먼저 맞이하여 물어버리니, 또한 나라의 사나운 개와 같은 존재입니다. 측근의 신하는 사당에 사는 쥐이고 권력을 장악한 신하는 사나운 개입니다. 이것이 나라의 큰 걱정입니다."

≪詩經≫ 〈小雅 正月〉에 말하였다.

"저 숲을 바라보니 큰 땔나무 작은 땔나무가 가득하네."

이는 조정에 모두 小人으로 가득 참을 말한 것이다.

傳曰 齊景公問晏子호대 爲(人)〔國〕何患①고 晏子對曰 患夫社鼠니이다 景公曰 何謂社鼠오 晏子曰社鼠는 出竊於外하고 入託於社②하니 灌之恐壞墻③하고 燻之恐燒木하니 此鼠之患이니이다 今君之左右가 出則賣君以要利④하고 入則託君하여 不罪乎亂法⑤하고 君又并覆而育之하니 此社鼠之患也니이다 景公曰 嗚呼라 豈其然⑥이리오 人有市酒而甚美者⑦라 置表甚長⑧이라 然至酒酸而不售어늘 問里人其故⑨한대 里人曰 公之狗甚猛하여 而人有持器而欲往者⑩어든 狗輒迎而齧之⑪하니 是以酒酸不售也니이다 士欲白萬乘之主어늘 用事者迎而齧之하니 亦國之惡狗也니이다 左右者는 爲社鼠요 用事者는 爲惡狗니 此國之大患也니이다 詩曰 瞻彼中林한대 侯薪侯蒸이로다하니 言朝廷皆小人也라

① 齊景公問晏子 爲人何患 : '人'은 '國'이 되어야 한다. ≪韓非子≫ 〈外儲說〉과 ≪說苑≫ 〈政理〉에 모두 "桓公問管仲(桓公이 管仲에게 묻다.)"이라고 하였다. 趙懷玉이 교감한 내용에 "살펴보건대 ≪韓非子≫ 〈外儲說右上〉과 ≪說苑≫ 〈政理〉편에 모두 '桓公問管仲'으로 되어 있고, ≪晏子春秋≫ 〈問上〉편만이 여기와 같다. '爲人'은 '治國'으로 되어 있다." 하였다.

人當作國이라 韓子外儲說과 說苑政理에 竝以爲桓公問管仲也라 趙校語에 案韓非外儲說右上과 說苑政理篇에 皆作桓公問管仲이요 惟晏子問上篇이 與此同이라 爲人은 作治國이라

② 入託於社 : 사당은 나무를 묶고 진흙으로 바른다. 쥐가 이로 인하여 가서 의탁하는 것이다.

社束木而塗之하니 鼠因往託焉이라

44) 술집임을……길었습니다 : 술집임을 표시한 깃발이 아주 길어서 알아보기 쉽다는 뜻이다. ≪韓非子≫에는 "縣幟甚高(깃발을 매우 높이 걸었다.)"라고 하였다.

③ 灌之恐壞墻 : 바른 진흙이 벗겨질까 염려하는 것이다.
恐敗其塗라
④ 賣君以要利 : 권세를 부려 백성에게 이익을 거두는 것이다.
爲勢重하여 以收利於民也라
⑤ 不罪乎亂法 : 서로 한 패거리가 되어 임금에게 자신의 악행을 보이지 않게 가리는 것이다.
比周而蔽惡於君也라
⑥ 景公曰 嗚呼 豈其然 : 趙懷玉이 교감한 내용에 ≪晏子春秋≫에 '景公曰嗚呼豈其然' 여덟 글자가 없다. 뒤에도 晏子의 말이다.
趙校語에 晏子에 無景公曰八字라 下亦晏子語라
⑦ 人有市酒而甚美者 : ≪韓非子≫에 "宋之酤酒者莊氏(宋나라에서 술을 파는 사람은 莊氏이다.)"라고 하였다.
韓云 宋之酤酒者莊氏라
⑧ 置表甚長 : '置表'는 깃발을 거는 것이다.
置表는 縣幟也라
⑨ 問里人其故 : '里人'은 알고 지내는 長者 楊倩을 말한다.
里人은 謂其所知長者楊倩이라
⑩ 人有持器而欲往者 : '持'는 劉向의 ≪說苑≫에 '挈'로 되어 있다. ≪韓非子≫에 "懷錢挈壺甕(돈을 가지고 술병을 들다.)"이라고 하였다.
持劉作挈이라 韓云 懷錢挈壺甕이라
⑪ 狗輒迎而齧之 : ≪韓非子≫에 "迎而齕之(먼저 맞이하여 깨물다.)"라고 하였다. ≪說苑≫에 '齧'은 '噬'로 되어 있다.
韓云 迎而齕之라 說苑에 齧作噬라

7-10 옛날에 司城子罕[45]이 宋나라 재상으로 있을 때, 송나라 임금에게 말하였다.

"국가의 安危와 백성의 治亂은 임금의 어떻게 행하는 가에 달려 있습니다. 爵位와 상을 하사하고 주는 일은 사람들이 좋아하는 바이니 임금께서 직접 이 일을 행하시고, 殺戮과 刑罰은 백성들이 싫어하는 바이니 신이 이 일을 담당하겠습니다."

임금이 말하였다.

"좋소. 寡人이 사람들의 칭찬을 누리고 그대가 사람들의 미움을 받는다면, 과인이

45) 司城子罕 : 司城은 관직 이름으로, 곧 司空이다. 춘추시대 宋나라는 武公의 이름 司空을 피하여 司城으로 고쳤다. 子罕은 곧 樂喜이다.

제후들에게 웃음거리가 되지 않을 것임을 알겠소."

나라 사람들이 살륙의 형벌을 시행하는 권한이 오로지 자한에게 있다는 것을 알았다. 그래서 大臣들이 그를 친근하게 대하고 백성들이 그를 두려워하였다. 그렇게 한지 1년이 되지 않아 자한이 마침내 송나라 임금을 쫓아내고 정권을 장악하였다. 그러므로 老子가 이렇게 말하였다.

"물고기는 연못을 벗어나면 안 되고 나라를 다스리는 편리한 기물은 남에게 보여주어서는 안 된다."46)

≪詩經≫ 〈小雅 十月之交〉에 말하였다.

"어찌하여 나를 움직이되 나에게 와서 상의하지 않는가."

昔者에 司城子罕相宋①할새 謂宋君曰 夫國家之安危와 百姓之治亂은 在君之行이니이다 夫爵(祿)賞賜(擧)〔與〕②는 人之所好也니 君自行之하시고 殺戮刑罰③은 民之所惡(오)也니 臣請當之호리이다 君曰 善하다 寡人當其美하고 子受其惡하면 寡人自知不爲諸侯笑矣리라 國人知殺戮之刑이 專在子罕也하여 大臣親之하고 百姓畏之러라 居不期年에 子罕遂去宋君而專其政④하니라 故老子曰 魚不可脫於淵이요 國之利器는 不可以示人이라하니라 詩曰 胡爲我作호되 不卽我謀라

① 司城子罕相宋 : 子罕은 樂喜이다. 내가 살펴보건대 ≪春秋左氏傳≫에 樂喜가 司城이 되어 정사를 맡은 일은 宋 平公 12년이고 魯 襄公 9년에 있었다. 평공은 재위한 지 44년이 되어서야 薨하였으니 魯 昭公 10년에 해당된다. 그러므로 자한이 1년이 지나 임금을 축출한 일이 있을 수 없다. ≪韓非子≫ 〈外儲說〉은 속인 것이다.47) 趙懷玉이 교감한 내용에 "여기의 子罕은 樂喜가 아니다."48) 하였다.
子罕은 樂喜也라 宋按左氏春秋컨대 樂喜爲司城以爲政이 在平公十二年이요 魯襄公九年也라 平公在位四十四年乃薨하니 當魯昭公十年이라 不得有子罕期年出君之事라 蓋韓子外儲說은 誣也라 趙校語에 此子罕은 非樂喜라

② 夫爵祿賞賜擧 : ≪韓非子≫에 "慶賞賜與(慶賞을 하사하다.)"라고 하였으니 여기의 '祿'자는

46) 물고기는……안 된다 : ≪老子≫ 36장에 보이고, ≪莊子≫ 〈胠篋〉에도 같은 내용이 보인다.

47) ≪韓非子≫……것이다 : ≪韓非子≫ 〈外儲說右下〉에 "그렇게 한지 1년이 지나 자한이 송나라 임금을 죽이고 정권을 빼앗았다.〔處期年 子罕殺宋君而奪政〕"라고 하였기 때문에 이렇게 말한 것이다.

48) 여기의……아니다 : 子罕은 宋나라에 두 명이 있었는데, 한 명은 춘추시대 賢臣인 樂喜이고, 다른 한 명은 전국시대 송나라 임금을 축출하여 시해한 黃喜이다. 趙懷玉은 樂喜가 아니라 黃喜로 본 것이다.

衍字인 듯하고 '擧'는 '與'가 되어야 한다. 趙懷玉本에 '在君之行夫爵賞賜與(임금이 작위와 상을 하사하고 주는 일을 시행하는 데 달려 있다.)'로 되어 있고, 그 교감한 내용에 "舊本에는 '爵' 뒤에 '祿'자가 쓸데없이 들어가 있었고 '與'는 잘못되어 '擧'로 되어 있었다. 살펴보건대 ≪韓非子≫ 〈外儲說右下〉에는 '慶賞賜予'로 되어 있고, ≪淮南子≫ 〈道應訓〉에는 '爵賞賜予'로 되어 있으니 이제 이에 의거하여 수정한다." 하였다.

韓云 慶賞賜與라하니 疑此祿字衍이요 擧當爲與라 趙本에 作在君之行夫爵賞賜與요 校語에 舊本爵下衍祿字요 與譌作擧라 案韓非外儲說右下에 作慶賞賜予요 淮南道應訓에 作爵賞賜予하니 今據刪正이라

③ 刑罰 : '刑'은 ≪韓非子≫에 '誅'로 되어 있다.

刑은 韓作誅라

④ 子罕遂去宋君而專其政 : 趙懷玉이 교감한 내용에 "'去'는 ≪韓非子≫에 '劫'으로 되어 있다." 하였다.

趙校語에 去는 韓非作劫이라

7-11 衛 懿公[49] 때에 洪演이라는 신하가 있었다. 왕명을 받고 사신으로 갔다가 본국으로 돌아오지 않았을 때에 狄人이 衛나라를 공격하였다. 의공이 군사를 일으켜 맞서 싸우려고 하자, 위나라 백성들이 모두 말하였다.

"임금께서 귀중하게 여겨 祿位를 준 것은 학이고 아끼는 것은 궁중 사람들이니, 또한 학과 궁중 사람들에게 싸우게 하십시오. 우리가 어찌 싸우겠습니까."

마침내 흩어져 모두 떠나버렸다. 적인이 위나라에 이르러 滎澤[50]에서 의공을 공격하여 죽이고 의공의 살점을 다 먹은 다음 그의 肝만 남겨 두었다. 홍연이 위나라에 이르러 임금의 간에 대고 사신 갔던 일을 보고하고 보고를 마친 뒤에 하늘에 호소하며 울부짖었다. 그러고는 슬픔을 그치고 말하였다.

"신처럼 不忠한 사람은 그저 죽는 것이 옳습니다."

마침내 자신의 배를 갈라 내장을 꺼내고서 의공의 간을 뱃속에 넣은 다음 죽었다.

---

49) 衛 懿公 : 춘추시대 衛 惠公의 아들로, 이름은 赤이다. ≪春秋左氏傳≫ 閔公 2년 조에 "狄이 衛나라를 쳤다. 위나라 懿公은 학을 좋아하여 학 중에 대부의 수레를 타고 다니는 학도 있었다. 장차 狄과 싸우게 되었는데, 무기를 받은 위나라 사람들이 모두 '학에게 싸우도록 하는 것이 좋겠다. 학이야말로 대부의 녹과 지위를 받고 있는데, 우리가 어째서 싸워야 하는가.'라고 하면서 싸우지 않았다."라고 한 내용이 보인다.

50) 滎澤 : 원래 못이었으나, 漢 平帝때 메워져 평지가 되었다고 한다. 지금의 河南省 成皐縣 지역이다.

齊 桓公이 이 소식을 듣고 말하였다.

"위나라가 망한 것은 無道하기 때문이었는데, 이제 신하가 이러하니 존속하게 해 주지 않을 수 없다."

이에 다시 楚邱[51] 땅에 위나라를 세워 주었다. 홍연 같은 사람은 충직한 선비라고 말할 만하다. 자신을 죽여서 임금의 간을 제 몸속에 넣었고[52] 임금의 간을 제 몸 속에 넣었을 뿐만 아니라 또 위나라의 종묘를 다시 세워 제사가 끊어지지 않게 하였으니, 큰 공을 세웠다고 말할 만하다.

≪詩經≫ 〈小雅 十月之交〉에 말하였다.

"사방 사람들은 모두 여유가 있는데 나만 홀로 근심 속에 있네. 사람들은 모두 잘 지내는데 나만 홀로 감히 쉬지 못하도다."

衛懿公之時①에 有臣曰洪②演③者하니 受命而使라가 未反에 而狄人攻衛하다 於是에 懿公欲興師迎之어늘 其民皆曰 君之所貴而有祿位者는 鶴也요 所愛者는 宮人也니 亦使鶴與宮人戰하라 余安能戰이리오 遂潰而皆去하다 狄人至하여 攻懿公於榮④澤⑤하여 殺之하고 盡食其肉하고 獨舍其肝한대 洪演至하여 報使於肝하고 辭畢에 呼天而號⑥하다 哀止⑦曰 若臣者는 獨死可耳⑧로이다 於是에 遂自刳出腹實⑨하여 內(납)懿公之肝하고 乃死하다 桓公聞之曰 衛之亡也는 以無道也러니 今有臣若此하니 不可不存이라하고 於是에 復立衛於楚邱하다 如洪演은 可謂忠士矣로다 殺身以捷其君⑩이요 非徒捷其君이라 又令衛之宗廟復立하여 祭祀不絶하니 可謂有大功矣로다 詩曰 四方有羨이어늘 我獨居憂하며 民莫不穀[53]이어늘 我獨不敢休로다

① 衛懿公之時 : 이 일은 ≪春秋≫ 閔公 2년에 있다.
事在春秋閔公二年이라

② 洪 : 趙懷玉本에 '宏'으로 되어 있다. 뒤에도 같다.
趙本에 作宏이라 下同이라

③ 演 : ≪呂氏春秋≫ 高誘의 注에서는 '演'을 '酳(윤)'으로 읽었다.

---

51) 楚邱 : 楚丘라고도 한다. 춘추시대 衛나라 땅이다. 위나라는 본래 朝歌의 동쪽, 淇水의 북쪽, 百泉의 남쪽인 河北에 도읍하였는데, 懿公 때에 이르러 狄에게 멸망을 당하고, 戴公이 동쪽으로 옮겨가 황하를 건너 漕邑에 임시로 거처하였으며, 文公이 또다시 옮겨 楚丘에 거주하였다.(≪詩經集傳≫ 〈邶〉)

52) 자신을……넣었고 : 저본의 '殺身以捷其君'을 번역한 것이다. '捷'은 ≪呂氏春秋≫에는 '徇(따르다)'으로 되어 있으나, ≪韓詩外傳今註今譯≫에 "'捷'은 '接'과 통하는 글자로, '接納'의 뜻이다."라고 한 것에 의거하여 이렇게 번역하였다.

53) 穀 : ≪詩經≫ 〈小雅 十月之交〉에는 '逸'로 되어 있다.

高誘는 讀演爲酳이라

④ 滎 : 趙懷玉本에 '熒'으로 되어 있다.

趙本作熒이라

⑤ 滎澤 : 衛나라는 河北에 도읍하였다가 翟에게 패하여 동쪽으로 가서 河水를 건넜으니, 여기의 滎澤은 河北에 있어야 한다.

衛都河北이라가 爲翟所敗하여 東徒渡河하니 此滎澤은 當在河北也라

⑥ 呼天而號 : '號'는 ≪呂氏春秋≫ 〈仲冬紀〉에 '啼'로 되어 있다.

號는 呂氏春秋仲冬紀에 作啼라

⑦ 哀止 : ≪呂氏春秋≫ 및 ≪新序≫ 〈義勇〉에 모두 "盡哀而止(극도로 슬퍼하였다가 그치다.)" 라고 하였다.

呂及新序義勇에 竝云 盡哀而止라

⑧ 若臣者獨死可耳 : ≪呂氏春秋≫에 "臣請爲襮(신은 껍데기가 되기를 청합니다.)"이라고 하였다. '襮'은 劉向의 ≪新序≫에 '表'로 되어 있다.

呂云 臣請爲襮호리라하니라 襮은 劉作表라

⑨ 遂自刳出腹實 : ≪呂氏春秋≫에 "因自殺先出其腹實(인하여 자신을 죽인 다음 먼저 뱃속의 내장을 꺼냈다.)"이라고 하였고, 劉向의 ≪新序≫에 "自刺其腹(스스로 자신의 배를 갈랐다.)"이라고 하였다.

呂云 因自殺先出其腹實이요 劉云 自刺其腹이라

⑩ 殺身以捷其君 : ≪呂氏春秋≫에 "殺身出生以徇其君(자신을 죽이고 삶을 버려 그 임금을 따랐다.)"이라고 하였다. 趙懷玉이 교감한 내용에 "≪呂氏春秋≫ 〈忠廉〉편에 '捷'은 '徇'으로 되어 있다." 하였다.

呂云 殺身出生以徇其君이라 趙校語에 呂氏春秋忠廉篇에 捷作徇이라

7-12 孫叔敖[54)]가 狐邱의 丈人[55)]을 만났는데, 호구의 장인이 말하였다.

"제가 듣기로 세 가지 이익이 있으면 반드시 세 가지 근심이 뒤따른다고 하는데 그대는 이를 알고 있습니까?"

손숙오가 긴장하여 태도를 바꾸고 말하였다.

"小子가 明敏하지 못하니 어떻게 알겠습니까. 감히 묻습니다. 무엇을 세 가지 이익이라고 하며 무엇을 세 가지 근심이라고 합니까?"

---

54) 孫叔敖 : 춘추시대 楚나라의 處士로, 楚 莊王때 虞丘의 추천으로 정승이 되어 장왕을 잘 보좌하여 霸業을 달성하게 하였다.

55) 狐邱의 丈人 : 狐邱는 고을 이름이고, 丈人은 노인의 존칭이다.

호구의 장인이 대답하였다.

"爵位가 높은 사람은 사람들이 그를 시기하고 벼슬이 높은 사람은 군주가 그를 미워하며 俸祿이 많은 사람은 원망이 그에게 쏠리는 법이니, 이것을 말하는 것입니다."

손숙오가 말하였다.

"그렇지 않습니다. 저는 저의 작위가 높을수록 저의 뜻을 더욱 낮추고, 저의 벼슬이 높을수록 저의 마음을 더욱 조심하며, 저의 봉록이 많을수록 저의 은혜를 더욱 널리 베풀었습니다. 그러니 근심을 면할 수 있지 않겠습니까."

이 말을 듣고 호구의 장인이 말하였다.

"훌륭합니다. 이 말이여! 堯舜도 이 일에 대해 오히려 부족하다고 여기셨습니다."

≪詩經≫ 〈小雅 小宛〉에 말하였다.

"온화하여 공손한 사람이 나무에 앉은 듯하고, 두려워하여 조심하는 사람이 골짜기에 임한 듯하다."

孫叔敖遇狐邱丈人①한대 狐邱丈人曰 僕聞之호니 有三利면 必有三患②이라하니 子知之乎잇가 孫叔敖蹴然易容曰 小子不敏하니 何足以知之리오 敢問何謂三利며 何謂三患이니잇고 狐邱丈人曰 夫爵高者를 人妬之③하며 官大者를 主惡之④하며 祿厚者를 怨歸之⑤하나니 此之謂也니이다 孫叔敖曰⑥ 不然하니이다 吾爵益高호대 吾志益下하며 吾官益大호대 吾心益小하며 吾祿益厚호대 吾施益博하니 可以免於患乎아 狐邱丈人曰 善哉라 言乎여 堯舜도 其猶病諸시니라 詩曰 溫溫恭人이 如集于木하며 惴惴小心이 如臨于谷이라

① 狐邱丈人 : ≪荀子≫ 〈堯問〉에 "繒邱封人(繒邱의 封人)"이라고 하였다. ≪說苑≫ 〈敬愼〉에는 '老父'라고만 되어 있고 地名은 기록하지 않았다.
荀子堯問云 繒邱封人이라 說苑敬愼에 但作老父요 而不著地名이라

② 必有三患 : '患'은 ≪列子≫ 〈說符〉에 '怨'으로 되어 있다.
患은 列子說符에 作怨이라

③ 夫爵高者 人妬之 : 벼슬에 있은 지 오래되었다고 해서 남에게 교만을 부리는 것을 말한다.
謂處官久而驕人也라

④ 官大者 主惡之 : 지위가 높다고 해서 권력을 擅斷하는 것을 말한다.
謂位尊而擅權也라

⑤ 祿厚者 怨歸之 : 만족할 줄 모르는 것을 말한다.
謂其不知足也라

⑥ 孫叔敖曰 : ≪說苑≫에는 모두 老父의 말로 되어 있다.
說苑에 竝爲老父語라

7-13 孔子가 말하였다.

“명철한 임금은 세 가지 두려워하는 일이 있다. 첫째는 존귀한 지위에 있어서 자신의 잘못을 듣지 못할까 두려워하고, 둘째는 자신이 뜻을 얻어서 교만해질까 두려워하고, 셋째는 천하의 지극히 좋은 말을 듣고서 실행하지 못할까 두려워한다. 옛날에 越王 句踐이 吳나라와 전쟁하여 크게 패배시키고 南夷까지 兼倂하였다. 이때에 월왕이 南面하여 霸者에 자리에 오르자 되자 가까운 세 나라가 신하로 복종하고 먼 다섯 나라가 신하로 복종하였는데, 대부들에게 명령하기를 ‘나의 잘못을 듣고 나에게 고하지 않는 자는 가장 무거운 벌을 내리겠다.’라고 하였다. 이는 존귀한 지위에 있어서 자신의 잘못을 듣지 못할까 두려워하는 것이다.

옛날에 晉 文公이 楚나라와 전쟁하여 크게 승리하고 초나라의 군량을 태우자 사흘 동안 불이 꺼지지 않았다. 문공이 철군하면서 근심하는 기색을 띠자 모시는 자가 묻기를 ‘임금께서 초나라를 크게 이겼는데 근심하는 기색을 띠는 것은 어째서입니까?’라고 하자, 문공이 대답하기를 ‘내가 듣기로 전쟁에서 승리하여 나라를 안정시킨 사람은 聖人뿐이라고 하였다. 속임수를 써서 승리한 무리는 위태롭지 않은 적이 없었으니, 내가 이 때문에 근심하는 것이다.’라고 하였다. 이는 자신의 뜻을 얻어서 교만해질까 두려워하는 것이다.

옛날에 齊 桓公이 管仲과 隰朋[56]을 얻고서 南面하여 패자의 자리에 올랐는데, 환공이 말하기를 ‘내가 이 두 사람을 얻어 나의 눈이 더욱 밝아지고 나의 귀가 더욱 밝아져서 감히 독단하지 못하였으니 先祖께 이들을 추천합니다.’라고 하였다. 이는 지극히 좋은 말을 듣고서 실행하지 못할까 두려워하는 것이다. 제 환공, 진 문공, 월왕 구천의 일을 통해 보건대, 세 가지 두려워하는 것은 명철한 임금이 힘쓸 일이다.”

≪詩經≫ 〈小雅 小宛〉에 말하였다.

“온화하여 공손한 사람이 나무에 앉은 듯하고, 두려워하여 조심하는 사람이 골짜기에 임한 듯하다. 두려워하고 조심하여 깊은 못에 임한 듯 살얼음을 밟는 듯이 한다.”

이는 명철한 임금이 남의 윗자리에 있을 때의 태도를 말한 것이다.

---

56) 管仲과 隰朋 : 모두 齊 桓公을 도와 霸業을 이룬 인물이다.

孔子曰 明王有三懼①하니 一曰 處尊位而恐不聞其過요 二曰 得志而恐驕②요 三曰 聞天下之至道③而恐不能行이라 昔者에 越王句踐이 與吳戰하여 大敗之하고 兼有南夷④하니 當是之時하여 君南面而立에 近臣三이요 遠臣五라 令諸大夫曰 聞過而不以告我者는 爲上戮⑤이라하니 此는 處尊位而恐不聞其過也라 昔者에 晉文公이 與楚戰하여 大勝之하고 燒其草⑥하니 火三日不息이라 文公退而有憂色한대 侍者曰 君大勝楚어늘 而有憂色은 何也잇고 文公曰 吾聞能以戰勝安者는 惟聖人이라하니 若夫詐勝之徒는 未嘗不危니 吾是以憂也라하니 此는 得志而恐驕也라 昔者에 齊桓公이 得管仲隰朋하여 南面而立⑦에 桓公曰⑧ 吾得二子也하여 吾目加明하고 吾耳加聰하여 不敢獨擅하니 進之先祖하니라하니 此는 聞至道而恐不能行者也라 由桓公晉文越王句踐觀之컨대 三懼者는 明君之務也라 詩曰 溫溫恭人이 如集于木하며 惴惴小心이 如臨于谷이라 戰戰兢兢하여 如臨深淵⑨하며 如履薄氷이라하니 此言(文)〔明〕王居人上也⑩라

① 明王有三懼 : ≪說苑≫ 〈君道〉에 '明主(명철한 군주)'로 되어 있다.
說苑君道에 作明主라

② 得志而恐驕 : '志'는 劉向의 ≪說苑≫에 '意'로 되어 있다.
志는 劉作意라

③ 聞天下之至道 : '道'는 劉向의 ≪說苑≫에 '言'으로 되어 있다.
道는 劉作言이라

④ 兼有南夷 : '南'은 劉向의 ≪說苑≫에 '九'로 되어 있다.
南은 劉作九라

⑤ 爲上戮 : 劉向의 ≪說苑≫에 "其罪刑(형벌에 처하다.)"이라고 하였다.
劉云 其罪刑이라

⑥ 燒其草 : '草'는 곡물이다. 劉向의 ≪說苑≫에 '軍'으로 되어 있는데 틀린 것이다. 城濮에서의 전투에서 晉나라 군대가 3일 동안 주둔하면서 초나라의 군량을 먹었으니,[57] 이는 전해들은 것이 다른 것이다.
草는 穀也라 劉作軍非라 城濮之役에 晉師三日館穀하니 此蓋所傳聞異也라

⑦ 齊桓公得管仲隰朋 南面而立 : 劉向의 ≪說苑≫에 "桓公得管仲隰朋 辯其言 說其義 正月之朝 令具太牢 薦之先祖 桓公西面而立 管仲隰朋東面而立(桓公이 管仲과 隰朋을 얻어 그들의 말을 잘한다고 여기고 그들의 의리를 좋아하여, 정월 조회에 太牢를 갖추게 하여 선조에게 올리게 할 때에 환공은 서쪽을 향하여 서고 관중과 습붕은 동쪽을 향하여 섰다.)"이라고 하였다. 趙懷玉이 교감한 내용에 "이 구절은 脫誤가 있다. 살펴보건대 ≪說苑≫ 〈君道〉편에 '辯其言 說其義 正月之朝 令具太牢 進之先祖 桓公西面而立 管仲隰朋東面而立'이라고 하

57) 城濮에서의……먹었으니 : ≪春秋左氏傳≫ 僖公 28년에 보인다.

였으니, 이 단락을 보충해서 넣어야 비로소 뒷 문장과 연결된다." 하였다.

劉云 桓公이 得管仲隰朋하여 辯其言하고 說其義하여 正月之朝에 令具太牢하여 薦之先祖할새 桓公西面而立하고 管仲隰朋東面而立이라 趙校語에 此句有脫誤라 案說苑君道篇云 辯其言하고 說其義하여 正月之朝에 令具太牢하여 進之先祖할새 桓公西面而立하고 管仲隰朋東面而立이라하니 此段當補入이라야 方可接下文이라

⑧ 桓公曰 : '曰' 앞에 劉向의 ≪說苑≫에는 '贊'자가 있다.

曰上에 劉有贊字라

⑨ 如臨深淵 : 이 구절은 小旻詩의 글인데, 전한 자가 잘못 인용하여 〈小宛〉에 넣었다.[58] 趙懷玉이 교감한 내용에 "林本에는 이 구절이 없다." 하였다.

此句小旻詩文이니 蓋傳者錯引入小宛也라 趙校語에 林本無此句라

⑩ 此言文王居人上也 : '文'은 어떤 본에 '太'로 되어 있는데 마땅히 '明'이 되어야 할 듯하다. 趙懷玉本에 '此言大王居人上也(이는 훌륭한 임금이 남의 윗자리에 있을 때의 태도를 말한 것이다.)'로 되어 있다.

文은 本一作太니 疑當爲明라 趙本에 作此言大王居人上也라

7-14 楚 莊王이 신하들에게 술을 하사할 때에 날이 저물고 술자리가 무르익어 좌우 사람들이 모두 취하였다. 殿 위에 촛불이 꺼지자 王后의 옷을 잡아끄는 자가 있었는데 왕후가 갓끈을 당겨 끊고 왕에게 말하였다.

"지금 촛불이 꺼질 때 妾의 옷을 잡아끄는 자가 있었습니다. 첩이 그의 갓끈을 당겨 끊어버렸으니, 불을 가져오도록 재촉하여 갓끈이 끊어진 자를 살펴보십시오."

왕이 대답하였다.

"그만두시오."

그러고는 곧바로 명령을 내렸다.

"과인과 함께 술을 마시면서 갓끈을 끊지 않은 자는 즐거워하지 않는 것이다."

그러자 갓끈이 완전하게 달려있는 자가 없어 왕후가 누구의 갓끈을 끊었는지 알 수 없었다. 이에 왕이 마침내 신하들과 즐겁게 술을 마시고 잔치를 파하였다. 그 뒤에 吳나라가 군대를 일으켜 楚나라를 공격할 때에 늘 선봉대가 되어 다섯 차례 交戰하는 동안 다섯 차례 敵陣을 함락하고 적을 물리쳐 마침내 대장군의 首級을 취하여

---

58) 이……넣었다 : 〈小宛〉에는 '溫溫恭人 如集于木 惴惴小心 如臨于谷 戰戰兢兢 如履薄氷'로 되어 있고, 〈小旻〉에는 '戰戰兢兢 如臨深淵 如履薄氷'으로 되어 있어, 〈小宛〉에는 '如臨深淵'이 없고 〈小旻〉에만 있기 때문에 이렇게 말한 것이다.

바친 자가 있었다. 왕이 이상해서 물었다.

"과인은 그대에게 특별하게 잘해준 적이 없는데 그대는 어찌하여 과인에게 후하게 대하는가?"

그러자 그 사람이 대답하였다.

"신은 전에 殿 위에서 갓끈이 끊겼던 자입니다. 당시에 肝腦塗地하려고 각오한 지가 오래였지만 보답하지 못하였습니다. 그런데 이제야 임금께 등용되어 신하의 의리로써 오히려 왕을 위해 오나라를 격파하고 초나라를 강성하게 할 수 있게 되었습니다."

≪詩經≫ 〈小雅 小弁〉에 말하였다.

"깊은 연못가에 갈대가 많이 자란다."

이는 큰 사람은 포용하지 않은 것이 없음을 말한 것이다.

楚莊王이 賜其羣臣酒할새 日暮하고 酒酣에 左右皆醉라 殿上燭滅하니 有牽王后衣者①한대 后扢冠纓而絶之②하고 言於王曰 今燭滅에 有牽妾衣者어늘 妾扢其纓而絶之하니 願趣火視絶纓者하소서 王曰 止하라하고 立出令曰 與寡人飮③에 不絶纓者는 不爲樂也로다 於是에 冠纓無完者하여 不知王后所絶冠纓者誰하다 於是에 王遂與羣臣歡飮乃罷하다 後吳興師攻楚④할새 有人常爲(應)〔前〕行⑤하여 五合戰에 五陷陣卻敵⑥하여 遂取大軍之首而獻之하니 王怪而問之曰 寡人未嘗有異於子어늘 子何爲於寡人厚也오 對曰 臣先殿上絶纓者也니이다 當時에 宜以肝膽塗地(負)〔爲〕日久矣⑦로대 未有所效러니 今幸得用하여 於臣之義에 尙可爲王破吳而强楚하니이다 詩曰 有漼者淵에 萑葦淠淠라하니 言大者無不容也라

① 有牽王后衣者 : '王后'는 ≪說苑≫ 〈復恩〉에 '美人'으로 되어 있다. 趙懷玉이 교감한 내용도 같다.
王后는 說苑復恩에 作美人이라 趙校語同이라

② 后扢冠纓而絶之 : '扢'은 劉向의 ≪說苑≫에 '援'으로 되어 있다.
扢은 劉作援이라

③ 與寡人飮 : '與' 앞에 劉向의 ≪說苑≫에는 '今日' 두 글자가 있다.
與上에 劉有今日二字라

④ 後吳興師攻楚 : 劉向의 ≪說苑≫에 "晉與楚戰(晉나라와 楚나라가 전쟁하다.)"이라고 하였다.
劉云 晉與楚戰이라

⑤ 有人常爲應行 : '應'은 '前'이 되어야 한다. 劉向의 ≪說苑≫에 "在前(앞에 있다.)"이라고 하였다.
應은 當爲前이라 劉云 在前也라

⑥ 五陷陣卻敵 : '陷陳'은 劉向의 ≪說苑≫에 '奮首(머리를 베다.)'로 되어 있다.
陷陳은 劉作奮首라

⑦ 負日久矣 : '負'는 '爲'로 되어야 한다. 劉向의 ≪說苑≫에 "用頸血湔敵(목의 피를 적에게 뿌리다.)"이라고 하였다.
負는 當作爲라 劉云 用頸血湔敵이라

7-15 傳에 말하였다.

伯奇는 효도하였지만 부모에게 버림을 당하였고,[59] 魯 隱公은 자애로웠지만 동생에게 죽임을 당하였으며,[60] 叔武는 어질었지만 형에게 죽임을 당하였고,[61] 比干은 충성스러웠지만 임금에게 주살을 당하였다.[62]

≪詩經≫ 〈小雅 巧言〉에 말하였다.

"내 생각건대 잘못이 없도다."

傳曰 伯奇는 孝而棄於親하며 隱公은 慈而殺於弟하며 叔武는 賢而殺於兄하며 比干은 忠而誅於君이라 詩曰 予愼無辜라

7-16 紂王이 王子 比干을 죽이자 箕子는 머리를 풀어헤치고 거짓 미친 체하였으며,[63] 陳 靈公이 泄冶를 죽이자 鄧元은 가족을 데리고 陳나라를 떠났다.[64] 이후로

---

59) 伯奇는……당하였고 : 伯奇는 周나라 尹吉甫의 아들이다. 지극한 효성으로 後母를 섬겼으나 후모는 백기를 참소하려고 벌을 잡아다가 침을 뽑아 옷깃에 붙여 두고 백기에게 잡도록 하였다. 백기가 계모에게 다가가 그 벌을 잡으려 하자, 계모는 큰 소리로 "백기가 나를 끌어당긴다."라고 외쳤다. 결국 아버지 윤길보가 이 일로 아들을 의심하여 쫓아냈다.(≪太平御覽≫ 권950 〈蟲豸 蜂〉)

60) 魯 隱公……당하였으며 : 魯 隱公은 춘추시대 魯 惠公의 서자로, 이름은 息姑이다. 혜공이 죽자 태자 軌(훗날 桓公)가 어렸으므로 11년 동안 재위에 있으면서 섭정하였다. 公子 翬가 은공에게 태자를 죽이고 자신을 太宰로 삼아주기를 청하자, 은공이 "그가 어리기 때문에 내가 대신 섭정한 것이다. 지금 그가 이미 장성하였으니 나는 君位를 그에게 넘겨주려 한다."라고 하며 거절하였다. 그러자 公子 翬는 두려워서 도리어 태자에게 은공을 참소하여 죽이게 하였다.(≪春秋左氏傳≫ 隱公 11년)

61) 叔武는……당하였고 : 叔武는 衛 成公의 아우이다. 成公이 망명하자 정사를 임시로 대행하고 있다가, 성공이 위 나라로 돌아온다는 소식을 듣고 기뻐서 달려오던 중에 성공의 先鋒인 公子 歂犬이 쏜 화살을 맞고 죽었다.(≪春秋左氏傳≫ 僖公 28년)

62) 比干은……당하였다 : 本書 7-6 註 참조.

63) 紂王이……체하였으며 : 本書 6-1 註 참조.

64) 陳 靈公이……떠났다 : 陳 靈公은 춘추시대 陳 宣公의 증손으로, 이름은 平國이다. 영공

殷나라는 周나라에 병합되었고 陳나라는 楚나라에 멸망당하였으니, 비간과 설야를 죽여 기자와 등원을 잃었기 때문이다. 燕 昭王이 郭隗를 얻자 鄒衍과 樂毅가 魏나라와 趙나라에서 연나라에 와서 군사를 일으켜 齊나라를 공격하여 齊 閔王을 莒 땅에 머물게 하였다.[65] 연나라는 땅을 따져 보고 백성을 헤아려 보면 제나라와 대등하지 않았지만 진실로 연나라가 이러한 경지에 이른 이유는 훌륭한 선비를 얻었기 때문이다. 그러므로 항상 편안한 나라는 없고 잘 다스려지는 백성도 없는 법이다. 현자를 얻은 나라가 번창하고 현자를 잃은 나라가 멸망하는 것은 예로부터 지금까지 그렇지 않은 경우는 없었다.

밝은 거울은 사물의 형체를 비추는 것이고, 지난 일은 지금을 알 수 있게 해주는 것이다. 지난 일의 위태하고 망한 원인을 알기 싫어하고 편안하고 존속하는 원인을 따라 행하지 않는 것은, 뒷걸음치면서 앞 사람을 따라잡으려고 하는 것과 다르지 않다. 太公望은 이 사실을 알았기 때문에 微子의 후손을 천거하고 比干의 묘를 봉분한 것이다.[66] 성인이 현자의 후손에게도 오히려 이렇게 후하게 대하는데, 하물며 당세에 살아있는 자에 있어서야 더 말할 필요가 있겠는가.

≪詩經≫ 〈小雅 巧言〉에 말하였다.

"하늘이 큰 재앙을 내리시나 내 생각건대 잘못이 없도다."

紂殺王子比干하니 箕子被髮佯狂하고 陳靈公殺泄冶하니 鄧元去陳以族從이라 自此之後로 殷幷於周하고 陳亡於楚하니 以其殺比干泄冶하여 而失箕子鄧元也일새라 燕昭王得郭隗하니 鄒衍

이 公寧과 儀行父와 함께 夏姬를 간통하고, 그 여자의 속옷을 들고 조정에서 희롱하자, 陳나라 大夫 泄冶가 "公卿이 음란한 짓을 하면 백성이 본받을 데가 없습니다." 하고 간했으나, 그 말을 듣지 않고 설야를 죽였다.(≪春秋左氏傳≫ 宣公 9년) 鄧元은 춘추시대 陳靈公의 신하인데, 설야가 죽는 것을 보고서 陳 나라가 반드시 망하리라는 것을 예상하여 가족을 데리고 떠났다고 한다.

65) 燕 昭王이……하였다 : 燕 昭王은 燕王 噲의 아들로, 이름은 平이다. 소왕이 어진 선비를 얻어 나라를 함께 경영하고자 郭隈를 스승으로 섬겨 궁실을 지어 주자 鄒衍과 樂毅가 각각 찾아왔다. 이에 이들과 힘을 합하여 제나라를 공격해서 齊 閔王을 莒 땅으로 쫓아내었다.(≪史記≫ 권34 〈燕昭公世家〉)

66) 太公望은……것이다 : 微子는 殷나라 마지막 임금인 紂王의 庶兄으로, 주왕이 폭정을 일삼자 미자가 여러 차례 諫하였으나 끝내 주왕이 듣지 않자 殷나라를 떠났는데 뒤에 周武王이 은나라를 멸망시킨 후 미자를 宋나라에 봉하여 殷나라의 제사를 잇게 하였다. 比干은 紂王의 숙부로, 주왕의 폭정을 간하다가 죽었는데, 뒤에 무왕이 주왕을 친 뒤에 그의 무덤을 찾아 封築하여 표창하였다. 여기에서 太公望 呂尙이 하였다고 한 것은 무왕을 도와서 이런 일을 하였기 때문에 이렇게 말한 것이다.

樂毅(是)〔至〕以魏趙하여 興兵而攻齊하여 棲閔王於莒①하니 燕(之)〔校〕地計衆②하면 不與齊均也라 然所以信燕至於此者③는 由得士也라 故無常安之國하고 無宜治之民하나니 得賢者昌하고 失賢者亡은 自古及今히 未有不然者也라 明鏡者는 所以照形也요 往古者는 所以知今也니 知惡古之所以危亡하고 而不務襲蹈其所以安存은 則未有以異乎卻走而求逮前人也④라 太公知之라 故擧微子之後하고 而封比干之墓하니 夫聖人之於賢者之後에도 尙如是厚也어든 而況當世之存者乎아 詩曰 昊天太憮나 予愼無辜로다

① 燕昭王得郭隗……棲閔王於莒 : ≪說苑≫ 〈尊賢〉에 "燕昭王得郭隗 而鄒衍樂毅以齊趙至 蘇子屈景以周楚至 於是擧兵而攻齊 棲閔王於莒(燕 昭王이 郭隗를 얻자 鄒衍과 樂毅가 齊나라와 趙나라에서 왔고, 蘇秦과 屈景은 周나라와 楚나라에서 왔다. 그래서 군사를 일으켜 齊나라를 공격하여 齊 閔王을 莒 땅에 머물게 하였다.)"라고 하였다. 이것을 근거로 하면 '是'는 '至'로 되어야 하고, '棲' 뒤에 '閔王' 두 글자가 빠져 있으니 이제 劉向의 ≪說苑≫을 따라 교감하고 보충한다. ≪說苑≫에는 '齊趙'의 '齊'자만 잘못 되어 있으니 '魏'가 되어야 한다. 趙懷玉本에 '燕昭王得郭隗 而鄒衍樂毅以魏齊至之 於是興兵而攻齊 棲閔王於莒'로 되어 있고, 그 교감한 내용에 "舊本에는 '而'자가 없고, '鄒衍樂毅是以魏趙'로 잘못되어 있어 읽을 수 없다. 盧辯의 注와 ≪大戴禮記≫ 〈保傅〉편에서 인용한 글에 의거하여 改正한다. ≪大戴禮記≫ 및 賈誼 ≪新書≫ 〈胎教〉편에 모두 '自齊魏至'로 되어 있고, 앞에 모두 '而'자와 '於是' 및 '閔王'이 있다. 舊本에 모두 빠져 있었는데 두 책에 의거하여 보충한다." 하였다.

說苑尊賢云 燕昭王得郭隗하니 而鄒衍樂毅以齊趙至하고 蘇子屈景以周楚至라 於是擧兵而攻齊하여 棲閔王於莒라하니 據此則是當作至요 棲下脫閔王二字하니 今從劉校補라 說苑에 惟齊趙之齊字誤하니 當作魏라 趙本에 作燕昭王得郭隗하니 而鄒衍樂毅以魏齊至之라 於是興兵而攻齊하여 棲閔王於莒요 校語에 舊本無而字하고 作鄒衍樂毅是以魏趙譌誤하여 不可讀이라 據盧辯注와 大戴保傅篇引하여 改正이라 大戴及賈子胎教篇에 皆作自齊魏至하고 上竝有而字於是及閔王이라 舊本皆脫이러니 據兩書補라

② 燕之地計衆 : '之'는 ≪說苑≫을 따라 '校'로 되어야 한다. ≪大戴禮記≫ 〈保傅〉에 '支'로 되어 있는데, 그 注에 "支猶計('支'는 '計'와 같다.)"라고 하였다. 趙懷玉本에 '燕支地計衆'으로 되어 있다.

之는 當從說苑作校라 大戴禮保傅에 作支니 注에 支猶計(衆)[67]이라 趙本에 作燕支地計衆이라

③ 所以信燕至於此者 : 趙懷玉이 교감한 내용에 "'燕'은 ≪說苑≫과 ≪大戴禮記≫에 '意'로 되어 있다." 하였다.

67) 衆 : 저본에는 있으나, ≪韓詩外傳集釋≫에 의거하여 衍文으로 보아 번역하지 않았다.

趙校語에 燕兩書作意라

④ 故無常安之國……未有以異乎卻走而求逮前人也 : 趙懷玉이 교감한 내용에 "'故無常安之國'부터 여기까지는 이미 제 5卷(5-19)에 보인다." 하였다.

趙校語에 自故無常安之國至此는 已見第五卷이라

7-17 宋玉[68]이 자신의 벗을 통해 楚 襄王[69]을 알현하였는데 양왕은 여느 사람과 다름없이 대우하였다. 이에 송옥이 그 벗을 꾸짖자, 벗이 말하였다.

"생강과 계피는 땅에서 자라지만 땅 때문에 매워지지 않고, 여자는 중매쟁이를 통해 시집가지만 중매쟁이 때문에 부부가 친해지지 않네. 그대가 임금을 잘 섬기지 못해서 그런 것일 뿐인데 어찌하여 나를 원망하는가?"

송옥이 대답하였다.

"그렇지 않네. 옛날 齊나라에 날쌘 토끼가 있었는데 하루 동안에 5백리를 달리네. 주인이 멀리서 보고 개에게 쫓으라고 지시하면 비록 잘 달리는 개라도 오히려 날쌘 토끼가 일으킨 먼지에도 미치지 못하지만, 만약 개의 목줄을 잡고 있다가 풀어 주면 날쌘 토끼도 벗어나지 못하네. 지금 그대가 임금에게 나를 부탁한 것이 목줄을 잡고 있다가 풀어 준 것인가, 아니면 멀리서 바라보면서 지시한 것인가?"

≪詩經≫ 〈小雅 谷風〉에 말하였다.

"安樂하게 되어서는 나를 버리고 완전히 잊는구나."

宋玉因其友見楚襄王한대 襄王待之無以異어늘 乃讓其友하니 友曰 夫薑桂因地而生이로대 不因地而辛하며 女因媒而嫁로대 不因媒而親하나니 子之事王未耳니 何怨於我오 宋玉曰 不然하다 昔者에 齊有狡兎①하니 盡一日而走五百里②라 使之瞻見指注③면 雖良狗라도 猶不及狡兎之塵이어니와 若攝纓而縱紲之④면 〔則狡兎亦不能離也라 今子之屬臣也 攝纓縱紲與아〕[70] 瞻見指注與⑤아 詩曰 將安將樂이란 棄予如遺로다

① 齊有狡兎 : '兎' 뒤에 ≪新序≫ 〈雜事〉에 '曰東郭㕙' 네 글자가 있다.

兎下에 新序雜事에 有曰東郭㕙四字라

---

68) 宋玉 : 전국시대 楚나라의 대부로, 詞賦에 능하였다. 屈原의 제자라고도 하나, 자세하지 않다.

69) 楚 襄王 : 곧 楚 頃襄王이다. 楚 懷王의 아들로, 성은 熊氏이고, 이름은 横이다.

70) 則……與 : 이 부분은 앞뒤 문맥이 통하지 않아 趙懷玉이 교감한 내용에 의거하여 보충하였다.

② 盡一日而走五百里 : '盡'은 ≪新序≫에 '蓋'로 되어 있다. '里' 뒤에 '於是齊有良狗曰韓盧亦一旦而走五百里(이에 齊나라에 韓盧라는 빠른 개가 있는데 하루아침에 500리를 달린다.)' 17자가 있는데, 여기에서는 빠진 듯하다.
盡은 序作蓋라 里下에 有於是에 齊有良狗曰韓盧니 亦一旦而走五百里十七字하니 疑此脫이라
③ 使之瞻見指注 : '瞻'은 ≪新序≫에 '遙'로 되어 있다. '注'는 '屬'으로 되어 있으니 '屬'과 '注'는 옛날에 통용되었다.
瞻은 序作遙라 注는 作屬하니 屬注古通이라
④ 若攝纓而縱紲之 : '攝纓'은 ≪新序≫에 '躡迹(자취를 밟다.)'으로 되어 있고, '紲'은 '緤'로 되어 있다. 이 구절 뒤에 ≪新序≫에는 '使之遙見而指屬 則雖東郭㕙 亦不能離 今子之屬臣也 躡迹而縱緤與(주인이 멀리서 바라보면서 지시하면 비록 東郭㕙이라도 또한 벗어나지 못한다. 지금 그대가 나를 부탁한 것이 토끼의 자취를 밟고 가다가 풀어 준 것인가.)' 28자가 있는데, 여기에서는 또한 빠진 듯하다.
攝纓은 序作躡迹이요 紲은 作緤이라 句下에 序有使之遙見而指屬하면 則雖東郭㕙이라도 亦不能離로다 今子之屬臣也 躡迹而縱緤與 二十八字하니 此疑亦有脫이라
⑤ 若攝纓而縱紲之 瞻見指注與 : 趙懷玉本에 '若攝纓而縱紲之 則狡兎亦不能離也 今子之屬臣也 攝纓縱紲與 瞻見指注與(만약 개의 목줄을 잡고 있다가 풀어 놓으면 날쌘 토끼도 벗어나지 못한다. 지금 그대가 나를 부탁한 것이 목줄을 잡고 있다가 풀어 준 것인가 아니면 멀리서 바라보면서 지시한 것인가.)'로 되어 있고, 그 교감한 내용에는 "'狡兎' 이하 19자는 舊本에 빠져 있었는데, ≪新序≫ 〈雜事 五〉에 의거하여 보충한다." 하였다.
趙本에 作若攝纓而縱紲之則狡兎亦不能離也今子之屬臣也攝纓縱紲與瞻見指注與라 校語則狡兎以下十九字는 舊本脫去러니 據新序雜事五補라

7-18 宋燕이 齊나라에서 재상 노릇을 하다가 쫓겨나 파직되어 집으로 돌아와서 門尉(守門官) 陳饒 등 26인을 불러 말하였다.

"대부들 중에 나와 함께 다른 제후를 찾아갈 사람이 있소?"

진요 등이 모두 엎드린 채 대답하지 않았다. 그러자 송연이 말하였다.

"슬프도다. 어찌 사대부는 얻기는 쉬운데 쓰기는 어렵단 말인가"

이 말에 진요가 대답하였다.

"主君께서 잘 쓰지 못하여 사람들의 마음에 불평이 생긴 것이니, 이는 자신이 잘못을 하고서 남을 꾸짖는 것입니다."

송연이 물었다.

"자신이 잘못하고서 남을 꾸짖는다는 것은 무슨 말이오?"

진요가 대답하였다.

"3말의 곡식도 선비는 만족스럽게 먹지 못하는데 주군의 기러기와 오리는 먹고 남은 곡식이 있으니, 이것이 주군의 첫 번째 잘못입니다. 과수원의 배와 밤을 後宮의 부인들이 투척하며 노는데 선비는 한 개도 맛보지 못하니, 이것이 주군의 두 번째 잘못입니다. 곱고 아름다운 비단이 堂을 화려하게 장식하여 바람에 날리며 낡아 가는데 선비들은 그것으로 옷의 가장자리에 선을 두르지도 못하니, 이것이 주군의 세 번째 잘못입니다. 또 재물은 주군께서 가볍게 여기는 것이고 죽음은 선비들이 귀중하게 여기는 것입니다. 그런데 주군께서는 주군이 가볍게 여기는 재물은 쓰지 않으면서 선비들이 귀중하게 여기는 목숨을 바치게 하려 하니, 비유하자면 무딘 칼을 준비해두고서 명검인 干將처럼 쓰려고 하는 것과 같습니다. 또한 어렵지 않겠습니까."

이 말을 듣고 송연은 얼굴에 부끄러운 기색을 띠고 뒷걸음쳐 자리에서 일어나 말하였다.

"이는 나의 잘못이오."

≪詩經≫〈小雅 大東〉에 말하였다.

"혹은 술에 취하지만 혹은 음료도 얻지 못한다."

宋燕相齊라가 見逐①하여 罷歸之舍하여 召門尉陳饒等②二十六人③曰 諸大夫有能與我赴諸侯者乎아 陳饒等皆伏而不對한대 宋燕曰 悲乎哉라 何士大夫易得而難用也오 饒曰 君弗能用也라 則有不平之心하니 是失之己而責諸人也니이다 宋燕曰 夫失諸己而責諸人者何오 陳饒曰 三斗之稷④이 不足於士어늘 而君雁鶩有餘粟하니 是君之一過也요 果園梨栗을 後宮婦人이 以相提擲⑤이어늘 士曾不得一嘗하니 是君之二過也요 綾紈綺縠⑥이 靡麗於堂⑦하여 從風而弊어늘 士曾不得以爲緣하니 是君之三過也니이다 且夫財者는 君之所輕也요 死者는 士之所重也어늘 君不能行君之所輕而欲使士致其所重은 猶譬⑧鉛刀畜之而干將用之하니 不亦難乎아 宋燕面有慙色하고 逡巡避席曰 是燕之過也⑨라 詩曰 或以其酒라도 不以其漿이로다

① 宋燕相齊見逐 : '宋燕'은 ≪說苑≫〈尊賢〉에 '宗衛'로 되어 있다. 趙懷玉이 교감한 내용에 "≪戰國策≫〈齊策〉에 '宋燕'은 '管燕'으로 되어 있고, 뒤의 '陳饒'는 '田需'로 되어 있다." 하였다.

宋燕은 說苑尊賢作宗衛라 趙校語에 戰國齊策에 宋燕은 作管燕이요 下陳饒는 作田需라

② 陳饒等 : 趙懷玉이 교감한 내용에 "≪文選≫〈苦熱行〉注에서 인용한 글에는 '田饒等'으로

되어 있다." 하였다.

趙校語에 文選苦熱行注引에 作田饒等이라

③ 召門尉陳饒等二十六人 : '陳'은 劉向의 ≪說苑≫에 '田'으로 되어 있으니 같다.[71] '六'은 '七'로 되어 있다.

陳은 劉作田하니 同이라 六은 作七이라

④ 三斗之稷 : '斗'는 劉向의 ≪說苑≫에 '升'으로 되어 있다.

斗는 劉作升이라

⑤ 以相提擲 : 劉向의 ≪說苑≫에 "摭以相擿(주워서 서로 던지다.)"이라고 하였다.

劉云 摭以相擿이라

⑥ 綾紈綺縠 : 劉向의 ≪說苑≫에 '綾'은 '素'로 되어 있고, '縠'은 '繡'로 되어 있다.

劉에 綾作素요 縠作繡라

⑦ 靡麗於堂 : '於堂'은 劉向의 ≪說苑≫에 '堂楯(마루의 난간)'으로 되어 있다.

於堂은 劉作堂楯이라

⑧ 猶譬 : 趙懷玉本에 '譬猶'로 되어 있고, 그 교감한 내용에 "舊本에는 도치되어 있었는데 이제 순서를 바꾼다." 하였다.

趙本에 作譬猶요 校語에 舊倒러니 今乙이라

⑨ 宋燕相齊……是燕之過也 : ≪新序≫ 〈雜事 二〉에 소재한 燕相의 일[72]도 이 기록과 대략 같다.

新序雜事에 所載燕相事도 亦與此略同이라

7-19 傳에 말하였다.

정치를 잘하는 사람은 사람의 性情을 적절하게 따르고 陰陽의 차서에 순응하며, 本末의 이치에 통달하고 하늘과 사람을 合一하게 한다. 이렇게 하면 天氣가 잘 길러 주어 생물이 풍성해진다. 그런데 정치를 모르는 사람은 정욕으로 하여금 본성을 누르게 하고 陰氣로 하여금 陽氣를 타고 오르게 하며, 末節로 하여금 根本을 거역하게 하고 사람으로 하여금 天氣를 어기게 하여, 기운이 억눌려 펴지 못하고 막혀서 소통하지 못하게 한다. 이렇게 하면 재해가 생기고 괴이한 일들이 일어나 만물이 모두

---

71) 陳은……같다 : 춘추시대에 齊나라의 陳氏가 뒤에 田氏가 되었기 때문에 같다고 한 것이다.

72) 燕相의 일 : 燕相이 임금에게 죄를 얻어 도망갈 때에 대부들을 불러 같이 갈 사람을 찾았는데 아무도 같이 가려고 하지 않자, 연상이 "선비는 양성할 만한 것이 못 된다."라고 하였다. 그러자 어떤 대부가 나와 위의 陳饒가 말한 것처럼 대답하니, 연상이 부끄러운 기색을 띠고 도망가 다시는 대부들을 감히 보지 못하였다.

상해를 입어 곡식이 익지 않는다. 이 때문에 어떤 일을 할 때에는 德性을 해치고 조용히 있을 때에는 재앙을 구제할 방법이 없는 것이다. 그래서 급하지 않는 일만 일삼고 급하게 해야 할 일은 알지 못하여, 날마다 도리를 위반하면서도 잘 다스려지기를 바란다.

≪詩經≫〈小雅 四月〉에 말하였다.

"위정자가 잔학한 짓을 하면서도 그 잘못을 모르는구나."

傳曰 善爲政者는 循情性之宜하며 順陰陽之序하며 通本末之理하며 合天人之際하나니 如是則天氣奉養而生物豐美矣라 不知爲政者는 使情厭性하며 使陰勝①陽하며 使末逆本하며 使人詭天하여 氣鞠而不信②하며 鬱而不宜하나니 如是則災害生하며 怪異起하여 羣生皆傷而年穀不熟이라 是以로 其動傷德하고 其靜亡救라 故緩者事之하고 急者弗知하여 日反理而欲以爲治니라 詩曰 廢爲殘賊호대 莫知其尤로다

① 勝 : 趙懷玉本에 '乘'으로 되어 있다.
趙本作乘이라

② 氣鞠而不信 : '信'은 '伸'으로 간주하여 읽는다.
信讀曰伸이라

7-20 魏 文侯[73] 때에 子質[74]이 벼슬하다가 죄를 지어, 위나라를 떠나 북쪽에 있으면서 簡主[75]에게 말하였다.

"이제부터 저는 더 이상 남에게 덕을 베풀지 않겠습니다."

간주가 물었다.

"무엇 때문입니까?"

자질이 대답하였다.

"제가 덕을 베푼 堂上의 선비가 반이고, 제가 덕을 베푼 조정의 대부가 반이며, 제가 덕을 베푼 변경의 사람도 반입니다. 그런데 지금 당상의 선비는 법으로 나를 두렵게 하고, 조정의 대부는 많은 무리로 나를 위협하며, 변경의 사람은 병기로 나를

73) 魏 文侯 : 전국시대 魏 桓子의 손자로, 이름은 斯이다. ≪史記≫에는 都로 되어 있다. 50년간 재위하며 뛰어난 인재들을 초빙하여 나라를 부흥시켰다.

74) 子質 : 人名으로, 성씨는 미상이다.

75) 簡主 : 일반적으로 趙簡子를 지칭하나, ≪史記年表≫를 근거하면 衛 文侯가 즉위한 때는 趙簡子 死後 33년이니, 여기의 簡主는 누구를 가리키는지 알 수 없다.(≪韓詩外傳今註今譯≫)

겁박합니다. 이 때문에 남에게 덕을 베풀지 않겠다고 한 것입니다."

간주가 말하였다.

"아, 그대의 말은 지나칩니다. 봄에 복숭아와 자두나무를 심으면 여름에 그 그늘 아래에서 쉴 수 있고 가을에 그 열매를 먹을 수 있지만, 봄에 찔레를 심으면 여름에 그 잎을 딸 수 없고 가을에 그 가시를 얻게 됩니다. 이를 통해 보면 무엇을 심느냐에 달려 있는 것입니다. 지금 그대가 덕을 베푼 사람은 좋은 사람이 아닙니다. 그러므로 군자는 먼저 선택한 뒤에 심는 것입니다."

≪詩經≫ 〈小雅 無將大車〉에 말하였다.

"큰 수레 끌고 가지 말라. 먼지만 자욱하리라."

魏文侯之時에 子質仕而獲罪焉이라 去而北遊①하여 謂簡主曰 從今已後로 吾不復樹德於人矣로라 簡主曰 何以也오 質曰 吾所樹堂上之士半이요 吾所樹朝廷之大夫半②이요 吾所樹邊境之人亦半③이어늘 今堂上之士는 恐我以法④하고 〔朝廷之大夫는 危我以衆하며〕 邊境之人은 刦我以兵⑤이라 是以로 不樹德於人也⑥니이다 簡主曰 噫라 子之言過矣로다 夫春樹桃李하면 夏得陰其下하고 秋得食其實이어니와 春樹蒺藜하면 夏不可採其葉하고 秋得其刺焉⑦이라 由此觀之컨대 在所樹也니이다 今子所樹는 非其人也라 故君子先擇而後種也니이다 詩曰 無將大車어다 惟塵冥冥이리라

① 魏文侯之時 子質仕而獲罪焉 去而北遊 : '子質'은 ≪韓非子≫에 '陽虎[76]'로 되어 있다. ≪韓非子≫ 〈外儲說〉에 "陽虎去齊走趙(陽虎가 齊나라를 떠나 趙나라로 갔다.)"라고 하고, ≪說苑≫ 〈復恩〉에 "陽虎得罪於衛 北見趙簡子(陽虎가 衛나라에 죄를 지어 북쪽으로 가서 趙簡子를 보았다.)"라고 하였는데, ≪春秋左氏傳≫을 가지고 증명해 보면, 양호가 齊나라에 수감되었다가 宋나라로 달아났고 마침내 진나라로 달아나서 趙氏에게 갔으니, ≪韓非子≫의 설이 옳은 듯하다. 趙懷玉이 교감한 내용에 "≪說苑≫ 〈復恩〉편에 '陽虎得罪於衛'로 되어 있고, 여기에서는 '魏文侯之時'라고 하였으니, 또한 簡主가 살던 시대와 같지 않다. 모두 잘못된 듯하다." 하였다.

子質은 韓子作陽虎라 外儲說云 陽虎去齊走趙요 說苑復恩云 陽虎得罪於衛北見趙簡子라하니 以左氏春秋證之컨대 陽虎囚於齊而逃奔宋하고 遂奔晉하여 適趙氏하니 則韓說爲近也라 趙校語에 說苑復恩篇에 作陽虎得罪於衛요 此云 魏文侯之時하니 亦不與簡主同時라 疑皆誤라

---

76) 陽虎 : 陽貨라고도 칭한다. 춘추시대 말기의 魯나라 사람으로, 季氏의 가신이 되어 季平子를 섬기다가 평자가 죽은 뒤에는 專權을 잡고 권한을 부렸다. 魯 定公 때 三桓인 孟孫, 叔孫, 季孫을 제거하려고 모의하였다가 도리어 이들의 습격을 받아 陽關으로 도망쳤으며, 삼환이 양관을 공격하자 다시 齊나라로 도망쳤다가 다시 趙簡子의 모신이 되었다.

② 吾所樹朝廷之大夫半 : '大夫'는 劉向의 ≪說苑≫에 '吏'로 되어 있다.
大夫는 劉作吏라

③ 吾所樹邊境之人亦半 : ≪韓非子≫에 "臣居魯 樹三人 皆爲令尹 臣居齊 薦三人 一人得近王 一人爲縣令 一人爲候吏(신이 魯나라에 있을 때 세 사람에게 덕을 베풀었는데 모두 令尹이 되었고, 신이 齊나라에 있을 때 세 사람을 천거하였는데 한 사람은 왕의 측근이 되었고 한 사람은 縣令이 되었으며 한 사람은 국경을 감시하는 관리가 되었습니다.)"라고 하였다.
韓云 臣居魯에 樹三人한대 皆爲令尹이요 臣居齊에 薦三人한대 一人得近王하고 一人爲縣令하고 一人爲候吏라

④ 恐我以法 : ≪說苑≫을 살펴보면 이 뒤에 마땅히 "朝廷之大夫 危我以衆(조정의 대부가 많은 무리로 나를 위협하다.)"이라고 해야 문장이 갖추어진다. 趙懷玉本에 '今堂上之士 惡我於君 朝廷之大夫 恐我以法(지금 堂上의 선비는 임금에게 나를 비방하고 조정의 대부는 법으로 나를 두렵게 한다.)'으로 되어 있고, 그 교감한 내용에 "'惡我' 이하 아홉 글자는 舊本에 빠져 있었는데 ≪太平御覽≫ 권632에서 인용한 글에 의거하여 보충한다. 또 ≪太平御覽≫에는 '中我於法(나를 법으로 얽다.)'으로 되어 있다." 하였다.
按說苑컨대 則此下當云 朝廷之大夫危我以衆이라야 於文乃備라 趙本에 作今堂上之士惡我於君朝廷之大夫恐我以法이요 校語에 惡我九字는 舊本脫이러니 據御覽六百三十二引補이라 又御覽에 作中我於法이라

⑤ 邊境之人 劫我以兵 : ≪韓非子≫에 "近王者 不見臣 縣令者 迎臣執縛 候吏者 追臣至境上不及而止(왕의 측근이 된 자는 신을 만나지 않고, 현령이 된 자는 신을 맞이해 체포하며, 국경을 감시하는 관리가 된 자는 신을 국경까지 쫓아왔다가 잡지 못하자 그만 두었습니다.)"라고 하였다.
韓云 近王者는 不見臣하고 縣令者는 迎臣執縛하고 候吏者는 追臣至境上하여 不及而止라

⑥ 是以不樹德於人也 : 趙懷玉本에 '是以不復樹德於人也'로 되어 있고, 그 교감한 내용에 "'復'자는 舊本에 없었는데 ≪太平御覽≫에 의거하여 보충한다." 하였다.
趙本에 作是以不復樹德於人也요 校語에 復字舊本無러니 據御覽補라

⑦ 夫春樹桃李……秋得其刺焉 : ≪韓非子≫에 "樹橘柚者 食之則甘 嗅之則香 樹枳棘者 成而刺人(귤과 유자를 심은 경우에는 먹으면 달고 맡으면 향기가 나지만, 탱자와 가시나무를 심은 경우에는 자라면 사람을 찌른다.)"이라고 하였다.
韓云 樹橘柚者는 食之則甘하고 嗅之則香이어니와 樹枳棘者는 成而刺人이라

7-21 정직한 사람은 道義를 따라 행하고 이치를 따라 말하며 공평하고 사사로움이 없으므로, 편안함을 위해 뜻을 제멋대로 부리지 않고 위험을 모면하기 위해 격렬하게 행동하지 않는다. 옛날 衛 獻公[77]이 국외로 망명하였다가 본국으로 돌아올 때 교

외에 이르러 자신을 따르던 사람들에게 고읍을 나누어준 뒤에 들어가려고 하였다. 그러자 太史 柳莊[78]이 말하였다.

"만약 본국에 남아서 모두 社稷을 지켰다면 누가 말고삐를 잡고 따라 나섰겠으며, 만약 모두 따라 나섰다면 누가 사직을 지켰겠습니까. 임금께서 본국으로 돌아오면서 사사로운 마음이 있으니, 옳지 못한 것이 아니겠습니까."

이 말을 듣고 고읍을 나누어주지 않았으니, 유장은 정직한 사람이로다.

옛날에 衛나라 대부 史魚[79]가 병이 들어 죽으려 할 때에 자기 아들에게 말하였다.

"내가 蘧伯玉의 어짊을 자주 진언하였지만 등용시키지 못하였고 彌子瑕의 不肖함을 자주 진언하였지만 내치지 못하였다.[80] 신하가 된 몸으로 살아서는 어진 이를 등용시키고 불초한 이를 내치지 못하였으니, 죽은 뒤에는 正堂에서 喪을 치러서는 안 된다. 방에 내 빈소를 차리는 것으로 족하다."

위나라 임금이 조문하고 방에 빈소를 차린 이유를 묻자, 그 아들이 아버지의 유언대로 아뢰었다. 그러자 위나라 임금이 불안한 기색으로 급히 거백옥을 불러 높은 자리에 앉히고 미자하를 내친 다음 정당에 빈소를 옮기게 하고 예를 행한 뒤에 떠났다. 살아서는 몸소 諫하였고 죽어서는 시신으로써 간하였으니 정직하다고 이를 만하다.

≪詩經≫ 〈小雅 小明〉에 말하였다.

"너의 지위를 정숙히 하여 정직한 이를 좋아하라."

正直者는 順道而行하며 順理而言하며 公平無私하여 不爲安肆志하며 不爲危激行이라 昔衛獻公出走라가 反國할새 及郊①하여 將班邑於從者而後入이러니 太史柳莊曰 如皆守社稷인댄 則孰負羈縶而從②하며 如皆從인댄 則孰守社稷이리오 君反國而有私也하니 無乃不可乎잇가 於是에 不班也하니 柳莊正矣라

---

77) 衛 獻公 : 춘추시대 衛 成公의 증손으로, 이름은 衎이다. 孫林父의 공격을 받아 쫓겨나 齊나라로 망명하였다가 12년 만에 본국으로 돌아왔다.(≪史記≫ 권37 〈衛康叔世家〉)

78) 太史 柳莊 : 太史는 官名으로 時事를 기록하고 겸하여 天文과 曆法을 관장하였다. 柳莊은 衛 獻公의 신하이다.

79) 史魚 : 直諫을 잘한 衛나라 대부 史鰌를 가리킨다. 공자가 그에 대해 "곧구나 사어여! 나라에 도가 있을 때에도 화살처럼 곧았고, 나라에 도가 없을 때에도 화살처럼 곧았다.〔直哉史魚 邦有道如矢 邦無道如矢〕"라고 칭찬하였다.(≪論語≫ 〈衛靈公〉)

80) 내가……못하였다 : 蘧伯玉은 衛나라의 賢臣이고, 彌子瑕는 용모가 아름다워 靈公의 총애를 받았던 신하이다.

昔者에 衛大夫史魚③病且死할새 謂其子曰 我數(삭)言蘧伯玉之賢호대 而不能進하고 彌子瑕不肖호대 而不能退④라 爲人臣하여 生不能進賢而退不肖하니 死不當治喪正堂이라 殯我於室⑤足矣라하니라 衛君〔弔〕하고 問其故⑥한대 子以父言聞하니 君造然召蘧伯玉而貴之하고 而退彌子瑕하여 徙殯於正堂⑦하고 成禮而後去라 生以身諫하고 死以尸諫하니 可謂直矣로다 詩曰 靖其爾位하여 好是正直이라

① 衛獻公出走 反國及郊 : ≪禮記≫〈檀弓〉鄭玄의 注에 "獻公以魯襄十四年出奔齊 二十六年復歸於衛(獻公은 魯 襄公 14년에 齊나라로 出奔하였다가 26년에 衛나라로 復歸하였다.)"라고 하였다.
鄭注檀弓云 獻公以魯襄十四年出奔齊라가 二十六年復歸於衛라하니라
② 執負羈縶而從 : '羈縶'은 〈檀弓〉에 '羈靮'으로 되어 있으니, '羈'와 '覊'는 통용되고, '靮'은 또한 '縶(고삐)'의 뜻이다.
羈縶은 檀弓作羈靮이니 羈與覊通이요 靮亦縶也라
③ 昔者 衛大夫史魚 : 趙懷玉이 교감한 내용에 "舊本에는 여기에서 문단을 나누었는데 옳지 않다. 이제 고쳐서 윗 문장과 연결한다." 하였다.
趙校語에 舊本提行起하니 非是라 今改連上文이라
④ 彌子瑕不肖而不能退 : '彌'는 ≪大戴禮記≫〈保傅〉에 '迷'로 되어 있는데, 그 注에 "彌當聲誤爲迷也('彌'는 음이 같아 '迷'로 잘못 되었다.)"라고 하였다.
彌는 大戴禮保傅作迷라 注에 彌當聲誤爲迷也라
⑤ 殯我於室 : ≪大戴禮記≫〈保傳〉에 "置屍於北堂(北堂에 시신을 두다.)"이라고 하였다.
保傳云 置屍於北堂이라
⑥ 衛君問其故 : '衛君' 뒤에 '弔'자가 빠져 있다. ≪大戴禮記≫〈保傳〉및 ≪新序≫〈雜事〉에 모두 "靈公往弔(靈公이 가서 조문하다.)"라고 하였다.
衛君下脫弔字라 保傳及新序雜事竝云 靈公往弔也라
⑦ 徙殯於正堂 : '徙'는 여러 본에 모두 '從'으로 잘못 되어 있었는데, 이제 ≪大戴禮記≫와 劉向의 ≪新序≫를 따라 校正한다.
徙는 本皆誤爲從이러니 今從戴劉校正이라

7-22 孔子가 한가롭게 거처할 적에 子貢이 모시고 앉아서 물었다.

"아랫사람으로 처신하는 도리는 어떻게 해야 합니까?"

공자가 대답하였다.

"좋도다. 너의 물음이여! 아랫사람으로 처신하는 도리는 흙과 같아야 할 것이다."

자공이 그 말을 이해하지 못하자 공자가 설명하였다.

"흙이라는 것은 그곳을 파면 맛좋은 샘물이 나오고 그곳에 씨를 심으면 五穀이 자라며, 그곳에 草木을 심고 鳥獸와 魚鱉을 기르며, 산 것은 그 위에 살고 죽은 것은 그 아래 묻는다. 이처럼 功이 많은데도 공을 말하지 않고 세상에 주는 것이 다함이 없다. 그러므로 아래에서 처신을 잘하는 것은 오직 흙이라고 하는 것이다."

이 말을 듣고 자공이 말하였다.

"제가 비록 明敏하지 못하나 이 말을 실천하겠습니다."

≪詩經≫ 〈小雅 楚茨〉에 말하였다.

"예를 행함에 어긋남이 없다."

孔子閑居에 子貢侍坐하여 請問 爲人下之道奈何오 孔子曰 善哉라 爾之問也여 爲人下는 其猶土乎인저 子貢未達이어늘 孔子曰 夫土者는 掘之得甘泉焉①하고 樹之得五穀焉하며 草木植焉하고 鳥獸魚鱉遂焉하며 生則立焉하고 死則入焉②이라 多功不言③하고 賞世不絶④이라 故曰 能爲下者는 其惟土乎인저하니라 子貢曰 賜雖不敏이나 請事斯語호리라 詩曰 式禮莫愆이라

① 掘之得甘泉焉 : '掘'은 ≪荀子≫ 〈堯問〉에 '扫'로 되어 있다.
掘은 荀子堯問에 作扫이라

② 生則立焉 死則入焉 : 두 개의 '則'자는 ≪說苑≫ 〈臣術〉에 '人'으로 되어 있다.
二則字는 說苑臣術에 作人이라

③ 多功不言 : '言'은 ≪荀子≫에 '息'으로 되어 있고, ≪孔子家語≫ 〈困誓〉에 '意'로 되어 있다. 趙懷玉이 교감한 내용에 "≪荀子≫ 〈堯問〉편에 '多其功而不息(그 공이 많은데도 쉬지 않다.)'으로 되어 있다." 하였다.
言은 荀作息이요 家語困誓作意라 趙校語에 荀子堯問篇에 作多其功而不息이라

④ 賞世不絶 : 趙懷玉이 교감한 내용에 "≪說苑≫ 〈臣道〉편에는 이 구절이 없다." 하였다.
趙校語에 說苑臣道篇에 無此句라

7-23 傳(≪說苑≫)에 말하였다.

南假子[81]가 程本[82]을 방문하자 정본이 뱀장어를 끓여 내왔다. 남가자가 말하였다.

---

81) 南假子 : 人名이다. 행적은 미상이다.

82) 程本 : 춘추시대 晉나라 사람으로, 이름은 本이다. 박식하고 言辯에 뛰어나 門徒를 모으고 글을 지어 이름이 諸侯에게 알려졌다. 自號를 '程子'라 하였고, 뒤에 '子華子'로 개칭하였다. 저서로 ≪子華子≫가 전한다.

"듣기로 군자는 뱀장어를 먹지 않는다고 합니다."

그러자 정본이 대답하였다.

"이것이 바로 군자가 먹지 않는 것이라 한들 그대와 무슨 상관이 있습니까."

남가자가 말하였다.

"높은 데에 견주는 것은 덕을 넓히는 방법이고, 낮은 데에 견주는 것은 행실을 편협하게 하는 방법이며, 자신을 善에 견주는 것은 스스로 진보하는 발판이고 惡에 견주는 것은 스스로 퇴보하는 원인입니다. ≪詩經≫ 〈小雅 車舝(할)〉에 말하지 않았습니까. 「높은 산을 우러러보고 큰 길을 따라 간다.」 그러니 내가 어찌 스스로 군자와 견주겠습니까. 군자에 뜻을 두고 흠모할 뿐입니다."

傳曰 南假子過程本①한대 本②爲之烹鱺魚③하니 南假子曰 聞君子不食鱺魚라호라 本子曰 此乃君子〔不〕食也라한들 (我)〔子〕何與焉[83]고 假子曰 夫高比는 所以廣德也요 下比는 所以狹行也며 比於善者는 自進之階요 比於惡者는 自退之原也라 且詩不云乎아 高山仰止며 景行行止라하니 吾豈自比君子哉리오 志慕之而已矣④니라

① 南假子過程本 : '假'는 ≪說苑≫ 〈雜言〉에 '瑕'로 되어 있으니 '瑕'와 옛날에 통용되었다. '本'은 '太'로 되어 있다. 趙本에 '南假子過程本子'로 되어 있고, 그 교감한 내용에 "'程本' 뒤에 舊本에 '子'자가 빠져 있었다. 뒷 구절도 같다. 살펴보건대 뒷 문장에 '本子'라고 하였으니 여기에서도 마땅히 '子'가 있어야 한다. ≪說苑≫ 〈雜言〉편에 '南瑕子過程本子'로 되어 있다." 하였다.
假說苑雜言作瑕니 瑕古通이라 本은 作太라 趙本에 作南假子過程本子요 校語에 程本下舊脫子字하니 下句亦同이라 案下文稱本子則此處亦當有라 說苑雜言篇에 作南瑕子過程本子라

② 本 : 趙懷玉本에 '本子'로 되어 있다.
趙本에 作本子라

③ 鱺魚 : '鱺'는 劉向의 ≪說苑≫에 '鯢(도롱뇽)'로 되어 있다. 趙懷玉이 교감한 내용에 "≪說苑≫에는 '鯢'로 되어 있다." 하였다.
鱺는 劉作鯢라 趙校語에 說苑鱺作鯢라

④ 志慕之而已矣 : '慕'는 劉向의 ≪說苑≫에 '向'으로 되어 있다.
慕는 劉作向이라

83) 此乃君子食也 我何與焉 : 이 부분은 문맥이 통하지 않아 ≪說苑≫ 〈雜言〉에 "乃君子否 子何事焉(바로 군자가 먹지 않는 것이 그대와 무슨 상관이 있는가?)"이라고 한 것에 의거하여 '食' 앞에 '不'을 보충하고, '我'를 '子'로 수정하였다.

7-24 子貢이 훌륭한 신하에 대해 묻자, 공자가 대답하였다.

"齊나라에 鮑叔이 있고 鄭나라에 子皮가 있었다."[84)]

자공이 말하였다.

"아닙니다. 제나라에 管仲이 있고 정나라에 東里子産이 있었습니다."

그러자 공자가 물었다.

"〈네가 말한 사람들은〉 누가 천거하였느냐?"

자공이 말하였다.

"그렇다면 현자를 천거하는 것이 현자보다 낫다는 말입니까?"

그러자 공자가 대답하였다.

"현자를 아는 것은 智이고, 현자를 추천하는 것은 仁이며, 현자를 이끄는 것은 義이다. 이 세 가지가 있다면 또 무엇을 보태겠느냐."

子貢問大臣한대 子曰齊有鮑叔하고 鄭有子皮하니라 子貢曰否라 齊有管仲하고 鄭有東里子産하니이다 孔子曰 (産)〔誰〕薦也①오 子貢曰 然則薦賢이 賢於賢이니잇고 曰 知賢은 智也요 推賢은 仁也요 引賢은 義也니 有此三者면 又何加焉②이리오

① 産薦也 : '産薦'의 '産'은 마땅히 '誰'로 되어야 할 듯하다. 劉向의 ≪說苑≫에 "吾聞鮑叔之進管仲也 子皮之進子産也 未聞管仲子産有所進也(나는 포숙은 관중을 進用하고 자피는 자산을 진용하였다는 말은 들었지만, 관중과 자산이 진용한 사람이 있다는 말은 듣지 못했다.)"라고 하였다. ≪孔子家語≫ 〈賢君〉에는 '進'이 '達'로 되어 있다. 趙懷玉이 교감한 내용에 "문장에 빠지거나 잘못된 것이 있다. ≪說苑≫ 〈臣道〉편과 ≪孔子家語≫ 〈賢君〉편에 이 내용이 모두 실려 있지만 문장이 같지 않다. 여기에서는 마땅히 '管仲鮑叔薦也 子産子皮薦也(관중은 포숙이 천거하였고 자산은 자피가 천거하였다.)'라고 해야 할 듯하다." 하였다.

産薦之産은 疑當作誰라 劉云 吾聞鮑叔之進管仲也하고 子皮之進子産也요 未聞管仲子産有所進也라하니라 家語賢君則以進爲達이라 趙校語에 文有脫誤라 說苑臣道篇과 家語賢君篇에 皆載로대 而文不同하니 此似當云 管仲鮑叔薦也요 子産子皮薦也라하니라

② 子貢問大臣……又何加焉 : 또한 ≪詩經≫의 내용이 빠져있다.

亦脫詩辭라

84) 齊나라에……있었다 : 鮑叔은 춘추시대 齊 桓公의 신하였고, 子皮는 鄭나라 신하였다. 포숙은 管仲을 천거하여 국정을 맡아 제후를 糾合하고 천하를 바로잡게 하였고, 자피는 子産을 천거하여 국정을 맡아 역시 어진 정사를 베풀게 하였다.

7-25 孔子가 景山 위에서 유람할 적에 子路, 子貢, 顔淵이 따랐다.[85] 공자가 말하였다.

"군자는 높은 곳에 오르면 반드시 자신이 지향하는 바를 말하니 그대들이 원하는 것은 무엇인가? 원하는 것을 말해 보아라. 내가 너희들을 일깨워 주리라."

자로가 말하였다.

"저는 원컨대 긴 창을 휘둘러 三軍의 적을 소탕하며, 젖먹이 호랑이가 뒤에 있고[86] 원수 같은 적군이 앞에 버티고 있으면, 벌레처럼 뛰어 오르고 교룡처럼 떨쳐 일어나 나아가서 양국의 환난을 구제하겠습니다."

顔淵

공자가 이 말을 듣고 평하였다.

"勇士이다."

자공이 말하였다.

"양국이 원수를 맺고 交戰하여 壯士들이 陣을 치느라 먼지가 하늘에 가득하면, 저는 한 자의 작은 병기와 한 말의 적은 곡식도 소지하지 않고 가서 양국의 분란을 해소하겠습니다. 그 상황에서 저의 말을 들어 주는 나라는 살아남고, 들어 주지 않는 나라는 망할 것입니다."

공자가 이 말을 듣고 평하였다.

"辯士이다."

顔回가 원하는 것을 말하지 않자 공자가 말하였다.

"回는 어찌 원하는 것을 말하지 않느냐?"

안연이 말하였다.

"두 사람이 이미 원하는 것을 말하였기 때문에[87] 감히 원하는 바가 없습니다."

공자가 말하였다.

"저마다 뜻이 다르니 각자 원하는 일이 따로 있을 것이다. 회는 원하는 것을 말해

---

85) 孔子가……따랐다 : 이 일은 本書 9-15에도 비슷한 내용이 보인다. 거기에 "孔子가 子貢, 子路, 顔淵과 함께 戎山 위에서 노닐 적에, 공자가 한숨을 쉬며 탄식하기를 '그대들은 각자 자신의 뜻을 말해 보아라. 내가 들어보겠다.' 하였다."라고 하였다. 여기와 비교했을 때 글이 비교적 간략하나 大意가 서로 같다. 景山은 太山을 말한다.

86) 젖먹이……있고 : 어미 호랑이가 새끼를 막 낳았을 때는 새끼를 보호하기 위해서 특별히 사납다고 한다.(≪韓詩外傳今註今譯≫)

87) 두……때문에 : ≪說苑≫ 〈指武〉와 ≪孔子家語≫ 〈致思〉에는 "두 사람이 文과 武의 일을 말하였다."라고 하였다.

보아라. 내가 너를 일깨워 주겠다.”

안연이 말하였다.

“원컨대 작은 나라에 재상이 되어 임금은 道로 다스리고 신하는 德으로 교화하여 君臣간에 마음을 함께하고 안팎으로 서로 응하면, 列國의 제후들은 모두 의리를 따라 바람에 휩쓸리듯 하여 장성한 사람은 달려와 나아가고 늙은 사람은 부축을 받아 이를 것입니다. 그리하여 교화가 백성들에게 행해지고 덕화가 사방 오랑캐에게 시행되어 모두 병기를 버리고 도성의 사방 문에 모여 들어, 천하가 모두 영구히 편안하고 하늘을 나는 벌레와 땅을 기는 벌레들도 저마다 자신의 삶을 즐거워할 것입니다. 또 어진 자를 진출시키고 능한 자를 부려 저마다 재능에 따라 일을 맡기면, 임금은 위에서 편안하고 신하는 아래에서 화목하여 拱手한 채로 아무 하는 일 없어도 行動은 도리에 맞고 擧止는 예에 맞을 것입니다. 그리고 仁義를 말하는 자는 상을 주고 전쟁을 말하는 자는 죽인다면, 由가 어찌 나아가 구제할 것이 있겠으며, 賜가 무슨 분란을 해소할 것이 있겠습니까.”

공자가 이 말을 듣고 평하였다.

“聖士이다. 大人이 나오면 小人은 모습을 감추고 聖人이 일어나면 賢人은 엎드려 숨는 법이니, 회가 정사에 참여한다면 유와 사가 어찌 자신의 능력을 발휘할 수 있겠느냐.”

≪詩經≫〈小雅 角弓〉에 말하였다.

“함박눈이 펑펑 내리나 햇빛이 나타나면 사라진다.”

孔子遊於景山之上①할새 子路子貢顔淵從이러니 孔子曰 君子는 登高必賦하나니 小子願者何오 言其願②하라 丘將啓汝호리라 子路曰 由는 願奮長戟하여 盪三軍하며 乳虎在後하고 仇敵在前이어든 蠡躍蛟奮하여 進救兩國之患호리이다 孔子曰 勇士哉인저 子貢曰 兩國搆難하여 壯士列陣하여 塵埃張③天이어든 賜不持一尺之兵과 一斗之糧하여 解兩國之難호대 用賜者存하고 不用賜者亡하리이다 孔子曰 辯士哉인저 顔回不願이어늘 孔子曰 回何不願고 顔淵曰 二子已願이라 故不敢願하노이다 孔子曰 不同意하니 各有事焉이라 回其願하라 丘將啓汝호리라 顔淵曰 願得小國而相之하여 主以道制하고 臣以德化하여 君臣同心하고 外內相應하면 列國諸侯가 莫不從義嚮風하여 壯者趨而進하고 老者扶而至하여 教行乎百姓하고 德施乎四蠻하여 莫不釋兵하여 輻輳乎四門하여 天下咸獲永寧하고 蝖飛蠕動이 各樂其性하며 進賢使能하여 各任其事하면 於是에 君綏於上하고 臣和於下하여 垂拱無爲하여 動作中道하고 從容得禮하며 言仁義者賞하고 言戰鬥

者死하면 則由何進而救며 賜何難之解리오 孔子曰 聖士哉인저 大人出하면 小子匿하고 聖者起하면 賢者伏하나니 回與執政하면 則由賜焉施其能哉리오 詩曰 雨雪瀌瀌나 見晛聿消④니라

① 孔子遊於景山之上 : 趙懷玉이 교감한 내용에 "또 ≪韓詩外傳≫권9(9-15)에 보인다. '景山'은 '戎山'으로 되어 있다. ≪說苑≫〈指武〉편과 ≪孔子家語≫〈致思〉편에 모두 '農山'으로 되어 있다." 하였다.
趙校語에 又見卷九中이라 景山은 作戎山이라 說苑指武篇과 家語致思篇에 俱作農山이라

② 言其願 : 趙懷玉이 교감한 내용에 "'言'자는 여러 本에 대부분 '小子願' 뒤에 있으나 이제 毛本을 따른다." 하였다.
趙校語에 言字本多在小子願下나 今從毛本이라

③ 張 : 趙懷玉本에 '張'으로 되어 있고, 그 교감한 내용에 "'張'은 어떤 本에는 '漲'으로 되어 있다." 하였다.
趙本作張이요 校語에 張一作漲이라

④ 雨雪瀌瀌 見晛聿消 : 趙懷玉本에 '雨雪麃麃'로 되어 있고, 그 교감한 내용에 "釋文에 '曣晛聿消(해가 나오면 녹는다.)'로 되어 있는데, 曣見은 해가 나오는 것이다." 하였다.
趙本作雨雪麃麃요 校語에 釋文에 作曣晛聿消하니 曣見은 日出也라

7-26 옛날 孔子가 비파를 연주할 때에 曾子와 子貢이 옆문에서 들었는데 곡조를 마치자 증자가 말하였다.

"아, 부자의 비파 연주 소리가 자못 탐학한 뜻과 부정한 행위가 있으니, 음악이 어찌 그리도 仁하지 못한가. 이익을 좇는 마음이 심하다."

자공도 그렇게 생각하였지만 대답하지 않고 들어왔다. 부자가 자공이 잘못을 바로잡으려는 기색과 힐난하려는 표정을 멀리서 보고서 비파를 내려놓고 기다렸다. 자공이 증자가 한 말을 그대로 아뢰자 공자가 말하였다.

"아, 曾參은 천하의 현인이다. 음률을 잘 아는구나. 아까 내가 비파를 연주할 때에 쥐가 나와 놀다가 삵이 집에 나타나자 쥐가 들보를 돌아 조심히 갔는데 삵이 달려들자 쥐가 피하였다. 그러자 삵이 증오스러운 눈빛을 하고 어깨를 구부린 채로 잡으려고 하였으나 잡지 못하였다. 내가 〈삵이 쥐를 잡으려는 모습을〉 비파 소리에 녹여냈는데, 증삼이 나의 음악을 탐학하고 부정하다고 하였으니 또한 마땅하지 않느냐."

≪詩經≫〈小雅 白華〉에 말하였다.

"궁 안에서 종을 치면 소리가 바깥에까지 들린다."

昔者에 孔子鼓瑟①할새 曾子子貢이 側門而聽②이러니 曲終에 曾子曰 嗟乎라 夫子瑟聲이 殆有貪狼之志와 邪僻之行하니 何其不仁고 趨利之甚③이라 子貢以爲然호대 不對而入이러니 夫子望見子貢有諫過之色과 應難之狀하고 釋瑟而待之한대 子貢以曾子之言告어늘 子曰嗟乎라 夫參天下賢人也라 其習知音矣로다 鄕者에 丘鼓瑟에 有鼠出游라가 狸見於屋④이어늘 循梁微行한대 造焉而避하니 厭目曲脊하여 求而不得이라 丘以瑟浮其音⑤이어늘 參以丘爲貪狼邪僻하니 不亦宜乎아 詩曰 鼓鐘于宮이어든 聲聞于外하니라

① 鼓瑟 : ≪孔叢子≫ 〈記義〉에 '鼓琴(거문고를 연주하다.)'이라고 하였다.
孔叢子記義에 以爲鼓琴也라

② 曾子子貢側門而聽 : 〈記義〉에 '子貢'은 '閔子'라고 하였다.
記義에 以子貢爲閔子라

③ 夫子瑟聲……趨利之甚 : ≪孔叢子≫에 "嚮也 夫子之音清澈 以和淪入至道 今也 更爲幽沈之聲 幽則利欲之所爲發 沈則貪得之所爲施 夫子何所感而若是乎(예전에 부자의 음악 소리는 맑고 깨끗하여 조화로움이 배어 至道의 경지에 들어갔는데, 지금은 어둡고 침울한 소리로 바뀌었다. 어두우면 利欲의 마음이 드러나고 침울하면 탐욕의 마음이 베풀어지니, 부자는 무엇에 감발하여 소리가 이러한가.)"라고 하였다.
孔云 嚮也에 夫子之音清澈하여 以和淪入至道러니 今也에 更爲幽沈之聲하니 幽則利欲之所爲發하고 沈則貪得之所爲施하니 夫子何所感而若是乎아하니라

④ 狸見於屋 : '狸'는 ≪孔叢子≫에 '猫'로 되어 있으니, '猫'는 '狸'의 등속이다.
狸는 孔作猫니 猫狸屬이라

⑤ 丘以瑟浮其音 : 趙懷玉이 교감한 내용에 "'浮'는 毛本에 '淫'으로 되어 있다." 하였다.
趙校語에 浮는 毛本作淫이라

7-27 아버지가 된 자는 반드시 자애롭고 인자한 사랑을 품고서 그 자식을 기르며, 돌봐주고 먹여주어 자식의 몸을 온전하게 자라게 한다. 자식이 지각이 있게 되면 반드시 태도를 엄격하게 하고 말을 바르게 하여 善導하고, 머리를 묶고 아동이 되면[88] 훌륭한 스승에게 보내 그 기예를 성취시키며, 열아홉 살이 되어 자신의 뜻을 드러내면 손님을 초청하여 冠禮를 주관하게 해서 그 덕성을 이루어주고, 血氣가 맑고 깨끗

88) 머리를……되면 : 원문의 '束髮'은 머리털을 묶는 것이다. 아동 때에 이 예를 행하므로 아동 시절을 의미한다. ≪禮記≫ 〈玉藻〉에 "동자의 예절은 검은 베옷에 비단으로 가선을 두르고 비단 띠와 비단 끈을 매며 비단으로 머리털을 묶으니, 모두 붉은색 비단이다.〔童子之節也 緇布衣錦緣 錦紳幷紐 錦束髮 皆朱錦也〕"라고 하였다.

해지면 아내를 맞이하여 마음을 안정시키며, 집안일을 이어 받은 자식을 신뢰하여 친히 맡기고 이에 대해 의심하지 않는다. 관례를 치른 자식에게는 꾸짖는 말을 하지 않고 머리를 묶은 자식에게는 매질을 하지 않으며, 조용히 諫하는 말을 따라 주어 자식들이 근심하지 않게 한다. 이것이 아버지가 된 사람의 도리이다.

≪詩經≫ 〈小雅 蓼莪〉에 말하였다.

"아버지 나를 낳아주시고 어머니 나를 길러주시니, 나를 어루만지고 나를 길러주시며 나를 자라게 하고 나를 키워주시며, 나를 돌아보고 나를 또 돌아보시며 출입할 때에 나를 가슴 속에 두셨네."

夫爲人父者는 必懷慈仁①之愛하여 以畜養其子하며 撫循飮食하여 以全其身이라 及其有識也하여는 必嚴居正言하여 以先導之하고 及其束髮也하여는 授明師하여 以成其技하고 十九見志어든 請賓冠之하여 足以(死其意)〔成其德〕[89]②하고 血脈澄靜이어든 娉內以定之하고 信承親授하여 無有所疑하며 冠子不言③하고 髮子不笞하며 聽其微諫하여 無令憂之하니 此爲人父之道也라 詩曰 父兮生我하시고 母兮鞠我하시니 拊我畜我하시고 長我育我하시며 顧我復我하시고 出入腹我하시니라

① 仁 : 趙懷玉本에 '人'으로 되어 있다.
趙本作人이라
② 死其意 : '死'자는 의심스럽다.
死字疑라
③ 言 : 趙懷玉이 교감한 내용에 '閑'인 듯하다.
趙校語에 疑閑이라

傳은 모두 27장이다.

凡傳二十有七

89) (死其意)〔成其德〕: 저본에는 '死其意'로 되어 있으나, ≪韓詩外傳集釋≫에 의거하여 '成其德'으로 바로잡았다. ≪韓詩外傳集釋≫에 실린 孫詒讓이 교감한 내용에 "'死其意'는 뜻이 통하기 어렵다. '成其德'으로 해야 할 듯하다. ≪儀禮≫ 〈士冠禮〉에 '처음으로 갓을 씌우고 말하기를 「너의 어린 마음을 버리고 成人의 德을 따르라.〔始加祝曰 棄爾幼志 順爾成德〕」 하였다.'라고 하였는데, 鄭玄의 注에 '이미 관례를 치렀으면 성인의 덕을 갖춘 것이다.'라고 하였다. '成'과 '死', '德'과 '意'는 모두 글자 모습은 비슷하니 誤記이다." 하였다.

韓詩外傳 第八卷

8-1 越王 句踐[1)]이 廉稽를 보내 荊王(楚王)에게 포로를 바치게 하자, 형왕의 사자가 말하였다.

"越나라는 오랑캐 나라이니 신이 그 사신에게 모욕을 주겠습니다."

형왕이 대답하였다.

"월왕은 어진 사람이니 그 사자 또한 어질 것이다. 그대는 신중히 처신하라."

사자가 나가 염계를 보고 말하였다.

"손님이 冠을 썼으면 예의를 갖추어 만날 수 있지만 관을 쓰지 않았으면 만날 수 없소이다."

염계가 대답하였다.

"월나라 또한 周나라 천자께서 봉해준 나라입니다. 大國들이 있는 中原에 위치하지 못하고 바닷가 일대에 위치하고 있어 자라나 상어 같은 물고기와 어울려 살기에 文身하고 머리를 짧게 깎은 뒤에야 살 수 있습니다. 이제 上國에 이르렀는데 반드시 '관을 썼으면 예의를 갖추어 만날 수 있지만 관을 쓰지 않았으면 만날 수 없다.'라고 하시니, 그렇다면 상국의 사자가 월나라에 왔을 때에도 우리나라 임금이 '코를 베고 이마에 刺字하며 문신하고 머리를 짧게 깎은 뒤에야 예의를 갖추어 만날 수 있다.'라고 한다면 옳겠습니까."

형왕이 이 말을 듣고 옷을 걸치고 나와 사죄하였다.

공자가 말하였다.

"사방 나라에 사신으로 가서 임금의 명령을 욕되게 하지 않으면 선비라고 말할 만하다."[2)]

越王句踐이 使廉稽로 獻民於荊王①한대 荊王使者曰 越은 夷狄之國也니 臣請欺其使者호리이다 荊王曰 越王은 賢人也라 其使者亦賢하리니 子其愼之하라 使者出見廉稽曰 冠則得以(俗)〔禮〕[3)]

---

1) 越王 句踐 : 춘추시대 越나라의 제2대 왕으로, 吳나라 왕 夫差와 싸우다가 대패하여 會稽山에서 굴욕적인 和議를 체결하고 귀국한 뒤에 20년 동안 臥薪嘗膽한 끝에 부차를 죽이고 오나라를 멸망시켜 회계의 치욕을 씻었다.(≪史記≫ 권41 〈越王句踐世家〉)

2) 사방……만하다 : 子貢이 선비에 대해 묻자 공자가 대답한 말로, ≪論語≫ 〈子路〉에 보인다.

見②이어니와 不冠不得見이라 廉稽曰 夫越亦周室之列封也라 不得處於大國③이요 而處江海之陂하여 與魭④鱣魚鱉爲伍라 文身翦髮而後處焉⑤이어늘 今來至上國이어늘 必曰冠得俗見이어니와 不冠不得見이라하니 如此則上國使適越에도 亦將劓墨文身翦髮而後得以俗見可乎아 荊王聞之하고 披衣出謝하니라 孔子曰 使(시)於四方에 不辱君命이면 可謂士矣니라

① 越王句踐使廉稽 獻民於荊王 : ≪說苑≫ 〈奉使〉에 "越使諸發 執一枝梅 遺梁王(越나라가 諸發로 하여금 매화가지 하나를 가지고 가서 梁王에게 보내게 하였다.)"라고 하였는데, 여기와 대략 異同이 있으니 또한 각기 전수받은 바를 전한 것이다. 趙懷玉이 교감한 내용에 "'廉稽'는 ≪說苑≫ 〈奉使〉편에 '諸發'로 되어 있다." 하였다.
說苑奉使에 越使諸發로 執一枝梅하여 遺梁王이라하니 與此略有異同하니 亦各傳其所受也라 趙校語에 說苑奉使篇作諸發이라

② 冠則得以俗見 : '俗'은 劉向의 ≪說苑≫에 '禮'로 되어 있다. 趙懷玉이 교감한 내용도 같다.
俗은 劉作禮라 趙校語同이라

③ 得處於大國 : 趙懷玉이 교감한 내용에 "≪說苑≫에는 '中國을 얻다.'[4]라고 하였다." 하였다.
趙校語에 說苑得中國이라

④ 魭 : 趙懷玉이 교감한 내용에 "≪說苑≫ '黿'으로 되어 있다." 하였다.
趙校語에 說苑作黿이라

⑤ 文身翦髮而後處焉 : 劉向의 ≪說苑≫에 "翦髮文身 爛然成章以像龍子者 將避水神也(머리를 짧게 깎고 文身하여 화려하게 꾸며 龍의 아들을 형상한 것은 水神을 피하려는 것이다.)"라고 하였다.
劉云 翦髮文身하여 爛然成章以像龍子者는 將避水神也라

8-2 사람이 富貴와 安樂, 그리고 남에게 칭찬 받기를 좋아하는 까닭은 자신의 몸을 위해서이며, 貧賤과 危辱, 그리고 남에게 비방 받기를 싫어하는 까닭 또한 자신의 몸을 위해서이다. 그렇다면 자신의 몸에서 귀한 것은 무엇인가? 氣[5]보다 귀한 것은 없다. 사람이 기를 얻으면 살고 기를 잃으면 죽으니, 이 기는 金帛이나 珠玉 같은 것이 아니어서 남에게 구할 수 없고, 繒布(비단과 베)나 五穀 같은 것이 아니어서 사서 얻을 수 없다. 내 몸에 있을 뿐이니 신중히 기르지 않을 수 없는 것이다.

---

3) (俗)〔禮〕: 底本에는 '俗'으로 되어 있으나 ≪說苑≫ 〈奉使〉에 의거하여 '禮'로 바로잡았다.
4) ≪說苑≫에는 중국을 얻다. : ≪說苑≫ 〈奉使〉에는 '得冀兗之州(冀州나 兗州 같은 中原을 얻다.)'라고 되어 있어, 趙懷玉이 교감한 내용과 다르다.
5) 氣 : 體氣로, 생명력을 말한다.

≪詩經≫ 〈大雅 烝民〉에 말하였다.

"이미 밝고 또 명철하여 그 몸을 보전한다."

人之所以好富貴安榮과 爲人所稱譽者는 爲身也요 惡貧賤危辱과 爲人所謗毁者는 亦爲身也라 然身何貴也오 莫貴於氣니라 人得氣則生하고 失氣則死하나니 其氣는 非金帛珠玉也라 不可求於人也요 非繒布五穀也라 不可糴買而得也라 在吾身耳니 不可不愼也니라 詩曰 旣明且哲하여 以保其身이라

8-3 吳나라 사람이 楚나라를 치자[6] 楚 昭王[7]이 나라를 잃고 떠날 때에 나라에 있는 羊 백정 說(열)도 따라갔다. 소왕이 본국으로 돌아와 자기를 따랐던 자에게 상을 줄 때에 열의 차례가 되었는데, 열이 사양하여 말하였다.

"임금께서 나라를 잃었을 때 신은 羊 백정의 직업을 잃었고, 임금께서 본국에 돌아오시자 신도 양 백정의 직업을 되찾았습니다. 신의 봉록이 이미 후한데 또 무슨 상을 주려고 하십니까?"

사양하고 명을 따르지 않자 소왕이 억지로 주게 하였다. 그러자 열이 말하였다.

"임금께서 나라를 잃은 것이 신의 죄가 아니기 때문에 신은 처벌 받지 않았고, 임금께서 나라에 돌아오신 것이 신의 공이 아니기 때문에 신은 상을 받지 못하겠습니다. 오나라 군대가 楚나라 수도인 郢(영)에 쳐들어왔을 때 신은 적군을 두려워하여 환난을 피하였을 뿐입니다. 그러니 임금께서 본국에 돌아오실 때에 제가 무슨 일을 하였겠습니까."

임금이 말하였다.

"받지 않으면 나를 만나게 하라."

그러자 열이 대답하여 말하였다.

"초나라의 법도에 商人으로서 임금을 뵈려고 하는 자는 반드시 귀중한 폐백을 많이 바친 뒤에야 뵐 수 있다고 합니다. 지금 신은 지혜로는 나라를 보존시키지도 못하고, 절의로는 임금을 위해 죽지도 못하며, 용기로는 적군과 맞서 싸우지도 못합니다. 그러한데도 뵙는 것은 나라의 법도에 맞지 않습니다."

그러고는 마침내 명을 따르지 않고 계곡으로 들어가 버렸다. 소왕이 司馬子期[8]에

---

6) 吳나라……치자 : 周 敬王 14년(B.C. 506)에 오나라가 蔡나라와 연합하여 초나라를 토벌한 일을 가리킨다.

7) 楚 昭王 : 춘추시대 楚 平王의 아들로, 이름은 任이다.

게 말하였다.

“여기에 어떤 사람이 있는데 생활은 매우 곤궁하나 논의는 매우 고상하니, 나를 위해 찾아주시오. 내 그와 형제가 되고 三公[9)]이 되기를 청할 것이오.”

사마자기가 수레를 버리고 걸어서 찾아다니다가 5일 밤낮을 헤맨 끝에 만나고 말하였다.

“나라가 위태한데도 구하지 않는 것은 仁이 아니고, 임금의 명령을 따르지 않는 것은 忠이 아니오. 위로 부귀를 싫어하고 아래로 貧苦를 달게 여기는 것은 아마도 지나친 듯하오. 지금 임금께서 그대와 형제가 되기를 원하고 삼공이 되기를 청하는데 임금의 명을 따르지 않는 것은 어째서요?”

열이 대답하였다.

“삼공의 지위가 양을 잡는 푸줏간보다 귀한 줄을 나도 잘 알고 萬鍾의 봉록이 양을 잡아 버는 이익보다 부유한 줄을 나도 잘 알지만, 이제 작록의 이로움을 탐하여 辭受의 禮[10)]를 잊는다는 말은 듣지 못하였습니다.”

그러고는 마침내 삼공의 지위를 사양하고 양을 잡는 푸줏간으로 돌아갔다.

군자가 이 일을 듣고 말하였다.

“심하도다. 양 백정의 행위여! 자신을 단속하고 곤궁한 생활을 유지하면서 남의 나라에 거처하고 있도다.”

이 말을 듣고 열이 대답하였다.

“어찌하여 곤궁하다고 하는가? 나는 禮에 따라 작록을 양보하고 이 나라에서 삶을 마칠 것이다.”

군자가 이에 대해 말하였다.

“깊은 산 속에 있으면서 저 초나라의 危難을 구원하지 않고, 吳나라에 패배하여 소왕의 덕이 쇠함을 보고서도 보옥 같은 재능을 품고서 자취를 끊어 나라를 병들게 한 것은 자기 자신만 온전히 지키려는 것이다. 이는 자신은 후하게 대하고 임금은 박하게 대하는 것이니, 고집이 센 것이지 세상을 구원하는 자는 아니다.”

“〈그렇다면〉 어떻게 하면 세상을 구원하였다고 말할 수 있겠는가?”

---

8) 司馬子期 : 司馬는 官名이고, 子期는 楚 公子 結로, 昭王의 형이다.

9) 三公 : 司馬, 司徒, 司空의 총칭으로, 임금의 고문 구실을 하는 국가 최고의 명예직이었다. 자세한 내용은 本書 8-19에 보인다.

10) 辭受의 禮 : 선물이나 벼슬 등을 사양하거나 받는 것에 대한 예를 말한다.

이 질문에 대해 이렇게 대답하였다.

"申伯과 仲山甫[11)] 같은 사람이라면 세상을 구원하였다고 말할 만하다. 옛날 周나라의 덕이 크게 쇠퇴하여 厲王 때에 이르러 주나라의 道가 무너졌는데, 신백과 중산보가 宣王을 보좌하여 어지러운 세상을 平定하여 질서 있는 세상을 회복하자, 천하 사람들이 조금 떨쳐 일어나고 국가가 부흥하였다. 신백과 중산보가 이에 모두 천하의 민심에 순응하여 잘못된 정사를 바로잡고 德敎를 깨우쳐서 은거한 인재를 들어 쓰니, 海內의 인심이 바람에 휩쓸리듯 쏠렸다. 그러므로 백성들이 勃然하게 흥기하여 宣王의 덕을 노래한 것이다."

≪詩經≫ 〈大雅 崧高〉에 말하였다.

"周나라 백성들이 모두 기뻐하며 그대를 나라의 훌륭한 기둥이라 하는구나."

또 ≪詩經≫ 〈大雅 烝民〉에 말하였다.

"나라의 선악을 중산보가 밝히도다. 이미 밝고 또 명철하여 그 몸을 보전하고 밤낮으로 게을리 하지 않아서 천자 한 분을 섬기도다."

吳人伐楚어늘 昭王去國할새 國有屠羊說從行이라 昭王反國하여 賞從者한대 及說이라 說辭曰 君失國에 臣所失者屠요 君反國에 臣亦反其屠하니 臣之祿旣厚어늘 又何賞之리오 辭不受命어늘 君强之한대 說曰 君失國이 非臣之罪라 故不伏誅요 君反國이 非臣之功이라 故不受其賞①하니이다 吳師入郢에 臣畏寇避患하니 君反國에 說何事焉이리오 君曰 不受則見之하라 說對曰 楚國之法에 商人欲見於君者는 必有大獻重質②然後得見이라하니 今臣智不能存國하며 節不能死君하며 勇不能待寇라 然見之는 非國法也라하고 遂不受命하고 入於澗中하다 昭王謂司馬子期③曰 有人於此하니 居處甚約④호대 論議甚高⑤하니 爲我求之하라 願爲兄弟하고 請爲三公하리라 司馬子期舍車徒求之하여 五日五夜에 見之하고 謂曰 國危不救는 非仁也요 君命不從은 非忠也니 惡富貴於上하고 甘貧苦於下는 意者過也로다 今君願爲兄弟하고 請爲三公하니 不聽君은 何也오 說曰 三公之位⑥는 我知其貴於刀俎之肆矣요 萬鍾之祿은 我知其富於屠羊之利矣로대 今見爵祿之利而忘辭受之禮는 非所聞也라하고 遂辭三公之位하고 而反乎屠羊之肆하다 君子聞之하고 曰 甚矣哉라 屠羊子之爲也여 約己持窮하여 而處人之國矣로다 說曰 何謂窮고 吾讓之以禮而終其國也라 曰 在深淵之中하여 而不援彼之危하고 見昭王德衰於吳호대 而懷寶絶迹하여 以病其國은 欲獨全己者也라 是厚於己而薄於君이니 狷乎요 非救世者也라 何如則可謂救世矣오 曰 若申伯仲山甫라면

11) 申伯과 仲山甫 : 모두 周 宣王 때의 賢臣이다. 자세한 내용은 本書 5-24 주석에 보인다.

可謂救世矣라 昔者에 周德大衰하여 道廢於厲어늘 申伯仲山甫輔相宣王하여 撥亂世하여 反之正하니 天下略振하고 宗廟復興이라 申伯仲山甫가 乃竝順天下하여 匡救邪失하고 喩德教하여 擧遺士하니 海內翕然向風이라 故百姓勃然詠宣王之德하니라 詩曰 周邦咸喜하여 戎有良翰이라하놋다 又曰 邦國若否(비)를 仲山甫明之로다 旣明且哲하여 以保其身하며 夙夜匪懈하여 以事一人이라하니 如是면 可謂救世矣로다

① 不受其賞 : '受'는 ≪莊子≫ 〈讓王〉에 '當'으로 되어 있다.
受는 莊子讓王에 作當이라

② 大獻重質 : '獻'은 ≪莊子≫에 '功'으로 되어 있고, '質'은 '賞'으로 되어 있는데, '賞'은 '質'의 잘못인 듯하다.
獻은 莊作功이요 質作賞이라 賞은 疑爲質之譌라

③ 司馬子期 : '期'는 ≪莊子≫에 '綦'로 되어 있으니 '期'와 옛날에 통용되었다.
期는 莊作綦니 期古通이라

④ 居處甚約 : '甚約'은 ≪莊子≫에 '卑賤'으로 되어 있다.
甚約은 莊作卑賤이라

⑤ 論議甚高 : '論議'는 ≪莊子≫에 '陳義(道義를 진술하다.)'로 되어 있다.
論議는 莊作陳義라

⑥ 三公之位 : '公'은 ≪莊子≫에 '旌'으로 되어 있는데, 郭象의 注에 "三旌 三公也 司馬本作三珪 謂諸侯之三卿皆執珪也(三旌은 三公이다. 司馬本에는 '三珪'로 되어 있으니 諸侯의 三卿은 모두 珪를 잡는 것을 말한다.)"라고 하였다.
公은 莊作旌이라 郭注에 三旌은 三公也라 司馬本에 作三珪니 謂諸侯之三卿皆執珪也라

8-4 齊나라 崔杼(저)가 齊 莊公을 시해한 일[12]이 있었다. 荊蒯芮[13]가 晉나라에 사신으로 갔다가 돌아오는데 그의 마부가 말하였다.

"임금의 無道한 행위를 사방 이웃 나라 제후들도 모두 들었는데, 부자께서 그를 위해 죽는 것은 또한 곤란한 일이 아니겠습니까."

형괴예가 대답하였다.

12) 齊나라……일 : 崔杼는 춘추시대 제나라의 대부이다. 棠公이 죽자 최저가 조문하러 갔다가 당공의 부인 棠姜을 보고 혹하여 아내로 삼았는데, 莊公이 당강의 미모에 혹하여 밀통하자 최저가 격노하여 자신의 집으로 장공을 초대하여 주연을 베풀고 부하들을 시켜 활을 쏘아 죽였다.(≪春秋左氏傳≫ 襄公 25년)

13) 荊蒯芮 : 춘추시대 齊나라 大夫로, 행적은 미상이다.

"훌륭하다. 그대의 말이여! 일찍 말해 주었다면 내가 諫했을 것이고, 간하는데도 따르지 않았으면 나는 떠났을 것이다. 하지만 지금은 이미 간하지도 못했고 또 떠나지도 못했다. 내가 듣기로 그 사람의 봉록을 먹었으면 그 사람의 일을 하다가 죽어야 한다고 한다. 내가 이미 무도한 임금의 봉록을 먹었는데 〈무도한 임금을 위해 죽지 않고〉 또 어떻게 현명한 임금을 만나 그를 위해 죽겠느냐."

그러고는 마침내 수레를 몰고 도성에 들어가 그 임금의 일을 하다가 죽었다. 그의 마부가 말하였다.

"어떤 사람은 무도한 임금을 두었는데도 오히려 어떻게든 그를 위해 죽었는데, 나는 현명한 주인을 두었는데 죽지 않을 수 있겠는가."

이에 고삐를 매어두고 수레에서 스스로 목을 찔러 죽었다. 군자가 이 소식을 듣고 평하였다.

"형괴예는 절의를 지키고 의리를 위해 죽었다고 할 수 있지만, 마부는 굳이 죽을 필요가 없었으니, 이는 먹고 마시는 데 독이 든 음식을 만난 것과 같다."

≪詩經≫ 〈大雅 烝民〉에 말하였다.

"밤낮으로 게을리 하지 않아 한 사람을 섬긴다."

이는 荊 선생을 두고 말한 것이다.

또 ≪周易≫〈恒卦 九三〉에 말하였다.

"그 덕이 일정하지 못하면 혹 부끄러운 일을 당하기도 한다."

이는 마부를 두고 말한 것이다.

齊崔杼弑莊公이어늘 荊蒯芮①使晉而反②하니 其僕曰 君之無道也를 四鄰諸侯莫不聞也하니 以夫子而死之 不亦難乎잇가 荊蒯芮曰 善哉라 而言也여 早言이런들 我能諫이요 諫而不用이면 我能去어니와 今旣不諫하고 又不去로다 吾聞之호니 食其食인댄 死其事라하니 吾旣食亂君之食이어늘 又安得治君而死之리오 遂驅車而入死其事③하다 僕曰 人有亂君호대 猶必死之어늘 我有治長하니 可無死乎아 乃結轡自刎於車上하다 君子聞之하고 曰 荊蒯芮는 可謂守節死義矣어니와 僕夫則無爲死也니 猶飮食而遇毒也④로다 詩曰 夙夜匪懈하여 以事一人이라하니 荊先生之謂也요 易曰 不恒其德이면 或承之羞⑤라하니 僕夫之謂也니라

① 荊蒯芮 : ≪說苑≫ 〈立節〉에 '邢蒯聵'로 되어 있다. 趙懷玉이 교감한 내용도 같다. 說苑立節에 作邢蒯聵라 趙校語同이라

② 齊崔杼弑莊公 荊蒯芮使晉而反 : 劉向의 ≪說苑≫에 "其僕曰 崔杼弑莊公 子將奚如 邢蒯

聵曰 驅之 將入死而報君(마부가 말하기를 '崔杼가 莊公을 시해하였는데, 그대는 어떻게 하시겠습니까?'라고 하니, 형괴외가 대답하기를 '수레를 몰아라. 도성에 들어가 죽음으로 임금에 보답할 것이다.'라고 하였다.)"이라고 하였다. 趙懷玉本에 '其僕曰 崔杼弑莊公 子張奚如 荊蒯芮曰 驅之 將入死而報君'으로 되어 있고, 그 교감한 내용에 "이상 24字는 여러 本에 모두 빠져 있었는데, 이제 ≪說苑≫의 글에 의거하여 보충한다." 하였다.

劉云 其僕曰 崔杼弑莊公하니 子將奚如잇가 邢蒯聵曰 驅之하라 將入死而報君이라 趙本에 有其僕曰 崔杼弑莊公하니 子張奚如오 荊蒯芮曰 驅之하라 將入死而報君이요 校語에 已上二十四字는 本皆脫이러니 今依說苑文補라

③ 遂驅車而入死其事 : 趙懷玉本에는 '事'자가 없고, 그 교감한 내용에 "舊本에는 '僕' 앞에 '事'자가 있었는데 쓸데없이 덧붙여졌다. 이제 삭제한다." 하였다.

趙本에 無事字요 校語에 舊本僕上有事字衍이라 今刪이라

④ 僕夫則無爲死也 猶飮食而遇毒也 : 劉向의 ≪說苑≫에 "死者 人之所難也 僕夫之死也 雖未能合義 然亦有志士之意矣(죽는 것은 사람이 하기 어려운 일이다. 마부의 죽음은 비록 의리에 부합할 수 없으나 또한 志士의 意氣가 있다.)"라고 하였다.

劉云 死者는 人之所難也라 僕夫之死也 雖未能合義나 然亦有志士之意矣라

⑤ 易曰 不恒其德 或承之羞 : 劉向의 ≪說苑≫에 또 "孟子曰 勇士不忘喪其元(孟子가 말하기를 '용맹한 사람은 자기 머리를 잃을 것을 잊지 않는다.' 하였다.)"이라고 하였다.

劉又云 孟子曰 勇士不忘喪其元이라하니라

8-5 〈군주를 섬길 때에는〉 겸손한 태도로 정직하게 간하는 것이 上等의 방법이고, 간절하게 간하는 것이 次等의 방법이며, 비방하면서 간하는 것이 下等의 방법이고, 〈아무 것도 하지 않고〉 겁만 내는 것이 죽게 되는 방법이다.

≪詩經≫ 〈大雅 烝民〉에 말하였다.

"부드러워도 삼키지 않고 딱딱해도 뱉지 않는다."

遜而直上也요 切次之요 謗諫爲下요 懦爲死라 詩曰 柔亦不茹하고 剛亦不吐니라

8-6 宋萬이 魯 莊公과 전쟁할 적에 장공에게 사로잡혔다.[14] 장공이 아무 기약 없이

14) 宋萬이……사로잡혔다 : 宋萬은 성은 南宮이고 이름은 萬이다. 춘추시대 宋나라의 대부이므로 송만이라고 칭한 것이다. 魯 莊公은 桓公의 아들로 이름은 同이다. 노나라와 송나라가 노나라 승구(乘丘)에서 전쟁할 적에 송만을 金僕姑라는 화살로 쏘아 맞혀 사로잡았다.(≪春秋左氏傳≫ 莊公 11년)

궁중에 두고 몇 달이 지난 뒤에야 돌려보내자, 송만이 宋나라에 돌아와 대부가 되었다. 송만이 宋 閔公[15]과 바둑을 둘 때에 민공의 부인들이 모두 곁에 있었다. 송만이 말하였다.

"훌륭하도다. 노나라 임금의 맑은 성품과 아름다운 용모여! 천하 제후 중에 임금다운 임금은 오직 노나라 임금일 것이다."

민공이 곁에 있는 부인들에게 체면을 세우려고 그 말을 시기하여 돌아보고 말하였다.

"너는 포로인데 어떻게 노나라 임금의 美醜를 알겠느냐."

이 말을 듣고 송만이 怒하여 민공을 쳐서 목을 부러뜨렸다. 仇牧[16]이 임금이 시해되었다는 말을 듣고 궁중으로 달려가다가 문에서 송만을 만나 손에 칼을 들고 꾸짖었다. 그러자 송만이 팔로 구목을 쳐서 머리를 쪼개자 치아가 문짝에 박혔다. 이 일을 통해 보면 구목은 강포한 자를 두려워하지 않는다고 말할 만하다.

≪詩經≫ 〈大雅 烝民〉에 말하였다.

"仲山甫는 부드러워도 삼키지 않고 딱딱해도 뱉지 않는다."

宋萬與莊公戰할새 獲乎莊公①이어늘 莊公散舍諸宮中하고 數月然後歸之하니 反爲大夫于宋하다 宋萬與閔公博②할새 婦人皆在側하니 萬曰 甚矣라 魯侯之淑과 魯侯之美也여 天下諸侯로 宜爲君者는 惟魯侯耳로다 閔公矜此婦人하여 妬其言하여 顧曰③ 爾虜니 焉知魯侯之美惡乎④아한대 宋萬怒하여 搏閔公絶脰⑤러라 仇牧聞君弑하고 趨而至라가 遇之於門하여 手劍而叱之어늘 萬臂擸仇牧⑥하여 碎其首하니 齒著乎門闔러라 仇牧可謂不畏强禦矣⑦로다 詩曰 惟仲山甫는 柔亦不茹하고 剛亦不吐니라

① 宋萬與莊公戰 獲乎莊公 : 魯 莊公 10년에 있었던 乘邱에서의 전투를 말한다.
謂十年乘邱之役也라

② 宋萬與閔公博 : 이 일은 ≪春秋公羊傳≫ 莊公 12년에 있다.
事在十二年公羊傳이라

③ 顧曰 : ≪春秋公羊傳≫에 "此虜也 爾虜焉故 魯侯之美 惡乎至(이 사람은 포로였다. 네가 포로였기 때문에 이렇게 말한 것이겠지만 노나라 임금의 아름다움이 어찌 그 정도까지 되겠느냐.)"라고 하였다.
傳云 此虜也라 爾虜焉故니 魯侯之美이 惡乎至리오하다

15) 宋 閔公 : 춘추시대 宋 莊公의 아들로 이름은 捷이다.
16) 仇牧 : 춘추시대 宋나라의 대부이다.

④ 爾虜 焉知魯侯之美惡乎 : 趙懷玉이 교감한 내용에 "≪春秋公羊傳≫ 莊公 12년에 '爾虜焉故'가 하나의 구절이고, '魯侯之美 惡乎至'가 하나의 구절이다. '惡'는 音이 '烏'이다. 이 글은 ≪春秋公羊傳≫에서 나왔으니 필시 본래는 같았을 것인데 後人들이 함부로 고친 듯하다. ≪新序≫ 〈義勇〉편에 '爾魯之囚虜爾 何知(너는 노나라의 포로일 뿐인데 무엇을 알겠느냐.)'로 되어 있다." 하였다.

趙校語에 莊十二年公羊傳에 爾虜焉故爲一句요 魯侯之美惡乎至爲一句라 惡는 音烏라 此文出公羊하니 必本與之同이어늘 疑後人妄改之라 新序義勇篇에 作爾魯之囚虜爾니 何知라

⑤ 搏閔公絶脰 : ≪新序≫ 〈義勇〉에 "搏閔公頰 齒落於口 絶吭而死(민공의 뺨을 치자 치아가 입에서 떨어지고 목이 부러져 죽었다.)"라고 하였다.

新序義勇云 搏閔公頰하니 齒落於口하고 絶吭而死라

⑥ 萬臂摋仇牧 : ≪春秋公羊傳≫ 何休의 注에 "側手曰摋(손날로 치는 것을 '摋'라고 한다.)"라고 하였다.

何注公羊傳云 側手曰摋이라

⑦ 仇牧可謂不畏强禦矣 : 뒤에 劉向의 ≪新序≫에 "趨君之難 顧不旋踵(임금의 난리에 달려가 도리어 발길을 돌리지 않다.)"이라고 하였다.

劉云 趨君之難하여 顧不旋踵이라

8-7 임금에게만 충성하고 아버지에게 효도하지 못한다면 효자는 이 일을 하지 않고, 아버지에게만 효도하고 임금에게 충성하지 못한다면 군자 또한 이 일을 하지 않는다. 그러므로 임금은 孝心을 빼앗을 수 없고 어버이도 忠心을 빼앗을 수 없는 것이다.

≪詩經≫ 〈大雅 卷阿〉에 말하였다.

"和樂한 군자를 사방에서 본보기로 삼도다."

可於君이요 不可於父인댄 孝子弗爲也하며 可於父요 不可於君인댄 君子亦弗爲也니라 故君不可奪하며 親亦不可奪也니라 詩曰 愷悌君子를 四方爲則이로다

8-8 黃帝[17)]가 즉위하여 은혜를 베풀고 하늘의 뜻을 받들어, 도를 한결같이 밝히고

17) 黃帝 : 중국 고대 전설상의 제왕이다. 이름이 軒轅이므로 '軒帝'라고도 한다. 수레·배·문자를 만드는 등 문명을 발전시켰고, 그의 아내는 여인들에게 누에를 치고 비단실을 뽑는 방법을 가르쳐 주었다고 한다. 그의 통치 기간을 황금시대라 부를 정도로 지혜의 화신으로 알려져 있으며, 죽어서 신이 되었다고 믿어졌다.

덕을 닦으며 仁만을 행하니 천하가 화평해졌다. 그런데도 봉황[18]이 날아오는 것을 보지 못해 아침에 일어나서 밤에 잠들 때까지 오직 봉황의 모습을 생각하였다. 이에 天老[19]를 불러 물었다.

"봉황의 모습은 어떻소?"

천로가 대답하였다.

黃帝

"봉황의 모습은 앞은 기러기 같고 뒤는 기린 같으며, 목은 뱀 같고 꼬리는 물고기 같으며, 무늬는 용 같고 몸은 거북 같으며, 턱은 제비 같고 부리는 닭 같습니다. 德을 머리에 이고 仁을 등에 지며, 忠을 가슴에 안고 義를 날개에 끼고 있으며, 작은 울음소리는 징소리 같고 큰 울음소리는 북소리 같으며, 목을 늘이고 날개를 펼치면 다섯 빛깔의 광채가 모두 빛나 움직이면 八方의 상서로운 바람이 일어나고 기운이 단비를 내리게 합니다. 또 먹을 때는 질박한 모습이 있고 마실 때에는 아름다운 위의가 있으며, 날아갈 때는 화려한 무늬가 펼쳐지기 시작하고 날아올 때는 아름다운 자태가 완성됩니다. 오직 봉황만이 하늘의 복을 전달하고 땅의 신령함에 호응하며 五音[20]에 맞고 九德[21]을 살필 수 있습니다. 천하에 도가 있어서 봉황의 모습 가운데 한 가지를 얻으면 봉황이 지나가고, 봉황의 모습 가운데 두 가지를 얻으면 봉황이 날갯짓하며, 봉황의 모습 가운데 세 가지를 얻으면 봉황이 내려앉고, 봉황의 모습 가운데 네 가지를 얻으면 봄가을로 내려오며, 봉황의 모습 가운데 다섯 가지를 얻으면 봉황은 종신토록 머무릅니다."

鳳凰

18) 봉황 : 태평시대를 상징하는 靈物로, 어진 임금이 나오면 나타난다고 하는 吉鳥이다.
19) 天老 : 黃帝를 보필한 일곱 신하 중의 한 사람이다.
20) 五音 : 다섯 音階로, 宮, 商, 角, 徵, 羽를 가리킨다.
21) 九德 : 아홉 종류의 덕행으로, 忠·信·敬·剛·柔·和·固·貞·順을 가리킨다.(≪逸周書≫〈常訓〉)

황제가 말하였다.

"아, 신실하도다. 짐이 어떻게 감히 그 덕에 참여할 수 있겠는가."

그러고는 황제가 황색 의복을 입고 황색 면류관을 쓰고서 궁중에서 재계하자, 봉황이 이에 해를 가린 채 내려왔다. 황제가 동쪽 계단으로 내려가서 서쪽을 향해 再拜하고 머리를 조아리고 말하였다.

"皇天이 복을 내려주시니 감히 명을 받들지 않을 수 있겠습니까."

그러자 봉황이 황제의 동쪽 동산에 내려와 황제의 오동나무에 앉아서 황제의 竹實을 먹으면서 종신토록 떠나지 않았다.

≪詩經≫ 〈大雅 卷阿〉에 말하였다.

"봉황이 날아 훨훨 날갯짓하다가 앉을 자리에 앉도다."

黃帝卽位하여 施惠承天①하여 一道修德하고 惟仁是行하니 宇內和平이어늘 未見鳳凰하여 惟思其象②하여 夙寐晨興하니라 乃召天老하여 而問之曰 鳳象何如오 天老對曰 夫鳳象은 鴻前麟後③요 蛇頸而魚尾요 龍文而龜身이요 燕頷而雞喙④하니이다 戴德⑤負仁⑥하고 抱忠⑦挾義⑧하며 小音金하고 大音鼓하며 延頸奮翼에 五彩備明하여 擧動八風⑨하고 氣應時雨하며 食有質하고 飮有儀하며 往卽文始하고 來卽嘉成하니이다 惟鳳爲能通天祉하고 應地靈하며 律五音하고 覽九德하여 天下有道에 得鳳象之一則鳳過之하고 得鳳象之二則鳳翔之⑩하고 得鳳象之三則鳳集之⑪하고 得鳳象之四則鳳春秋下之⑫하고 得鳳象之五則鳳沒身居之하니이다 黃帝曰 於戲允哉라 朕何敢與焉이리오 於是에 黃帝乃服黃衣⑬하고 戴黃冕하여 致齋於宮⑭한대 鳳乃蔽日而至어늘 黃帝降於東階하여 西面再拜稽首曰 皇天降祉하니 (不)[22]敢不承命⑮이리잇가 鳳乃止帝東囿⑯하고 集帝梧桐하여 食帝竹實⑰하여 沒身不去러라 詩曰 鳳凰于飛하니 翽翽其羽라 亦集爰止로다

① 施惠承天 : 趙懷玉이 교감한 내용에 "≪說苑≫ 〈辯物〉편에 '施聖恩 承天明命(聖恩을 베풀어 하늘의 밝은 명을 받들다.)'으로 되어 있으니 衍字가 있는 듯하다." 하였다.
趙校語에 說苑辯物篇에 作施聖恩承天明命하니 似有衍字라

② 惟思其象 : ≪說苑≫ 〈辯物〉에 "維思影像(오직 그림자와 모습을 생각하다.)"이라고 하였다.
說苑辯物云 維思影像이라

③ 夫鳳象鴻前麟後 : 趙懷玉本에 '夫鳳之象 鴻前而麟後'로 되어 있고, 그 교감한 내용에 "舊本에는 '之'자와 '而'자가 없었는데 모두 ≪說苑≫을 따라 보탠다." 하였다.
趙本에 作夫鳳之象鴻前而麟後요 校語에 舊無之字而字러니 俱從說苑增이라

---

22) (不) : 저본에는 있으나, ≪說苑≫ 〈辯物〉에 의거하여 衍文으로 보아 삭제하였다.

④ 雞喙 : '喙'는 劉向의 ≪說苑≫에 '噣'으로 되어 있다.
喙는 劉作噣이라
⑤ 戴德 : 머리이다.
首也라
⑥ 負仁 : 등이다.
背也라
⑦ 抱忠 : 가슴이다.
心也라
⑧ 挾義 : 날개이다. 趙懷玉이 교감한 내용에 "毛本에 '忠'은 '中'으로 되어 있다." 하였다.
翼也라 趙校語에 毛本에 忠作中이라
⑨ 五彩備明 擧動八風 : 趙懷玉本에 '五采備擧 明動八風(다섯 가지 광채가 모두 드러나 밝음이 八方의 바람을 일으키다.)'으로 되어 있고, 그 교감한 내용에 "≪說苑≫에 '采'는 '光'으로 되어 있다." 하였다.
趙本에 作五采備擧明動八風이요 校語에 說苑采作光이라
⑩ 鳳翔之 : '翔'은 劉向의 ≪說苑≫에 '下'로 되어 있다.
翔은 劉作下라
⑪ 鳳集之 : '集'은 劉向의 ≪說苑≫에 '春秋下'로 되어 있다.
集은 劉作春秋下라
⑫ 鳳春秋下之 : '春秋'는 劉向의 ≪說苑≫에 '四時'로 되어 있다.
春秋는 劉作四時라
⑬ 服黃衣 : 趙懷玉이 교감한 내용에 "≪初學記≫에는 뒤에 '帶黃紳(황색 띠를 두르다.)' 세 글자가 있다." 하였다.
趙校語에 初學記에 有帶黃紳三字라
⑭ 致齋於宮 : 趙懷玉本에 '致齋于中宮(중궁에서 재계를 하다.)'으로 되어 있고, 그 교감한 내용에 "舊本에는 '中'자가 빠져 있었는데, ≪初學記≫에 의거하여 보충한다." 하였다.
趙本에 作致齋于中宮이요 校語에 舊中字脫이러니 據初學記補라
⑮ 皇天降祉 不敢不承命 : 趙懷玉本에 '皇天降祉 敢不承命(황천이 복을 내리니 감히 명을 받들지 않겠는가.)'으로 되어 있고, 그 교감한 내용에 "舊本에는 '敢'자 앞에 '不' 한 글자가 쓸데없이 덧붙여 있었는데, ≪太平御覽≫ 권79에서 인용한 글에는 없으므로 이제 이에 의거하여 삭제한다." 하였다.
趙本에 作皇天降祉敢不承命이요 校語에 舊本敢字上衍一不字어늘 御覽七十九引無하니 今據刪이라
⑯ 鳳乃止帝東囿 : '囿'는 본래 모두 잘못되어 '國'으로 되어 있었는데, 이제 ≪說苑≫을 따라 校正한다. 趙懷玉本에 '東園'으로 되어 있고, 그 교감한 내용에 "≪說苑≫에 '囿'로

되어 있다." 하였다.

圃는 本皆譌爲國이러니 今從說苑校正이라 趙本에 作東園이요 校語에 說苑作圃라

⑰ 實 : 趙懷玉本에 '食'으로 되어 있다.

趙本에 作食이라

8-9 魏 文侯[23]에게 자식이 있었는데, 이름은 擊[24]이고 둘째의 이름은 訢이었다. 흔은 어린데도 後嗣로 세웠고, 격은 中山에 봉하고는[25] 3년 동안 왕래하지 않았다. 그 師傅인 趙蒼唐이 격에게 말하였다.

"아버지는 자식을 잊을 수 있지만 자식은 아버지를 잊어서는 안 되는 법이니, 어찌하여 使者를 보내지 않으십니까?"

그러자 격이 대답하였다.

"바라는 일이지만 사신으로 갈 만한 사람을 찾지 못했습니다."

창당이 말하였다.

"신이 사신으로 가겠습니다."

격이 대답하였다.

"알겠습니다."

이에 임금이 좋아하는 것과 즐겨 드시는 것을 묻자, 격이 대답하였다.

"임금께서는 北犬[26]을 좋아하고 晨鴈[27]을 즐겨 드십니다."

마침내 북견과 신안을 구해 가지고 갔다.

조창당이 도착하여 말하였다.

"북쪽 藩屛 중산의 군주가 북견과 신안을 가지고 가서 저로 하여금 再拜하고 바치게 하였습니다."

그러자 위 문후가 말하였다.

"격은 내가 북견을 좋아하고 신안을 즐겨 먹는 것을 아는구나."

---

23) 魏 文侯 : 전국시대 魏나라의 군주로, 桓子의 손자이다. 이름은 斯, 혹은 都이다.
24) 擊 : 魏 武侯의 이름이다.
25) 격은 中山에 봉하고는 : 中山은 전국시대에 있었던 나라 이름으로, 지금의 河北省 定縣 지역에 있었다. 周나라 威烈王 20년(B.C. 406)에 위 문후가 태자 격을 보내 中山國을 멸망시키고 그를 그곳에 봉하여 지키게 하면서 趙蒼唐으로 보좌하게 하였다.(≪史記≫〈魏世家〉)
26) 北犬 : 북쪽 지방에서 나는 사냥개이다.
27) 晨鴈 : 새 이름으로, 기러기의 일종이다.

그러고는 사자를 보았다. 문후가 물었다.

"격은 무탈한가?"

그러자 창당은 "예예."라고만 하고 대답하지 않았다. 세 차례 물었으나 세 차례 모두 대답하지 않자, 문후가 물었다.

"어찌하여 대답하지 않소?"

창당이 대답하였다.

"신이 듣기로 제후는 이름을 부르지 않는다고 합니다. 임금께서 이미 고을을 하시하시어 小國의 제후가 되게 하였는데, 임금께서 이름을 들어 물었으므로 감히 대답하지 못한 것입니다."

문후가 다시 물었다.

"중산의 군주는 무탈한가?"

그제서야 창당이 대답하였다.

"이번에 신이 올 때 교외에서 절하고 전송하였습니다."

문후가 물었다.

"중산의 군주는 키가 얼마나 되었는가?"

창당이 대답하였다.

"제후에 대해 물으면 제후로 견주어야하는데, 제후의 조정에는 모시는 자가 모두 신하인지라 견줄 대상이 없습니다."

〈문후가 다시 물었다.〉

"그렇다면 하사한 갖옷은 거의 감당할 만한가?"[28]

문후가 물었다.

"중산의 군주는 또한 무엇을 좋아하는가?"

창당이 대답하였다.

"≪詩經≫을 좋아합니다."

문후가 물었다.

"≪詩經≫에서 어떤 시를 좋아하는가?"

---

28) 그렇다면……만한가 : 이 부분은 ≪韓詩外傳今註今譯≫과 ≪韓詩外傳集釋≫에서는 조창당이 계속해서 대답하는 말로 보아 "그러나 하사한 갖옷은 거의 감당할 만합니다."라고 하였다.

창당이 대답하였다.

"〈黍離〉와 〈晨風〉[29]을 좋아합니다."

문후가 물었다.

"〈黍離〉의 내용은 어떠한가?"

창당이 대답하였다.

"저 기장은 축 늘어졌는데 저 피는 싹이 돋았구나. 가는 길 더디고 더뎌 이내 마음 둘 곳 없도다. 내 사정 아는 사람은 내가 근심한다고 하는데 내 사정 모르는 사람은 나에게 무엇을 구하냐고 하는구나. 아득히 먼 하늘이여, 이 어떤 사람이 이렇게 만들었나."

문후가 물었다.

"그대의 주군은 나를 원망하는가?"

창당이 대답하였다.

"감히 원망하는 것이 아닙니다. 때때로 그리워하고 있습니다."

문후가 물었다.

"〈晨風〉의 내용은 어떠한가?"

창당이 대답하였다.

"휙휙 나는 저 새매여, 저 울창한 북쪽 숲에 앉았도다. 군자를 만나지 못해 근심 속에 잊지 못하노라. 어쩐 일로 나를 까맣게 잊으셨나."

이에 문후가 크게 기뻐하여 말하였다.

"그 자식을 알고자 하면 그 어미를 보고 그 임금을 알고자 하면 그가 보낸 사자를 보는 법이니, 중산의 군주가 어질지 못하다면 어떻게 사자가 어질 수 있겠는가."

마침내 태자 흔을 폐하고 중산의 군주를 불러 후사로 삼았다.

≪詩經≫ 〈大雅 卷阿〉에 말하였다.

"봉황이 날아 훨훨 날갯짓하다가 앉을 자리에 앉도다. 王室에 훌륭한 선비들 많으니 군자가 사신 가서 천자께 사랑을 받도다."

군자가 말하였다.

"사신은 바쁘게 다녀 그저 수레를 망가뜨리거나 말을 지치게 할 뿐만 아니라 또한

---

29) 〈黍離〉와 〈晨風〉 : 모두 ≪詩經≫의 篇名이다. 黍離는 〈國風 王風〉의 편명인데 기장이 늘어진 모양이고, 晨風은 〈大雅〉의 편명인데 새매의 일종이다.

장차 정성을 표현하고 양국 군주의 志氣를 통하며 무엇을 좋아하고 싫어하는 지를 분명히 알아야 하니, 그러한 뒤에야 사신으로 갈 수 있는 것이다.”

魏文侯有子曰擊이요 次曰訢①이라 訢少而立以嗣②하고 封擊中山③하여 三年莫往來하다 其傅趙蒼唐④曰⑤ 父忘子언정 子不可忘父하니 何不遣使乎잇가 擊曰 願之而未有所使也니이다 蒼唐曰 臣請使⑥호리라 擊曰 諾다 於是에 乃問君之所好與所嗜한대 曰 君好北犬嗜晨鴈⑦하니이다 遂求北犬晨鴈하여 賚⑧行하다 蒼唐至하여 曰 北蕃中山之君⑨이 有北犬晨鴈하여 使蒼唐再拜獻之하노이다 文侯曰⑩ 擊은 知吾好北犬嗜晨鴈也로다하고 則見使者한대 文侯曰 擊은 無恙乎아 蒼唐唯唯而不對하다 三問而三不對하니 文侯曰 不對는 何也오 蒼唐曰 臣聞諸侯不名이라하니 君既已賜敝邑하여 使得小國侯어늘 君問以名이라 不敢對也로이다 文侯曰 中山之君은 無恙乎⑪아 蒼唐曰 今者臣之來에 拜送於郊⑫하니이다 文侯曰 中山之君은 長短若何矣오 蒼唐曰 問諸侯하면 比諸侯어늘 諸侯之朝엔 則⑬(側)〔侍〕者皆人臣⑭니 無所比之⑮로이다 然則所賜衣裘는 幾能勝之矣⑯아 文侯曰 中山之君은 亦何好乎⑰아 對曰 好詩하노이다 文侯曰 於詩何好오 曰 好黍離與晨風하니이다 文侯曰 黍離는 何哉오 對曰⑱ 彼黍離離어늘 彼稷之苗로다 行邁靡靡하여 中心搖搖로다 知我者謂我心憂라하여늘 不知我者謂我何求오하나니 悠悠蒼天아 此何人哉오 文侯曰 怨乎아 曰 非敢怨也라 時思也니이다 文侯曰 晨風은 謂何오 對曰 鴥⑲彼晨風이여 鬱彼北林이로다 未見君子라 憂心欽欽호라 如何如何로 忘我實多⑳오 於是에 文侯大悅曰 欲知其子인댄 視其母하고 欲知其君인댄 視其所使하나니 中山君不賢인댄 惡能得賢㉑이리오 遂廢太子訢하고 召中山君以爲嗣㉒하다 詩曰 鳳凰于飛하니 翽翽其羽라 亦集爰止로다 藹藹王多吉士하니 惟君子使라 媚于天子로다 君子曰 夫使는 非直敝車罷馬而已라 亦將喩誠信하며 通氣志하며 明好惡하니 然後可使也니라

① 次曰訢 : ≪說苑≫ 〈奉使〉에 ‘訢’은 ‘摯’로 되어 있다. 趙懷玉本에 ‘訴’로 되어 있다. 뒤에도 같다. 그 교감한 내용에 “‘訢’이 옳은 듯하다. 다만 ≪文選≫ 〈四子講德論〉 注에서도 인용한 글에 ‘訴’로 되어 있으니 그대로 따른다.” 하였다.
說苑奉使에 訢作摯라 趙本에 作訴니 下同이요 校語에 疑是訢이라 但文選四子講德論注亦引作訴하니 仍之라

② 而立以嗣 : 趙懷玉本에 ‘而立之以爲嗣(그를 세워 후사로 삼다.)’로 되어 있고, 그 교감한 내용에 “舊本에는 ‘〔而〕[30]立以嗣’로 되어 있었는데, 이제 ≪文選≫ 注에 의거하여 ‘以爲’ 두 글자를 보탠다.” 하였다.
趙本에 作而立之以爲嗣요 校語에 舊本作立以嗣하니 今據文選注增二字라

30) 而 : 底本에는 없으나 ≪韓詩外傳集釋≫에 의거하여 ‘立’ 앞에 ‘而’를 보충하였다.

③ 封擊中山 : 趙懷玉本에 '封擊於中山'으로 되어 있고, 그 교감한 내용에 "'於'자는 舊本에 빠져 있었는데, 또한 ≪文選≫ 注에 의거하여 보충한다." 하였다.

趙本에 作封擊於中山이요 校語에 於字는 舊脫이러니 亦據文選注補라

④ 其傅趙蒼唐 : '其傅'는 劉向의 ≪說苑≫에 '舍人'으로 되어 있고, '蒼'은 '倉'으로 되어 있다.

其傅는 劉作舍人이요 蒼은 作倉이라

⑤ 其傅趙蒼唐曰 : 趙懷玉本에 '其傅趙蒼唐諫曰'로 되어 있고, 그 교감한 내용에 "'蒼'은 ≪文選≫ 注 및 ≪太平御覽≫ 권779에 모두 '倉'으로 되어 있다. '諫'자는 舊本에 빠져 있었는데 또한 이에 의거하여 보탠다. ≪漢書≫ 〈古今人表〉에 '趙倉堂'으로 되어 있다." 하였다.

趙本에 作其傅趙蒼唐諫曰이요 校語에 蒼은 文選注及御覽七百七十九에 俱作倉이라 諫字 舊脫이러니 亦據增이라 古今人表에 作趙倉堂이라

⑥ 臣請使 : 趙懷玉이 교감한 내용에 "≪太平御覽≫에 '末爲之使則臣請使(사신으로 갈 사람이 없다면 신이 사신으로 가겠습니다.)'로 되어 있어, 여기보다 다섯 글자가 많다." 하였다.

趙校語에 御覽에 作末爲之使則臣請使하여 多五字라

⑦ 晨鴈 : '鴈'은 劉向의 ≪說苑≫에 '鳧'로 되어 있다. 趙懷玉이 교감한 내용에 "≪文選≫ 注도 같다. ≪太平御覽≫에 '鳧'로 되어 있다. 뒤에도 모두 같다." 하였다.

鴈은 劉作鳧라 趙校語에 文選注同이라 御覽에 作鳧니 下竝同이라

⑧ 賫 : 趙懷玉本에 '齎'로 되어 있다.

趙本作齎라

⑨ 北蕃中山之君 : '蕃'과 '藩'은 옛날에 통용되었다.

蕃與藩은 古通이라

⑩ 文侯曰 : 趙懷玉이 교감한 내용에 "≪說苑≫ 〈奉使〉편에는 '侯' 뒤에 '嘻'자가 있다." 하였다.

趙校語에 說苑奉使篇에 有嘻字라

⑪ 中山之君無恙乎 : '中山之君'은 劉向의 ≪說苑≫에 '子之君'으로 되어 있다. 뒤에도 모두 같다.

劉作子之君이니 下皆同이라

⑫ 拜送於郊 : 劉向의 ≪說苑≫에 "拜送書於庭(뜰에서 절하며 편지를 보내다.)"이라고 하였다.

劉云 拜送書於庭이라

⑬ 諸侯之朝則 : 趙懷玉이 교감한 내용에 "앞에 '在'자가 있어야 한다." 하였다.

趙校語에 當有在字라

⑭ 側者皆人臣 : '側'은 마땅히 '侍'가 되어야 한다. 趙懷玉이 교감한 내용에 "≪太平御覽≫에 '也臣' 두 글자가 있다." 하였다.

側은 當爲侍라 趙校語에 御覽有也臣二字라

⑮ 無所比之 : '比之' 뒤에 劉向의 ≪說苑≫에는 "曰 長大孰與寡人 倉唐曰 君賜之外府之裘

則能勝之 賜之斥帶 則不更其造(文侯가 말하기를 '키는 과인과 견주어 어떠한가?'라고 하니, 창당이 대답하기를 '임금께서 하사하신 바깥 창고에 보관된 갖옷은 감당할 수 있고, 하사하신 띠는 고쳐 만들지 않아도 될 정도입니다.' 하였다.)"라고 하였다.

比之下에 劉云 曰長大孰與寡人고 倉唐曰君賜之外府之裘는 則能勝之요 賜之斥帶는 則不更其造니이다

⑯ 然則所賜衣裘幾能勝之矣 : 이것은 文侯가 다시 물은 것이라 생각된다. 뒤에 蒼唐이 대답한 말이 없으니 빠진 듯하다.

此蓋以爲文侯復問也라 下無蒼唐對辭하니 疑脫이라

⑰ 亦何好乎 : '好'는 劉向의 ≪說苑≫에 '業'으로 되어 있다. 뒤에도 모두 같다.

好는 劉作業이니 下竝同이라

⑱ 對曰 : 두 편의 시는 劉向의 ≪說苑≫에 모두 문후가 스스로 외었다고 하였다.

二詩劉竝以爲文侯自誦云이라

⑲ 鴥 : 趙懷玉本에 '鴪'로 되어 있고, 그 교감한 내용에 "舊本에 '鴪'은 '鴥'로 되어 있었는데, 이제 ≪文選≫ 注 및 ≪詩考≫에 의거하여 고친다." 하였다.

趙本作鴪이요 校語에 舊本鴪作鴥이러니 今從文選注及詩考改라

⑳ 忘我實多 : 趙懷玉이 교감한 내용에 "≪文選≫ 注에 '此自以忘我者也(이는 스스로 나를 잊은 것이다.)'라고 한 내용이 있다. ≪太平御覽≫도 같다." 하였다.

趙校語에 文選注有此自以忘我者也라 御覽同이라

㉑ 中山君不賢 惡能得賢 : 趙懷玉이 교감한 내용에 "≪太平御覽≫에 '中山君若不賢 惡能使其使賢(中山의 군주가 만약 어질지 못하다면 어떻게 어진 사자를 사신으로 보낼 수 있겠는가.)'으로 되어 있다." 하였다.

趙校語에 御覽作中山君若不賢이면 惡能使其使賢이라

㉒ 遂廢太子訢 召中山君以爲嗣 : 劉向의 ≪說苑≫에 "乃出少子摯封中山 而復太子擊(이에 次子 摯를 내보내 中山에 봉하고 太子 擊을 복위시켰다.)"이라고 하였다.

劉云 乃出少子摯하여 封中山하고 而復太子擊이라

8-10 子賤이 單父(선보)를 다스릴 적에[31] 그 백성들이 성심으로 따랐다. 공자가 말하였다.

"나에게 어떻게 다스렸는지 말해 보라."

---

31) 子賤이……적에 : 子賤은 성은 宓이고 이름은 不齊로, 춘추시대 魯나라의 학자이고, 孔子의 제자이다. 單父는 춘추시대 노나라 고을이다. 자천이 선보를 맡아 다스릴 적에 마루 아래로 내려오는 일이 없이 거문고만 연주했는데도 잘 다스려졌다는 고사가 전한다.(≪呂氏春秋≫ 〈察賢〉)

자천이 대답하였다.

"저는 때때로 창고의 곡식을 꺼내 곤궁한 이를 진휼하고 식량이 부족한 이에게 보태주었습니다."

이 말을 듣고 공자가 말하였다.

"이는 小人만 따를 뿐, 이것으로는 아직 부족하다."

자천이 대답하였다.

"능력이 있는 이에게 상을 주고, 훌륭한 재주를 가진 이를 초치하며, 불초한 이를 물리쳤습니다."

이 말을 듣고 공자가 말하였다.

"이는 선비만 따를 뿐, 이것으로는 아직 부족하다."

자천이 대답하였다.

"아버지처럼 섬긴 사람이 3인이고, 형처럼 섬긴 사람이 5인이며, 벗으로 지낸 사람 12인이고, 스승으로 섬긴 사람이 1인입니다."

이 말을 듣고 공자가 말하였다.

"아버지처럼 섬긴 사람이 3인이고 형처럼 섬긴 사람이 5인이면 孝弟를 가르칠 수 있고, 벗으로 지낸 사람이 12인이면 생각에 막히고 가려진 것을 제거할 수 있으며, 스승으로 섬긴 사람이 1인이면 사려에 실수가 없고 행동에 낭패가 없을 것이다. 애석하다. 不齊(자천의 이름)가 다스리는 땅이 컸다면 바로 공로가 堯舜과 나란하였을 것이다."

≪詩經≫ 〈大雅 泂酌〉에 말하였다.

"和樂한 군자여, 백성의 부모로다."

자천이 이와 같았다.

子賤治單父할새 其民附하니 孔子曰 告丘之所以治之者하라 對曰 不齊時發倉廩하여 振困窮하며 補不足이니이다 孔子曰 是小人附耳니 未也라 對曰 賞有能하며 招賢才하며 退不肖하니이다 孔子曰 是士附耳니 未也라 對曰 所父事者三人이요 所兄事者五人이요 所友者十有二人①이요 所師者一人②이니이다 孔子曰 所父事者三人③이요 所兄事者五人이면 足以教〔孝〕弟矣④요 所友者十有二人이면 足以祛壅蔽矣요 所師者一人이면 足以慮無失策하고 擧無敗功矣⑤리라 惜乎⑥라 不齊⑦爲之大면 功乃與堯舜參矣⑧리라 詩曰 愷悌君子여 民之父母라하니 子賤其似之矣로다

① 所友者十有二人 : '二'는 ≪說苑≫ 〈政理〉와 ≪孔子家語≫ 〈辯政〉에 모두 '一'로 되어 있다.
二는 說苑政理와 家語辯政에 竝作一이라

② 所師者一人 : 劉向의 ≪說苑≫에 "有賢於不齊者五人 不齊事之 皆敎不齊所以治之術(저보다 어진 이가 5인이 있어서 제가 섬겼는데 모두들 저에게 다스리는 방법을 가르쳐주었습니다.)"이라고 하였다.
劉云 有賢於不齊者五人하여 不齊事之하니 皆敎不齊所以治之術이라

③ 所父事者三人 : 趙懷玉本에 '足以敎孝矣(효를 가르칠 수 있다.)' 다섯 글자가 있고, 그 교감한 내용에 "여러 本에 모두 이 다섯 글자가 빠져 있었는데, ≪說苑≫ 〈政理〉편과 ≪孔子家語≫ 〈辯政〉편을 살펴보니 모두 '可以敎孝矣' 한 구절이 있었다. 이제 이에 의거하여 보충한다. 뒤의 예를 따라 '可'를 '足'자로 고친다." 하였다.
趙本에 有足以敎孝矣五字요 校語에 本皆脫此五字러니 案說苑政理篇과 家語辯政篇하니 皆有可以敎孝矣一句하니 今據補라 從下例하여 改可爲足字라

④ 足以敎弟矣 : '弟' 앞에 '孝'자가 빠진 듯하다.
弟上에 疑脫孝字라

⑤ 所父事者三人……擧無敗功矣 : ≪孔子家語≫에 "昔堯舜聽天下 務求賢以自輔 夫賢者 百福之宗也 神明之主也(옛날 요순이 천하를 다스릴 때에 어진 자를 힘써 구하여 자신을 보좌하게 하였다. 어진 사람은 모든 복의 근원이 되고 神明이 으뜸으로 여기는 바이다.)"라고 하였다.
家語에 昔堯舜聽天下에 務求賢以自輔하니 夫賢者는 百福之宗也요 神明之主也라

⑥ 惜乎 : 劉向의 ≪說苑≫에 "不齊之所治者小也(不齊가 다스리는 곳이 작다.)"라고 하였다.
劉云 不齊之所治者小也라

⑦ 趙懷玉本에 '惜乎 不齊之所爲者小也'로 되어 있고, 그 교감한 내용에 "이 여섯 글자는 舊本에 빠져 있었는데, ≪說苑≫과 ≪孔子家語≫ 두 책을 요약하여 보충한다." 하였다.
趙本에 作惜乎不齊之所爲者小也요 校語에 此六字는 舊本脫이러니 約兩書補라

⑧ 不齊爲之大 功乃與堯舜參矣 : 趙懷玉이 교감한 내용에 "≪說苑≫에 '所治者大 其與堯舜繼矣(다스리는 곳이 컸으면 堯舜의 공로를 이었을 것이다.)'로 되어 있다." 하였다.
趙校語에 說苑에 作所治者大면 其與堯舜繼矣라

8-11 〈위정자는〉 토지를 측량하고 살 곳을 계획하여 나라를 세우고, 은혜를 숭상하고 이익을 널리 펼쳐 백성들을 품어주며, 好惡를 밝혀 법도를 바로 세우고, 백성들을 인도하여 힘써 농사짓게 하며, 학교와 庠序[32)]를 설립하여 교육을 실시하고, 노인

32) 庠序 : 고대 지방에 세웠던 鄕校의 이름으로, 周나라에서는 庠, 殷나라에서는 序라고 불렀다. ≪孟子≫ 〈梁惠王 上〉에 맹자가 양혜왕에게 王者의 다스림에 대해 논하기를 "상서의 가르침을 삼가서 孝悌의 의리로써 거듭한다면 반백의 늙은이가 길에서 짐을 지거나 머리에 이지 않을 것입니다.〔謹庠序之敎 申之以孝悌之義 頒白者 不負戴於道路矣〕"라고 하였다.

을 섬기고 고아를 돌보아 백성을 교화해야 한다. 또 賢人을 重用하고 공로가 있는 자에게 상을 주어 선행을 권장하고, 姦人을 징계하고 잘못한 자를 내쳐 악행에 대해 부끄럽게 하며, 말타기와 활쏘기를 연마하여 나라의 환난을 예방하고, 간사한 행위를 금지하여 해를 제거하며, 현인과 교제하고 벗과 사귀어 지혜를 넓히며, 宗人을 친하게 대하고 族人을 따르게 하여 역량을 증가시켜야 한다.

≪詩經≫ 〈大雅 泂酌〉에 말하였다.

"和樂한 군자로다."

度地圖居以立國하며 崇恩博利以懷衆하며 明好惡以正法度하며 率民力稼①하며 學校庠序以立教하며 事老養孤以化民하며 升賢賞功以勸善하며 懲姦絀失以醜惡하며 講御習射以防患하며 禁奸止邪以除害하며 接賢連友以廣智하며 宗親族附以益强하니라 詩曰 愷悌君子라

① 率民力稼 : 이 두 구절은 잘못되어 빠진 것이 있는 듯하다.
此二句는 疑有譌脫이라

8-12 齊 景公이 楚나라에 使者를 보내자 楚王이 사자와 함께 9층의 누대에 올랐다.[33] 초왕이 사자를 돌아보며 물었다.

"제나라에도 이러한 누대가 있습니까?"

사자가 대답하였다.

"우리 임금이 정무를 보는 자리는, 흙으로 쌓은 섬돌은 세 계단이고 지붕의 이엉은 가지런히 자르지 않았으며 통나무로 얹은 서까래는 다듬지 않았습니다.[34] 하지만 오히려 집은 짓는 사람은 수고하고 거처하는 사람은 편안하다고 여겼으니, 우리 임금에게 어찌 이러한 누대가 있겠습니까."

그러자 초왕이 불안해하였다. 사자는 임금의 명을 욕되게 하지 않고 專對를 잘하였다고 말할 만하다.[35]

---

33) 齊 景公이……올랐다 : 賈誼의 ≪新書≫ 〈退讓〉에는 "翟王이 사신을 楚나라에 보내자 楚王이 과시하려고 하였으므로 章華臺 위에서 손님을 대접하였다."라고 하였다.

34) 흙으로……않았습니다 : 임금의 검소한 생활을 말한다. ≪史記≫ 〈太史公自序〉에 堯舜의 덕행을 일컬어 "요순은 당의 높이가 석 자였고, 흙으로 쌓은 섬돌은 세 계단이었으며, 지붕의 이엉은 가지런히 자르지 않았고, 통나무로 얹은 서까래는 다듬지 않았다.〔堂高三尺 土階三等 茅茨不翦 采椽不斲〕"라고 한 말이 보인다.

35) 사자는……만하다 : 사신의 임무를 잘 수행하였다는 말이다. ≪論語≫ 〈子路〉에, 공자의

齊景公使人於楚하니 楚王與之上九重之臺라 顧使者曰 齊有臺若此乎잇가 使者曰 吾君有治位之坐는 土階三等이요 茅茨不翦이요 樸椽不斲者①호대 猶以謂爲之者勞하고 居之者泰하니 吾君惡有臺若此者리오 於是에 楚王蓋悒如也러라 使者可謂不辱君命이요 其能專對矣②라

① 樸椽不斲者 : 趙懷玉이 교감한 내용에 "'者'자는 衍字인 듯하다." 하였다.
趙校語에 者字疑衍이라
② 齊景公使人於楚……其能專對矣 : 또한 ≪詩經≫의 내용이 빠져 있다.
亦脫詩辭라

8-13 傳에 말하였다.

"나 小子는 너로 하여금 邵公[36)]의 뒤를 잇게 하노라."라고 하니, 임금의 명을 받는 경우에는 반드시 그 선조를 들어 명하였다. 孔子를 魯나라 司寇[37)]로 삼을 적에 다음과 같이 명하였다.

"宋公의 아들 弗甫[38)]의 후손인 노나라 孔丘여, 너를 사구로 임명하노라."

공자가 대답하였다.

"불보는 그 군주를 독실하게 섬겼지만 저는 직임을 감당하지 못하겠습니다."

魯 定公이 말하였다.

"겸손해 하지 말라."

傳에 말하였다.

제후에게 덕이 있으면 천자가 상을 하사한다. 첫째 車馬를 하사하고, 둘째 衣服을

제자 子貢이 선비에 대해서 묻자, 공자가 "사방에 사신으로 가서 군주의 명을 욕되게 하지 않으면 선비라 이를 만하다.〔使於四方 不辱君命 可謂士矣〕"라고 하였고, 공자가 일찍이 "≪시경≫ 삼백 편을 외우면서도 정사를 맡아 제대로 해내지 못하고, 사방에 사신으로 나가 전대하지 못한다면, 비록 많이 외운들 어디에 쓰겠는가.〔誦詩三百 授之以政 不達 使於四方 不能專對 雖多 亦奚以爲〕"라고 하였다. 專對는 외국에 사신으로 가서 독단적으로 처리하는 것을 말한다.

36) 邵公 : 周 宣王 때의 신하로, 邵穆公이라고도 한다. 周 文王의 아들로, 周公과 함께 成王을 보필한 召康公의 후손이다. 周 厲王이 쫓겨날 때 태자 靖을 그의 집에 숨겨 주었으며, 여왕이 죽은 후 선왕을 왕위에 오르게 하고 보필하여 주나라의 중흥기를 이끌었다. '召公'으로 표기하기도 한다.

37) 司寇 : 周나라 때 六卿의 하나로, 刑獄과 糾察 등을 관장하던 벼슬이다.

38) 宋公의 아들 弗甫 : 宋 閔公의 아들 弗甫何를 가리킨다. 불보하는 閔公의 적자인데도 아우 厲公에게 왕위를 사양하였다.(≪春秋左氏傳≫ 昭公 7년)

하사하며, 셋째 虎賁을 하사하고, 넷째 樂器를 하사하며, 다섯째 納陛를 하사하고, 여섯째 朱戶를 하사하며, 일곱째 弓矢를 하사하고, 여덟째 鈇鉞을 하사하며, 아홉째 秬鬯을 하사한다.

≪詩經≫ 〈大雅 江漢〉에 말하였다.

"너에게 圭瓚과 검은 기장술 한 동이를 하사한다."

傳曰 予小子使爾繼邵公之後하노라하니 受命者는 必以其祖命之라 孔子爲魯司寇에 命之曰 宋公之子弗甫有孫魯孔丘하니 命爾爲司寇하노라 孔子曰 弗甫敦及厥辟하니 將不堪이로이다 公曰 不妄하라 傳曰① 諸侯之有德이면 天子錫之하니 一錫車馬②하며 再錫衣服③하며 三錫虎賁④하며 四錫樂器⑤하며 五錫納陛⑥하며 六錫朱戶⑦하며 七錫弓矢⑧하며 八錫鈇鉞⑨하며 九錫秬鬯⑩하니라 詩曰 釐爾圭瓚과 秬鬯一卣하노라

① 傳曰 : 趙懷玉本에 따로 한 단락으로 되어 있고, 그 교감한 내용에 "이 단락은 舊本에 앞 문장과 연결되었는데, 이제 살펴보건대 따로 하나의 단락이 되어야 한다." 하였다.
趙本에 別爲一條요 校語에 此條舊本連上文이러니 今案當別爲一條라

② 一錫車馬 : ≪白虎通義≫ 〈考黜〉에는 "能安民者賜車馬(백성을 편안하게 할 수 있는 자에게는 車馬를 하사한다.)"라고 하였고, 潘勖의 〈冊魏公九錫文〉에는 "大輅戎輅各一 玄牡二駟(大輅와 戎輅[39] 각 한 대, 검은 황소 여덟 마리이다.)"라고 하였다.
白虎通考黜에 能安民者賜車馬요 潘勖云 大輅戎輅各一과 (元)〔玄〕[40]牡二駟라

③ 再錫衣服 : ≪白虎通義≫ 〈考黜〉에는 "能使人富者賜衣服(사람을 부유하게 할 수 있는 자에게는 衣服을 하사한다."이라고 하였고, 潘勖의 〈冊魏公九錫文〉에는 "袞冕之服 赤舃副焉(곤룡포와 면류관에 붉은 신발을 덧붙여 준다.)"이라고 하였다.
能使人富者賜衣服이요 潘云 (袠)〔袞〕冕之服에 赤舃副焉이라

④ 三錫虎賁 : 班固는 虎賁을 여섯 번째에 하사하는 것이라고 하였다. ≪白虎通義≫ 〈考黜〉에는 "能退惡者賜以虎賁(악을 물리칠 수 있는 자에게는 虎賁[41]을 하사한다.)"이라고 하였고, 潘勖의 〈冊魏公九錫文〉에는 "虎賁之士三百人(虎賁의 용사 300인이다.)"이라고 하였다.
班以虎賁爲六錫云이라 能退惡者賜以虎賁이요 潘云 虎賁之士三百人이라

⑤ 四錫樂器 : 班固는 樂(악)을 세 번째에 하사하는 것이라고 하였다. ≪白虎通義≫ 〈考黜〉에는 "能使民和樂者賜以樂(백성을 화합하고 즐겁게 할 수 있는 자에게는 樂을 하사한다.)"라

39) 大輅와 戎輅 : 대로는 천자가 평소에 타는 수레를 말하고, 융로는 천자가 軍中에서 타는 수레를 말한다.
40) (元)〔玄〕: 저본에는 '元'으로 되어 있으나, 〈冊魏公九錫文〉에 의거하여 '玄'으로 바로잡았다.
41) 虎賁 : 천자를 호위하던 周代의 관명이다.

고 하였고, 潘勖의 〈冊魏公九錫文〉에는 "軒縣之樂六佾之舞(軒縣의 음악과 六佾의 춤[42])이다.)"라고 하였다.

班以樂爲三錫云이라 能使民和樂者賜以樂이요 潘云 軒縣之樂과 六佾之舞라

⑥ 五錫納陛 : ≪白虎通義≫ 〈考黜〉에 "能進善者賜以納陛 古者人君下賢 降階一等而禮之 故進賢賜之納陛以優之也(선한 사람을 進用할 수 있는 자에게는 納陛[43])를 하사한다. 옛날 임금이 賢者에게 낮추어 계단 한 등급을 내려가서 예우하였으므로 현자를 등용할 적에 納陛를 하사하여 우대한 것이다.)"라고 하였고, 孟康의 ≪漢書≫ 注에 "納陛者鑿殿基爲陛 不使露也 尊者不欲露而升陛故內之霤(납폐는 전각의 터를 파서 섬돌을 만들어 드러나지 않게 하는 것이다. 존귀한 자는 몸이 노출된 채로 섬돌을 오르려하지 않기 때문에 처마 아래로 들인 것이다.)"라고 하였다.

能進善者賜以納陛라 古者人君下賢하여 降階一等而禮之라 故進賢에 賜之納陛以優之也라 孟康云 納陛者는 鑿殿基爲陛하여 不使露也라 尊者不欲露而升陛라 故內之霤하니라

⑦ 六錫朱戶 : 班固는 朱戶[44])를 네 번째에 하사하는 것이라고 하였다. ≪白虎通義≫ 〈考黜〉에는 "民衆多者賜以朱戶(백성의 수를 많게 한 자에게는 朱戶를 하사한다."라고 하였고, 服虔의 ≪漢書≫ 注에 "朱戶天子之禮(주호는 천자의 예이다.)"라고 하였다.

班以朱戶爲四錫云이라 民衆多者賜以朱戶요 服虔云 朱戶天子之禮라

⑧ 七錫弓矢 : 班固는 弓矢[45])를 여덟 번째에 하사하는 것이라고 하였다. ≪白虎通義≫ 〈考黜〉에는 "能征不義者賜以弓矢(不義한 자를 정벌한 자에게는 弓矢를 하사한다.)"라고 하였고, 潘勖의 〈冊魏公九錫文〉에는 "彤弓一 彤矢百 玈矢千(彤弓 한 개, 彤矢 100개, 玈(노)矢 1000개이다.)"이라고 하였다.

班以弓矢爲八錫云이라 能征不義者賜以弓矢요 潘云 彤弓一 彤矢百 玈矢千이라

⑨ 八錫鈇鉞 : 班固는 鈇鉞[46])을 일곱 번째에 하사하는 것이라고 하였다. ≪白虎通義≫ 〈考黜〉에는 "能誅有罪者錫以鈇鉞(죄 지은 자를 주벌한 자에게는 鈇鉞을 하사한다.)"이라고 하였고, 潘勖의 〈冊魏公九錫文〉에는 "鈇鉞各一(鈇와 鉞 각 한 개이다.)"이라고 하였다.

班以鈇鉞爲七錫云이라 能誅有罪者錫以鈇鉞이요 潘云 鈇鉞各一이라

---

42) 軒縣의……춤 : 軒縣은 고대에 제후가 악기를 삼면에 진열하여 걸어둔 것을 말한다. 六佾은 고대에 제후가 제향 때에 사용한 樂舞로 佾은 춤추는 대열을 가리킨다. 천자는 八佾을 사용하여 가로 세로 8명씩 모두 64명이 춤을 추고, 제후는 六佾을 사용하여 모두 36명이 춤을 춘다.

43) 納陛 : 전각의 터를 파서 섬돌을 만들어 높은 사람이 신분을 밖으로 드러내지 않고 殿臺에 오르게 하는 것이다.

44) 朱戶 : 대문을 붉게 칠한 화려한 집을 말한다.

45) 弓矢 : 천자가 쓰는 붉은 활과 화살, 검은 활과 화살을 말한다. 천자의 권위를 상징한다.

46) 鈇鉞 : 鈇는 형을 집행할 때 쓰는 큰 도끼이고, 鉞은 같은 용도의 작은 도끼이다. 천자가 대장이나 제후에게 生殺權의 상징으로 하사하였다.

⑩ 九錫秬鬯 : ≪白虎通義≫ 〈考黜〉에는 "孝道備者賜以秬鬯(효도를 잘 시행한 자에게는 秬鬯[47]을 하사한다.)"이라고 하였고, 潘勖의 〈冊魏公九錫文〉에는 ""秬鬯一卣圭瓚副焉(秬鬯 한 통에 옥 술잔을 덧붙여 준다.)"이라고 하였다. 내가 살펴보건대 九錫의 차서는 ≪白虎通義≫와 같지 않다. ≪白虎通義≫에서는 또 "先後施行之次 自不相踰 相爲本末 能安民然後富 富而後樂 樂而後衆乃多 衆多乃能進善 進善乃能退惡 退惡乃能斷刑 內能正己 外能正人 內外行備 孝道乃生(〈구석의〉 선후와 시행의 차서는 본래 서로 뒤섞이게 해서는 안 되니 서로 本과 末이 되기 때문이다. 백성을 편안하게 한 뒤에야 부유하고 부유한 뒤에 즐겁고 즐거운 뒤에야 백성들의 수가 많아지고 백성들의 수가 많아야 선한 사람을 進用하고 선한 사람을 진용해야 악한 사람을 물리칠 수 있고 악한 사람을 물리쳐야 형벌을 단행할 수 있다. 안으로는 자신을 바르게 하고 밖으로는 남을 바르게 해서, 안팎으로 행실이 갖추어져야 효도가 생기는 것이다.)"이라고 하였다. 그러므로 후대에 文飾하는 것은 班氏(班固의 ≪白虎通義≫를 말함)에 의지하였다.

孝道備者賜以秬鬯이요 潘云 秬鬯一卣圭瓚副焉이라 宋案此九錫之序는 與白虎通不同이라 彼文又云 先後施行之次는 自不相踰니 相爲本末이라 能安民然後富하고 富而後樂하고 樂而後衆乃多하고 衆多乃能進善하고 進善乃能退惡하고 退惡乃能斷刑이라 內能正己요 外能正人하여 內外行備라야 孝道乃生이라 故後代緣飾은 胥依班氏也라

8-14 齊 景公이 子貢에게 물었다.

"선생은 누구를 스승으로 섬겼습니까?"

자공이 대답하였다.

"魯나라 仲尼입니다."

경공이 다시 물었다.

"중니는 현명합니까?"

자공이 대답하였다.

"聖人입니다. 어찌 현명한 정도에 그치겠습니까."

경공이 빙그레 웃으며 물었다.

"얼마나 聖明합니까?"

자공이 대답하였다.

"모릅니다."

경공이 발끈하여 얼굴을 붉히고 말하였다.

---

47) 秬鬯 : 고대에 검은 기장과 울금향을 발효시켜 만든 술로, 제사 의례에서 降神할 때 쓰인다.

"처음에는 성인이라고 하였다가, 이제 모른다고 말하는 것은 어째서입니까?"

자공이 대답하였다.

"신은 평생토록 하늘을 떠받들고 있지만 하늘의 높이를 모르고, 평생토록 땅을 밟고 있지만 땅의 두께를 모릅니다. 예컨대 신이 중니를 섬기는 것은 비유하자면 목마른 사람이 물병과 구기를 가지고 江海에 가서 떠서 마시고서 배를 채우고 가는 것과 같습니다. 그러니 또 강해의 깊이를 어찌 알겠습니까."

그러자 경공이 말하였다.

"선생의 칭찬이 너무 심하지 않습니까?"

자공이 대답하였다.

"臣 賜가 어찌 감히 심하게 말하겠습니까. 오히려 미치지 못함을 걱정할 뿐입니다. 신이 중니를 칭찬하는 것은 비유하자면 두 손으로 흙을 받들어 태산에 보태는 것과 같아 아무런 보탬이 없는 것이 또한 분명하고, 가령 신이 중니를 칭찬하지 않더라도 비유자하면 두 손으로 태산의 흙을 퍼내는 것과 같아 아무런 손해가 없는 것이 또한 분명합니다."

경공이 말하였다.

"어찌 그렇게 훌륭할 수 있단 말인가. 어찌 그렇게 훌륭할 수 있단 말인가."

≪詩經≫ 〈大雅 常武〉에 말하였다.

"면면히 이어지고 질서정연하여 측량할 수 없고 그보다 나을 수 없도다."

齊景公謂子貢曰 先生은 何師오 對曰 魯仲尼니이다 曰 仲尼는 賢乎잇가 曰 聖人也니 豈直賢哉리오 景公嘻然而笑曰 其聖何如오 子貢曰 不知也니이다 景公悖①然作色曰 始言聖人이라가 今言不知는 何也오 子貢曰 臣終身戴天호대 不知天之高也②요 終身踐地호대 不知地之厚也③니 若臣之事仲尼는 譬猶渴操壺杓하여 就江海而飮之하여 腹滿而去하니 又安知江海之深乎④잇가 景公曰 先生之譽는 得無太甚乎아 子貢曰 臣賜何敢甚言이리오 尙慮不及耳니이다 臣譽仲尼는 譬猶兩手捧土而附泰山하여 其無益亦明矣⑤요 使臣不譽仲尼라도 譬猶兩手把⑥泰山하여 無損亦明矣니이다 景公曰 善하다 豈其然이리오 善하다 豈其然이리오 詩曰 綿綿翼翼하여 不測不克이라

① 景公悖 : 趙懷玉이 교감한 내용에 "'悖'는 毛本에 '勃'로 되어 있다." 하였다.
趙校語에 悖는 毛本作勃이라

② 子貢曰 臣終身戴天 不知天之高也 : 이 이상은 ≪說苑≫ 〈善說〉에도 子貢이 齊 景公에게 대답한 말이라고 하였으니 이 기록과 대략 같다.

此以上은 說苑善說에 亦以爲子貢對齊景公之辭니 與此略同이라

③ 臣終身戴天……不知地之厚也 : ≪說苑≫에는 이 두 구절이 없다.

說苑에 無此二句라

④ 譬猶渴操壺杓……又安知江海之深乎 : 이 이상은 ≪說苑≫에 따로 子貢이 趙簡子에게 대답한 말이라고 하였고 문장도 조금 다르다.

此以上은 說苑에 別以爲子貢答趙簡子之辭요 而文亦小異라

⑤ 猶兩手捧土而附泰山 其無益亦明矣 : 이는 또 子貢이 太宰 嚭(비)에게 대답한 말뜻[48]을 채록한 것이다.

此又采子貢答太宰嚭語意라

⑥ 把 : 趙懷玉本에 '杷'로 되어 있다.

趙本에 作杷라

8-15 한 종류의 곡식이 익지 않은 것을 '鎌'이라고 하고, 두 종류의 곡식이 있지 않은 것을 '饑'라고 하며, 세 종류의 곡식이 익지 않은 것을 '饉'이라고 하고, 네 종류의 곡식이 익지 않은 것을 '荒'이라고 하며, 다섯 종류의 곡식이 모두 익지 않은 것을 '大侵'이라고 한다. 대침이 들었을 때의 禮는, 임금은 식사에 두 가지 음식을 먹지 않고, 臺榭는 꾸미지 않으며, 도로는 수리하지 않고, 百官은 결원만 보충하고 새로운 자리를 만들지 않으며, 귀신에게는 기도만하고 제물을 올려 제사지내지 않으니, 이것이 대침이 들었을 때의 예이다.

≪詩經≫ 〈大雅 召旻〉에 말하였다.

"내 일상생활의 예절이 모두 황폐해졌도다."

이것을 말한 것이다.

一穀不升을 謂之鎌①이요 二穀不升을 謂之饑요 三穀不升을 謂之饉이요 四穀不升을 謂之荒②이요 五穀不升을 謂之大侵이니 大侵之禮는 君食不兼味하며 臺榭不飾③하며 道路不除④하며 百官補而不制⑤하며 鬼神禱而不祠⑥하나니 此大侵之禮也⑦라 詩曰 我居御卒荒이라하니 此之謂也라

① 一穀不升謂之鎌 : ≪春秋穀梁傳≫ 襄公 24년에 '鎌'은 '嗛'으로 되어 있다.

襄公二十四年穀梁春秋에 鎌은 作嗛이라

---

48) 子貢이……말뜻 : 太宰 嚭가 子貢에게 공자를 높이 올려서 칭찬하는 것이 아니냐고 묻자, 자공이 "나는 한 삼태기의 흙과 같아, 한 삼태기의 흙을 큰 산에 보태더라도 그 높이를 높일 수 없습니다.〔夫賜其猶一累壤也 以一累壤增大山 不益其高 且爲不知〕"라고 대답한 것을 가리킨다.(≪說苑≫ 〈善說〉)

② 四穀不升謂之荒 : '荒'은 ≪春秋穀梁傳≫에 '康'으로 되어 있는데, 范甯의 注에 "'康'은 '虛(비다)'의 뜻이다." 하였다.

荒은 穀梁作康이니 范注에 康은 虛也라

③ 臺榭不飾 : '飾'은 ≪春秋穀梁傳≫에 '塗'로 되어 있으니, '塗'도 '飾'의 뜻이다.

飾은 穀梁作塗니 塗亦飾也라

④ 道路不除 : '道路'는 ≪春秋穀梁傳≫에 '廷道'로 되어 있는데, 范甯의 注에 "廷內道路不修除(조정 안의 도로는 수리하지 않는다.)"라고 하였다.

道路는 穀梁作廷道라 范以爲廷內道路不修除也라

⑤ 百官補而不制 : '補'는 ≪春秋穀梁傳≫에 '布'로 되어 있는데, 范甯의 注에 "官職修列 不可廢闕 不更有造作(관직을 정비하여 폐기하거나 비워두지 않을 뿐 다시 만들지 않는다.)"이라고 하였으니, 그렇다면 '布'도 '補'의 뜻이다.

補는 穀梁作布라 范云 官職修列하여 不可廢闕요 不更有造作이라하니 然則布亦補也라

⑥ 鬼神禱而不祠 : '祠'는 ≪春秋穀梁傳≫에 '祀'로 되어 있으니, '祠'와 '祀'는 뜻이 같다.

祠는 穀梁作祀니 祠與祀同이라

⑦ 一穀不升謂之鎌……此大侵之禮也 : 趙懷玉이 교감한 내용에 "이상은 ≪春秋穀梁傳≫ 襄公 24년의 내용과 대략 같다. ≪春秋穀梁傳≫에 '鎌'은 '嗛'으로 되어 있고, '荒'은 '康'으로 되어 있고, '飾'은 '塗'로 되어 있다. 또 '弛侯'(활쏘기를 중지하다.) 두 글자가 있고, 뒤에 '廷道不除'라고 하였다. 또 '補'는 '布'로 되어 있고, '祠'는 '祀'로 되어 있다."[49] 하였다.

趙校語에 以上은 與穀梁襄二十四年傳略同이라 彼鎌作嗛이요 荒作康이요 飾作塗라 又有弛侯二字요 下云廷道不除라 又補作布요 祠作祀라

8-16 옛날에 천자가 제후를 위해 준 封地를 采地[50]라고 한다. 100里 땅을 가진 제후는 30리를 채지로 두고, 70리 땅을 가진 제후는 20리를 채지로 두고, 50리 땅을 가진 제후는 10리를 채지로 둔다. 그 뒤에 자손이 비록 죄를 지어 쫓겨나더라도 자손

---

49) 春秋穀梁傳에……있다 : ≪春秋穀梁傳≫ 襄公 24년의 내용은 다음과 같다. "한 종류의 곡식이 익지 않는 것을 '嗛'이라고 하고, 두 종류의 곡식이 있지 않은 것을 '饑'라고 하며, 세 종류의 곡식이 익지 않은 것을 '饉'이라고 하고, 네 종류의 곡식이 익지 않은 것을 '康'이라고 하며, 다섯 종류의 곡식이 익지 않은 것을 '大侵'이라고 한다. 대침이 들었을 때의 禮는, 임금은 식사에 두 가지 음식을 먹지 않고, 臺榭는 바르지 않으며, 활쏘기는 중지하고, 도로는 수리하지 않으며, 百官은 정비할 뿐 새로운 자리를 만들지 않고, 귀신에게는 기도만하고 제사지내지 않으니, 이것이 대침이 들었을 때의 예이다.〔一穀不升謂之嗛 二穀不升謂之饑 三穀不升謂之饉 四穀不升謂之康 五穀不升謂之大侵 大侵之禮 君食不兼味 臺榭不塗 弛侯 廷道不除 百官布而不制 鬼神禱而不祀 此大侵之禮也〕"라고 하였다.

50) 采地 : 천자가 卿大夫 등에게 食邑으로 주던 토지이다.

중에 어진 자로 하여금 그 채지를 지켜 대대로 처음 봉지를 받은 임금에게 제사를 지내게 한다. 이것을 멸망한 나라를 일으켜 세우고 끊어진 세대를 이어준다고 하는 것이다.

《書經》〈商書 盤庚 上〉에 말하였다.

"내가 先王에게 祭享할 때에 너의 선조도 따라서 배향하였다."

古者에 天子爲諸侯受封을 謂之采地니 百里諸侯는 以三十里요 七十里諸侯는 以二十里요 五十里諸侯는 以十里①라 其後子孫이 雖有罪而絀라도 使子孫賢者守其地하여 世世以祠其始受封之君하니 此之謂興滅國繼絶世也라 書曰 玆予享于先王[51]할새 爾祖其從享之②니라

① 古者……以十里 : 살펴보건대, 《周禮》〈小司徒〉 鄭玄의 注에 "采地食者皆四之一 其制三等 百里之國凡四都 一都之田稅入於王 五十里之國凡四縣 一縣之田稅入於王 二十五里之國凡四甸 一甸之田稅入於王(采地로 받는 것이 모두 4분의 1이다. 그 제도는 3등급이 있으니, 100리 땅을 가진 나라(大都)는 무릇 4都인데 1도의 田稅를 왕에게 바치고, 50리 땅을 가진 나라(小都)는 무릇 4縣인데 1현의 전세를 왕에게 바치며, 25리 땅을 가진 나라(家邑)는 무릇 4甸인데 1전의 전세를 왕에게 바친다.)"이라고 하였다. 〈載師〉[52]를 근거로 차등해 보면, 4都는 大都이고, 4縣은 小都이고, 4甸은 바로 家邑이다. 여기에서 논한 采地와 《周禮》 注에서 말한 4분의 1은 대략 같고, 그 뜻은 《맹자》의 圭田[53]과 같은 듯하다. 살아서는 왕에게 전세를 바치고 죽어서는 그 선조를 제사지내는 비용으로 주니, 윗사람을 받드는 것은 義이고 아랫사람을 구휼하는 것은 仁인지라 이른바 '道가 함께 행하여 서로 어긋나지 않는다.'[54]라는 것이다.

案周禮小司徒鄭注에 采地食者는 皆四之一이라 其制三等이니 百里之國은 凡四都니 一都之田稅를 入於王하고 五十里之國은 凡四縣이니 一縣之田稅를 入於王하고 二十五里之國은 凡四甸이니 一甸之田稅를 入於王이라 以載師差之면 則四都者는 大都요 四縣者는 小都요 四甸은 卽家邑矣라 此所論采地與禮注所云四之一者略同이요 而其義則比諸孟子之圭田然이라 生則入其稅於王하고 死則畀以祀其先하니 奉上者는 義也요 卹下者는 仁也니 所謂道竝行而不相悖也라

② 玆予享于先王 爾祖其從享之 : 《尙書》〈盤庚〉에는 '從' 뒤에 '與'자가 있다. 이 글 또한

51) 玆予享于先王 : 《書經》〈盤庚〉에는 '予' 뒤에 '大'자가 있다.
52) 載師 : 周나라 때 土地와 賦役를 맡은 관직 이름이자 《周禮》 편명이다.
53) 圭田 : 옛날 卿大夫에게 지급한 50畝의 깨끗한 밭으로, 거기서 나오는 곡식으로 제사를 받들게 하였다. 《孟子》〈滕文公 上〉에 "卿 이하에게는 반드시 규전이 있었으니, 규전은 50묘였다."라고 하였다.
54) 道가……않는다 : 《中庸章句》 30장에 보인다.

≪尙書大傳≫에 보인다.
尙書盤庚에 從下有與字라 此文亦見大傳이라

8-17 梁山[55]이 무너지자, 晉나라 군주가 대부 伯宗을 불렀다.[56] 백종이 가던 길에 수레 끄는 자를 만났는데, 그 수레가 길에 전복되어 있었다. 백종이 車右를 시켜 수레에서 내려 채찍을 때리려고 하자, 수레 끄는 자가 말하였다.

"〈채찍을 때리고 있으면〉 그대가 가야할 여정이 어찌 더 멀지 않겠습니까. 또 사정을 모르고 가는 것이 옳겠습니까."

백종이 기뻐하여 그가 사는 곳을 묻자, 수레 끄는 자가 대답하였다.

"絳[57]땅 사람입니다."

백종이 물었다.

"그대도 들은 것이 있는가?"

대답하였다.

"양산이 무너져 황하를 막아서 사흘 동안 흐르지 못하고 있습니다. 이 때문에 그대를 부른 것입니다."

백종이 물었다.

"어떻게 해야겠는가?"

대답하였다.

"하늘이 산을 만들었는데 하늘이 무너뜨렸고 하늘이 황하를 만들었는데 하늘이 막았으니, 백종이 어떻게 할 수 있겠습니까."

백종이 사사로이 묻자, 대답하였다.

"임금께서 신하들을 거느리고서 흰 상복을 입고 哭한 다음 제사를 지내면 황하가 흐를 것입니다."

백종이 그의 성명을 물었는데, 대답하지 않았다. 백종이 도착하자 임금이 해결책을 물었다. 그러자 백종이 수레 끄는 자의 말대로 대답하였다. 이에 임금이 흰 상복을 입고서 신하들을 거느리고 곡한 다음 제사를 지내자 황하가 흘렀다. 임금이 백종

55) 梁山 : 晉나라가 望祭를 지내는 산이다.
56) 晉나라……불렀다 : 晉나라 군주는 晉 景公을 가리키고, 백종은 춘추시대 진나라 대부 孫伯糾의 아들로, 어진 덕이 있었고 直言을 좋아하였다.
57) 絳 : 춘추시대 晉나라의 都城으로, 지금 山東省 翼城縣 동남쪽 15리에 있다.

에게 물었다.

"어떻게 알았는가?"

그러자 백종은 수레 끄는 자에게 들었다고 말하지 않고 스스로 알았다고 거짓말을 하였다.

공자가 이 일을 듣고 말하였다.

"백종은 후손이 없을 것이다. 남의 善을 가로챘도다."

≪詩經≫ 〈大雅 桑柔〉에 말하였다.

"하늘이 재앙을 내려 우리가 세운 왕을 멸망시켰도다."

또 ≪詩經≫ 〈周頌 我將〉에 말하였다.

"하늘의 위엄을 두려워하여 이에 나라를 보전하였다."

梁山崩①커늘 晉君召大夫伯宗②이라 道逢輦者한대 以其輦服(其)〔於〕道③어늘 伯宗使其右下하여 欲鞭之한대 輦者曰 君趨道④豈不遠矣리오 不知事而行可乎잇가 伯宗喜하여 問其居한대 曰 絳人也니이다 伯宗曰 子亦有聞乎아 曰 梁山崩하여 壅河하여 顧三日不流라 是以召子하니이다 伯宗曰 如之何오 曰 天有山이어늘 天崩之하고 天有河어늘 天壅之하니 伯宗將如之何잇고 伯宗私問之⑤한대 曰 君其率羣臣하여 素服而哭之⑥하고 旣而祠焉이면 河斯流矣리이다 伯宗問其姓名한대 弗告러라 伯宗到하니 君問한대 伯宗以其言對하다 於是에 君素服하여 率羣臣而哭之하고 旣而祠焉하니 河斯流矣러라 君問伯宗호대 何以知之오 伯宗不言受輦者하고 詐以自知하다 孔子聞之曰 伯宗은 其無後⑦인저 攘人之善이로다 詩曰 天降喪亂이라 滅我立王이로다 又曰 畏天之威하여 于時保之라

① 梁山崩 : 이 일은 ≪春秋≫ 成公 5年에 있다.
事在春秋成公五年이라

② 晉君召大夫伯宗 : '宗'은 ≪春秋穀梁傳≫에 '尊'으로 되어 있다.
宗은 穀梁傳作尊이라

③ 以其輦服其道 : '服'은 '覆'과 같다. '其道'의 '其'는 '於'로 되어야 한다. ≪國語≫에 "遇大車當道而覆(길을 막고 전복되어 있는 큰 수레를 만났다.)"이라고 하였다. 趙懷玉이 교감한 내용에 "'服'은 '覆'으로 되어야 한다. ≪晉語 五≫에 '遇大車當道而覆'이라고 하였다." 하였다.
服與覆同이라 其道之其는 當作於라 國語云 遇大車當道而覆이라 趙校語에 服當作覆이라 晉語五云 遇大車當道而覆이라

④ 君趨道 : '趨'는 ≪春秋穀梁傳≫에 '取'로 되어 있다.

趨는 穀梁作取라

⑤ 伯宗私問之 : '私'는 ≪春秋穀梁傳≫에 '由忠'으로 되어 있다.
私는 穀梁作由忠이라

⑥ 君其率羣臣 素服而哭之 : ≪春秋穀梁傳≫에 "君親素縞 師羣臣而哭之(임금이 친히 상복을 입고서 신하들을 거느리고 곡하다.)"라고 하였고, ≪國語≫에 "君爲之降服出次 乘縵不擧 策於上帝 國三日哭(임금이 흰 의복을 입고서 교외에 머무르고, 치장하지 않은 수레를 타고 음악을 연주하지 않으며, 상제에게 簡策으로 고하고 나라에서 사흘 동안 곡하다.)"이라고 하였다.
穀梁云 君親素縞하여 師羣臣而哭之요 國語云 君爲之降服出次하고 乘縵不擧하며 策於上帝하고 國三日哭이라

⑦ 伯宗其無後 : '後'는 ≪春秋穀梁傳≫에 '績'으로 되어 있는데, 范寧의 注에 "績或作續 謂無繼嗣也('績'은 어떤 本에는 '續'으로 되어 있으니, 이을 후사가 없음을 말한다.)"라고 하였다.
後는 穀梁作績이라 范注에 績或作續이니 謂無繼嗣也라

8-18 晉 平公[58)]이 范昭[59)]로 하여금 齊나라의 정사를 살펴보게 하였다. 齊 景公이 〈범소를 위해〉 연회를 베풀었는데 晏子가 앞에 있었다. 범소가 종종걸음으로 나아가 말하였다.

"임금의 술잔으로 祝壽하기를 원합니다."

그러자 경공이 좌우를 돌아보고 명령하였다.

"과인의 술잔에 술을 따라 손님에게 드려라."

안자가 대답하였다.

"술잔을 치우시오."

범소가 불쾌하여 일어나 춤추려 할 때에 太師[60)]를 돌아보고 말하였다.

"그대는 나를 위해 成周의 음악[61)]을 연주해 주시오. 춤을 추고 싶소."

태사가 대답하였다.

"소경인 저는 이 음악을 익히지 못했습니다."

이 말을 듣고 범소가 일어나 문을 나가자 경공이 안자에게 물었다.

---

58) 晉 平公 : 춘추시대 晉 悼公의 아들로, 이름은 彪(표)이다. 師曠과 叔向을 거용하여 진나라를 부흥시켰다.
59) 范昭 : 춘추시대 晉나라의 대부이다. 자세한 행적은 미상이다.
60) 太師 : 樂官의 우두머리이다.
61) 成周의 음악 : 천자의 음악을 말한다. 成周는 옛 지명으로, 지금의 河南省 洛陽縣 동북쪽에 있다. 周 敬王 때에 이곳으로 천도하였다.

"晉나라는 천하의 大國이오. 범소로 하여금 와서 제나라의 정사를 살펴보게 하였는데, 이제 그대가 대국의 사자를 화나게 하였으니 장차 어찌하면 좋겠소?"

안자가 대답하였다.

"범소의 사람됨은 비루하여 예를 모르는 자가 아닙니다. 이는 우리 임금을 시험하려고 한 것입니다. 그래서 저 嬰이 따르지 않은 것입니다."

이에 경공이 태사를 불러 물었다.

"범소가 그대에게 성주의 음악을 연주하게 하였는데, 무엇 때문에 연주하지 않았는가?"

그 대답이 안자와 같았다. 이에 범소가 돌아가 평공에게 보고하였다.

"제나라는 아직 병탄할 수 없습니다. 제가 그 임금을 시험해 보려고 했는데 안자가 알아차렸고 제가 그 음악을 욕보이려고 했는데 태사가 알아차렸습니다."

공자가 이 일을 듣고 말하였다.

"훌륭하다. 안자는 樽俎의 사이를 벗어나지 않고도 천리 밖의 적을 꺾었다."[62)]

≪詩經≫ 〈周頌 時邁〉에 말하였다.

"실로 周나라를 높여 천자의 자리를 잇게 한 지라 천하를 진동시키니 두려워하지 않는 나라가 없었다."

晉平公使范昭觀齊國之政①한대 景公錫之宴②이어늘 晏子在前이라 范昭趨曰 願君之倅樽以爲壽하노이다 景公顧左右曰 酌寡人樽하여 獻之客하라 晏子對曰③ 徹去樽하소서 范昭不說하여 起舞하여 顧太師曰 子爲我奏成周之樂하라 願舞④하노라 太師對曰 盲臣不習⑤이니이다 范昭起出門한대 景公謂晏子曰 夫晉은 天下大國也라 使范昭來觀齊國之政이어늘 今子怒大國之使者하니 將奈何오 晏子曰 范昭之爲人也 非陋而不知禮也라 是欲試吾君⑥이니 嬰故不從이로이다 於是에 景公召太師而問之曰 范昭使子奏成周之樂한대 何故不調오 對如晏子러라 於是에 范昭歸하여 報平公曰 齊未可幷也⑦니이다 吾試其君⑧이어늘 晏子知之하고 吾犯其樂이어늘 太師知之러이다 孔子聞之하고 曰 善乎라 晏子不出俎豆之間호대 折衝千里하니라 詩曰 實右序有周라

62) 안자는……꺾었다 : 宴席에서 외교술로 멀리 있는 적을 제압하였다는 말이다. 樽俎는 고대에 술을 담은 술동이와 고기를 올려놓는 그릇으로, 宴席을 뜻하는 말이다. ≪晏子春秋≫ 〈雜上〉에 "준조의 사이를 벗어나지 않고 천리 밖의 적을 꺾었으니, 晏子를 두고 말한 것이다.〔不出於尊俎之間 而折衝于千里之外 晏子之謂也〕"라고 하였고, ≪戰國策≫ 〈齊策 五〉에 "준조의 사이에서 성을 함락하고, 자리 위에서 적을 제압한다.〔拔城於尊俎之間 折衝席上〕"라고 하였다.

薄言震之하니 莫不震疊이라

① 晉平公使范昭觀齊國之政 : ≪新序≫에 "晉平公欲伐齊 使范昭往觀焉(晉 平公이 齊나라를 치려고 范昭를 시켜 가서 살펴보게 하였다.)"이라고 하였다.
新序에 晉平公欲伐齊하여 使范昭往觀焉이라

② 景公錫之宴 : '錫'은 ≪新序≫에 '賜'로 되어 있고, '宴'은 '酒'로 되어 있다. 趙懷玉이 교감한 내용에 "≪新序≫ 〈雜事 一〉에 '景公賜之酒(경공이 그에게 술을 하사하다.)'로 되어 있다." 하였다.
錫은 序作賜요 宴作酒라 趙校語에 新序雜事一에 作景公賜之酒라

③ 晏子對曰 : 趙懷玉本에 '范昭已飮 晏子曰(범소가 다 마시자 안자가 말하였다.)'로 되어 있고, 그 교감한 내용에 "'范昭已飮' 네 글자는 舊本에 빠져 있었는데, 이제 ≪新序≫에 의거하여 보탠다. 또 舊本에 '曰' 앞에 '對'자가 쓸데없이 덧붙여져 있었는데 이제 삭제한다." 하였다.
趙本에 作范昭已飮晏子曰이요 校語에 四字舊脫이러니 據新序增이라 又舊曰上衍對字하니 今刪이라

④ 願舞 : 趙懷玉本에 '吾爲子舞之(내가 그대를 위해 춤추다.)'로 되어 있고, 그 교감한 내용에 "이 다섯 글자는 舊本에 '願舞'라고만 되어 있었는데 이제 ≪新序≫에 의거하여 개정한다. ≪晏子春秋≫ 〈雜上〉편도 같다." 하였다.
趙本에 作吾爲子舞之요 校語에 此五字는 舊本止作願舞러니 今據新序改正이라 晏子雜上篇同이라

⑤ 盲臣不習 : '盲'은 ≪新序≫에 '冥'으로 되어 있다.
盲은 序作冥이라

⑥ 是欲試吾君 : 趙懷玉本에 '是欲試吾君臣(이는 우리 君臣을 시험하려고 한 것이다.)'으로 되어 있고, 그 교감한 내용에 "舊本에는 '臣'자가 빠져 있었는데, ≪新序≫와 ≪晏子春秋≫에 의거하여 보충한다." 하였다.
趙本에 作是欲試吾君臣이요 校語에 舊脫臣字러니 據兩書補라

⑦ 齊未可幷也 : '幷'은 ≪新序≫에 '伐'로 되어 있다.
幷은 序作伐이라

⑧ 吾試其君 : '吾'는 ≪新序≫에 '臣'으로 되어 있다. 뒤에도 같다.
吾는 序作臣이니 下同이라

8-19 三公은 무엇인가? 司空, 司馬, 司徒이다. 사마는 하늘을 주관하고, 사공은 땅을 주관하고, 사도는 사람을 주관한다. 그러므로 음양이 조화롭지 않고 四時가 절기

에 맞지 않으며, 별의 운행이 度數를 잃고 재변의 발생이 일정하지 않으면 사마에게 책임을 묻는다. 또 산과 언덕이 붕괴되고 내와 골짜기가 흐르지 않으며, 五穀이 자라지 않고 초목이 무성하지 않으면 사공에게 책임을 묻는다. 그리고 君臣간에 명분이 바르지 않고 인륜이 문란하며, 나라에 도적이 많고 아랫사람이 윗사람을 원망하면 사도에게 책임을 묻는다. 그러므로 삼공은 각자의 직무를 주관하고 본분 상 해야 할 일을 염려하며, 분별해야 할 일을 거행하고 숨은 것을 밝혀야 하니, 이것이 삼공의 책무이다.

≪詩經≫ 〈大雅 文王〉에 말하였다.

"많고 많은 선비여! 문왕이 이들 때문에 편안하시도다."

또 ≪詩經≫ 〈周頌 時邁〉에 말하였다.

"밝은 주나라가 지위에 있는 자를 차례로 나열하네."

이는 저마다 자신의 직분에 걸맞게 일함을 말한 것이다.

三公者는 何오 曰 司空司馬司徒也①라 司馬는 主天②하고 司空은 主土하고 司徒는 主人이라 故陰陽不和하며 四時不節하며 星辰失度하며 災變非常하면 則責之司馬하고 山陵崩竭하며 川谷不流하며 五穀不植③하며 草木不茂하면 則責之司空하고 君臣不正하며 人道不和하며 國多盜賊하며 下怨其上하면 則責之司徒④니라 故三公典其職하며 憂其分하며 擧其辯하며 明其隱⑤하나니 此三公之任也니라 詩曰 濟濟多士여 文王以寧이샷다 又曰 明昭有周 式序在位라하니 言各稱職也라

① 司空司馬司徒也 : 趙懷玉本에 '司馬司空司徒也'로 되어 있고, 그 교감한 내용에 "여러 本에 모두 '司空'이 '司馬' 앞에 있는데, ≪續漢書≫ 〈百官志 一〉 劉昭 注에 의거하여 순서를 바꾸어야 뒷 문장과 합치된다."하였다.

趙本에 作司馬司空司徒也요 校語에 本皆司空在司馬之前이라 據續漢書百官志一劉昭注改轉이라야 與下文合이라

② 司馬主天 : ≪白虎通≫에 "司馬主兵(司馬가 군대를 주관하다.)"이라고 하였다.

白虎通云 司馬主兵이라

③ 山陵崩竭 川谷不流 五穀不植 : '植'은 趙懷玉本에 '殖'으로 되어 있고, 그 교감한 내용에 "章懷太子 李賢의 ≪後漢書≫ 注와 ≪後漢書≫ 〈郎顗傳〉에 '陵崩川絶山谷不流(언덕이 무너지고 내가 끊기며 산의 골짜기가 흐르지 않다.)'로 되어 있는데, 劉昭의 注에는 '「崩絶」은 「崩阤」로, 「流」는 「通」으로, 「殖」은 「植」으로 되어야 한다.'라고 하였다." 하였다.

趙本에 作殖이요 校語에 章懷注와 後漢書郎顗傳에 作陵崩川絶山谷不流라 劉昭는 崩絶作崩阤요 流作通이요 殖作植이라

④ 故陰陽不和……責之司徒 : 이 기록은 ≪大戴禮記≫ 〈盛德〉편의 '六官之飭(여섯 관직에 대한 신칙)'과 조금 다르다. ≪大戴禮記≫에 "不平則飭司馬 貧則飭司空 危則飭司徒也(공평하지 못하면 사마를 신칙하고, 가난하면 사공을 신칙하며, 위태하면 사도를 신칙한다.)"라고 하였다.

此與大戴禮盛德篇六官之飭으로 小異라 彼以爲不平則飭司馬하고 貧則飭司空하고 危則飭司徒也라

⑤ 隱 : 趙懷玉이 교감한 내용에 "'德'자의 잘못인 듯하다. 劉昭의 注에는 '得'으로 되어 있으니, 옛날에 '德'과 '得'은 통용되었다." 하였다.

趙校語에 疑德字之誤라 劉昭作得이니 古德得通이라

8-20 어진 군주의 정치는 다음과 같다. 溫潤하고 善良하면서도 화평하고, 관대하고 포용하면서도 사랑하며, 刑法은 공정하면서도 간략하고, 상주는 것을 기뻐하고 벌주는 것을 싫어하며, 풍속을 좋게 바꾸고 교화를 숭상하고, 백성을 生養하고 죽이지 않으며, 은혜를 널리 베풀고, 仁愛를 치우치게 주지 않는다. 또 백성의 힘을 빼앗지 않고, 勞役은 농사철을 넘기지 않으며, 백성은 田地를 경작하고, 집에는 풍성한 수확이 있으며, 백성들은 추위에 떨거나 굶어죽지 않고, 음식은 썩거나 상하는 일이 없으며, 工人은 쓸데없는 기물을 만들지 않고, 아로새긴 기물은 시장에서 팔지 않으며, 도끼를 제때 산에 들고 들어간다. 그리고 나라에 버려진 선비가 없고, 모두 세상에 쓰여지며, 백성들의 삶은 즐겁고, 德政이 사방 오랑캐 지역까지 넘치며, 먼 곳의 사람들이 義에 귀의하고, 重譯[63]을 거쳐 폐백을 들고 찾아온다. 그러므로 태평시대에는 비바람이 세차게 불지 않는 것이다.

≪詩經≫ 〈小雅 大田〉에 말하였다.

"구름이 뭉게뭉게 일어 서서히 단비를 내린다."

이로써 태평시대에는 폭풍과 폭우가 없었다는 것을 분명하게 알 수 있다.

夫賢君之治也 溫良而和하고 寬容而愛하며 刑清而省(생)하고 喜賞而惡罰하며 移風崇教하고 生而不殺하며 布惠施恩하고 仁不偏與하며 不奪民力하고 役不踰時하며 百姓得耕하고 家有收聚하며 民無凍餒하고 食無腐敗하며 工不造無用하고 雕文不粥于肆하며 斧斤以時入山林하며 國無佚士하고 皆用於世하며 黎庶歡樂하고 衍盈①方外하며 遠人歸義하고 重譯執贄이라 故得風雨不烈하니라 小

63) 重譯 : 한 나라의 사신이 왕래할 때에 이중, 삼중의 통역을 거치는 것을 말하는 것으로 먼 나라를 의미한다.

雅曰 有渰萋萋하여 興雲祈祈②라하니 以是知太平無飄風暴雨明矣③라

① 衍盈 : 趙懷玉이 교감한 내용에 "두 글자는 도치된 듯하다." 하였다.
趙校語에 二字疑倒라

② 有渰萋萋 興雲祈祈 : 趙懷玉本에 '有弇凄凄 興雲祁祁'로 되어 있고, 그 교감한 내용에 "여러 本에 모두 '有渰萋萋 興雲祈祈'로 되어 있었는데, 이제 ≪詩考≫에서 인용한 글에 의거하여 고친다. ≪太平御覽≫ 권872에서 인용한 글에는 '有黔凄凄 興雨祁祁'로 되어 있는데, 내가 살펴보건대 '興雨'라고 하는 것이 옳다." 하였다.
趙本에 作有弇凄凄興雲祁祁요 校語에 本皆作有渰萋萋興雲祈祈러니 今據詩攷所引改라 御覽八百七十二引에 作有黔凄凄興雨祁祁라 案컨대 作興雨是라

③ 以是知太平無飄風暴雨明矣 : 趙懷玉이 교감한 내용에 "≪太平御覽≫에 '以是知'는 '神是以和(신이 이로써 화평하다.)'로 되어 있고, 또 '明' 앞에 '亦'자가 있다." 하였다.
趙校語에 御覽에 以是知는 作神是以和요 又明上有亦字라

8-21 어제는 어떻게 살았나? 오늘은 무엇을 성취하였나? 반드시 덕을 후하게 베풀 것을 생각하고 반드시 삶의 방도를 마련할 것을 생각하라. 날로 더욱 삼가 덕행을 金城처럼 完固하게 하라.

≪詩經≫ 〈小雅 小宛〉에 말하였다.

"내 날마다 매진하니 너도 달마다 매진하라. 밤낮으로 부지런히 노력하여 너를 낳아준 분을 욕되게 하지 말라."

昨日何生고 今日何成고 必念歸厚하며 必念治生하라 日愼一日하여 完如金城하라 詩曰 我日斯邁어니 而月斯征하라 夙興夜寐하여 無忝爾所生이어다

8-22 관직은 성취한 데서 태만해지고, 병은 조금 나아진 데서 더해지며, 재앙은 게으른 데서 생겨나고, 효도는 처자 때문에 쇠해지는 법이다. 이 네 가지를 잘 살펴서 처음 시작할 때처럼 끝까지 신중히 해야 한다.[64)]

≪周易≫ 〈未濟卦〉 卦辭에 말하였다.

"새끼 여우가 거의 물을 다 건너가서 꼬리를 적셨다."

---

64) 처음……한다 : 처음부터 끝까지 신중히 해야 한다는 말이다. ≪老子≫ 64장에 "사람들이 하는 일은 늘 거의 성공할 듯하다가 실패한다. 끝을 삼가기를 처음과 같이 한다면 실패하는 일이 없을 것이다.〔民之從事 常於幾成而敗之 愼終如始 則無敗事〕"라고 하였다.

또 ≪詩經≫ 〈大雅 蕩〉에 말하였다.

"처음은 잘하지만 끝까지 잘한 이가 드물다."

官怠於有成[①]하며 病加於小愈[②]하며 禍生於懈惰하며 孝衰於妻子하나니 察此四者하여 愼終如始니라 易曰 小狐汔濟하여 濡其尾라 詩曰 靡不有初나 鮮克有終이라

① 官怠於有成 : ≪說苑≫ 〈敬愼〉에 "曾子의 말이다."라고 하였고, '有'는 '宦'으로 되어 있다. ≪鄧析子≫ 〈轉辭〉에 "患生於官成(근심은 벼슬의 꿈을 이룬 데서 생긴다.)"이라고 하였다. 趙懷玉이 교감한 내용에 "이 조목은 모두 曾子의 말이니, ≪說苑≫ 〈敬愼〉편에 보인다. '有成'은 '宦成'으로 되어 있다." 하였다.
說苑敬愼에 以爲曾子語요 有作宦이라 鄧子轉辭云 患生於官成이라 趙校語에 此條皆曾子之言이니 見說苑敬愼篇이라 有成은 作宦成이라

② 病加於小愈 : ≪鄧析子≫에 "病始於少瘳(병은 조금 나은 데서 시작된다.)"라고 하였는데, '始'자는 잘못된 듯하다.
鄧云 病始於少瘳라하니 始字疑誤라

8-23 孔子가 한가하게 거처하실 적에 子貢이 옷자락을 잡고 앞으로 나아가 말하였다.

"제자가 선생님을 섬긴 지 몇 년 되었습니다. 그런데 저의 재주는 고갈되고 지혜는 곤궁해져서 분발해서 학문에 힘쓰지만 더 이상 진척이 없으니, 좀 쉬고 싶습니다."

공자가 말하였다.

"賜야! 무엇을 쉬고 싶으냐?"

자공이 대답하였다.

"저는 임금 섬기는 일을 쉬고 싶습니다."

공자가 대답하였다.

"≪詩經≫ 〈大雅 烝民〉에 '밤낮으로 게을리 하지 않아서 한 분을 섬긴다.'라고 하였으니, 임금을 섬기는 일이 이처럼 쉽지 않은데, 어찌 쉴 수 있겠느냐."

자공이 말하였다.

"저는 아버지 섬기는 일을 쉬고 싶습니다."

공자가 대답하였다.

"≪詩經≫ 〈大雅 旣醉〉에 '효자의 효성이 다함이 없는지라 길이 너에게 복을 주리로다.'라고 하였으니 아버지 섬기는 일이 이처럼 쉽지 않은데, 어찌 쉴 수 있겠느냐."

자공이 말하였다.

"저는 형제 섬기는 일을 쉬고 싶습니다."

공자가 대답하였다.

"≪詩經≫ 〈小雅 常棣〉에 '妻子와 화목하게 지내는 것이 금슬을 연주하는 듯하며, 형제간에 화합하여 화락하고 즐겁다.'라고 하였으니 형제를 섬기는 일이 이처럼 쉽지 않은데, 어찌 쉴 수 있겠느냐."

자공이 말하였다.

"저는 밭 경작하는 일을 쉬고 싶습니다."

공자가 대답하였다.

"≪詩經≫ 〈豳風 七月〉에 '낮에는 띠 풀 베고 밤에는 새끼 꼬아, 빨리 지붕 이어야 내년 봄에 백곡을 파종할 수 있지.'라고 하였으니, 밭 경작하는 일이 이처럼 쉽지 않은데, 어찌 쉴 수 있겠느냐."

자공이 말하였다.

"그러면 군자도 쉼이 있습니까?"

공자가 대답하였다.

"'棺 뚜껑을 닫아야 씨 뿌리는 것을 그치니 시간이 쉬이 흘러가는 것도 모르도다.' 하였으니, 이것을 군자의 쉼이라고 하는 것이다. 그러므로 학문을 그치지 않고 하다가 관 뚜껑을 닫은 뒤에야 그치는 것이다."

≪詩經≫ 〈周頌 敬之〉에 말하였다.

"날로 달로 진보한다."

이는 학문을 말한 것이다.

孔子燕居에 子貢攝齊而前曰 弟子事夫子有年矣라 才竭而智罷하여 振於學問에 不能復進하니 請一休焉하노이다 孔子曰 賜也 欲焉休乎아 曰 賜欲休於事君①하니이다 孔子曰 詩云 夙夜匪懈하여 以事一人②이라하니 爲之若此其不易也어늘 若之何其休也리오 曰 賜欲休於事父③하노이다 孔子曰 詩云 孝子不匱라 永錫爾類라하니 爲之若此其不易也어늘 如之何其休也리오 曰 賜欲休於事兄弟④하노이다 孔子曰 詩云 妻子好合이 如鼓瑟琴하며 兄弟旣翕하여 和樂且耽이라하니 爲之若此其不易也어늘 如之何其休也⑤리오 曰 賜欲休於耕⑥田하노이다 孔子曰 詩云 晝爾于茅요 宵爾索綯하여 亟其乘屋이오사 其始播百穀이라하니 爲之若此其不易也어늘 若之何其休也리오 子貢曰 君子亦有休乎잇가 孔子曰 闔棺兮乃止播兮⑦여 不知其時之易遷兮로다 此之謂君子所休也⑧니라 故學而不已하여 闔棺乃止니라 詩曰 日就月將이라하니 言學者也라

① 賜欲休於事君 : '欲休'는 ≪荀子≫ 〈大略〉과 ≪孔子家語≫ 〈困誓〉에 모두 '願息'으로 되어 있다.
欲休는 荀子大略과 家語困誓에 竝作願息이라
② 詩云 夙夜匪懈 以事一人 : ≪荀子≫에서 인용한 ≪詩經≫에는 '溫恭朝夕 執事有恪(조석으로 온화하고 공손한 자세로 정성껏 제사를 모셨네.)'으로 되어 있다. 趙懷玉이 교감한 내용에 "≪荀子≫ 〈大略〉편과 ≪孔子家語≫ 〈困誓〉편은 여기에서 인용한 ≪詩經≫과 다 같지는 않다." 하였다.
荀引詩溫恭朝夕執事有恪이라 趙校語에 荀子大略篇과 家語困誓篇은 與此引詩로 不盡同이라
③ 賜欲休於事父 : '父'는 ≪荀子≫에 '親'으로 되어 있다.
父는 荀作親이라
④ 賜欲休於事兄弟 : ≪荀子≫에 妻子와 朋友는 있고 兄弟를 섬긴다는 말은 없다. ≪孔子家語≫ 〈困誓〉도 같다.
荀에 有妻子朋友而無事兄弟하니 困誓同이라
⑤ 如之何其休也 : 趙懷玉이 교감한 내용에 "≪荀子≫와 ≪孔子家語≫에 오히려 '休於朋友(벗과 사귀는 것을 쉬다)' 한 단락이 있다." 하였다.
趙校語에 兩書尙有休於朋友一段이라
⑥ 耕 : 趙懷玉本에 '畊'으로 되어 있다.
趙本作畊이라
⑦ 兮 : 趙懷玉이 교감한 내용에 "여러 本에 대부분 '耳'로 되어 있는데, 이제 楊本을 따른다." 하였다.
趙校語에 本多作耳러니 今從楊本이라
⑧ 闔棺兮乃止播兮……此之謂君子所休也 : ≪荀子≫에 "望其壙 皐如也 塡如也 鬲如也 此則知所息矣(저 무덤을 보라. 높고 불룩하고 덮여있다. 이것을 보면 쉴 곳을 알 것이다.)"라고 하였다. ≪列子≫에 '皐'는 '睪(역)'으로, '塡'은 '墳'으로 되어 있다.
荀云 望其壙하라 皐如也하며 塡如也하며 鬲如也하니 此則知所息矣리라 列子以皐爲睪이요 以塡爲墳이라

8-24 魯 哀公[65]이 冉有[66]에게 물었다.

"사람은 좋은 자질만 가지고 있으면 됐지 꼭 배운 뒤에야 군자가 될 수 있는 것입

---

65) 魯 哀公 : 춘추시대 魯나라의 마지막 임금으로, 이름은 將이다.
66) 冉有 : 冉求이다. 자가 子有이므로 冉有라고 칭한다. 魯나라 사람이고, 공자의 제자이다. 才藝가 있었고 政事로 이름이 났다.(≪孔子家語≫ 〈七十二弟子解〉)

니까?"

염유가 대답하였다.

"신이 듣기로 좋은 玉이 있더라도 조각하지 않으면 器物이 될 수 없고, 좋은 자질을 가지고 있더라도 배우지 않으면 군자가 될 수 없다고 합니다."

이 말을 듣고 애공이 물었다.

"무엇으로써 그렇다는 것을 알 수 있습니까?"

〈염유가 대답하였다.〉

"子路는 卞땅의 촌사람이고[67] 子貢은 衛나라의 장사꾼이었습니다.[68] 하지만 모두 공자에게 학문하여 마침내 천하의 현달한 선비가 되었습니다. 그러자 諸侯들은 이 소식을 듣고 모두 존경하였고 卿大夫들은 이 소식을 듣고 모두 친애하였으니, 학문하였기 때문입니다. 옛날에 吳, 楚, 燕, 代나라가 한 번 군사를 일으켜 秦나라를 치려고 계획하고 있었을 때, 桃賈[69]는 성문을 지키는 관리의 아들이었는데 진나라를 위해 사신으로 가서 마침내 그들의 계획을 막아 군사들을 저지시켰고, 본국에 돌아와서는 秦王이 매우 기뻐하여 그를 上卿으로 세웠습니다. 百里奚[70]는 齊나라의 乞人입니다. 제나라 서쪽 지방으로 쫓겨났는데 추천해 주는 이가 없자 다섯 마리 양가죽으로 스스로를 팔아 牛車 한 대를 사서 秦 繆公을 알현하니 진 목공이 그를 재상으로 세워 마침내 西戎의 霸者가 되었습니다. 太公望[71]은 젊었을 때에는 데릴사위였고 늙

冉有

太公望

67) 子路는 卞땅의 촌사람이고 : 자로는 仲由의 자이다. 勇力과 재예가 있었고 정사로 이름이 났다. 卞은 춘추시대 노나라의 고을 이름으로, 지금의 山東省 泗水縣 동쪽 50리에 있었다. '弁'이라고도 한다.(≪孔子家語≫ 〈七十二弟子解〉)

68) 子貢은 衛나라의 장사꾼이었습니다 : 자공은 端木賜의 자이다. 衛나라 사람이고, 말재주로 이름이 났다.(≪孔子家語≫ 〈七十二弟子解〉)

69) 桃賈 : '姚賈'라고도 한다. 魏나라 大梁의 문지기의 아들로 秦 始皇을 섬겼다. 진시황 때에 四國이 秦나라의 허술한 틈을 이용하여 동맹을 맺고 秦나라를 공격하려고 하자, 요가가 사신으로 가서 四國의 모책을 끊고 군사를 움직이지 못하게 하였다.(≪戰國策≫ 〈秦策 五〉)

70) 百里奚 : 이에 관한 내용은 本書 7-6 주석에 자세히 보인다.

71) 太公望 : 이에 관한 내용은 本書 7-6 주석에 자세히 보인다.

어서는 쫓겨났으며, 朝歌에서는 소 잡는 백정이 되었고 棘津에서는 품팔이가 되었지만, 磻溪에서 낚시하고 있을 때 文王이 그를 들어 쓴 다음 齊나라에 봉해 주었습니다. 管仲[72]은 직접 齊 桓公에게 활을 겨누었지만, 환공은 마침내 원수를 갚으려는 마음을 없애고 그를 재상으로 세워, 망해가는 나라를 보존하고 끊어진 세대를 이어 제후들을 규합하고 천하를 바로잡았습니다. 이 네 사람은 모두 일찍이 신분은 비천한데다 곤궁하고 욕을 당하였습니다. 하지만 그 명성이 후세에까지 전해질 수 있었던 것은 어찌 학문으로 이룩한 결과가 아니겠습니까. 이로 말미암아 보건대, 선비는 반드시 학문한 뒤에야 군자가 될 수 있는 것입니다. ≪詩經≫ 〈周頌 敬之〉에 말하기를 '날로 달로 진보한다.'라고 하였습니다."

이에 애공이 빙그레 웃으며 말하였다.

"과인이 비록 明敏하지 못하나 선생의 가르침을 받들겠습니다."

魯哀公問冉有曰 凡人之質而已니 將必學而後爲君子乎잇가 冉有對曰 臣聞之호니 雖有良玉이라도 不刻鏤則不成器요 雖有美質이라도 不學則不成君子라하니이다 曰 何以知其然也①오 夫子路는 卞之野人也요 子貢은 衛之賈人也로대 皆學問於孔子하여 遂爲天下顯士어늘 諸侯聞之하고 莫不尊敬하며 卿大夫聞之하고 莫不親愛하니 學之故也니이다 昔吳楚燕代謀爲一擧而欲伐秦②이어늘 桃賈는 監門之子也③라 爲秦往使之하여 遂絶其謀하여 止其兵하고 及其反國하여는 秦王大悅하여 立爲上卿이요 夫百里奚는 齊之乞者也라 逐於齊西하여 無以進이어늘 自賣五羊皮하여 爲一軛車하여 見秦繆公하니 立爲相하여 遂霸西戎이요 太公望은 少爲人婿하고 老而見去하며 屠牛朝歌하고 賃於棘津이로대 釣於磻溪에 文王擧而用之하고 封於齊④요 管仲은 親射桓公이로대 遂除報讎之心하고 立以爲相하여 存亡繼絶하여 九合諸侯하고 一匡天下하니 此四子者는 皆嘗卑賤窮辱矣라 然其名聲馳於後世는 豈非學問之所致乎잇가 由此觀之컨대 士必學問然後成君子니이다 詩曰 日就月將이라하니이다 於是에 哀公嘻然而笑曰 寡人雖不敏이나 請奉先生之敎矣리이다

① 曰何以知其然也 : 趙懷玉이 교감한 내용에 "'曰' 뒤에는 저술한 자의 말인 듯하다. 姚賈와 冉有는 또한 동시대 사람이 아니다. 다만 뒤에 '哀公嘻然而笑(애공이 빙그레 웃다.)'라고 하였으니 '曰'자는 哀公의 물음이고, 여기에도 '曰'자가 있어 冉有의 대답이 되어야 한다." 하였다.
趙校語에 曰下는 似著書者之辭라 姚賈與冉有는 亦不同時라 但後云哀公嘻然而笑라하니 則曰字爲哀公問이요 此亦當有曰字하여 爲冉有答이라

72) 管仲 : 이에 관한 내용은 本書 7-6 주석에 자세히 보인다.

② 昔吳楚燕代謀爲一擧而欲伐秦 : '代'는 ≪戰國策≫ 高誘의 注에 '趙'로 되어 있다.

代는 高誘注戰國策에 作趙라

③ 桃賈監門之子也 : '桃'는 ≪戰國策≫에 '姚'로 되어 있다. 高誘는 '桃賈'는 바로 ≪맹자≫에서 말한 '陳賈'[73]라고 하였다. ≪戰國策≫ 〈秦策 五〉에 "韓非短之曰 賈梁監門子 嘗盜於梁 臣於趙而逐也(韓非가 그를 헐뜯으며 말하기를 '賈는 梁나라 문지기의 아들로, 일찍이 梁나라에서는 도둑질을 하였고 趙나라에서는 신하로 있을 때 쫓겨났다.' 하였다.)"라고 하였다. 내가 살펴보건대, 高誘의 말과 같다면 글자가 '姚'가 되어야 한다. 趙懷玉本에 '姚'로 되어 있다.

桃는 策作姚라 高以爲卽孟子書陳賈也라 韓非短之曰 賈는 梁監門子로 嘗盜於梁하고 臣於趙而逐也라 宋按如高說인댄 則字當爲姚라 趙本作姚라

④ 太公望……封於齊 : ≪戰國策≫에 "太公望齊之逐夫 朝歌之廢屠 子良之逐臣 棘津之讎不庸 文王用之而王(太公望은 齊나라의 쫓겨난 필부이고 朝歌의 쓸모없는 백정이며 子良의 쫓겨난 신하이고 棘津에서 아무도 고용해주지 않았지만 文王이 그를 등용하여 王者가 되었다.)"이라고 하였고, ≪楚辭≫ 〈天問〉에도 "師望在肆昌何識 鼓刀揚聲后何喜(太公望이 저자에 있을 때 西伯昌은 어떻게 알았는가? 칼을 두드려 소리를 높이니 西伯은 어찌 기뻐하였는가?)"라고 하였다.

策云 太公望은 齊之逐夫요 朝歌之廢屠요 子良之逐臣이요 棘津之讎不庸이어늘 文王用之而王이라하다 天問亦云 師望在肆昌何識고 鼓刀揚聲后何喜也라

8-25 曾子가 잘못을 저지르자 曾晳[74]이 몽둥이를 가져다가 후려쳤는데 땅에 넘어졌다가 한참 뒤에야 깨서 일어나 말하였다.

"아버지께서는 괜찮으십니까?"

魯나라 사람이 증자를 어질게 여겨 이 일을 부자(孔子)에게 고하자, 부자가 門人들에게 말하였다.

"曾參이 오거든 들이지 말라."

증삼은 자신이 잘못이 없다고 여겨 사람을 시켜 공자에게 그 이유를 묻게 하였는데, 공자가 말하였다.

---

73) ≪맹자≫에서 말한 陳賈 : 陳賈는 齊나라 대부로, 제나라 임금에게 辯說을 늘어놓아 孟子에게 비판받은 일이 ≪孟子≫ 〈公孫丑 下〉에 보인다.

74) 曾晳 : 曾子의 아버지이자 공자의 제자로 이름은 點이다. 증석은 中道를 얻은 사람의 다음에 해당하는 진취적인 기상을 가진 狂者로 분류되었다. ≪孟子≫ 〈盡心 下〉에 "琴張·曾晳·牧皮 같은 사람은 공자께서 말씀하신 광자이다.〔如琴張曾晳牧皮者 孔子之所謂狂矣〕"라고 하였다.

"너는 옛날 舜의 자식된 도리[75]에 대해 듣지 못하였느냐? 작은 회초리로 때리면 맞기를 기다렸지만 큰 몽둥이로 때리면 도망갔으며, 찾아서 심부름을 시키려고 하면 그 곁에 있지 않은 적이 없었지만 찾아서 죽이려고 하면 찾을 수 없었다. 그런데 지금 너는 몸을 내맡긴 채 아버지가 크게 노하도록 기다리면서 공손히 서서 피하지 않았으니, 너는 천자의 백성이 아니냐? 천자의 백성을 죽인 죄가 어떠하겠느냐?"

≪詩經≫ 〈小雅 采菽〉에 말하였다.

"한가하고 여유 있어 또한 이에 이르렀도다."

또 ≪詩經≫ 〈魯頌 泮水〉에 말하였다.

"부드러운 얼굴에 웃음기를 띠고 성내지 않고 가르치셨네."

曾子有過①어늘 曾晳引杖擊之한대 仆地라가 有間에 乃蘇하여 起曰 先生得無病乎아 魯人賢曾子하여 以告夫子한대 夫子告門人호대 參來②〔勿內也하라 曾子自以爲無罪하여 使人請於孔子한대 子曰〕 汝不聞昔者舜爲人子乎아 小箠則待笞하고 大杖則逃하며 索而使之면 未嘗不在側이어니와 索而殺之면 未嘗可得이라 今汝委身以待暴怒하여 拱立不去하니 非王者之民③가 其罪何如오 詩曰 優哉柔哉라[76] 亦是戾矣로다 又曰 載色載笑하니 匪怒伊敎로다

① 曾子有過 : ≪說苑≫ 〈建本〉에 "曾子芸瓜而誤斬其根(증자가 오이밭을 김매다가 잘못하여 오이의 뿌리를 잘라버렸다.)"이라고 하였다.
說苑建本云 曾子芸瓜라가 而誤斬其根이라

② 參來 : '來' 뒤에 ≪孔子家語≫ 〈六本〉에는 '勿內也 曾子自以爲無罪 使人請於孔子 子曰(들이지 말라. 증자가 아무 죄가 없다고 여겨 사람을 시켜 공자에게 그 이유를 묻게 하였는데 공자가 말하였다.)' 18字가 있고, ≪說苑≫에도 그렇게 되어 있으니, 여기에는 글이 빠진 듯하다. 趙懷玉本에 '參來勿內也 曾子自以無罪 使人謝夫子 夫子曰'로 되어 있고, 그 교감한 내용에 "이상 17자는 본래 모두 빠져 있었는데 ≪說苑≫ 〈建本〉편에 의거하여 보충한다." 하였다.
來下에 家語六本에 有勿內也 曾子自以爲無罪 使人請於孔子 子曰十八字說苑亦然이니 疑此文脫이라 趙本에 作參來勿內也 曾子自以無罪 使人謝夫子 夫子曰이요 校語에 以上十七字는 本皆脫이러니 據說苑建本篇補라

③ 非王者之民 : 趙懷玉本에 '汝非王者之民邪 殺王者之民 其罪何如(너는 천자의 백성이 아니

---

75) 舜의 자식된 도리 : 舜의 부친인 瞽瞍가 완악하여 순 임금을 몇 차례나 죽이려고 하였는데, 순이 어버이 모시는 도리를 깍듯이 행하여 고수가 기뻐하도록 만들었다는 고사가 있다.(≪孟子≫ 〈離婁 上〉)

76) 優哉柔哉 : ≪詩經≫ 〈小雅 采菽〉에는 '柔'가 '遊'로 되어 있다.

냐? 천자의 백성을 죽인다면 그 죄가 어떠하겠느냐.)'로 되어 있고, 그 교감한 내용에 "이상 12자는 여러 本에 모두 '非王者之民' 다섯 글자로 되어 있다. 살펴보건대 ≪說苑≫에 '汝非天子之民邪 殺天子之民云云'이라고 하였고, ≪孔子家語≫ 〈六本〉편에도 같으니 이제 이 글에 의거하여 보충한다." 하였다.

趙本에 作汝非王者之民邪殺王者之民其罪何如라 校語以上十二字는 本皆作非王者之民五字라 案說苑云 汝非天子之民邪아 殺天子之民云云이요 家語六本篇亦同하니 今據其文補라

8-26 齊 景公이 사람을 시켜 활을 만들게 하여 삼년 만에 완성하였다. 경공이 활을 얻은 뒤에 쏘았는데 세 겹의 미늘조차 뚫지 못하자, 경공이 노하여 활 만든 사람을 죽이려고 하였다. 그러자 활 만든 사람의 아내가 가서 경공을 뵙고 말하였다.

"저는 蔡나라 사람의 딸이고, 활을 만든 사람의 아내입니다. 이 활은 太山의 남쪽에서 자라는 烏號의 뽕나무[77]와 붉은 소의 뿔, 楚나라에서 자라는 사슴의 힘줄과 황하에 사는 물고기에서 채취한 아교로 만들었습니다. 이 네 가지 물건은 천하의 가장 좋은 재료이니 미늘을 뚫는 것이 이렇게 적지 않을 것입니다. 또 妾이 들으니 奚公[78]의 수레는 홀로 달릴 수 없고, 莫耶劍[79]은 날카롭지만 홀로 자를 수 없는지라 반드시 그것을 운용하는 사람이 있어야 한다고 합니다. 활을 쏘는 방법은 왼손은 〈바위를〉 막듯이 하고 오른손은 나뭇가지를 붙잡듯이 하며, 손바닥은 알을 쥐듯이 하고 네 손가락은 짧은 몽둥이를 부러뜨리듯이 하며, 오른손이 활시위를 놓되 왼손이 모르게 해야 하니, 이것이 활을 쏘는 방법입니다."

경공이 올바른 방법이라 여기고 쏘니 일곱 겹의 미늘이 뚫렸다. 그리하여 채나라 사람의 남편은 곧바로 풀려났다.

≪詩經≫ 〈小雅 小明〉에 말하였다.

"정직한 사람을 좋아한다."

---

77) 烏號의 뽕나무 : 까마귀가 우는 뽕나무라는 뜻으로, 탄성이 강한 뽕나무 가지를 가리킨다. ≪淮南子≫ 〈原道訓〉에 "활을 쏘는 자는 烏號弓을 집어 들고 綦衛箭을 먹여 쏜다."라고 하였는데, 그 주에 "오호는 뽕나무인데, 그 재질이 탄성이 강하다. 까마귀가 뽕나무 가지에 앉았다가 날아가려고 하면 그 가지가 아래로 휘어졌다가 다시 원위치로 돌아가므로 까마귀가 감히 날지 못하고 그 가지에서 운다. 사람들이 그 가지를 베어 활을 만들어 '오호궁'이라고 이름을 붙였다."라고 하였다.

78) 奚公 : 禹 임금 때 車正이란 벼슬을 한 奚仲으로, 薛나라의 시조이다. 수레를 잘 만들었다. (≪春秋左氏傳≫ 定公 원년)

79) 莫耶劍 : 吳나라에 있었다고 하는 名劍으로, 干將과 아울러 최고의 검으로 칭해진다.

齊景公使人爲弓①하여 三年乃成하다 景公得弓而射호대 不穿三札②하니 景公怒하여 將殺弓人하다 弓人之妻往見景公曰 蔡人之女③요 弓人之妻也니이다 此弓者는 太山之南에 烏號之柘④와 騂牛之角⑤과 荊麋之筋⑥과 河魚之膠也⑦니이다 四物者는 天下之練材也⑧니 不宜穿札之少如此니이다 且妾聞호니 奚公之車는 不能獨走요 莫耶雖利나 不能獨斷이라 必有以動之라하니 夫射之道는 左手(若附枝)〔如拒하고 右手如附枝〕⑨ 하고 掌如握卵하고 四指如斷短杖하며 右手發之호대 左手不知하니 此蓋射之道니이다 景公以爲儀而射之하니 穿七札이라 蔡人之夫立出矣러라 詩曰 好是正直⑩이라

① 齊景公使人爲弓 : ≪列女傳≫ 〈辯通〉에 "晉平公(晉 平公이다.)"이라고 하였다. 趙懷玉이 교감한 내용에 "≪列女傳≫ 〈辯通〉편에 '晉繁人之女 當平公之時(晉나라 繁人의 딸이니 당시는 平公의 때였다.)'로 되어 있다." 하였다.
列女傳辯通에 以爲晉平公이라 趙校語에 列女傳辯通篇에 作晉繁人之女니 當平公之時라
② 不穿三札 : '三'은 ≪列女傳≫에 '一'로 되어 있다. 趙懷玉이 교감한 내용에 "≪列女傳≫에는 '一札'로 되어 있다." 하였다.
三은 傳作一이라 趙校語에 列女傳作一札이라
③ 蔡人之女 : '蔡'는 ≪列女傳≫에 '繁'으로 되어 있고, 趙懷玉本에는 '蔡人之子'로 되어 있다.
蔡는 傳作繁이라 趙本에 作蔡人之子라
④ 此弓者太山之南烏號之柘 : ≪列女傳≫에 "其幹生於太山之阿 一日三覩陰三覩陽(활의 몸체는 太山의 언덕에서 자라난 나무이니 하루에 세 차례 〈나무의〉 陰을 관찰하고 세 차례 〈나무의〉 陽을 관찰하다.)"이라고 하였다.
傳云 其幹生於太山之阿니 一日三覩陰하고 三覩陽이라
⑤ 騂牛之角 : 뿔을 붙이는 것이다. '騂'은 ≪列女傳≫에 '燕'으로 되어 있다. 趙懷玉이 교감한 내용에 "'騂'은 ≪列女傳≫에 '燕'으로 되어 있다." 하였다.
傳之以角也라 騂傳作燕이라 趙校語에 騂은 列女傳作燕이라
⑥ 荊麋之筋 : 힘줄로 엮는 것이다.
纒之以筋也라
⑦ 河魚之膠也 : 아교로 풀칠하는 것이다. '河'는 ≪列女傳≫에 '阿'로 되어 있다. 趙懷玉이 교감한 내용에 "'河'는 ≪列女傳≫에 '阿'로 되어 있다." 하였다.
糊之以膠也라 河傳作阿라 趙校語에 河列女傳作阿라
⑧ 天下之練材也 : '練材'는 ≪列女傳≫에 '妙選'으로 되어 있다.
練材는 傳作妙選이라
⑨ 在手若附枝 : ≪列女傳≫에 "左手如拒 右手如附枝(왼손은 〈바위를〉 막듯이 하고 오른손은 가지를 붙잡듯이 한다.)"라고 하였으니, 여기에서는 잘못되어 빠진 듯하다.

傳云 左手如拒하고 右手如附枝라하니 疑此譌脫이라

⑩ 詩曰 好是正直 : ≪列女傳≫에 "詩曰 敦弓旣堅 舍矢旣鈞 言射有法也(≪詩經≫에 '아로새긴 활이 이미 견고하고, 활을 쏘니 이미 적중하였다.'라고 하였으니, 활을 쏘는 데 법도가 있음을 말한 것이다.)"라고 하였다.

傳云 詩曰 敦弓旣堅하며 舍矢旣鈞하니 言射有法也라

8-27 齊나라에 景公에게 죄를 지은 자가 있었다. 경공이 大怒하여 전각 아래에 묶어 두고 좌우 신하를 불러 四肢를 찢게 하고, 이에 대해 감히 간하는 자는 죽이겠다고 하였다. 晏子가 왼손으로 죄인의 머리를 잡고 오른손으로 칼을 갈면서 경공을 우러러 보고 물었다.

"옛날 明王과 聖主는 사지를 찢을 때에 어디부터 찢기 시작하였습니까?"

경공이 자리를 뜨며 말하였다.

"풀어주라. 죄는 과인에게 있도다."

≪詩經≫ 〈小雅 小明〉에 말하였다.

"정직한 사람을 좋아한다."

齊有得罪於景公者한대 景公大怒하여 縛置之殿下하고 召左右肢①解之호대 敢諫者誅러라 晏子左手持頭하고 右手磨刀하여 仰而問曰 古者에 明王聖主는 其肢解人에 不審從何肢解始也잇가 景公離席曰 縱之하라 罪在寡人이로다 詩曰 好是正直이라

① 肢 : 趙懷玉本에 '支'로 되어 있다. 뒤에도 같다.
趙本에 作支니 下同이라

8-28 傳에 말하였다.

일상생활이 바르면 안색이 좋아지고, 먹고 마시는 것이 바르면 기운이 맑아지며, 언어가 바르면 남이 믿고 들어주고, 생각이 바르면 일이 성취되며, 뜻이 바르면 크게 진보하는 법이다. 다섯 가지가 바르면 이에 신령이 깃들 것이다.

≪詩經≫ 〈商頌 那〉에 말하였다.

"이미 화락하고 평화로워 나의 옥경 소리와 잘 어울리네."

傳曰 居處齊則色姝하며 食飮齊則氣珍하며 言語齊則信聽하며 思齊則成하며 志齊則盈하나니

五者齊면 斯神居之리라 詩曰 旣和且平하여 依我磬聲이라

8-29 魏 文侯가 狐卷子[80)]에게 물었다.

"아버지가 현명하면 믿을 만합니까?"

호권자가 대답하였다.

"그것으로는 부족합니다."

위 문후가 또 물었다.

"자식이 현명하면 믿을 만합니까?"

호권자가 대답하였다.

"그것으로는 부족합니다."

위 문후가 또 물었다.

"형이 현명하면 믿을 만합니까?"

호권자가 대답하였다.

"그것으로는 부족합니다."

위 문후가 또 물었다.

"아우가 현명하면 믿을 만합니까?"

호권자가 대답하였다.

"그것으로는 부족합니다."

위 문후가 또 물었다.

"신하가 현명하면 믿을 만합니까?"

호권자가 대답하였다.

"그것으로는 부족합니다."

문후가 발끈하여 얼굴을 붉히고 怒하여 물었다.

"과인이 그대에게 이 다섯 가지를 물었는데 그대는 하나같이 '그것으로는 부족합니다.'라고 대답한 것은 어째서입니까?"

호권자가 대답하였다.

"아버지가 현명하기로는 堯보다 더한 사람이 없지만 丹朱는 추방당하였고,[81)] 자

---

80) 狐卷子 : 魏 文侯의 신하이다. 행적은 미상이다.
81) 丹朱는 추방당하였고 : 丹朱는 堯 임금의 맏아들이다. 丹淵에 봉해졌으나, 不肖하여

식이 현명하기로는 舜보다 더한 사람이 없지만 瞽瞍는 완악하였으며,[82] 형이 현명하기로는 舜보다 더한 사람이 없지만 象은 오만하였고,[83] 아우가 현명하기로는 周公보다 더한 사람이 없지만 管叔은 주벌 당하였으며,[84] 신하가 현명하기로는 湯王과 武王보다 더한 사람이 없지만 桀과 紂는 정벌 당하였습니다.[85] 남에게 바라는 사람에게는 그 바라는 것이 이르지 않고 남을 믿는 사람은 그 믿는 것이 오래가지 못합니다. 임금께서 잘 다스리려고 하신다면 자신에게 있는 것부터 시작해야지 어찌 남을 믿을 것이 있겠습니까."

≪詩經≫ 〈魯頌 泮水〉에 말하였다.

"스스로 복을 구한다."

魏文侯問狐卷子曰 父賢이면 足恃乎잇가 對曰 不足하니이다 子賢이면 足恃乎잇가 對曰 不足하니이다 兄賢이면 足恃乎잇가 對曰 不足하니이다 弟賢이면 足恃乎잇가 對曰 不足하니이다 臣賢이면 足恃乎잇가 對曰不足하니이다 文侯勃然作色而怒曰 寡人問此五者於子호대 子一以爲不足者는 何也오 對曰 父賢不過堯로대 而丹朱放하며 子賢不過舜이로대 而瞽瞍頑하며 兄賢不過舜이로대 而象傲하며 弟賢不過周公이로대 而管叔誅하며 臣賢不過湯武로대 而桀紂伐하니이다 望人者不至하며 恃人者不久하나니 君欲治인댄 從身始어니 人何可恃乎리오 詩曰 自求伊祜라

8-30 湯王이 護[86]라는 음악을 만들었다. 그 음악의 宮聲[87]을 들으면 사람으로 하여

쫓겨났다.

82) 瞽瞍는 완악하였으며 : 瞽瞍는 舜 임금의 아버지이다. ≪書經≫ 〈堯典〉에 "순의 아버지의 성질이 頑惡하다.〔父頑〕"라고 하였고, ≪孟子≫ 〈萬章 上〉에 아들인 순을 죽이려고 창고의 지붕을 이게 하고는 사다리를 치우고 불을 지르고, 우물을 파게하고는 못 나오도록 메우는 등 그 처사가 不善한 이야기가 나온다.

83) 象은 오만하였고 : 象은 舜 임금의 이복동생이다. ≪書經≫ 〈堯典〉에 "象은 오만하다.〔象傲〕"라고 하였고, ≪孟子≫ 〈萬章 上〉에 상이 날마다 순을 죽이려고 하였는데 순이 임금이 된 뒤에 그를 有庳에 봉해 준 이야기가 나온다.

84) 管叔은 주벌 당하였으며 : 管叔은 周 武王의 아들이고 周公의 庶兄이다. 주공이 어린 成王을 도와 섭정하였는데, 관숙 등이 주공을 모함하여 장차 성왕에게 불리할 것이라는 유언비어를 퍼뜨리고 반란을 일으키자, 성왕이 주공을 시켜 그들을 정벌하게 하였다.(≪書經≫ 〈大誥〉, ≪詩經≫ 〈豳風 鴟鴞〉)

85) 桀과……당하였습니다 : 桀은 夏나라의 마지막 왕이며, 紂는 殷나라의 마지막 왕이다. 둘 다 포악하고 무도하여 桀은 湯王에게, 紂는 武王에게 죽음을 당하였다.

86) 護 : 湯王의 음악으로, 伊尹에게 명해서 지었다고 전해진다. 大濩·大韄·大頀로도 쓴다.(≪周禮≫ 〈春官〉)

금 온화하고 선량하여 가슴이 넓어지게 만들고, 商聲을 들으면 사람으로 하여금 방정하고 廉潔하여 의리를 좋아하게 만들며, 角聲을 들으면 사람으로 하여금 惻隱之心을 가져 仁道를 사랑하게 만들고, 徵(치)聲을 들으면 사람으로 하여금 선행을 즐겨 施惠함을 좋아하게 만들며, 羽聲을 들으면 사람으로 하여금 공경하여 예의를 좋아하게 만든다.

《詩經》〈商頌 長發〉에 말하였다.

"湯王의 탄생이 늦지 않으며, 성스럽고 공경하는 덕이 날로 높아지셨네."

湯

湯作護하니 聞其宮聲하면 使人溫良而寬大하며 聞其商聲하면 使人方廉而好義하며 聞其角聲하면 使人惻隱而愛仁하며 聞其徵聲하면 使人樂養而好施하며 聞其羽聲하면 使人恭敬而好禮하니라 詩曰 湯降不遲하며 聖敬日躋라

8-31 孔子가 말하였다.

"《周易》에 먼저 同人卦가 있고 그 뒤에 大有卦가 있는데 이를 謙卦로 이어 받았으니[88] 또한 좋지 아니한가."

그러므로 天道는 가득차면 허물어뜨리고 겸손하면 더해주며, 地道는 가득차면 변화시키고 겸손하면 계속 흘러가게 하며, 鬼神은 가득차면 재앙을 내리고 겸손하면 복을 주며, 人道는 가득차면 싫어하고 겸손하면 좋아하는 법이니, 謙이라는 것은 일을 줄이고 덜어내는 것이다. 가득 찬 것을 넘치지 않게 유지할 수 있는 방법은 줄이고 덜어내는 것이니, 이것이 겸손한 덕을 행동으로 표현하는 방법이다. 그러므로 이 방법을 따르는 자는 吉하고 이 방법을 거스르는 자는 凶한 것이다. 五帝가 죽고 三王의 도가 쇠퇴해진 뒤로 겸손한 덕을 실행한 사람은 오직 周公이다. 주공은 文王의 아들이고 武王의 아우이며 成王의 숙부로, 천자의 尊位를 빌려 섭정한 7년 동안 폐

87) 宮聲 : 五聲 중의 하나이다. 오성은 宮·商·角·徵(치)·羽를 말한다.

88) 周易에……받았으니 : 《周易》〈序卦傳〉에 따른 순서를 말한다. 〈序卦傳〉에 "물건은 끝내 否塞할 수 없으므로 否괘를 同人괘로 받았고, 남과 함께 하는 자는 물건이 반드시 돌아오므로 大有괘로 받았고, 큰 것을 소유한 자는 가득한 체 해서는 안 되므로 謙괘로 받았다."라고 하였다.

백을 들고 스승의 예로 만난 사람이 10인이고, 폐백을 돌려주고 벗으로 만난 사람이 13인이며, 궁벽한 곳의 가난한 선비를 먼저 찾아가 만난 사람이 49인이었다. 또 주공에게 때때로 좋은 말을 올린 사람이 100인이고, 조정에서 벼슬한 사람이 1,000인이며, 간언한 신하가 5인이고, 보좌한 신하가 5인이며, 보필한 신하가 6인이고, 전쟁에 참여하여 그 공로로 제후에 봉해진 사람 중에 다른 혈족이 97인이고 同姓인 선비가 100인이었다.

공자가 말하였다.

"〈사람들은〉 오히려 주공이 천하를 자신의 黨으로 삼은지라 같은 혈족은 많고 다른 혈족은 적었다고 생각하였다."

그러므로 德行이 관대하고 너그러운데도 공손함으로써 지키는 자는 영화롭고, 토지가 넓고 큰 데도 검소함으로써 지키는 자는 편안하며, 지위가 높고 녹봉이 많은데도 자신을 낮춤으로써 지키는 자는 귀해지고, 백성이 많고 군대가 강한데도 두려움으로써 지키는 자는 승리하며, 聰明하고 叡智가 있는데도 우매함으로써 지키는 자는 명철하고, 학문이 넓고 기억을 잘하는데도 식견을 얕게 함으로써 지키는 자는 지혜가 넘치지 않는 법이다. 이 여섯 가지는 모두 겸손한 덕이다.

≪周易≫에 말하였다.

"겸손하면 형통하니 군자가 겸손함으로 마치면 吉하다."[89]

이 겸손함으로 마치면 길할 수 있는 것은 군자의 도이다. 존귀함으로는 천자가 되고 부유함으로는 천하를 소유하였지만 덕행이 겸손하지 않아 자신을 망친 자는 桀王과 紂王이 이러한 사람인데, 하물며 보통 사람에 있어서야 더 말할 필요가 있겠는가. 그러므로 ≪周易≫에 하나의 방도가 있다. 크게는 천하를 다스릴 수 있고 중간은 국가를 안정시킬 수 있고 가까이는 자신을 지킬 수 있는 것은 오직 겸손한 덕일 것이다.

≪詩經≫ 〈商頌 長發〉에 말하였다.

"湯王의 탄생이 늦지 않으며, 성스럽고 공경하는 덕이 날로 높아지셨네."

孔子曰 易은 先同人이요 後大有한대 承之以謙하니 不亦可乎아 故天道虧盈而益謙하고 地道變盈而流謙하고 鬼神害盈而福謙하고 人道惡盈而好謙하나니 謙者는 抑事而損者也라 持盈之道는

---

89) 겸손하면……吉하다 : ≪周易≫ 〈謙卦〉의 卦辭에 보인다.

抑而損之니 此謙德之於行也①라 順之者吉하고 逆之者凶하니라 五帝旣沒하고 三王旣衰에 能行謙德者는 其惟周公乎인저 文王之子요 武王之弟요 成王之叔父니 假天子之尊位七年에 所執贄而師見者十人②이요 所還質而友見者十三人③이요 窮巷白屋之士所先見者四十九人이요 時進善者百人이요 宮朝者千人④이요 諫臣五人이요 輔臣五人이요 拂臣六人이요 載干戈以至於封侯에 〔異族九十七人이요〕[90] 而同姓之士百人이라 孔子曰 猶以周公爲天下(賞)〔黨〕[91]이라 則以同族爲衆而異族爲寡也라 故德行寬容⑤호대 而守之以恭者榮하며 土地廣大⑥호대 而守之以儉者安하며 位尊祿重호대 而守之以卑者貴하며 人衆兵强호대 而守之以畏者勝하며 聰明睿智호대 而守之以愚者哲⑦하며 博聞强記호대 而守之以淺者不溢⑧하나니 此六者는 皆謙德也라 易曰謙亨하니 君子有終吉이라하니 能以此終吉者는 君子之道也라 貴爲天子요 富有四海호대 而德不謙하여 以亡其身者는 桀紂是也어든 而況衆庶乎아 夫易有一道焉하니 大足以治天下하고 中足以安家國하고 近足以守其身者는 其惟謙德乎인저 詩曰 湯降不遲하며 聖敬日躋라

① 此謙德之於行也 : 여기의 '謙'은 다른 本에 '損'으로 되어 있으니 잘못된 것이다. 趙懷玉本에 '損'으로 되어 있다.
此謙은 本一作損誤라 趙本에 作損이라

② 所執贄而師見者十人 : '十人'은 ≪尙書大傳≫에 '十二'로 되어 있다.
十人은 尙書大傳에 作十二라

③ 所還質而友見者十三人 : '還'은 ≪尙書大傳≫에 '委'로 되어 있고, '友'는 '相'으로 되어 있다. '質'은 '贄'와 같다. '十三人'은 ≪尙書大傳≫ 및 ≪荀子≫ 〈堯問〉을 따라 '三十'으로 되어야 한다. 이에 대한 내용은 이미 앞의 기록(本書 3-31)에 보인다.
還은 大傳作委요 友作相이라 質與贄同이라 十三人은 當從大傳及荀子堯問하여 作三十이라 說已見前傳이라

④ 宮朝者千人 : '宮'은 ≪說苑≫ 〈尊賢〉에 '官'으로 되어 있다. 앞의 기록에 "敎士千人 宮朝者萬人(교화를 받은 선비가 1,000인이고, 조정에서 벼슬한 사람이 10,000인이었다."이라고 하였다.
宮은 說苑尊賢作官이라 前傳云 敎士千人宮朝者萬人이라

---

90) 異族九十七人 : 저본에는 없으나, ≪韓詩外傳集釋≫에 의거하여 보충하였다. 이 구절에 대해 趙善詒는 "≪孔子集語 4≫에서 인용한 글에는 '侯' 뒤에 '異族九十七人' 6字가 있으니 응당 보충하여 넣어야 할 듯하다. 뒷 문장에 '異族爲過'라는 구절이 있으니 증명할 수 있다." 하였다.

91) (賞)〔黨〕 : 저본에는 '賞'으로 되어 있으나 ≪韓詩外傳集釋≫에 의거하여 '黨'으로 수정하였다. 이에 대해 趙善詒는 "≪孔子集語 4≫에서 인용한 글에 '黨'으로 되어 있으니, 매우 옳다. 주공이 같은 혈족에게 봉해 준 사례가 많기 때문에 주공이 천하를 자기의 黨으로 삼았다고 사람들이 말한 것이다." 하였다.

⑤ 德行寬容 : '寬容'은 앞의 기록에 '廣大'로 되어 있다.[92]

寬容은 前傳作廣大라

⑥ 土地廣大 : '廣大'는 앞의 기록에 '博裕'로 되어 있다.[93]

廣大는 前傳作博裕라

⑦ 守之以愚者哲 : '哲'은 앞의 기록에 '善'으로 되어 있다.

哲은 前傳作善이라

⑧ 守之以淺者不溢 : '不溢'은 앞의 기록에 '智'로 되어 있다.

不溢은 前傳作智라

8-32 옛날 田子方[94]이 외출하여 길에서 늙은 말을 보고 한숨 쉬며 느끼는 바가 있어 마부에게 물었다.

"이것은 무슨 말인가?"

마부가 대답하였다.

"옛날 관청에서 기르던 말인데, 노쇠하여 쓸모가 없기 때문에 내놓은 것입니다."

전자방이 말하였다.

"젊어서 그 힘을 다 쏟았는데 늙었다고 그 몸을 버리는 것은 어진 사람이 할 짓이 아니다."

그러고는 束帛[95]으로 값을 치르자 곤궁한 선비들이 이 일을 듣고 마음으로 귀의할 곳을 알았다.

≪詩經≫ 〈商頌 長發〉에 말하였다.

"湯王의 탄생이 늦지 않으며, 성스럽고 공경하는 덕이 날로 높아지셨네."

昔者에 田子方出하여 見老馬於道하고 喟然有志焉이라 以問於御者曰 此何馬也오 曰 故公家畜也러니 罷而不爲用이라 故出放也니이다 田子方曰 少盡其力이어늘 而老去其身①은 仁者不爲也로다 束帛而贖之어늘 窮士聞之하고 知所歸心矣러라 詩曰 湯降不遲하며 聖敬日躋라

---

92) 寬容은……있다 : 앞의 기록(本書 3-31)에는 '寬裕'로 되어 있고, ≪說苑≫ 〈敬愼〉에 '廣大'로 되어 있다. 周廷寀가 착각한 듯하다.

93) 廣大는……있다 : 앞의 기록(本書 3-31)에는 '廣大'로 되어 있고, ≪說苑≫ 〈敬愼〉에 '博裕'로 되어 있다. 周廷寀가 착각한 듯하다.

94) 田子方 : 전국시대 魏나라 사람으로, 子貢에게 수학하였고, 文侯의 스승이 되어 예우를 받았다. 이름은 無擇이다.

95) 束帛 : '한 묶음의 비단'이라는 의미로, 비단 다섯 필을 각각 양 끝에서 마주 말아서 한 묶음으로 한 것을 말한다. 다른 나라를 聘問할 때 가지고 가는 禮幣의 일종이다.

① 去其身 : 趙懷玉이 교감한 내용에 "≪文選≫ 〈赭白馬賦〉의 注에서 인용한 글에는 '棄其身'으로 되어 있고, 또 〈東武吟〉의 注도 같다.
趙校語에 文選赭白馬賦注引에 作棄其身이요 又東武吟注亦同이라

8-33 齊 莊公[96]이 나가 사냥할 때 사마귀가 발을 들고 수레바퀴를 붙잡으려 하였다. 莊公이 마부에게 물었다.

"이것은 무슨 곤충인가?"

마부가 대답하였다.

"이것은 사마귀입니다. 이 곤충은 나아갈 줄만 알고 물러날 줄 모르며, 자신의 힘을 헤아리지 못하고 경솔하게 적에게 달려듭니다."

장공이 말하였다.

"사람이었다면 반드시 천하의 勇士가 되었을 것이다."

그러고는 수레를 돌려 피해 갔다. 이 일을 듣고 용사들이 그에게 귀의하였다.

≪詩經≫ 〈商頌 長發〉에 말하였다.

"湯王의 탄생이 늦지 않으며, 성스럽고 공경하는 덕이 날로 높아지셨네."

齊莊公出獵할새 有螳螂擧足將搏其輪이어늘 問其御曰 此何蟲也오 御曰 此是螳螂也니이다 其爲蟲은 知進而不知退하며 不量力而輕就敵하니이다 莊公曰 以爲人인댄 必爲天下勇士矣리라 於是에 迴車避之어늘 而勇士歸之하니라 詩曰 湯降不遲하며 聖敬日躋라

8-34 魏 文侯가 李克[97]에게 물었다.

"사람에게 미움이 있습니까?"

이극이 대답하였다.

"있습니다. 존귀한 사람은 미천한 사람이 미워하고, 부유한 사람은 가난한 사람이 미워하며, 지혜로운 사람은 어리석은 사람이 미워합니다."

위 문후가 다시 물었다.

"훌륭합니다. 이 세 가지의 경우에 있더라도 남에게 미움을 받지 않는 것이 또한

---

96) 齊 莊公 : 춘추시대 齊 靈公의 아들로, 이름은 光이다.
97) 李克 : 전국시대 魏나라 사람으로 子夏의 제자이다. 魏 文侯가 中山國을 함락한 후 중산국을 지켰으며, 武侯 때 재상을 지냈다.

가능합니까?"

이극이 대답하였다.

"가능합니다. 신이 듣기로 존귀한데도 미천한 사람에게 낮추면 사람들이 미워하지 않고, 부유한데도 가난한 사람에게 나누어주면 곤궁한 선비들이 미워하지 않으며, 지혜가 있는데도 어리석은 사람을 가르치면 몽매한 사람들이 미워하지 않는다고 합니다."

문후가 이 말을 듣고 말하였다.

"훌륭합니다. 이 말이여! 堯舜도 이에 대해서는 부족하게 여기셨을 것입니다. 寡人이 明敏하지 못하나 이 말을 굳게 지키겠습니다."

≪詩經≫ 〈小雅 四牡〉에 말하였다.

"편안히 쉴 겨를이 없도다."

魏文侯問李克曰 人有惡(오)乎아 李克曰 有하니 夫貴者則賤者惡之하며 富者則貧者惡之하며 智者則愚者惡之하니이다 文侯曰善하다 行此三者호대 使人勿惡 亦可乎아 李克曰 可하니이다 臣聞貴而下賤則衆弗惡也며 富能分貧則窮士弗惡也며 智而敎愚則童蒙者弗惡也라하니이다 文侯曰善哉라 言乎여 堯舜其猶病諸시니라 寡人雖不敏하나 請守斯語矣로리다 詩曰不遑啓處라

8-35 여기에 어떤 새가 있다. 갈대 끝에 둥지를 틀었는데 하늘에서 세차게 바람이 불면 갈대가 꺾이고 둥지가 무너질 것이다. 어째서인가. 몸을 의탁한 곳이 약하기 때문이다. 稷堂에 사는 벌은 공격하지 못하고 社堂에 서식하는 쥐는 불에 태워 죽이지 못한다. 이는 직당의 벌과 사당의 쥐를 신으로 여겨서가 아니다. 몸을 의탁한 곳이 좋기 때문이다. 그러므로 성인은 어진 사람을 구하여 자신을 돕게 하는 것이다. 배를 삼킬 만한 물고기는 거대하지만 뭍으로 뛰어올라 물을 벗어나면 개미에게 제압을 당한다. 이는 도움 받을 곳을 잃었기 때문이다. 그러므로 ≪詩經≫ 〈大雅 蕩〉에 말하였다.

"네 덕을 밝히지 않아 뒤에서나 곁에서 도와주는 이가 없고, 네 덕이 밝지 않아 너를 도와줄 副官이나 卿이 없도다."

有鳥於此하니 架巢於葭葦之顚한대 天喟然而風이면 則葭折而巢壞①리니 何오 其所托者弱也일새라 稷蜂不攻而社鼠不薰하니 非以稷蜂社鼠之神이라 其所託者善也일새라 故聖人求賢

(者以)〔以自〕輔②하니라 夫呑舟之魚大矣로대 蕩而失水면 則爲螻蟻所制하니 失其輔也라 故曰 不明爾德이라 時無背③無側하며 爾德不明이라 以無陪無卿④이로다

① 有鳥於此……則葭折而巢壞 : 내가 살펴보건대 ≪荀子≫ 〈勸學〉에 "南方有鳥焉 名曰蒙鳩 以羽爲巢而編之以髮 繫之葦苕 風至苕折 卵破子死(南方에 새가 있으니 이름이 蒙鳩이다. 이 새는 깃털로 둥지를 만들고 머리카락으로 묶은 다음 갈대에 매달아 놓는데, 바람이 불어 갈대가 꺾이면 알이 깨져 죽고 만다.)"라고 하였으니 대개 이것을 말한다.
宋案컨대 荀子勸學云 南方有鳥焉하니 名曰蒙鳩라 以羽爲巢而編之以髮하고 繫之葦苕로대 風至苕折하여 卵破子死라하니 蓋謂此也라
② 聖人求賢者以輔 : '者'는 '自'가 되어야 하고, '以'자 뒤에 있어야 할 듯하다.
者는 疑當爲自요 在以字下라
③ 背 : 趙懷玉本에 '倍'로 되어 있다.
趙本作倍라
④ 故曰……以無陪無卿 : '故'는 '詩'가 되어야 할 듯하다.
故는 疑當爲詩라

傳은 모두 35장이다.

凡傳三十有五라

韓詩外傳 第九卷

9-1 孟子가 어렸을 때 글을 외우고 맹자의 어머니는 베를 짜고 있었는데, 맹자가 갑자기 중지하였다가 다시 진도를 나갔다. 그러자 맹자의 어머니는 맹자가 글을 까먹었다는 것을 알고 맹자를 불러 물었다.

"어찌하여 중지하였느냐?"

맹자가 대답하였다.

"까먹은 부분이 있었는데 다시 생각났습니다."

그러자 맹자의 어머니가 칼을 가져와 짜던 베를 잘라 이것으로 경계를 삼았다. 이후로 맹자는 다시는 글을 까먹지 않았다.

맹자가 어렸을 때 동쪽 집에서 돼지를 잡고 있었다. 맹자가 어머니에게 물었다.

"동쪽 집에서 돼지를 잡는 것은 무엇을 하려는 것입니까?"

그러자 어머니가 대답하였다.

"너에게 먹이려는 것이다."

잠시 뒤에 맹자의 어머니가 스스로 후회하며 말하였다.

"내가 이 아이를 배고 있을 때에는 자리가 바르지 않으면 앉지 않고 썰어놓은 고기가 바르지 않으면 먹지 않으면서 胎教를 하였다.[1] 그런데 이제 한창 지각이 생길 나이인데 속인다면 이는 거짓말을 가르치는 것이다."

그러고는 마침내 동쪽 집의 돼지고기를 사 먹여서 속이지 않았음을 밝혔다.

≪詩經≫ 〈周南 螽斯〉에 말하였다.

"마땅히 너의 자손이 끊어지지 않으리라."

이는 현명한 어머니가 자식을 현명하게 키움을 말한 것이다.

---

1) 내가……하였다 : 이와 비슷한 내용이 ≪小學≫ 〈入教〉에도 보이는데, 거기에 "옛날에 부인이 아이를 임신하면, 잠잘 때에는 옆으로 기울지 않고, 앉을 때에는 모로 앉지 않으며, 서 있을 때에는 한쪽 다리에 치우치지 않았다. 부정한 음식을 먹지 않고, 고기가 바르게 잘리지 않으면 먹지 않았으며, 자리가 바르지 않으면 앉지 않았다.〔古者婦人妊子 寢不側 坐不邊 立不蹕 不食邪味 割不正不食 席不正不坐〕"라고 하였다. '割不正不食'과 '席不正不坐'는 ≪論語≫ 〈鄉黨〉에 공자의 행동을 묘사한 부분에도 보인다.

孟子少時誦할새 其母方織이러니 孟子輟然中止하고 乃復進이어늘 其母知其諠也하고 呼而問之曰 何爲中止오 對曰 有所失復得이로이다 其母引刀裂其織하여 以此誡之①하니 自是之後로 孟子不復諠矣러라 孟子少時에 東家殺豚어늘 孟子問其母曰 東家殺豚는 何爲오 母曰 欲啖汝니라 其母自悔而言②曰 吾懷妊是子에 席不正이어든 不坐하며 割不正이어든 不食하여 胎教之也러니 今適有知而欺之면 是教之不信也라하고 乃買東家豚肉하여 以食(사)之하여 明不欺也라 詩曰 宜爾子孫이 繩繩兮라하니 言賢母使子賢也라

① 其母引刀裂其織 以此誡之 : ≪列女傳≫ 〈母儀〉에 "孟母曰 子之廢學 若吾斷斯織也 夫君子學以立名 問則廣知 是以居則安寧 動則遠害 今而廢之 是不免於厮役 而無以離於禍患也(맹자의 어머니가 말하기를 '네가 학문을 그만둔 것은 내가 이 베를 자른 것과 같다. 군자는 배워서 이름을 드날리고 물어서 지식을 넓히는 법이다. 이 때문에 가만히 있을 때는 편안하고 행동할 때는 해로움을 멀리할 수 있다. 그런데 지금 학문을 그만둔다면 이는 천한 노예 신세를 면치 못하고 재앙과 환난에서 벗어날 수 없다.' 하였다.)"라고 하였다.
列女傳母儀云 孟母曰 子之廢學은 若吾斷斯織也라 夫君子學以立名하고 問則廣知라 是以로 居則安寧하고 動則遠害어늘 今而廢之하면 是不免於厮役하고 而無以離於禍患也니라

② 其母自悔而言 : 趙懷玉이 교감한 내용에 "≪太平御覽≫ 권430에서 인용한 글에는 '其母悔失言(맹자의 어머니가 잘못 말한 것을 후회하다.)'으로 되어 있다." 하였다.
趙校語에 御覽四百三十引其母悔失言이라

9-2 田子[2]가 재상이 되어 3년 만에 관직에서 물러났는데, 황금 100鎰[3]을 받아 그 어머니께 드렸다. 그러자 어머니가 물었다.

"너는 어디에서 이 황금을 얻었느냐?"

전자가 대답하였다.

"俸祿으로 받은 것입니다."

이 말을 듣고 어머니가 말하였다.

"재상으로 있은 지 3년 동안 먹지 않고 모은 것이냐? 관직에 종사하면서 이렇게 하는 것은 내가 바라는 바가 아니다. 효자가 어버이를 섬길 적에는 자신의 힘을 다하고 정성을 다할 뿐, 의롭지 못한 물건을 집에 들여서는 안 되는 법이니, 자식이 되어 효도하지 않아서는 안 될 것이다. 너는 이 황금을 가지고 가거라."

---

2) 田子 : 田稷으로, 전국시대 齊 宣王의 卿相이다.
3) 100鎰 : 鎰은 무게 단위로, 24兩이다.

전자가 부끄러워 달려 나가 조정에 가서 황금을 돌려주고 물러나 감옥에 들어가기를 청하였다. 그러자 임금이 그 어머니를 어질게 여기고 그 의리를 칭찬하면서 즉시 전자의 죄를 용서하고 다시 재상으로 삼고는 그 어머니에게 황금을 주게 하였다.

≪詩經≫ 〈周南 螽斯〉에 말하였다.

"마땅히 너의 자손이 끊어지지 않으리라."

이는 현명한 어머니가 자식을 현명하게 키움을 말한 것이다.

田子爲相①에 三年歸休러니 得②金百鎰하여 奉其母③어늘 母曰 子安得此金고 對曰 所受俸祿也니이다 母曰 爲相三年에 不食乎아 治官如此는 非吾所欲也니라 孝子之事親也에 盡力致誠이요 不義之物은 不入於館하나니 爲人子不可不孝也④라 子其去之하라 田子愧慙하여 走出⑤하여 造朝⑥還金하고 退請就獄한대 王賢其母⑦하고 說其義하여 卽舍田子罪⑧하고 令復爲相하여 以金賜其母하니라 詩曰 宜爾子孫이 繩繩兮라하니 言賢母使子賢也⑨라

① 田子爲相 : ≪列女傳≫에 "齊田稷(齊나라 田稷)"이라고 하였다. 趙懷玉이 교감한 내용에 "≪列女傳≫ 〈母儀〉편에 '田稷子'로 되어 있다." 하였다.
列女傳에 以爲齊田稷也이라 趙校語에 列女傳母儀篇에 作田稷子라

② 得 : 趙懷玉이 교감한 내용에 "'得'은 ≪太平御覽≫ 권811에서 인용한 글에는 '以'로 되어 있다." 하였다.
趙校語에 得御覽八百十一引作以라

③ 得金百鎰 奉其母 : ≪列女傳≫에 "受下吏之貨金百鎰以遺其母(下吏가 뇌물로 준 황금 100鎰을 받아서 그 어머니께 드리다.)"이라고 하였다.
傳云 受下吏之貨金〔百鎰以遺其母〕[4)]이라

④ 爲人子不可不孝也 : 趙懷玉本에 '爲人臣不忠 是爲人子不孝也(신하가 되어 충성하지 않는 것은 이는 자식이 되어 효도하지 않는 것이다.)'로 되어 있고, 그 교감한 내용에 "舊本에는 '爲人臣不忠是' 6字가 없고, 또 '不孝' 앞에 '不可' 2字가 쓸데없이 덧붙여 있었는데, 이제 ≪太平御覽≫에 의거하여 보태고 삭제한다. ≪列女傳≫도 같다." 하였다.
趙本에 作爲人臣不忠은 是爲人子不孝也요 校語에 舊本無爲人臣不忠是六字요 又不孝上衍不可二字러니 今據御覽增刪이라 列女傳同이라

⑤ 田子愧慙走出 : 趙懷玉本에 '田子慙愧走出(田子가 부끄러워 달려 나가다.)'로 되어 있고, 그 교감한 내용에 "'慙愧'는 舊本에 도치되어 있었는데 ≪太平御覽≫에 의거하여 바꾼다." 하였다.
趙本에 作田子慙愧走出이요 校語에 慙愧는 舊倒러니 依御覽乙이라

---

4) 百鎰以遺其母 : 저본에는 없으나, ≪列女傳≫에 의거하여 보충하였다.

⑥ 造朝 : 趙懷玉이 교감한 내용에 "≪太平御覽≫에 '自歸於王(스스로 왕이 계시는 조정에 돌아가다.)'으로 되어 있다." 하였다.
趙校語에 御覽에 作自歸於王이라

⑦ 王賢其母 : '王'은 '齊 宣王'이다.
王은 宣王也라

⑧ 卽舍田子罪 : 趙懷玉이 교감한 내용에 "'舍'는 '赦(용서하다)'와 같다. ≪列女傳≫에도 '舍'로 되어 있다." 하였다.
趙校語에 舍與赦同이라 列女傳에도 亦作舍라

⑨ 詩曰 宜爾子孫繩繩兮 言賢母使子賢也 : ≪列女傳≫에 "詩曰 彼君子兮 不素飧兮 無功而食祿 不爲也 況於受金乎(≪詩經≫에 이르기를 '저 君子여 공밥을 먹지 않도다.'라고 하였으니, 功이 없으면서 祿을 먹는 것도 하지 않는데 하물며 황금을 받겠는가.)"라고 하였다.
傳云 詩曰 彼君子兮여 不素飧兮라하니 無功而食祿도 不爲也어든 況於受金乎아하니라

9-3 孔子가 길을 가다가 哭소리를 들었는데 매우 슬펐다. 공자가 말하였다.

"빨리 몰아라. 빨리 몰아라. 앞에 어진 사람이 있다."

가서 보니 皐魚[5]였다. 갈옷을 입고 낫을 안은 채 길가에서 곡을 하고 있었다. 공자가 수레에서 내려 그에게 물었다.

"그대는 喪을 당한 것도 아닌데 어찌 이리 슬프게 곡을 하시오?"

고어가 대답하였다.

"저에게는 세 가지 잘못이 있습니다. 젊어서 학문을 하느라 제후에게 유세하러 다니다가 우리 부모를 소홀히 하였으니 이것이 첫 번째 잘못입니다. 저의 뜻을 고상하게 여겨 우리 임금을 섬기지 않았으니 이것이 두 번째 잘못입니다. 벗과 깊이 사귀다가 잠시 절교하였으니 이것이 세 번째 잘못입니다. 나무는 고요하고자 하나 바람은 그치지 않고 자식은 봉양하고자 하나 부모는 기다려주지 않습니다. 가 버리면 볼 수 없는 것은 부모이니 저는 여기에서 세상을 하직하겠습니다."

그러고는 선 채로 말라 죽었다. 공자가 말하였다.

"제자들아, 경계하라. 기억해 둘 만하다."

그러자 門人 중에 하직하고 집으로 돌아가 부모를 봉양한 자가 13명이었다.

孔子行①이라가 聞哭聲하니 甚悲라 孔子曰 驅驅②하라 前有賢者로다 至則皐魚也③라 被褐擁

5) 皐魚 : 周나라의 효자이다.

鎌하고 哭於道傍이러라 孔子辟(피)車하여 與之言曰 子非有喪이어늘 何哭之悲也오 皐魚曰 吾失之三矣니이다 少而學하여 游諸侯④하여 以後吾親⑤하니 失之一也요 高尙吾志하여 間吾事君⑥하니 失之二也요 與友厚而小絶之⑦하니 失之三也니이다 樹欲靜而風不止하고 子欲養而親不待也⑧라 往而⑨不可得見者⑩는 親也⑪니 吾請從此辭矣⑫하노이다하고 立槁而死⑬하다 孔子曰 弟子아 誡之하라 足以識矣로다 於是에 門人辭歸而養親者 十有三人⑭이러라

① 行 : ≪孔子家語≫ 〈致思〉에 "適齊(제나라에 가다.)"라고 하였다.

家語致思云 適齊也라

② 驅驅 : 趙懷玉이 교감한 내용에 "≪太平御覽≫ 권487에서 인용한 글에는 '驅之'로 되어 있다." 하였다.

趙校語에 御覽四百八十七引作驅之라

③ 至則皐魚也 : '皐魚'는 ≪說苑≫ 〈敬愼〉에 '邱吾子'로 되어 있다.

皐魚는 說苑敬愼에 作邱吾子라

④ 少而學 游諸侯 : 趙懷玉이 교감한 내용에 "≪文選≫ 〈長笛賦〉 注에서 인용한 글에는 '吾少好學 周流諸侯(내가 젊었을 적에 학문을 좋아하여 제후국을 주유하다.)'로 되어 있다. ≪太平御覽≫ 권487도 같다." 하였다.

趙校語에 文選長笛賦注에 引作吾少好學하여 周流諸侯라 御覽四百八十七同이라

⑤ 少而學 游諸侯 以後吾親 : ≪孔子家語≫에 "少時好學 周徧天下 後還喪吾親(젊었을 적에 학문을 좋아하여 천하를 두루 다니다가 뒤에 돌아오니 우리 부모가 돌아가시고 없었다.)"이라고 하였다.

語云 少時好學하여 周徧天下라가 後還喪吾親이라

⑥ 高尙吾志 間吾事君 : 劉向의 ≪說苑≫에 "事君驕奢 諫不遂是(섬긴 임금이 교만하고 사치하였으나 간언을 이루지 못하다.)"라고 하였고, ≪孔子家語≫에 "齊君驕奢失士 臣節不遂(齊나라 임금이 교만하고 사치하여 훌륭한 선비를 잃었으므로 신하의 절조를 이루지 못하다.)"라고 하였다. 趙懷玉이 교감한 내용에 "≪文選≫ 注에 '不事庸君(용렬한 임금을 섬기지 못하다.)'으로 되어 있고, 뒤에 '而晩事無成(뒤늦게 섬겼으나 뜻을 이루지 못하다.)' 1句가 있다." 하였다.

劉云 事君驕奢하나 諫不遂是요 語云 齊君驕奢하여 失士하니 臣節不遂라 趙校語에 文選注에 作不事庸君이요 下有而晩事無成一句라

⑦ 與友厚而小絶之 : ≪孔子家語≫에 "平生厚交 今皆離絶(평생 깊이 사귀었으나 지금은 모두 절교하였다.)"이라고 하였다. 趙懷玉이 교감한 내용에 "≪文選≫ 注에 '少擇交遊 寡親友而老無所託(젊어서 벗을 가려 교유한지라 친한 벗이 적고 늙어서는 의탁할 데가 없다.)'으로 되어 있다." 하였다.

語云 平生厚交하나 今皆離絶이라 趙校語에 文選注에 作少擇交遊하여 寡親友하고 而老無所託라

⑧ 樹欲靜而風不止 子欲養而親不待也 : 趙懷玉本에 '夫樹欲靜而風不止 子欲養而親不待'로 되어 있고, 그 교감한 내용에 "舊本에 '夫'자가 없고, 이 뒤에 '也'자가 있다. 모두 ≪文選≫ 注에 의거하여 보태고 삭제한다." 하였다.

趙本에 作夫樹欲靜而風不止요 子欲養而親不待라 校語에 舊本無夫字요 此下有也字하니 俱依文選注하여 增刪이라

⑨ 往而 : '而' 뒤에 ≪說苑≫에는 '不來者年也(다시 오지 않는 것은 나이이다.)' 5字가 있다. ≪孔子家語≫도 같다.

而下에 說苑에 有不來者年也五字하니 語同이라

⑩ '不可得見者 : 得' 뒤에 ≪說苑≫에는 '再'자가 있다.

得下에 說苑有再字라

⑪ 往而不可得見者親也 : 趙本에 '往而不可追者年也 去而不可得見者親也(한번 가면 쫓아갈 수 없는 것은 나이이고 떠나면 뵐 수 없는 것은 부모이다.)'로 되어 있고, 그 교감한 내용에 "舊本에는 '不可追者年也去而' 8字가 빠져 있었는데, ≪太平御覽≫에 의거하여 보충한다. ≪文選≫ 注에 '往而不可反者年也 逝而不可追者親也'로 되어 있고, ≪後漢書≫ 〈桓榮傳〉 注에서 인용한 글에도 대략 같다." 하였다.

趙本에 作往而不可追者年也요 去而不可得見者親也요 校語에 舊本에 脫不可追者年也去而八字러니 據御覽補라 文選注에 作往而不可反者年也요 逝而不可追者親也하고 後漢書桓榮傳注所引도 亦略同이라

⑫ 吾請從此辭矣 : 趙懷玉이 교감한 내용에 "'請從'은 ≪文選≫ 注에 '於是'로 되어 있다." 하였다.

趙校語에 請從은 文選注에 作於是라

⑬ 立槁而死 : '立槁'는 ≪說苑≫에는 '自刎(스스로 목을 찌르다.)'으로 되어 있고, ≪孔子家語≫에는 '投水(물에 投身하다.)'로 되어 있다.

立槁는 說苑云 自刎이요 家語云 投水라

⑭ 十有三人 : 趙懷玉이 교감한 내용에 "이 뒤에는 각각의 本에 모두 단락을 나누지 않았다. 살펴보건대 이 글 말미에 ≪詩經≫을 인용하지 않은 것이 또한 많이 있으니 이 뒤부터는 별도로 하나의 단락이 되는 것이 옳다." 하였다.

趙校語에 此下各本에 皆不提行이라 案此書末에 不引詩者亦多有하니 下當別爲一條是라

9-4 子路가 말하였다.

"여기에 어떤 사람이 아침 일찍 일어나고 밤늦게 자면서[6] 손발에 굳은살이 박이

6) 아침……자면서 : 원문의 '夙興夜寐'는 쉼 없이 부지런히 노력한다는 뜻이다. ≪詩經≫ 〈小雅 小宛〉에 "아침 일찍 일어나고 밤늦게 잠자면서 너를 낳아주신 부모에게 욕됨이 없도록

고 얼굴이 새까맣게 타도록 五穀을 심으면서 자신의 부모를 섬기는데도 효자로 이름나지 않은 것은 어째서입니까?"

공자가 대답하였다.

"내가 생각건대 아마도 몸가짐이 공경하지 않아서일 것이며, 안색이 온순하지 않아서일 것이며, 말이 겸손하지 않아서일 것이다. 옛 사람의 말에 '〈나에게〉 옷을 주고 음식을 주더라도 〈공손하지 않으면〉 너에게 의지하지 않겠다.'라고 하였다. 그대가 고생하면서 어버이를 섬길 적에 〈不敬, 不順, 不遜〉 이 세 가지가 없다면 어찌하여 효자라는 이름이 나지 않겠는가. 아마도 사귀는 벗이 어진 사람이 아니었기 때문일 것이다. 앉아라. 너에게 말해주겠다. 비록 나라에 장사라고 불릴 정도의 힘이 있더라도 자신의 몸을 스스로 들어 올리지 못하는 것은 힘이 없어서가 아니라 형세가 편하지 않기 때문이다. 이 때문에 군자는 집에 들어와서는 효도를 독실하게 하고 밖에 나가서는 어진 이를 벗하는 것이니, 〈이렇게 하면〉 어찌 효자라는 이름이 나지 않겠느냐."

≪詩經≫ 〈周南 汝墳〉에 말하였다.

"부모께서 아주 가까이 계시느니라."

子路曰 有人於斯하니 夙興夜寐하여 手足胼胝하고 而面目黧黑하여 樹藝五穀하여 以事其親호대 而無孝子之名者는 何也잇고 孔子曰 吾[①]意者컨대 身未敬邪아 色不順邪아 辭不遜邪아 古人有言曰 衣歟아 食歟아 曾不爾卽[②]이라하니 子勞以事其親에 無此三者면 何爲無孝之名이리오 意者所友非仁人邪아 坐하라 語汝호리라 雖有國士之力이라도 不能自擧其身은 非無力也라 勢不便也[③]니라 是以로 君子入則篤孝[④]하고 出則友賢이니 何爲其無孝子之名이리오 詩曰 父母孔邇니라

① 吾 : 趙懷玉本에 '吾'자가 없고, 그 교감한 내용에 "舊本에는 '吾'자가 있었는데 쓸데없이 덧붙여졌다. ≪荀子≫ 〈子道〉편에 없으니, 이제 그것을 따른다." 하였다.
趙本에 無吾字요 校語에 舊本有吾字衍이라 荀子子道篇無하니 今從之라

② 衣歟 食歟 曾不爾卽 : ≪荀子≫ 〈子道〉에 "衣與繆與不女聊(옷을 주고 술을 주더라도 너에게 의지하지 않겠다.)"라고 하였고, ≪孔子家語≫ 〈困誓〉에 "人與己與不汝欺(남이든 자기든 너를 속이지 않겠다.)"라고 하였다. ≪荀子≫ 楊倞의 注에 "≪韓詩外傳≫에는 '衣予教予(나에게 옷을 입혀 주고 나를 가르쳐 준다.)'로 되어 있다."라고 하였으니 또 지금의 本文과 다르다. 뜻이 의심스럽기 때문에 아울러 둔다. 趙懷玉이 교감한 내용에 "≪荀子≫에 '衣與

하라.〔夙興夜寐 無忝爾所生〕"라고 하였다.

繆與不女聊'로 되어 있는데, 楊倞의 注에서 이것을 인용한 글에는 '衣予教予'로 되어 있으니 今本과 다르다. 그러나 '卽'자는 본래 '聊'가 되어야 옳다." 하였다.

荀子子道云 衣與繆與不女聊요 家語困誓云 人與己與不汝欺라 楊倞云 韓詩外傳에 作衣予教予라하니 復與今本文異라 義疑故竝存之라 趙校語에 荀子에 作衣與繆與不女聊한대 楊倞注引此作衣予教予하니 與今本不同이라 然卽字는 自當作聊爲是라

③ 勢不便也 : '便'은 ≪荀子≫에 '可'로 되어 있다. 또 "入而行不修 身之罪也 出而名不章 友之過也(집에 들어와 품행이 닦여지지 않는 것은 자신의 잘못이고, 밖에 나가서 이름이 드러나지 않는 것은 벗의 잘못이다.)"라고 하였다.

便은 荀作可라 又云 入而行不修는 身之罪也요 出而名不章은 友之過也라

④ 篤孝 : '孝'는 ≪荀子≫에 '行'으로 되어 있다.

孝는 荀作行이라

9-5 伯牙[7]가 거문고를 연주할 때에 鍾子期[8]가 그 연주를 듣고 있었다. 백아가 거문고를 연주하면서 마음이 산에 있자 종자기가 말하였다.

伯牙鼓琴圖

"훌륭하도다. 거문고 연주 소리여! 높고 높아 太山 같도다."

이번에는 백아의 마음이 흐르는 물에 있자 종자기가 말하였다.

"훌륭하도다. 거문고 연주 소리여! 넘실넘실 江河 같도다."

종자기가 죽자 백아는 거문고를 부수고 絃을 끊어버리고는 종신토록 다시는 거문

7) 伯牙 : 춘추시대 거문고의 명인이다.
8) 鍾子期 : 춘추시대 楚나라 사람으로, 음악에 정통했다는 인물이다.

고를 연주하지 않았으니, 세상에 거문고 연주를 들려줄 만한 사람이 없다고 여겼기 때문이다. 거문고 연주하는 일만 이 같을 뿐만 아니라 현자의 일도 이러한 점이 있으니, 진실로 좋은 때가 아니면 현자가 장차 무슨 수로 그 공업을 이룰 수 있겠는가.

伯牙鼓琴할새 鍾子期聽之러니 方鼓琴志在山①이어늘 鍾子期曰 善哉라 鼓琴이여 巍巍乎如太山②이로다 志在流水어늘 鍾子期曰 善哉라 鼓琴이여 洋洋乎若江河③로다 鍾子期死에 伯牙擗琴絶絃④하고 終身不復鼓琴하니 以爲世無足與鼓琴也라 非獨琴如此라 賢者亦有之하니 苟非其時면 則賢者將奚由得遂其功哉⑤리오

① 志在山 : ≪列子≫ 〈湯問〉에 "志在登高山(마음이 높은 산에 오르는 데 있다.)"이라고 하였고, 趙懷玉이 교감한 내용에 "≪說苑≫ 〈尊賢〉편에 '志在太山(마음이 太山에 있다.)'으로 되어 있다." 하였다.

列子湯問云 志在登高山이요 趙校語에 說苑尊賢篇에 作志在太山이라

② 巍巍乎如太山 : '巍巍'는 ≪列子≫에 '峩峩'로 되어 있다. 趙懷玉이 교감한 내용에 "≪說苑≫에 '少選之間而(잠깐 사이에)' 5字가 있다." 하였다.

巍巍는 列作峩峩라 趙校語에 說苑有少選之間而五字라

③ 洋洋乎若江河 : ≪呂氏春秋≫ 〈孝行〉과 ≪說苑≫ 〈尊賢〉에 모두 '湯湯乎若流水(넓고 넓어 흐르는 물과 같다.)'로 되어 있다.

呂覽孝行과 說苑尊賢에 竝作湯湯乎若流水라

④ 擗琴絶絃 : '擗'은 ≪呂氏春秋≫와 劉向의 ≪說苑≫에 모두 '破'로 되어 있다.

擗은 呂劉에 皆作破라

⑤ 伯牙鼓琴……賢者將奚由得遂其功哉 : ≪詩經≫의 내용이 빠진 듯하다.

疑脫詩辭라

9-6 秦나라가 魏나라를 공격하여 격파하였는데, 魏나라의 어린 公子가 도망가 잡지 못하였다. 그래서 위나라에 다음과 같은 명령을 내렸다.

"공자를 잡아 오는 자는 황금 千斤을 하사하겠지만 숨겨준 자는 十族[9)]을 멸하겠다."

공자는 유모와 함께 도망 다녔는데, 어떤 사람이 유모에게 말하였다.

"공자를 잡아오는 자에게 아주 큰 상을 내린다고 합니다. 유모는 응당 공자가 있

9) 十族 : 죄인을 형벌하는 데 九族에다가 門人까지 誅滅하는 것을 말한다. 옛날에는 族滅이 구족에 그쳤는데, 明나라 成祖는 方孝孺를 족멸할 때에 구족 이외에 그 문인까지 주멸하였다고 한다.(≪明史≫ 권141 〈方孝孺列傳〉)

는 곳을 알 것이니 진나라에 말하시오."

그러자 유모가 이렇게 응답하였다.

"나는 공자가 있는 곳을 모릅니다. 설령 알고 있다 하더라도 죽으면 죽었지 말할 수 없습니다. 남을 위해 자식을 기르면서 숨겨주지 못하고 말하는 것은 이는 윗사람을 배반하고 죽음을 두려워하는 것입니다. 제가 듣기로 충성스러운 사람은 윗사람을 배반하지 않고 용맹스러운 사람은 죽음을 두려워하지 않는다고 합니다. 남의 자식을 기르는 것은 그를 살리려고 하는 것이지 죽이려고 하는 것이 아닙니다. 그러니 어찌 이익을 보고 주벌을 두려워하는 것 때문에 의리를 저버리고 거짓을 행할 수 있겠습니까. 저는 제가 살겠다고 공자만 죽게 둘 수 없습니다."

마침내 공자와 함께 늪지대로 도망갔다. 진나라 군대가 공자를 발견하고 활을 쏘자 유모가 자신의 몸으로 공자를 덮어 12발의 화살을 맞으면서도 끝까지 공자의 몸에는 화살이 맞지 않게 하였다. 진나라 왕이 이 일을 듣고 太牢[10]로 제사 지내고 또 그 오빠에게 대부의 작위를 하사하였다.

≪詩經≫〈邶風 柏舟〉에 말하였다.

"내 마음은 돌이 아니니 굴릴 수도 없도다."

秦攻魏하여 **破之**①러니 **少子亡而不得**②이어늘 **令魏國曰 有得公子者**는 **賜金千斤**③하고 **匿者**는 **罪至十族**④호리라 **公子乳母與俱亡**이러니 **人謂乳母曰 得公子者賞甚重**이라하니 **乳母當知公子處而言之**하라 **乳母應之曰 我不知其處**로이다 **雖知之**라도 **死則死**요 **不可以言也**니이다 **爲人養子**하여 **不能隱而言之**는 **是畔上畏死**⑤니이다 **吾聞忠不畔上**하고 **勇不畏死**라하니 **凡養人子者**는 **生之**⑥요 **非務殺之也**니 **豈可見利畏誅之故**로 **廢義而行詐哉**⑦리오 **吾不能生而使公子獨死矣**리이다하고 **遂與公子俱逃澤中**하다 **秦軍見而射之**한대 **乳母以身蔽之**하여 **著十二矢**하여 **遂不令中公子**⑧하다 **秦王聞之**하고 **饗以太牢**⑨하고 **且爵其兄爲大夫**하다 **詩曰 我心匪石**이라 **不可轉也**니라

① 秦攻魏破之 : 秦 始皇 22년에 秦나라가 魏나라를 멸망시키고 衛王 假를 사로잡았다. '假'는 '瑕'로 읽는다.
始皇二十二年에 秦滅魏하고 虜其王假하다 假讀曰瑕라

② 少子亡而不得 : ≪列女傳≫〈節義〉에 "誅諸公子 而一公子不得(공자들을 죽였으나 공자 한 사람만 잡지 못하다.)"이라고 하였다.

---

10) 太牢 : 제사에서 犧牲으로 소·양·돼지를 사용하는 경우를 '태뢰'라고 하고, 양과 돼지만 사용하는 경우를 '小牢'라고 한다.

列女傳節義云 誅諸公子나 而一公子不得이라

③ 賜金千斤 : '斤'은 ≪列女傳≫에 '鎰'로 되어 있다.

斤은 傳作鎰이라

④ 罪至十族 : '十族'은 ≪列女傳≫에 '夷'로 되어 있다. 趙懷玉이 교감한 내용에 "≪列女傳≫ 〈節義〉편에 '罪至夷(죄가 멸족하는 데 이르다.)'로 되어 있다." 하였다.

十族은 傳作夷라 趙校語에 列女傳節義篇에 作罪至夷라

⑤ 爲人養子 不能隱而言之 是畔上畏死 : ≪列女傳≫에 "見利而反上者逆也 畏死而棄義者亂也(이익을 보고 윗사람을 배반하는 것은 逆이고, 죽음을 두려워하여 의를 저버리는 것은 亂이다.)"라고 하였다.

傳云 見利而反上者은 逆也요 畏死而棄義者는 亂也라

⑥ 凡養人子者生之 : 趙懷玉本에 '凡養人子者務生之(남의 자식을 기르는 것은 살리기를 힘쓰는 것이다.)'로 되어 있고, 그 교감한 내용에 "'務'자는 舊本에 없었는데 ≪列女傳≫에 의거하여 보탠다." 하였다.

趙本에 作凡養人子者務生之요 校語에 務字는 舊無러니 依列女傳增이라

⑦ 廢義而行詐哉 : ≪列女傳≫에 "廢正義而行逆節(바른 의를 폐하고 도리에 어긋나는 행위를 하다.)"이라고 하였다.

傳云 廢正義而行逆節이라

⑧ 著十二矢 遂不令中公子 : ≪列女傳≫에 "矢著身者數十 與公子俱死也(화살 수십 발이 몸에 박혀 공자와 함께 죽었다.)"라고 하였다. 趙懷玉이 교감한 내용에 "≪列女傳≫에 '矢著身者數十 與公子俱死'로 되어 있다." 하였다.

傳以爲矢著身者數十이라 與公子俱死也라 趙校語에 列女傳에 作矢著身者數十 與公子俱死라

⑨ 饗以太牢 : '饗'은 ≪列女傳≫에 '祠'로 되어 있다. ≪列女傳≫에 "貴其守忠死義 乃以卿禮葬之(충성을 지키고 의리에 죽은 것을 귀하게 여겨 마침내 卿의 예로 장사 지내다.)"라고 하였다.

饗은 傳作祠라 云 貴其守忠死義하여 乃以卿禮葬之라

9-7 子路가 말하였다.

"남이 나에게 잘해주면 나도 그에게 잘해주고 남이 나에게 잘해주지 않으면 나도 잘해주지 않을 것이다."

자공이 말하였다.

"남이 나에게 잘해주면 나도 그에게 잘해주겠지만 남이 나에게 잘해주지 않으면 나는 그와 친하든 소원하든 이끌어 줄뿐이다."

안회가 말하였다.

"남이 나에게 잘해주면 나도 그에게 잘해주고 남이 나에게 잘해주지 않더라도 나는 또한 그에게 잘해줄 것이다."

세 사람의 의견이 저마다 달라 부자에게 묻자, 부자가 대답하였다.

"由(자로)의 의견은 蠻貊[11]에서 하는 말이고, 賜(자공)의 의견은 朋友 사이에 하는 말이고, 回(안회)의 의견은 親族 간에 하는 말이다."

≪詩經≫ 〈鄘風 鶉之奔奔〉에 말하였다.

"남이 선량하지 않더라도 나는 형으로 대하리라."

子路曰 人善我어든 我亦善之요 人不善我이어든 我不善之호리라 子貢曰 人善我어든 我亦善之어니와 人不善我어든 我則引之進退而已耳라 顔回曰 人善我어든 我亦善之요 人不善我이라도 我亦善之호리라 三子所持各異하여 問於夫子한대 夫子曰 由之所(言)〔持〕①는 蠻貊之言也요 賜之所(言)〔持〕는 朋友之言也요 回之所(言)〔持〕는 親屬之言也니라 詩曰 人之無良이라도 我以爲兄②이리라

① 所言 : '所言'의 '言'은 모두 '持'가 되어야할 듯하다.
所言之言은 疑竝當作持라

② 人之無良 我以爲兄 : 趙懷玉本에 '人而無良'으로 되어 있고, 그 교감한 내용에 "各本에 '而'는 '之'로 되어 있으나, 이제 ≪詩攷≫를 따른다." 하였다.
趙本에 作人而無良이요 校語에 各本而作之나 今從詩攷라

9-8 齊 景公[12]이 마음껏 술을 마시고서 취하였다. 그래서 衣冠을 풀고 거문고를 연주하면서 스스로 즐거워서 좌우 신하들을 돌아보고 말하였다.

"어진 사람도 이것을 즐거워하는가?"

좌우 신하들이 대답하였다.

"어진 사람의 耳目도 보통 사람과 같은데 무엇 때문에 즐거워하지 않겠습니까."

이 말을 듣고 경공이 말하였다.

---

11) 蠻貊 : 중국 사람이 중국의 남쪽과 북쪽에 살던 민족을 낮잡아 부르던 말로, 蠻은 남방의 이민족이고, 貊은 북방의 이민족이다. ≪論語≫ 〈衛靈公〉에 "말이 충성스럽고 미더우며 행실이 돈독하고 공경스러우면 비록 만맥 같은 오랑캐 나라에서도 행해질 수 있다.〔言忠信 行篤敬 雖蠻貊之邦 行矣〕"라고 한 공자의 말에 보인다.

12) 齊 景公 : 춘추시대 齊 莊公의 아우로 이름은 杵臼이다.

"수레를 몰고 가서 晏子[13)]를 모셔 오너라."

안자가 듣고 朝服을 입고 도착하자 경공이 말하였다.

"오늘 과인의 이 즐거움을 大夫와 함께 누리고 싶소."

안자가 말하였다.

"임금의 말씀이 지나치십니다. 齊나라에 五尺童子로부터 그 이상은 힘으로 따지면 모두 저와 임금보다 낫지만 감히 그렇게 하지 못하는 것은 禮를 두려워하기 때문입니다. 그러므로 천자로부터 예가 없으면 社稷을 지킬 수 없고 제후가 예가 없으면 나라를 지킬 수 없으며, 윗사람이 예가 없으면 아랫사람을 부릴 수 없고 아랫사람이 예가 없으면 윗사람을 섬길 수 없으며, 대부가 예가 없으면 家[14)]를 다스릴 수 없고 형제가 예가 없으면 함께 살 수 없는 법입니다. 그러므로 '예가 없는 사람은 차라리 빨리 죽는 것이 낫다.'라고 한 것입니다."

경공이 부끄러운 낯빛을 띠고 자리에서 물러나 사죄하여 말하였다.

"과인이 어질지 못하고 선량하지 못한데 좌우 신하들이 과인을 酒色에 빠뜨려[15)] 이 지경에 이르게 하였으니, 좌우 신하들을 죽여서 나의 잘못을 보완하겠소."

그러자 안자가 대답하였다.

"좌우 신하들은 잘못이 없습니다. 임금께서 예를 좋아하시면 예가 있는 사람은 이르겠지만 예가 없는 사람은 떠날 것이고, 임금께서 예를 싫어하시면 예가 없는 사람은 이르겠지만 예가 있는 사람은 떠날 것이니, 좌우의 신하들이 무슨 죄가 있겠습니까."

경공이 말하였다.

"그 말이 훌륭하오."

이에 경공이 의복을 바꿔 입고 앉자 술이 세 순배 돌았다. 안자가 하직하고 떠나자 경공이 절하고 보냈다.

≪詩經≫ 〈鄘風 相鼠〉에 말하였다.

"예가 없는 사람이여, 어찌하여 빨리 죽지 않는가."

齊景公이 縱酒라 醉하여 而解衣冠하고 鼓琴以自樂①하여 顧左右曰 仁人도 亦樂此乎아 左右曰 仁人耳目猶人하니 何爲不樂乎잇가 景公曰 駕車以迎晏子②하라 晏子聞之하고 朝服而至어늘 景

13) 晏子 : 춘추시대 齊나라의 名相인 晏嬰이다.
14) 家 : 대부의 封邑이다.
15) 酒色에 빠뜨려 : 원문의 '淫'은 女色에 빠지는 것이고, '湎'은 술에 빠지는 것이다.

公曰 今者에 寡人此樂을 願與大夫同之③호리라 晏子曰 君言過矣로이다 自齊國五尺已上은 力皆能勝嬰與君이나 所以不敢者는 畏禮也라 故自天子無禮면 則無以守社稷하고 諸侯無禮면 則無以守其國하며 爲人上無禮면 則無以使其下하고 爲人下無禮면 則無以事其上하며 大夫無禮면 則無以治其家하고 兄弟無禮면 則不同居하나니 人而無禮는 不若遄死라하니이다 景公色媿하여 離席而謝曰 寡人不仁無良이어늘 左右淫湎寡人하여 以至於此하니 請殺左右하여 以補其過호리라 晏子曰 左右無過니이다 君好禮면 則有禮者至하고 無禮者去요 君惡禮면 則無禮者至하고 有禮者去하나니 左右何罪乎잇가 景公曰 善哉라하고 乃更衣而坐④하니 觴酒三行이라 晏子辭去하니 景公拜送이러라 詩曰 人而無禮는 胡不遄死오

① 鼓琴以自樂 : '鼓琴'은 ≪新序≫ 〈刺奢〉에 '鼓樂(음악을 연주하다.)'으로 되어 있다.
鼓琴은 新序刺奢에 作鼓樂이라

② 駕車以迎晏子 : '駕車'는 ≪新序≫에 '速駕(속히 수레를 몰다.)'로 되어 있다.
駕車는 序作速駕라

③ 願與大夫同之 : 趙懷玉本에 '請去禮(예를 차리지 마시오.)' 3字가 있고, 그 교감한 내용에 "3字는 舊本에 빠져 있었는데 ≪新序≫ 〈刺奢〉편에 의거하여 보충한다. 이 3字를 보충해야 아래 문장과 비로소 이어지게 된다." 하였다.
趙本에 有請去禮三字요 校語에 三字는 舊本脫이러니 據新序刺奢篇補하니 下方有所承이라

④ 乃更衣而坐 : ≪新序≫에 "請革衣冠 更受命 乃廢酒而更尊 朝服而坐('의관을 바꿔 입고 다시 명을 받겠소.'라고 하고 이에 술을 치우고 술상을 다시 본 뒤에 朝服을 입고 앉다.)"라고 하였다.
序云 請革衣冠하고 更受命호리이다하고 乃廢酒而更尊하고 朝服而坐라

9-9 傳에 말하였다.

堂衣若[16]이 孔子의 대문을 두드리면서 말하였다.

"丘 있느냐? 丘 있느냐?"

그러자 자공이 이렇게 응대하였다.

"군자는 어진 사람을 존경하고 대중을 포용하며 잘하는 사람을 좋게 여기고 잘하지 못한 사람을 불쌍히 여기며,[17] 가까운 사람을 친하게 대하여 먼 사람에게까지

16) 堂衣若 : 춘추시대 사람인데, 生平은 미상이다.
17) 군자는……여기며 : 子夏의 門人이 子張에게 벗을 사귀는 것에 대해 묻자 자장이 대답한 말로, ≪論語≫ 〈子張〉에 보인다.

미치며, 자기가 바라지 않는 것을 남에게 베풀지 않는 법인데,[18] 그대는 어찌하여 우리 스승의 이름을 함부로 부릅니까?"

당의약이 말하였다.

"그대는 어찌하여 나이가 어린데도 말로 몰아붙이느냐?"

그러자 자공이 대답하였다.

"큰 수레를 단단히 매지 않으면 짐을 실을 수 없고, 琴瑟의 絃을 단단히 조이지 않으면 소리를 낼 수 없는 법입니다. 그대가 말로 몰아붙이기에 저도 몰아붙인 것입니다."

당의약이 말하였다.

"나는 처음에 그대가 鴻鵠의 힘[19]을 갖추었다고 생각하였는데 이제 보니 날개만 갖추고 있구나."

이 말을 듣고 자공이 대답하였다.

"홍곡의 힘이 있지 않다면 어떻게 그 날개를 들 수 있겠습니까."

≪詩經≫ 〈衛風 淇奧〉에 말하였다.

"깎고 다듬은 듯하고 쪼고 간 듯하다."

傳曰 堂衣若이 扣孔子之門曰 丘在乎아 丘在乎아 子貢應之曰 君子尊賢而容衆하고 嘉善而矜不能하며 親內及外하며 己所不欲을 勿施於人하나니 子何言吾師之名焉고 堂衣若曰 子何年少言之絞오 子貢曰 大車不絞면 則不成其任하고 琴瑟不絞면 則不成其音하나니 子之言絞라 是以絞之也니이다 堂衣若曰 吾始以鴻之力이러니 今徒翼耳로다 子貢曰 非鴻之力이면 安擧其翼이리오 詩曰 如切如磋하며 如琢如磨로다

9-10 齊 景公이 昭華池[20]에 나가 주살질을 하였는데 顏鄧聚[21]가 잡은 새를 관리하

---

18) 자기가……법인데 : 子貢이 종신토록 명심할 한마디 말을 청하자, 공자가 "그것은 恕일 것이다. 자기가 바라지 않는 것을 남에게 베풀지 않는 것이다.〔其恕乎 己所不欲 勿施於人〕"라고 한 말이 ≪論語≫ 〈衛靈公〉에 보인다.

19) 鴻鵠의 힘 : 원대한 역량을 말한다. 秦나라 말기에 陳勝은 젊어서 친구들과 밭갈이와 품팔이를 하며 살았는데, 일찍이 밭두둑에서 부귀를 누리고 싶다고 장탄식을 하였다. 품팔이 주제에 부귀를 논한다고 친구들이 비웃자, 진승은 "아, 제비와 참새가 어찌 높이 나는 기러기의 뜻을 알리오.〔嗟乎 燕雀 安知鴻鵠之志哉〕"라고 하였다고 한다.(≪史記≫ 권48 〈陳涉世家〉)

20) 昭華池 : 늪지대에 있는 못 이름이다.

21) 顏鄧聚 : 춘추시대 齊나라 大夫이다.

다가 그만 놓쳐 버렸다. 그러자 경공이 노하여 죽이려고 하였다. 이에 晏子가 말하였다.

"등취는 죽어 마땅한 죄가 네 가지 있으니 죄를 열거하고 죽이겠습니다."

경공이 대답하였다.

"좋소."

안자가 말하였다.

"안등취! 너는 우리 임금을 위해 새를 관리하다가 놓쳤으니 이것이 첫 번째 죄이다. 또 우리 임금으로 하여금 새 때문에 사람을 죽이게 하였으니 이것이 두 번째 죄이다. 그리고 사방 제후들이 이 일을 듣고 우리 임금이 새를 중시하고 선비를 경시한다고 여기게 하였으니 이것이 세 번째 죄이다. 마지막으로 천자가 이 일을 들으면 반드시 우리 임금을 쫓아내어 사직을 위태롭게 하고 종묘의 제사를 끊을 것이니 이것이 네 번째 죄이다. 이렇게 네 가지 죄를 지었으므로 죽어 마땅하며 용서할 수 없다. 신은 청컨대 이 자를 죽이겠습니다."

경공이 말하였다.

"그만두라. 이 또한 나의 잘못이다. 선생은 과인을 위해 공경히 사과해 주시오."

≪詩經≫ 〈鄭風 羔裘〉에 말하였다.

"나라를 바로잡을 사람이로다."

齊景公이 出弋昭華之池한대 顔鄧聚가 主鳥而亡之①어늘 景公怒하여 而欲殺之한대 晏子曰 夫鄧聚②有死罪四하니 請數而誅之호리이다 景公曰 諾다 晏子曰 鄧聚爲吾君③主鳥而亡之하니 是罪一也요 使吾君以鳥之故而殺人하니 是罪二也요 使四國諸侯聞之以吾君重鳥而輕士하니 是罪三也요 天子聞之어든 必將貶絀吾君하여 危其社稷하고 絶其宗廟하니 是罪四也④라 此四罪者라 故當殺無赦로다 臣請加誅焉호리이다 景公曰 止하라 此亦吾過矣라 願夫子爲寡人敬謝焉하라 詩曰 邦之司直이라

① 顔鄧聚主鳥而亡之 : '顔鄧聚'는 ≪說苑≫ 〈正諫〉에 '燭鄒'로 되어 있다. 趙懷玉本에 '顔涿聚'로 되어 있고, 그 교감한 내용에 "'顔涿聚'는 舊本에 '顔鄧聚'로 되어 있었으니 잘못된 것이다. ≪太平御覽≫ 권832에서 인용한 글에 의거하여 개정한다. 또 앞에 '使'자가 있다. ≪晏子春秋≫ 外篇에 '顔燭鄒'로 되어 있고, ≪史記≫와 ≪漢書≫ 〈古今人表〉에도 모두 같으니, 발음이 서로 비슷하다." 하였다.

顔鄧聚는 說苑正諫에 作燭鄒라 趙本에 作顔涿聚요 校語에 顔涿聚는 舊本에 作顔鄧聚譌라

據御覽八百三十二引改正이라 又上有使字라 晏子外篇에 作顔燭鄒요 史記及古今人表에 皆同하니 聲相近이라

② 鄧聚 : 趙懷玉本에 '涿聚'로 되어 있다. 뒤에도 같다.

趙本에 作涿聚니 下同이라

③ 鄧聚爲吾君 : 趙懷玉本에 '汝爲吾君(너는 우리 임금을 위해)'으로 되어 있고, 그 교감한 내용에 "'汝'자는 舊本에 빠져 있었는데 ≪晏子春秋≫에 의거하여 보탠다."하였다.

趙本에 作汝爲吾君이요 校語에 汝字는 舊脫이러니 依晏子增이라

④ 天子聞之……是罪四也 : ≪說苑≫에는 위의 세 번째 죄까지만 있고 여기 네 번째 죄에 해당하는 22字가 없다.

說苑에 止上三罪이요 無此二十二字라

9-11 魏 文侯[22)]가 解狐에게 물었다.

"과인이 西河의 태수를 세우려고 하는데 누가 적당하겠소?"

해호가 대답하였다.

"荊伯柳라는 사람이 賢人이니 아마도 그가 적당할 것입니다."

이 말을 듣고 문후가 장차 형백류를 서하의 태수로 삼으려고 하였다. 형백류가 좌우 사람들에게 물었다.

"누가 나를 우리 임금에게 추천하였는가?"

좌우 사람들이 모두 말하였다.

"해호입니다."

이 말을 듣고 형백류가 가서 해호를 보고 사죄하며 말하였다.

"그대가 도리어 신의 잘못을 용서하고 임금에게 추천하였으니, 삼가 재배하고 감사를 표합니다."

그러자 해호가 대답하였다.

"그대를 추천한 것은 公的인 일이고 그대를 원수로 여기는 것은 나의 私的인 일이오. 공적인 일을 이미 행하였으니, 예전처럼 그대를 원수를 여길 것이오."

그러고는 활을 당겨 쏘려고 하자 형백류는 열 걸음 정도 달아나 사라졌다. 해호는 용맹하다고 이를 만하다.

≪詩經≫ 〈鄭風 羔裘〉에 말하였다.

---

22) 魏 文侯 : 전국시대 魏 桓子의 손자로, 이름은 斯이다.

"나라를 바로잡을 사람이로다."

魏文侯問於解狐①曰 寡人將立西河之守②하리니 誰可用者오 解狐對曰 荊伯柳者賢人③이니 殆可니이다 文侯將以荊伯柳爲西河守④한대 荊伯柳問左右호대 誰言我於吾君고 左右皆曰 解狐니이다 荊伯柳往見解狐而謝之曰 子乃寬臣之過也하고 言於君하니 謹再拜謝하노이다 解狐曰 言子者는 公也요 怨子者는 吾私也라 公事已行하니 怨子如故로다 張弓射之한대 走十步而沒⑤하니 可謂勇矣로다 詩曰 邦之司直이라

① 魏文侯問於解狐 : '魏文侯'는 ≪韓非子≫ 〈外儲說左下〉에는 '簡主'로 되어 있고, ≪說苑≫ 〈至公〉에는 '晉文公'으로 되어 있다. '解狐'는 '咎犯'으로 되어 있다. 내가 살펴보건대 ≪春秋左氏傳≫에 "祁奚請老 晉侯問嗣焉 稱解狐 其讎也 將立之而卒(祁奚가 致仕하기를 청하자 晉侯가 후사로 누가 좋은지 물었다. 解狐를 추천하니 그는 기해의 원수였다. 장차 해호를 세우려고 하였으나 기해가 죽여버렸다.)"이라고 하였는데, 韓非子나 劉向이 생존할 당시에 ≪春秋左氏傳≫은 學官에 과목으로 세워지지 않아서 이 일을 알 수 없었을 것이다. 그러므로 각자 자신이 들은 것에 의거하여 기록해서 피차간에 내용이 다른 것이다.
魏文侯는 韓子外儲說에 作簡主요 說苑至公에 作晉文公이라 解狐는 作咎犯이라 宋案컨대 左氏春秋에 祁奚請老하니 晉侯問嗣焉한대 稱解狐하니 其讎也러라 將立之而卒이라 하니 韓劉時에 左氏未立學官하여 未見此事라 故各據所聞而彼此異說也라

② 寡人將立西河之守 : '西河'는 ≪韓非子≫에 '上黨'으로 되어 있다. 趙懷玉이 교감한 내용에 "'立'은 ≪太平御覽≫ 권482에서 인용한 글에는 '定'으로 되어 있다." 하였다.
西河는 韓에 作上黨라 趙校語에 立은 御覽四百八十二引作定이라

③ 荊伯柳者賢人 : '荊伯柳'는 ≪說苑≫에 '虞子羔'로 되어 있다. ≪韓非子≫에서는 '荊'을 '邢'으로 표기하였다. 趙懷玉이 교감한 내용에 "≪韓非子≫ 〈外儲說左下〉편에 '擧荊伯柳於簡主爲上黨守(荊伯柳를 簡主에게 천거하여 上黨의 太守로 삼게 하다.)'로 되어 있다.
荊伯柳는 說苑에 作虞子羔라 韓則以荊爲邢이라 趙校語에 韓非外儲說左下篇에 作擧荊伯柳於簡主爲上黨守라

④ 文侯將以荊伯柳爲西河守 : 趙懷玉本에 '文侯曰是非子之讎也 對曰君問可 非問讎也 於是將以荊伯柳爲西河守(문후가 묻기를 '이는 그대의 원수가 아닌가?'라고 하자, 대답하기를 '임금께서 누가 적당한지를 물으셨지 원수를 물은 것이 아닙니다.'라고 하였다. 이에 장차 형백류를 서하의 태수로 삼으려고 하였다.)'로 되어 있고, 그 교감한 내용에 "18字는 舊本에 빠져 있었는데 이제 ≪太平御覽≫에 의거하여 보충한다." 하였다.
趙本에 作文侯曰是非子之讎也아 對曰君問可요 非問讎也니이다 於是에 將以荊伯柳爲西河守요 校語에 十八字는 舊本脫이러니 今據御覽補라

⑤ 張弓射之 走十步而沒 : ≪說苑≫에 "子其去矣 顧吾射子也(그대는 가시오. 돌아보면 내 그

대를 쏘겠소.)"라고 하였으니, 비교해보면 이것이 사정에 가깝거나 합치된다.

說苑云 子其去矣어다 顧吾射子也라하니 視此爲近合事情이라

9-12 楚나라에 사람의 관상을 잘 보는 이가 있었는데, 그가 하는 말이 失策이 없어서 나라 안에 소문이 퍼졌다. 楚 莊王[23)]이 불러서 보고 〈관상을 보는 데 실책이 없는 이유를〉 묻자, 다음과 같이 대답하였다.

"신은 사람의 관상을 잘 보는 것이 아니라 그가 교제하는 벗을 잘 보는 자입니다. 일반 백성을 살펴보면, 그 벗들이 모두 효도하고 공경하며 독실하고 삼가며 법령을 두려워하면 이러한 사람은 반드시 집안이 날로 번창하고 몸도 날로 편안해질 것이니, 이것이 이른바 길한 사람입니다. 임금을 섬기는 신하를 살펴보면, 그 벗들이 모두 성실하고 신실하며 덕행이 있고 善을 좋아하면 이러한 사람은 일처리가 날로 좋아지고 관직이 날로 높아질 것이니, 이것이 이른바 길한 신하입니다. 임금을 살펴보면, 조정의 신하가 대부분 어질고 좌우의 신하가 대부분 충성스러워서 임금이 잘못을 저지를 경우 모두 다투어 바르게 간언을 하면 이러한 사람은 나라가 날로 편안하고 군주 자신이 날로 존귀해져서 명성이 날로 드러날 것이니, 이것이 이른바 길한 군주입니다. 신은 사람의 관상을 잘 보는 것이 아니라 그가 교제하는 벗을 잘 보는 자입니다."

왕이 말하였다.

"훌륭하다."

장왕이 賢能한 인재에게 일을 맡겨 천하에 霸者가 될 수 있었던 것은 아마도 이러한 사람을 얻었기 때문일 것이다.

≪詩經≫ 〈鄭風 羔裘〉에 말하였다.

"저기 저 사람이여, 나라의 아름다운 선비로다."

楚有善相人者하니 所言無遺(美)〔策〕①하여 聞於國中이라 莊王召見而問焉한대 對曰 臣非能相人也라 能相人之友者也②니이다 觀布衣者컨대 其友가 皆孝悌篤謹畏令③하면 如此者는 家必日益하고 而身日安④하니 此所謂吉人者也요 觀事君者 其友가 皆誠信有行好善하면 如此者는 措事日益⑤하고 官職日進하니 此所謂吉臣者也⑥요 觀人主也⑦컨대 朝臣多賢하고 左右多忠하여

23) 楚 莊王 : 춘추시대 五霸의 한 사람으로, 穆王의 아들이고, 이름은 旅이다.

主有失敗에 皆交爭正諫[⑧]하면 如此者는 國日安하고 主日尊하여 名聲日顯[⑨]하니 此所謂吉主者也니이다 臣非能相人也라 觀友者也니이다 王曰 善하다 (其)〔莊王〕所以任賢使能하여 而霸天下者[⑩]는 (始)〔殆〕遇之於是也[⑪]라 詩曰 彼己之子여 邦之彦兮[⑫]로다

① 所言無遺美 : '美'는 ≪呂氏春秋≫ 〈不苟論 貴當〉과 ≪新序≫ 〈雜事〉를 따라 '策'으로 되어야 한다. 趙懷玉이 교감한 내용에 "≪呂氏春秋≫ 〈貴當〉편과 ≪新序≫ 〈雜事 五〉에 '美'는 모두 '策'으로 되어 있다." 하였다.
美는 當從呂氏春秋不苟論과 新序雜事作策이라 趙校語에 呂氏春秋貴當篇과 新序雜事五에 美皆作策이라

② 能相人之友者也 : '相'은 ≪新序≫에 '觀'으로 되어 있고, '友'는 '交'로 되어 있다.
相은 序作觀이요 友는 作交라

③ 皆孝悌篤謹畏令 : '篤'은 ≪呂氏春秋≫ 〈不苟論〉에 '純'으로 되어 있다.
篤은 論作純이라

④ 而身日安 : '安'은 ≪呂氏春秋≫ 〈不苟論〉에 '榮'으로 되어 있다. 趙懷玉이 교감한 내용에 "≪呂氏春秋≫에 '榮'으로 되어 있다." 하였다.
安은 論作榮라 趙校語에 呂氏春秋作榮이라

⑤ 措事日益 : '措事'는 ≪呂氏春秋≫와 劉向의 ≪新序≫에 모두 '事君(임금을 섬기다.)'으로 되어 있다.
措事는 呂劉皆作事君이라

⑥ 此所謂吉臣者也 : '臣'은 ≪新序≫에 '士'로 되어 있다.
臣은 序作士라

⑦ 觀人主也 : '觀'과 '也' 2字는 ≪呂氏春秋≫를 따라 교정하고 보충한다. 趙懷玉本에는 '觀'과 也' 2字가 없다.
觀也二字는 從呂氏春秋校補라 趙本에 無觀也二字라

⑧ 皆交爭正諫 : '正'은 ≪呂氏春秋≫ 〈不苟論〉에 '証'으로 되어 있다. 趙懷玉이 교감한 내용에 "≪呂氏春秋≫에 '証諫(諫하다.)'으로 되어 있다." 하였다.
正은 論作証이라 趙校語에 呂氏春秋에 作証諫이라

⑨ 名聲日顯 : ≪呂氏春秋≫에 "天下日服(천하 사람들이 날로 복종하다.)"이라고 하였다.
呂云 天下日服이라

⑩ 其所以任賢使能 而霸天下者 : '其'자는 '莊王'으로 되어야 할 듯하다.
其字는 疑當作莊王이라

⑪ 始遇之於是也 : '始'는 '殆'가 되어야 한다. 趙懷玉이 교감한 내용에 "'始'는 뜻이 '殆'와 같다." 하였다.
始는 當爲殆라 趙校語에 始義同殆라

⑫ 彼己之子 邦之彦兮 : ≪新序≫에서는 ≪詩經≫의 "濟濟多士 文王以寧(훌륭한 많은 선비들이여, 문왕이 이들 때문에 편안하도다.)"이라는 구절을 인용하였다.

序에 引詩濟濟多士여 文王以寧이라

9-13 공자가 少源의 들판에 나가 노닐 적에 어떤 부인이 못가에서 곡을 하고 있었는데 그 소리가 매우 구슬펐다. 공자가 제자를 시켜 이렇게 묻게 하였다.

"부인은 어찌하여 슬피 곡을 하시오?"

부인이 대답하였다.

"아까 蓍草[24])를 베다가 시초로 만든 제 비녀를 잃어버렸습니다. 제가 이 때문에 슬퍼하는 것입니다."

제자가 물었다.

"시초를 베다가 시초로 만든 비녀를 잃어버렸다고 어찌 슬퍼하시오?"[25])

부인이 대답하였다.

"비녀를 잃은 것을 상심해 하는 것이 아니라 오래된 옛 물건을 잃어버렸기 때문입니다."

孔子出遊少源①之野할새 有婦人中澤而哭한대 其音甚哀러라 孔子②使弟子問焉曰 夫人은 何哭之哀오 婦人曰③ 鄉者에 刈蓍薪④이라가 亡吾蓍簪이라 吾是以哀也니이다 弟子曰⑤ 刈蓍薪而亡蓍簪하니 有何悲焉고 婦人曰 非傷亡簪也라 蓋不忘故也⑥로이다

① 源 : 趙懷玉本에 '原'으로 되어 있다.

趙本에 作原이라

② 孔子 : 趙懷玉本에 '孔子怪之'로 되어 있고, 그 교감한 내용에 "이 2字는 舊本에 빠져 있었는데 ≪文選≫에 실린 陸士衡의 〈演連珠〉 注에서 인용한 글에 의거하여 보충한다. ≪太平御覽≫ 권55에서 인용한 글도 같다." 하였다.

趙本에 作孔子怪之요 校語에 此二字는 舊本脫이러니 據文選陸士衡連珠注引補라 御覽五十五引亦同이라

③ 婦人曰 : 趙懷玉本에 '婦人對曰(부인이 대답하여 말하였다.)'로 되어 있고, 그 교감한 내용에 "舊本에는 '對'자가 없었는데 ≪文選≫ 注에 의거하여 보탠다." 하였다.

24) 蓍草 : 국화과의 여러해살이풀인 '톱풀'로, 점을 칠 때 사용하고 비녀도 만들 수 있다.

25) 시초를……슬퍼하시오 : 시초로 만든 비녀를 잃어버렸으면 시초로 다시 비녀를 만들면 되는데 부인이 슬퍼하기 때문에 다시 물은 것이다.

趙本에 作婦人對曰이요 校語에 舊本無對字러니 據選注增이라

④ 刈著薪 : 趙懷玉이 교감한 내용에 "≪文選≫ 注에서 두 차례 인용한 글에는 '薪' 뒤에 모두 '而'자가 있다." 하였다.

趙校語에 選注兩引皆有而字라

⑤ 弟子曰 : 趙懷玉이 교감한 내용에 "≪文選≫과 ≪太平御覽≫에 모두 '孔子曰'로 되어 있다." 하였다.

趙校語에 兩書俱作孔子〔曰〕[26]라

⑥ 孔子出遊少源之野……蓋不忘故也 : ≪詩經≫의 내용이 빠진 듯하다. 趙懷玉이 교감한 내용에 "'蓋'자는 ≪文選≫과 ≪太平御覽≫에 모두 '吾所以悲者(내가 슬퍼하는 까닭)' 5字로 되어 있다. ≪太平御覽≫ 권688에서 인용한 글도 같다." 하였다.

疑脫詩辭라 趙校語에 蓋字는 兩書俱作吾所以悲者五字라 六百八十八引亦同이라

9-14 傳(≪荀子≫)에 말하였다.

君子가 道를 듣는 경우에는 귀에 들어오면 마음에 간직하여, 仁으로 살피고 信으로 지키며, 義로 실행하고 遜으로 표출한다. 그러므로 사람들이 모두 마음을 비우고 듣는 것이다. 이와는 반대로 小人이 도를 듣는 경우에는 귀에 들어오면 입으로 표출하여 구차하게 말할 뿐이다. 비유하자면 배불리 먹고 이를 토해내어 신체에 무익할 뿐만 아니라 志氣에도 해를 끼치게 되는 것과 같다.

≪詩經≫ 〈邶風 日月〉에 말하였다.

"어찌 마음에 안정이 있으리오."

傳曰 君子之聞道는 入之於耳어든 藏之於心하여 察之以仁하며 守之以信하며 行之以義하며 出之以遜이라 故人無不虛心而聽也니라 小人之聞道는 入之於耳어든 出之於口하여 苟言而已①니 譬如飽食而嘔之하여 其不惟肌膚無益이라 而於志亦戾矣라 詩曰 胡能有定이리오

① 君子之聞道……苟言而已 : ≪荀子≫ 〈勸學〉에 "君子之學也 入乎耳 著乎心 布乎四體 形乎動靜 端而言 蝡而動 一可以爲法則 小人之學也 入乎耳 出乎口 口耳之間 則四寸耳 曷足以美七尺之軀哉(군자의 배움은 소리가 귀에 들어오면 마음에 간직하여 온몸에 적용시키며 동작으로 표현한다. 그러므로 그의 간단히 하는 말과 작은 움직임이 하나같이 다른 사람의 법칙이 될 수 있는 것이다. 소인의 배움은 소리가 귀에 들어오면 곧 입으로 표출한다. 입과 귀 사이는 네 치에 지나지 않으니, 어떻게 7척이나 되는 몸을 아름답게 할 수 있겠는가.)"라고 하였으니,

26) 曰 : 저본에는 없으나, 문맥을 살펴 보충하였다.

가리키는 뜻이 이것과 대략 같다.

荀子勸學云 君子之學也는 入乎耳어든 著乎心하여 布乎四體하고 形乎動靜일새 喘而言과 蝡而動이 一可以爲法則이어니와 小人之學也는 入乎耳어든 出乎口하니 口耳之間은 則四寸耳니 曷足以美七尺之軀哉리오하니 指意가 與此略同이라

9-15 공자가 子貢, 子路, 顔淵과 戎山 위에서 유람할 적에 공자가 喟然히 탄식하며 말하였다.

"그대들은 각자 자신의 뜻을 말해 보거라. 내가 살펴보겠다. 由야, 너는 어떠냐?"

자로가 대답하였다.

"달빛 같은 흰 깃털과 해 같은 붉은 깃털로 장식한 장수의 깃발을 얻어서 종과 북을 치는 소리가 위로 하늘에까지 진동하고 아래로 땅으로 뒤흔들면서 군대를 거느리고서 공격하겠습니다. 이는 오직 저만이 할 수 있습니다."

공자가 이 말을 듣고 평하였다.

"勇士로다. 賜야, 너는 어떠냐?"

자공이 대답하였다.

"흰 옷에 흰 관을 쓰고서 두 나라에 사신 갈 적에 아주 작은 병기와 아주 적은 식량도 들지 않고 가서 두 나라를 형제처럼 친하게 지내도록 만들겠습니다."

공자가 이 말을 듣고 평하였다.

"辯士로다. 回야, 너는 어떠냐?"

안회가 대답하였다.

"절인 생선은 난초·구리때와 같은 상자에 넣어 간직하지 못하고,[27] 桀紂는 堯舜과 같은 시대에 다스릴 수 없는 법입니다. 두 사람이 이미 말을 하였으니 제가 무슨 말을 하겠습니까."

공자가 말하였다.

"회는 어찌하여 〈두 사람의 일을〉 비루하다 하는가."

안회가 말하였다.

"明王과 聖主를 만나 그의 재상이 되어서 성곽을 修築하지 않고 해자를 파지 않게

---

27) 절인……못하고 : 절인 생선은 악취가 나는 물건이고, 난초와 구리때는 모두 향초의 이름이다.

하며, 陰陽을 조화롭게 하고 집과 사람을 넉넉하게 하며, 창고의 병기를 주조하여 농기구를 만들게 하겠습니다."

공자가 이 말을 듣고 평하였다.

"큰 선비로다. 이렇게 되면 由가 뜻을 얻은 들 네가 어디를 공격하겠으며, 賜가 언변이 좋은 들 네가 어디로 사신 가겠느냐. 원컨대 衣冠을 얻어서 그대의 가신이 되고 싶구나."

孔子與子貢子路顔淵으로 遊於戎山之上[①]할새 孔子喟然歎曰 二三子는 各言爾志하라 予將覽焉호리라 由아 爾何如오 對曰 得白羽如月과 赤羽如日[②]하여 擊鐘鼓者가 上聞於天하고 下槊於地[③]하여 使將而攻之하리니 惟由爲能이니이다 孔子曰 勇士哉[④]라 賜아 爾何如오 對曰 得素衣縞冠하여 使於兩國之間에 不持尺寸之兵과 升斗之糧하여 使兩國相親如弟兄호리이다 孔子曰 辯士哉[⑤]라 回아 爾何如오 對曰 鮑魚不與蘭茝(채)同笥而藏하고 桀紂不與堯舜同時而治하나니 二子已言호니 回何言哉잇가 孔子曰 回(有)〔奚〕鄙之(心)〔云〕[⑥]고 顔淵曰 願得明王聖主爲之相하여 使城郭不治하고 溝池不鑿하며 陰陽和調하고 家給人足하며 鑄庫兵以爲農器호리이다 孔子曰 大士哉[⑦]라 由來區區汝何攻이며 賜來便便汝何使리오 願得(之)〔衣〕冠[⑧]하여 爲子宰焉[⑨]호리라

① 孔子與子貢子路顔淵 遊於戎山之上 : ≪說苑≫ 〈指武〉에 "孔子北遊 東上農山(공자가 북쪽 지방을 유람하다가 동쪽에 있는 農山에 오르다.)"이라고 하였는데 '農'은 '戎'과 소리가 비슷하다. 趙懷玉本에 '孔子與子路子貢顔淵'으로 되어 있고, 그 교감한 내용에 "'子路'는 舊本에 잘못되어 '子貢' 뒤에 있었는데, 이제 권제7(7-25)에 의거하여 옮겨 바로잡는다. 권7에서는 '戎山'이 '景山'으로 되어 있으니 발음이 또한 대략 서로 비슷하다." 하였다.
說苑指武云 孔子北遊라가 東上農山이라하니 農戎聲近이라 趙本에 作孔子與子路子貢顔淵이요 校語에 子路는 舊誤在子貢下러니 今據第七卷移正이라 彼戎山은 作景山하니 語亦略相似라

② 日 : 趙懷玉이 교감한 내용에 "어떤 本에는 '朱'로 되어 있기도 하나 틀린 것이다." 하였다.
趙校語에 本或作朱非라

③ 下槊於地 : 이 구절 앞에 빠진 글이 있는 듯하다. 劉向의 ≪說苑≫에 "旌旗翩飜 下蟠於地(깃발이 펄럭거려 아래로 땅에 맴돌다.)"라고 하였다.
句上疑有脫漏라 劉云 旌旗翩飜하여 下蟠於地也라

④ 勇士哉 : 劉向의 ≪說苑≫에 "勇哉士乎 憤憤者乎(용감하구나, 선비여! 평온하지 못한 자로다.)"라고 하였다.
劉云 勇哉士乎여 憤憤者乎라

⑤ 辯士哉 : 劉向의 ≪說苑≫에 "辯哉士乎 僊僊者乎(언변이 좋구나, 선비여! 말을 조리 있게

잘하는 자로다.)"라고 하였다.

劉云 辯哉士乎여 偲偲者乎라

⑥ 回有鄙之心 : '有'는 '奚'가 되어야 하고, '心'은 '云'이 되어야 할 듯하다. 趙懷玉이 교감한 내용에 "이 구절 뒤에 빠진 글자가 있는 듯하다." 하였다.

疑或有當爲奚요 心當爲云也라 趙校語에 句下에 似有脫字라

⑦ 大士哉 : 劉向의 ≪說苑≫에 "美哉德乎 姚姚者乎(아름답구나, 그 덕이여! 아름답고 성대한 자로다.)"라고 하였다.

劉云 美哉德乎여 姚姚者乎라

⑧ 願得之冠 : 趙懷玉이 교감한 내용이 의심스럽다.

趙校語疑라

⑨ 願得之冠 爲子宰焉 : '之'는 '衣'가 되어야 한다. ≪孔子家語≫ 〈致思〉에 "不傷財 不害民 不繁詞 則顏氏之子有矣(재화를 손상시키지 않고 백성을 해치지 않고 말을 많이 하지 않는 이러한 점을 顏氏의 아들이 가지고 있구나.)"라고 하였다. 劉向의 ≪說苑≫에 "吾願負衣冠 而從顏氏子也(나는 원컨대 衣冠을 짊어지고 安氏의 아들을 따르겠다.)"라고 하였다.

之當爲衣라 家語致思云 不傷財하고 不害民하고 不繁詞는 則顏氏之子有矣라 劉云 吾願負衣冠하여 而從顏氏子也라

9-16 어진 선비는 俸祿을 구하는 것 때문에 치욕을 받지 않고 名利를 얻는 것 때문에 모욕을 받지 않는다. 老子가 말하였다.

"명예와 신체 중에 어느 것이 자신과 친밀한가? 신체와 재화 중에 어느 것이 자신에게 소중한가? 명리를 얻고 신체를 잃는 것 중에 어느 것이 해로운가? 이 때문에 너무 아끼면 반드시 크게 허비하고 많이 보관하면 반드시 크게 잃으니, 만족을 알면 치욕당하지 않고 그칠 줄 알면 위태롭지 않아 오래 갈 수 있는 것이다. 큰 성취는 결함이 있는 듯하지만 그 효용은 문제가 없고, 큰 충만함은 텅 빈 듯하지만 그 효용은 무궁하며, 큰 곧음은 굽은 듯하고 큰 언변은 어눌한 듯하고 큰 정교함은 엉성한 듯하지만 그 효용은 다함이 없다. 잘못은 욕심이 많은 것보다 큰 것이 없고, 재앙은 만족을 모르는 것보다 큰 것이 없다. 그러므로 만족할 줄 알아 만족하면 늘 만족하게 될 것이다."

賢士는 不以恥食하고 不以辱得이니라 老子曰 名與身孰親고 身與貨孰多오 得與亡孰病고 是故로 甚愛必大費하고 多藏必厚亡하니 知足不辱이요 知止不殆니 可以長久①니라 大成若缺하나 其用不敝요 大盈若沖하나 其用不窮이요 大直若詘②하며 大辯若訥하며 大巧若拙③하나 其用不

屈[④]이라 罪莫大於多欲[⑤]이요 禍莫大於不知足이라 故知足之足이 常足矣[⑥]라

① 名與身孰親……可以長久 : ≪老子道德經≫ 〈立戒〉章의 글이다.
老子道德經立戒章文이라
② 大直若詘 : '詘'은 ≪老子道德經≫에 '屈'로 되어 있다.
詘은 老作屈이라
③ 大成若缺……大巧若拙 : 〈洪德〉章의 글이다. 앞의 '大辯若訥'은 어떤 本에 이 구절 뒤에 있다.
洪德章文이라 上大辯若訥은 本在此句之下라
④ 其用不屈 : 〈洪德〉에는 이 4字가 없다.
洪德에 無此四字라
⑤ 罪莫大於多欲 : '多'는 ≪老子道德經≫에 '可'로 되어 있다.
多는 老作可라
⑥ 罪莫大於多欲……常足矣 : 〈儉欲〉章의 글이다.
儉欲章文이라

9-17 孟子의 아내가 홀로 있을 때에 다리를 뻗고 앉아 있었다. 맹자가 방문으로 들어가다가 이 모습을 보고 어머니에게 아뢰었다.

"아내가 無禮하니 쫓아내소서."

그러자 맹자의 어머니가 물었다.

"무엇 때문이냐?"

맹자가 대답하였다.

"다리를 뻗고 앉아 있었습니다."

그러자 맹자의 어머니가 다시 물었다.

"어떻게 알았느냐?"

맹자가 대답하였다.

"제가 직접 보았습니다."

이 말을 듣고 맹자의 어머니가 말하였다.

"이는 바로 네가 무례한 것이지 아내가 무례한 것이 아니니라. 禮에 이렇게 말하지 않았느냐. '장차 문에 들어가려할 때에는 누가 있는지 묻고, 장차 마루에 오르려 할 때에는 소리를 반드시 크게 내며, 장차 방문에 들어가려 할 때에는 시선을 반드

시 아래로 해야 한다.'[28)]라고. 〈이렇게 하지 않으면〉 남이 무방비에 노출되는 것을 가려 줄 수 없다. 그런데 지금 네가 사사로이 거처하는 곳에 가면서 방문에 들어갈 때에 인기척을 내지 않아 사람으로 하여금 다리를 뻗고 앉아 있는 모습을 보여주게 하였으니, 이는 네가 무례한 것이지 아내가 무례한 것이 아니니라."

이에 맹자가 자책하여 감히 아내를 내쫓지 못했다.

≪詩經≫ 〈邶風 谷風〉에 말하였다.

"순무를 캐고 무를 뜯음은 뿌리 때문만은 아니다."[29)]

孟子妻獨居할새 踞①러니 孟子入戶視之하고 白其母曰 婦無禮하니 請去之②하소서 母曰 何也오 曰 踞하니이다 其母曰 何知之오 孟子曰 我親見之니이다 母曰 乃汝無禮也요 非婦無禮니라 禮不云乎아 將入門③할새 〔問孰存〕하고 將上堂할새 聲必揚하고 將入戶할새 視必下라하니 不掩人不備也라 今汝往燕私之處에 入戶할새 不有聲하여 令人踞而視之④하니 是汝之無禮也요 非婦無禮也니라 於是에 孟子自責하여 不敢去婦러라 詩曰 采葑采菲는 無以下體라

① 孟子妻獨居踞 : ≪列女傳≫에 "孟子旣娶 將入私室 其婦袒而在內(맹자가 장가를 든 뒤 장차 私室로 들어가려 할 적에 그 아내가 윗옷을 벗고 방안에 있었다.)"라고 하였다.
列女傳云 孟子旣娶에 將入私室할새 其婦袒而在內라

② 白其母曰 婦無禮 請去之 : ≪列女傳≫에 "婦辭孟母而求去也(아내가 맹자의 어머니에게 하직하고 떠나기를 청하다.)"라고 하였다.
傳以爲婦辭孟母而求去也라

③ 將入門 : '門' 뒤에 ≪列女傳≫에는 '問孰存' 3字가 있는데 이 글에서는 빠졌다. 趙懷玉本에 '問孰存' 3字가 있고, 그 교감한 내용에 "3字는 舊本에 없었는데 ≪列女傳≫ 〈母儀〉편에 의거하여 보충한다." 하였다.
門下에 傳有問孰存三字하니 蓋此文脫이라 趙本에 有問孰存三字요 校語에 三字는 舊本無러니 據列女傳母儀篇補라

④ 令人踞而視之 : 趙懷玉이 교감한 내용에 "'令'은 ≪列女傳≫에 '今'으로 되어 있다." 하였다.
趙校語에 令列女傳作今이라

28) 장차 마루에……한다 : 모두 ≪禮記≫ 〈曲禮 上〉에 보인다.

29) 순무를……아니다 : 순무와 무는 윗부분과 아랫부분을 모두 먹을 수 있지만 뿌리가 맛이 좋을 때가 있고 나쁠 때가 있으므로 뿌리가 맛이 나쁘다고 잎까지 버려서는 안 된다는 뜻으로, 아내가 작은 잘못을 했다하여 그의 아름다운 德性까지도 버려서는 안 된다는 말이다.(≪詩經集註≫)

9-18 孔子가 衛나라의 東門에 나갔다가 姑布子卿[30)]을 맞이하여 말하였다.

"그대들은 수레를 끌어 한쪽으로 피하라. 어떤 사람이 와서 반드시 나의 관상을 볼 것이니, 기억해 두어라."

고포자경 또한 말하였다.

"그대들은 수레를 끌어 한쪽으로 피하라. 聖人이 올 것이다."

공자가 수레에서 내려 걷자 고포자경이 앞에서 보면서 오십 보를 가고 뒤에서 보면서 오십 보를 간 뒤에 자공을 돌아보고 물었다.

"이 분은 어떤 분인가?"

자공이 대답하였다.

"저의 스승이신 이른바 魯나라 孔丘입니다."

고포자경이 말하였다.

"이 사람이 노나라 공구인가? 나도 그의 이름을 들은 적이 있다."

자공이 물었다.

"저의 스승님의 관상은 어떠합니까?"

고포자경이 대답하였다.

"堯임금의 이마와 舜임금의 눈, 禹임금의 목과 皐陶의 입을 가졌는데, 앞에서 보면 성대하여 군왕의 모습과 같지만 뒤에서 보면 높이 솟은 어깨에 약한 등뼈의 모습이니, 이는 네 성인에는 미치지 못한다."

禹

皐陶

자공이 실망한 낯빛을 띠자 고포자경이 말하였다.

"그대는 무엇을 근심하는가. 얼굴은 움푹 패었지만 추하지는 않고 입은 튀어나왔지만 어지럽지 않으며, 멀리서 보면 수척하여 상갓집 개와 같은데 그대는 무엇을 근심하는가. 그대는 무엇을 근심하는가."

자공이 이 말을 공자에게 고하자, 공자는 사양하지 않고 받아들였지만 유독 상갓집 개라는 말에 대해서는 사양하여 말하였다.

---

30) 姑布子卿 : 춘추시대 鄭나라의 관상가로, 성은 姑布이고 이름은 子卿이다. 孔子와 춘추 말기 晉나라 대부였던 趙襄子의 관상을 봐주었다.

"내가 어찌 감히 받아들이겠느냐."

자공이 말하였다.

"얼굴은 움푹 패였지만 추하지는 않고 입은 튀어나왔지만 어지럽지 않은 것은 저도 이미 알고 있는 사실이지만, 상갓집 개에 대해서는 어찌하여 사양하십니까?"

공자가 대답하였다.

"너는 홀로 상갓집 개를 보지 못하였느냐? 시신을 거두고 棺槨에 넣은 뒤에 자리를 펼치고 제사 지내는 동안, 아무리 돌아보아도 돌봐줄 사람이 없다. 이는 뜻을 펼치려하나 위로는 명철한 왕이 없고 아래로는 어진 方伯이 없어서 王道가 쇠퇴하고 政教가 잘못되므로, 강한 자가 약한 자를 능멸하고 많은 무리가 적은 무리를 포악하게 대하여 백성들이 방종해져서 기강을 세울 수 없다는 것이다. 이 사람이 진실로 나를 그에 해당시키려고 하였다. 그러니 내가 어찌 감히 받아들이겠느냐."

孔子出衛之東門①이라가 逆姑布子卿曰 二三子引車避하라 有人將來하여 必相我者也리니 志之하라 姑布子卿亦曰 二三子引車避하라 有聖人將來리라 孔子下步한대 姑布子卿迎而視之五十步하고 從而望之五十步하고 顧子貢曰 是何爲者也오 子貢曰 賜之師也니 所謂魯孔丘也니이다 姑布子卿曰 是魯孔丘歟아 吾固聞之로다 子貢曰 賜之師何如잇가 姑布子卿曰 得堯之顙과 舜之目②과 禹之頸③과 皐陶之喙④라 從前視之면 盎盎乎似有王者어니와 從後視之면 高肩弱脊⑤하니 此惟不及四聖者也라 子貢吁然한대 姑布子卿曰 子何患焉고 汙面而不惡⑥하고 葭喙而不藉하며 遠而望之면 羸乎若喪家之狗⑦하니 子何患焉고 子何患焉고 子貢以告孔子한대 孔子無所辭로대 獨辭喪家之狗耳하여 曰 丘何敢乎아 子貢曰 汙面而不惡하고 葭喙而不藉는 賜已⑧知之矣어니와 不知喪家狗는 何足辭也오 子曰 賜아 汝獨不見夫喪家之狗歟아 既斂而槨하고 布(器)〔席〕而祭⑨할새 顧望無人이라 意欲施之나 上無明王하고 下無賢(士)方伯⑩하여 王道衰하고 政教失이라 强陵弱하고 衆暴寡하여 百姓縱心하여 莫之綱紀하니 是人固以丘爲欲當之者也라 丘何敢乎리오

① 孔子出衛之東門 : ≪史記≫ 〈孔子世家〉에 "孔子適鄭 與弟子相失 獨立郭東門外(공자가 鄭나라에 갔다가 제자들과 길이 엇갈려 홀로 성곽 동문 밖에 서 있다.)"라고 하였고, ≪孔子家語≫ 〈困誓〉 또한 이렇게 말하였다.

史記世家云 孔子適鄭이라가 與弟子相失하여 獨立郭東門外요 家語困誓亦云이라

② 舜之目 : ≪孔子家語≫에서 말한 "河目隆顙(눈이 반듯하고 길며 광대뼈가 툭 튀어나오다.)"이다. ≪荀子≫ 〈非相〉에 "堯舜參眸子(요순은 겹으로 된 눈동자이다.)"라고 하였다.

家語所謂河目隆顙也라 荀子非相云 堯舜參眸子라

③ 禹之頸 : ≪史記≫ 〈孔子世家〉에 “自要以下不及禹三寸(허리 아래로는 禹임금보다 3치가 부족하다.)”이라고 하였다.
史云 自要以下不及禹三寸이라
④ 皐陶之喙 : ≪史記≫ 〈孔子世家〉에는 “其項類皐陶(그 목은 皐陶와 비슷하다.)”라고 하였고, ≪荀子≫에는 “皐陶之狀色如削瓜(皐陶의 모습은 얼굴색이 껍질 깎은 오이 같다.)”라고 하였다.
史云 其項類皐陶요 荀云 皐陶之狀은 色如削瓜라
⑤ 高肩弱脊 : ≪史記≫ 〈孔子世家〉에 또 “其肩類子産(그 어깨는 子産과 비슷하다.)”이라고 하였다.
史又云 其肩類子産이라
⑥ 汙面而不惡 : ≪荀子≫에 “仲尼之狀面如蒙倛(仲尼의 모습은 얼굴이 도깨비 탈 같다.)”라고 하였다.
荀云 仲尼之狀은 面如蒙倛라
⑦ 羸乎若喪家之狗 : ‘羸乎’는 ≪史記≫ 〈孔子世家〉에 ‘纍纍’로 되어 있으니, 뜻을 얻지 못한 모양이다.
羸乎는 史作纍纍니 不得志之貌也라
⑧ 已 : 趙懷玉本에 ‘以’로 되어 있다.
趙本에 作以라
⑨ 布器而祭 : ‘器’는 ≪史記≫ 〈孔子世家〉 注에서 이 기록을 인용한 글에 ‘席’으로 되어 있는데, 마땅히 이를 따라야 한다.
器는 世家注引此傳作席이니 當從之라
⑩ 下無賢士方伯 : ‘士’자는 衍字인 듯하다.
士字는 疑衍이라

9-19 몸을 수양하는 것을 신중히 하지 않아서는 안 된다. 기호와 욕망이 사치하면 품행이 무너지고, 참소와 아첨이 행해지면 해로움이 이루어진다. 憂患은 분노한 데서 생기고 재앙은 미세한 것에서 일어난다. 汚辱은 씻기 어렵고 실패는 다시 만회할 수 없다. 깊이 생각하고 멀리 염려하지 않으면 후회한들 무슨 보탬이 되겠는가. 僥幸은 본성을 해치는 도끼이고, 嗜慾은 재앙을 쫓는 말이며, 欺瞞은 재앙으로 달려가는 길이고, 남의 비방을 받는 것은 곤궁에 둘러싸인 집이다. 이 때문에 군자가 요행을 제거하고 기욕을 절제하며 忠信에 힘쓰고 한 사람에게도 비방을 받는 일이 없으면, 명성이 늘 보존되어 군자라고 일컬어질 것이다.

≪詩經≫ 〈邶風 旄丘〉에 말하였다.

"어디에 계시는가. 반드시 돕는 자가 있을 것이다."

修身不可不愼也라 嗜慾侈則行虧하고 讒毁行則害成하니 患生於忿怒하고 禍起於纖微하나니 汙辱難湔灑요 敗失不復追라 不深念遠慮면 後悔何益이리오 儌幸者는 伐性之斧也요 嗜慾者는 逐禍之馬也요 謾誕者①는 趨禍之路也②요 毁於人者③는 困窮之舍也④라 是故로 君子去儌幸⑤하며 節嗜慾하며 務忠信하며 無毁於一人⑥이면 則名聲(尙尊)〔常存〕⑦하여 稱爲君子矣리라 詩曰 何其處也오 必有與也리라

① 謾誕者 : '誕'은 《說苑》 〈敬愼〉에 '諛'로 되어 있다.
誕은 說苑敬愼에 作諛라
② 趨禍之路也 : 劉向의 《說苑》에 "窮辱之舍(곤궁과 치욕에 둘러싸인 집)"라고 하였다.
劉云 窮辱之舍라
③ 毁於人者 : '毁'는 劉向의 《說苑》에 '取虐(포학을 취하다.)'으로 되어 있다. 뒤에도 같다.
毁는 劉作取虐이니 下同이라
④ 困窮之舍也 : 劉向의 《說苑》에 "趨禍之路(재앙으로 달려가는 길)"라고 하였다.
劉云 趨禍之路라
⑤ 君子去儌幸 : '去'는 여러 本에 모두 '不'로 되어 있으나, 이제 《說苑》을 따라 교정한다.
趙懷玉本에는 '是故君子不儌幸(이 때문에 군자는 요행을 바라지 않는다.)'으로 되어 있다.
去는 本皆作不이나 今從說苑校正이라 趙本에 作是故君子不儌幸이라
⑥ 無毁於一人 : 劉向의 《說苑》에는 '一'자가 없다.
劉無一字라
⑦ 名聲尙尊 : '尙尊'은 또한 《說苑》을 따라 '常存'으로 되어야 한다.
尙尊은 亦當從說苑作常存이라

9-20 군자의 일상 거처는 내려놓은 가죽옷처럼 편안하고 엎어 놓은 사발처럼 안온하다.[31] 천하에 道가 있으면 제후들이 그를 두려워하지만 천하에 도가 없으면 서민들도 그를 경시한다. 오늘날뿐만 아니라 예전부터 그러하였다. 옛날 范蠡[32]가 이리

31) 엎어……안온하다 : 원문의 '覆杅'는 '覆盂'라고도 하는데, 옆으로 기울어질 염려가 없으므로, 매우 안정된 형세를 비유하는 말로 쓰인다. 東方朔의 〈答客難〉에 "사해의 바깥을 연결하여 띠로 삼으면 엎어 놓은 사발보다 안전하다.〔連四海之外以爲帶 安於覆盂〕"라고 하였다.(《漢書》 권65 〈東方朔傳〉)

32) 范蠡 : 춘추시대 越나라 大夫로, 越王 句踐을 도와서 吳나라를 멸망시키고 霸者가 되게 한 뒤에 五湖에 배를 띄우고 돌아다니다가, 월나라를 떠나 齊나라로 가서 열심히 농사를 지어 부자가 되었다. 齊나라 王이 그를 승상으로 삼자, 범려는 丞相印을 돌려주고 재물

저리 떠돌 적에 齊나라의 도살장 근처에 살았는데, 갑자기 뜻을 펼쳐[33] 仁義를 따라 浮沈을 겪고 깊이 탄식하면서 천지와 근심을 함께 하였다. 그러므로 군자의 일상 거처가 어찌 自若할 수 있겠는가.

≪詩經≫ 〈魏風 園有桃〉에 말하였다.

"내 마음의 근심을 그 누가 알리오."

君子之居也에 綏如安裘하고 晏如覆杅①하니 天下有道則諸侯畏之하고 天下無道則庶人易之라 非獨今日이라 自古亦然이라 昔者에 范蠡行遊할새 與齊屠地居러니 奄忽龍變하여 仁義沈浮하고 湯湯慨慨하여 天地同憂라 故君子居之에 安得自若이리오 詩曰 心之憂矣여 其誰知之리오

① 杅 : 趙懷玉이 교감한 내용에 "어떤 본에 '杼'로 되어 있기도 하나 잘못된 것이다." 하였다. 趙校語에 本或作杼譌라

9-21 田子方[34]이 魏나라에 가자, 위나라 태자[35]가 수레 百乘을 거느리고 교외에서 맞이하였다. 태자가 再拜하고 전자방을 알현하였는데 전자방은 수레에서 내리지 않았다. 그러자 태자가 불쾌하여 물었다.

"감히 묻습니다. 어떤 사람이라야 남에게 교만할 수 있습니까?"

전자방이 대답하였다.

"제가 듣기로 천하를 가지고 남에게 교만하여 멸망한 경우가 있다고 합니다. 이를 통해 보면 貧賤한 사람이라야 남에게 교만할 수 있습니다. 〈빈천한 사람은〉 뜻을 얻지 못하면 신발을 신고 秦나라나 楚나라로 가면 그만이니, 어디에 간들 빈천하지 않겠습니까."

그러자 태자가 재배한 뒤에 물러났다. 하지만 전자방은 끝내 수레에서 내리지 않았다.

을 다 흩어 친지와 이웃에게 나누어 주는 어진 일을 하고서, 陶 땅으로 가서 다시 재산을 모아 억만장자가 되자 천하에서 그를 陶朱公이라 하였다.(≪史記≫ 권41 〈越王句踐世家〉, ≪史記≫ 권129 〈殖貨列傳〉)

33) 뜻을 펼쳐 : 원문의 '龍變'은 '雲蒸龍變'의 준말로, 물이 증발하여 구름이 되고 뱀이 용으로 변하여 하늘로 오르는 것처럼 영웅호걸이 자신의 뜻을 펼치는 것을 말한다.(≪史記≫ 권90 〈魏豹彭越列傳〉)

34) 田子方 : 전국시대 때 魏 文侯의 스승으로, 위 문후가 전자방을 스승으로 삼자 많은 선비들이 위나라에 왔다고 한다.

35) 위나라 태자 : 魏 文侯의 아들인 擊을 가리킨다.

田子方之魏하니 魏太子從車百乘而迎之郊하다 太子再拜하고 謁田子方한대 田子方不下車①어늘 太子不說曰 敢問何如則可以驕人矣잇가 田子方曰 吾聞以天下驕人而亡者有矣②라하니 由此觀之면 則貧賤可以驕人矣③니이다 夫志不得면 授履[36]而適秦楚耳④하나니 安往而不得貧賤乎⑤리오 於是에 太子再拜而後退호대 田子方遂不下車하더라

① 田子方之魏……田子方不下車 : ≪說苑≫ 〈尊賢〉에 "魏文侯從中山奔命安邑 田子方從 太子擊過之 下車而趨 子方坐乘如故(魏 文侯가 中山國에서 安邑으로 달려가 명을 내릴 적에 田子方이 따라갔다. 태자 擊이 찾아가서 수레에서 내려 달려왔으나 전자방은 전처럼 수레에 앉아 있었다.)"라고 하였다.

說苑尊賢云 魏文侯從中山奔命安邑할새 田子方從이러니 太子擊過之하여 下車而趨호대 子方坐乘如故라

② 吾聞以天下驕人而亡者有矣 : 趙懷玉本에 '以一國驕人而亡者有矣(一國을 가지고 남에게 교만하여 멸망한 경우가 있다.)'라는 한 구절이 있고, 그 교감한 내용에 "여러 本에 모두 이 구절이 빠져 있으나, ≪太平御覽≫ 권773에서 인용한 글에 의거하여 보탠다." 하였다.

趙本에 有以一國驕人而亡者有矣一句요 校語에 本皆脫此句나 據御覽七百七十三引增이라

③ 貧賤可以驕人矣 : 劉向의 ≪說苑≫에 "貧窮者驕人 富貴者安敢驕人(貧窮한 사람이 남에게 교만하지 부귀한 사람이 어찌 감히 남에게 교만하겠는가.)"이라고 하였다.

劉云 貧窮者驕人이니 富貴者安敢驕人이라

④ 夫志不得 授履而適秦楚耳 : 劉向의 ≪說苑≫에 "納履而去(신발을 신고 떠나다.)"라고 하였다. 趙懷玉本에 '夫志不得則揳[37](혜)履而適秦楚耳'로 되어 있고, 그 교감한 내용에 "'揳'는 舊本에 '授'로 되어 있는데 잘못된 것이다. 이제 ≪太平御覽≫에 의거하여 고친다." 하였다.

劉云 納履而去라 趙本에 作夫志不得則揳履而適秦楚耳요 校語에 揳는 舊本作授譌라 今據御覽改라

⑤ 安往而不得貧賤乎 : 趙懷玉이 교감한 내용에 "'不得' 뒤에 ≪太平御覽≫에는 '吾'자가 있다." 하였다.

趙校語에 不得下에 御覽有吾字라

9-22 戴晉生[38]이 해진 衣冠을 갖추고 가서 梁王[39]을 뵙자, 양왕이 말하였다.

---

36) 授履 : '授'에 대해 趙善詒는 '接'자의 오자인 듯하다고 하였다. ≪韓詩外傳今註今譯≫

37) 揳 : '揳'에 대해 兪樾은 "玉篇에 '挾也, 扶也(끼다 또는 들다)'라고 하였고, 廣韻에 '揳 挾物(揳는 물건을 끼다는 뜻이다.)'이라고 하였는데, 신발은 끼고 갈 수 없기 때문에 ≪太平御覽≫의 내용은 근거하기에 부족하다." 하였다. (≪韓詩外傳集釋≫)

“과인이 예전에 上大夫[40]의 俸祿으로 선생을 맞이할 때에는 선생께서 머물지 않더니 이제 〈무슨 일로〉 과인을 찾아오셨습니까?”

대진생이 이 말을 듣고 기뻐 웃다가 우러러 길이 탄식하며 말하였다.

“아, 임금의 말을 들어 보니 이것이 임금과 일찍이 교유할 수 없었던 이유입니다. 임금께서는 큰 못의 꿩을 보지 못하셨습니까? 다섯 걸음에 한 번 쪼아 하루 종일 그렇게 해야 배부르지만, 깃털이 함치르르해서 해와 달에 빛이 나며 날개를 펄럭이고 다투어 울면 언덕과 못에까지 소리가 울리는 것은 어째서이겠습니까. 저가 자신의 뜻을 펼침을 즐거워하기 때문입니다. 그런데 잡아다 곳집에 두어 늘 곡식을 쪼아 먹게 하면 오래지 않아 배부르겠지만, 도리어 깃털이 생기를 잃고 志氣가 더욱 축 처져 고개를 떨군 채 울지 않습니다. 어찌 먹이가 좋지 않아서이겠습니까. 저가 자신의 뜻을 펼칠 수 없기 때문입니다. 지금 신이 천리를 멀다 하지 않고 와서 임금과 교유하려고 한 것이 어찌 먹을 것이 부족해서이겠습니까. 임금의 道를 흠모하기 때문일 뿐입니다. 신이 처음에 임금께서 선비를 좋아하는 것이 천하에 둘도 없다고 여겼는데, 이제야 임금께서 확실히 선비를 좋아하지 않는다는 것을 알겠습니다.”

그러고는 작별하고 떠나서 끝내 다시는 가지 않았다.

戴晉生이 敝衣冠而往見梁王한대 梁王曰 寡人이 前日以上大夫之祿要先生에 先生不留러니 今過寡人邪아 戴晉生이 欣然而笑라가 仰而永嘆曰 嗟乎라 由此觀之컨대 君曾不足與遊也로이다 君不見大澤中雉乎①잇가 五步一噣하여 終日乃飽로대 羽毛悅澤하여 光照於日月하고 奮翼爭鳴하면 聲響於陵澤者는 何오 彼樂其志也니이다 援置之囷倉中하여 常噣粱粟이면 不旦時而飽나 然猶羽毛憔悴하고 志氣益下하여 低頭不鳴하니 夫食豈不善哉잇가 彼不得其志故也니이다 今臣不遠千里而從君遊者가 豈食不足이리오 竊慕君之道耳니이다 臣始以君爲好士가 天下無雙이러니 乃今見君不好士明矣로이다하고 辭而去하여 終不復往하다

① 君不見大澤中雉乎 : 趙懷玉이 교감한 내용에 “‘大’는 ‘夫’인 듯하다.” 하였다.
趙校語에 大疑夫라

38) 戴晉生 : 전국시대 隱士의 이름이다.

39) 梁王 : 魏 惠王을 가리킨다. 위 혜왕이 즉위한 지 9년에 安邑에서 大梁으로 도읍을 옮겼기 때문에 魏나라를 梁나라라고도 한다.

40) 上大夫 : 官名이다. 周나라 때 천자와 제후들이 모두 大夫의 자리를 설치하여 上·中·下 3등으로 나누었다.

9-23 楚 莊王이 사람을 보내 황금 100斤을 가지고 가서 北郭 先生[41)]을 초빙해 오게 하였다. 선생이 말하였다.

"신에게 箕箒의 심부름꾼[42)]이 있으니 들어가 의논해보겠습니다."

그러고는 즉시 부인에게 물었다.

"초나라 왕이 나를 재상으로 삼고자 하오. 오늘 재상이 되면 곧 네 필 말을 타고 騎馬를 늘어놓으며 앞에 진수성찬을 놓고 먹을 수 있을 것이니,[43)] 어떻소?"

부인이 대답하였다.

"당신은 신발을 짜서 생계를 꾸리고[44)] 죽을 먹고 낡은 신을 신지만 두려운 근심이 없는 것은 어째서이겠습니까. 사람을 다스리는 데 참여하지 않기 때문입니다. 지금 네 필 말을 타고 기마를 늘어놓더라도 편안한 바는 무릎을 용납할 작은 공간[45)]에 불과하고, 앞에 진수성찬을 놓고 먹더라도 달게 먹는 것은 고기 한 점에 불과합니다. 무릎을 용납할 정도의 편안함과 고기 한 점의 맛을 위해서 초나라의 근심을 짊어지고 죽는 것이 옳겠습니까."

이에 드디어 초빙에 응하지 않고 부인과 함께 그곳을 떠났다.

≪詩經≫ 〈陳風 東門之池〉에 말하였다.

"저 아름다운 여인이여, 함께 얘기할 만하도다."

楚莊王이 使使齎金百斤하여 聘北郭先生①한대 先生曰 臣有箕箒之使②하니 願入計之호리이다 卽謂夫人曰 楚欲以我爲相하니 今日相③하면 卽結駟列騎하고 食方丈於前하리니 如何오 婦人曰 夫子以織屨爲食하고 食粥毚履호대 無怵惕之憂者는 何哉오 與物無治也니이다 今如結駟列騎라도

41) 北郭 先生 : 성은 北郭이고 이름은 미상이다.

42) 箕箒의 심부름꾼 : 기추는 '箕帚'라고도 한다. 箕는 쓰레받기이고 箒는 빗자루로, 청소하는 사람을 이른다. 妻의 겸칭이다.

43) 앞에……것이니 : 원문의 '食方丈於前'은 매우 맛있는 음식이 사방 한 丈의 상에 가득 놓여 있는 '食前方丈'에서 온 말이다. ≪孟子≫ 〈盡心 下〉에 "밥상 앞에 한 장이나 진열된 음식과 수백 명의 시첩을 내가 뜻을 얻더라도 하지 않는다.〔食前方丈 侍妾數百人 我得志弗爲也〕"라고 하였다.

44) 신발을……꾸리고 : 원문의 '織屨爲食'은 삼을 짜서 신발을 만들어 먹고 산다는 뜻이다. 楚나라의 許行이 滕 文公에게 거처할 곳을 요구하자 등 문공이 주었더니, 그 무리가 '신을 두드려 만들고 자리를 짜서 생계를 마련하였다.〔捆屨織席 以爲食〕'라고 한 데서 온 말이다.(≪孟子≫ 〈滕文公 上〉)

45) 무릎을……공간 : 무릎만 용납할 정도의 작은 집을 뜻한다. 원문의 '容膝'은 陶潛의 〈歸去來辭〉에 "남쪽 창가에 기대어 傲然한 뜻을 부치니, 무릎을 용납할만한 방이 편안함을 알겠네.〔倚南窓以寄傲 審容膝之易安〕"라고 한 데서 온 말이다.

所安不過容膝이요 食方丈於前이라도 所甘不過一肉이니 以容膝之安과 一肉之味로 而殉楚國之憂④가 其可乎잇가 於是에 遂不應聘하고 與婦去之하다 詩曰 彼美淑姬여 可與晤言이로다

① 楚莊王使使齎金百斤 聘北郭先生 : ≪列女傳≫ 〈賢明〉에 "楚王聞於陵子終賢 欲以爲相 使使者持金百鎰 往聘迎之(楚王이 於陵子終이 현명하다는 말을 듣고 재상으로 삼고자 하여 사자를 보내 황금 100鎰을 가지고 가서 초빙해오도록 하였다.)"라고 하였으니, '終'과 '仲'은 옛날에 통용되었다. 趙懷玉이 교감한 내용에 "≪列女傳≫ 〈賢明〉편에 '於陵子終의 일'이라고 하였다." 하였다.
列女傳賢明云 楚王聞於陵子終賢하고 欲以爲相하여 使使者持金百鎰하여 往聘迎之라하니 終與仲古通이라 趙校語에 列女傳賢明篇에 以爲於陵子終事라

② 臣有箕箒之使 : '使'는 ≪列女傳≫에 '妾'으로 되어 있다.
使는 傳作妾이라

③ 今日相 : '相' 앞에는 ≪列女傳≫에 '爲'자가 있고 뒤에는 '明日' 2字가 있다.
相上에 傳有爲字요 下有明日二字라

④ 殉楚國之憂 : '殉'은 ≪列女傳≫에 '懷'로 되어 있다. 또 ≪列女傳≫에 "亂世多害 妾恐先生之不保命也(난세에는 해가 많으니 첩은 선생께서 목숨을 보존하지 못할까 염려됩니다.)"라고 하였다.
殉은 傳作懷라 又云 亂世多害하니 妾恐先生之不保命也라

9-24 傳(≪韓非子≫)에 말하였다.

옛날 戎의 장수 由余[46]가 秦나라에 사신으로 갔는데, 秦 繆公이 나라를 얻고 잃는 요령을 묻자, 다음과 같이 대답하였다.

"옛날 나라를 얻은 것은 공손과 검소함으로 하지 않은 적이 없었고, 나라를 잃은 것은 교만과 사치함으로 하지 않은 적이 없었습니다."

유여가 이로 인하여 五帝와 三王[47]이 쇠락한 이유 및 일반 백성이 사망한 이유에 이르기까지 논하자, 목공이 그의 말을 옳게 여겼다. 이에 內史 王繆(료)[48]에게 고하였다.

---

46) 戎의 장수 由余 : 춘추시대 晉나라 사람으로, '由餘'라고도 한다. 戎에 망명하여 戎王을 섬겼다.
47) 五帝와 三王 : 모두 옛날의 훌륭한 군주로, 五帝는 少昊·顓頊·帝嚳·帝堯·帝舜이며, 삼왕은 夏나라 禹王, 商나라 湯王, 周나라 文王·武王이다.
48) 內史 王繆 : 內史는 임금의 詔書 작성과 문서 등을 담당하던 벼슬이다. 王은 姓이고, 繆는 이름으로, '廖'와 같은 글자이다.

"이웃 나라에 성인이 있으면 대등한 나라의 근심이 되오. 유여는 聖人이니 장차 어떻게 해야 되겠소?"

왕료가 대답하였다.

"戎王은 궁벽하고 외진 지역에 살아 중국의 음악과 미인을 본 적이 없을 것이니, 임금께서 여자 樂工을 보내 그 心志를 미혹시키고 그 정사를 어지럽게 하면 그 신하들이 틀림없이 임금과의 사이가 소원해질 것입니다. 이런 기회를 이용하여 유여에 대해서는 귀국하는 기일을 늦춰달라고 요청하여 그 君臣 사이에 간격이 생기게 하십시오. 그렇게 한 뒤에야 일을 도모할 수 있을 것입니다."

목공이 말하였다.

"좋소."

그러고는 왕료를 시켜 여자 악공 두 행렬을 데리고 융왕에게 보내고 유여에 대해서는 기일을 늦춰달라고 요청하자, 융왕이 크게 기뻐하여 허락하였다. 이에 술자리를 베풀고 음악을 듣기를 밤낮으로 쉬지 않아 한 해가 다 가도록 질탕하게 노니, 마침내 말이 대부분 죽어버렸다.[49] 유여가 戎으로 돌아가서 자주 간하였으나 듣지 않자 그곳을 떠나 진나라로 갔다. 진 목공이 그를 맞이해 上卿으로 임명하여 마침내 12국을 병합하고 천리의 땅을 개척하였다.

傳曰 昔에 戎將由余使秦이러니 秦繆公이 問以得失之要한대 對曰 古有國者는 未嘗不以恭儉也요 失國者는 未嘗不以驕奢也니이다 由余因論五帝三王①之所以衰及至布衣之所以亡하니 繆公然之하다 於是에 告內史王繆②曰 鄰國有聖人이면 敵國之憂也라 由余聖人也니 將奈之何오 王繆曰 夫戎王은 居僻陋之地하여 未嘗見中國之聲色也하니 君其遺之女樂하여 以婬其志하고 亂其政하면 其臣下必疎하리니 因爲由余請緩期하여 使其君臣有間하소서 然後可圖니이다 繆公曰 善다하고 乃使王繆以女樂二列로 遺戎王③하고 爲由余請期한대 戎王大悅하여 許之하다 於是에 張酒聽樂을 日夜不休하여 終歲婬縱하니 卒馬多死④러라 由余歸하여 數諫不聽하니 去之秦하다 秦繆公迎拜爲上卿⑤하여 遂幷國十二⑥하고 辟地千里⑦하다

① 王 : 趙懷玉本에 '皇'으로 되어 있다.
趙本에 作皇이라

② 內史王繆 : ≪說苑≫ 〈反質〉에 '內史廖'로 되어 있다. 趙懷玉本에 '王廖'로 되어 있으니

---

49) 말이 대부분 죽어버렸다 : 戎族은 遊牧하는 민족이므로 장소를 옮기면서 말을 키워야 하는데 그렇게 하지 않고 한 곳에서 정착해 있느라 말들이 죽은 것이다.(≪說苑≫ 〈反質〉)

뒤에도 같고, 그 교감한 내용에 "舊本에 '王繆'로 되어 있었는데, ≪文選≫ 〈四子講德論〉 注에서 인용한 글에 의거하여 개정한다. ≪史記≫ 〈秦本紀〉와 ≪說苑≫ 〈反質〉편에는 모두 '內史廖'로 되어 있다." 하였다.

說苑反質에 作內史廖라 趙本에 作王廖하니 下同요 校語에 舊本作王繆러니 據文選四子講德論注引改正이라 史記秦本紀와 說苑反質篇에 皆作內史廖라

③ 乃使王繆以女樂二列 遺戎王 : '列'은 ≪說苑≫에는 '三九'로 되어 있고, ≪呂氏春秋≫ 〈不苟論〉에는 '二八'로 되어 있다.

列은 說苑作三九이요 呂氏春秋不苟論에 作二八이라

④ 卒馬多死 : 劉向의 ≪說苑≫에 "馬牛羊半死(말, 소, 양이 반은 죽다.)"라고 하였다.

劉云 馬牛羊半死라

⑤ 秦繆公迎拜爲上卿 : 여기의 '穆公(繆公)'은 여러 本에 모두 '公子'로 되어 있고 '爲'는 '之'로 되어 있으나 모두 ≪說苑≫을 따라 校正한다. 趙懷玉本에 '秦公子迎拜之上卿'으로 되어 있고, 그 교감한 내용에 "≪說苑≫에 '穆公迎而拜爲上卿'으로 되어 있다." 하였다.

此穆公은 本皆作公子요 爲는 作之나 竝從說苑校正이라 趙本에 作秦公子迎拜之上卿이요 校語에 說苑作穆公迎而拜爲上卿이라

⑥ 十二 : 趙懷玉이 교감한 내용에 "≪漢書≫ 〈韓安國傳〉에 '十四'로 되어 있다." 하였다.

趙校語에 漢書韓安傳作十四이라

⑦ 昔……辟地千里 : ≪詩經≫의 내용이 빠진 듯하다.

疑脫詩辭라

9-25 子夏가 曾子를 방문하자, 증자가 말하였다.

"들어와 드십시오."

자하가 물었다.

"국가의 재물을 낭비하는 것이 아닙니까?"

증자가 대답하였다.

"군자는 세 가지 낭비가 있는데 음식은 그 가운데 들어 있지 않고, 군자는 세 가지 즐거움이 있는데 鐘磬과 琴瑟은 그 가운데 들어 있지 않습니다."

자하가 물었다.

"감히 세 가지 즐거움에 대해 묻습니다."

증자가 대답하였다.

"敬畏할 만한 어버이가 계시며, 섬길 만한 임금이 계시며, 무언가 남겨 줄 만한 자

식이 있는 것, 이것이 첫 번째 즐거움입니다. 諫할 만한 어버이가 계시며, 〈임금이 無道할 경우〉 떠날 만한 임금이 계시며, 화낼 만한 자식이 있는 것, 이것이 두 번째 즐거움입니다. 깨우칠 만한 임금이 계시며, 도울 만한 벗이 있는 것, 이것이 세 번째 즐거움입니다."

子夏

자하가 물었다.

"감히 세 가지 낭비에 대해 묻습니다."

증자가 대답하였다.

"젊었을 적에 학문하였다가 장성해서 잊어버리는 것, 이것이 첫 번째 낭비입니다. 임금을 섬겨 공로가 있다고 해서 임금을 경시하고 저버리는 것, 이것이 두 번째 낭비입니다. 오래도록 벗과 사귀다가 중간에 절교하는 것, 이것이 세 번째 낭비입니다."

자하가 말하였다.

"훌륭합니다. 몸가짐을 삼가서 이 한 마디 말을 준행하는 것이 종신토록 글을 외는 것보다 낫고, 이러한 한 사람의 선비를 섬기는 것이 만백성을 다스리는 공로보다 나을 것이니, 사람은 알지 않아서는 안 됩니다. 제가 일찍이 노둔하여 제 전답에서 일 년 동안 곡식을 수확하지 못하였습니다. 땅도 그러하지 않음이 없는데 하물며 사람에 있어서야 더 말할 것이 있겠습니까. 진실한 마음으로 남과 사귀면 비록 소원한 관계라도 반드시 친밀해지고 거짓된 마음으로 남과 사귀면 비록 친척 관계라도 반드시 소원해집니다. 진실한 사람이 진실한 사람과 사귀는 것은 아교나 옻칠을 한 것처럼 견고하고 거짓된 사람이 거짓된 사람과 사귀는 것은 얇은 얼음이 한낮의 해에 노출되는 것처럼 깨지기 쉬우니, 군자가 유념하지 않아서야 되겠습니까."

≪詩經≫ 〈小雅 伐木〉에 말하였다.

"신이 들어주어 마침내 화평하게 되리라."

子夏過曾子한대 曾子曰 入食①하소서 子夏曰 不爲公費乎잇가 曾子曰 君子有三費하니 飮食不在其中이요 君子有三樂하니 鐘磬琴瑟不在其中이로이다 子夏曰 敢問三樂하노이다 曾子曰 有親可畏하며 有君可事하며 有子可遺가 此一樂也요 有親可諫하며 有君可去하며 有子可怒가 此二樂也요 有君可喩하며 有友可助가 此三樂也니이다 子夏曰 敢問三費하노이다 曾子曰 少而學이라가

長而忘이 此一費也요 事君有功하여 而輕負之가 此二費也요 久交友라가 而中絶之가 此三費也니이다 子夏曰 善哉라 謹身事一言이 愈於終身之誦하며 而事一士가 愈於治萬民之功하니 夫人不可以不知也니이다 吾嘗菌焉②하여 吾田期歲不收하니 土莫不然이어든 何況於人乎잇가 與人以實하면 雖疏必密하며 與人以虛하면 雖戚必疏이라 夫實之與實은 如膠如漆하며 虛之與虛는 如薄氷之見晝日이니 君子可不留意哉잇가 詩曰 神之聽之하여 終和且平하리라

① 曾子曰 入食 : 趙懷玉이 교감한 내용에 "≪太平御覽≫ 권847에 '曾子食(사)之(증자가 음식을 대접하다.)'로 되어 있다." 하였다.
趙校語에 御覽八百四十七에 作曾子食之라

② 吾嘗菌焉 : '菌'는 '鹵'와 통용된다. 趙懷玉이 교감한 내용에 "'菌'는 鹵莽(거칠고 서투름)의 뜻이 되어야 한다." 하였다.
菌는 與鹵通이라 趙校語에 菌는 當是鹵莽之意이라

9-26 晏子의 妻가 사람을 시켜 베옷과 모시 외투를 만들게 하였는데, 田無宇[50)]가 비웃으며 말하였다.

"집에서 나온 사람은 무슨 일을 하는 사람입니까?"

안자가 대답하였다.

"臣의 아내입니다."

전무우가 말하였다.

"그대의 지위는 中卿[51)]이고 食邑은 70만이나 되는데 어찌하여 이 사람을 먹여 주고 있습니까?"

안자가 대답하였다.

"늙은 사람을 버리고 젊은 사람을 취하는 것을 瞽라고 하고, 존귀해졌다고 미천했던 시절을 잊는 것을 亂이라고 하며, 미색을 보고 좋아하는 것을 逆이라고 합니다. 내가 어찌 逆, 亂, 瞽의 행동을 하겠습니까."

晏子之妻가 使人布衣紵表한대 田無宇譏之曰 出於室은 何爲者也잇고 晏子曰 (家臣)〔臣家〕[52)]也라 田無宇曰 位爲中卿이요 食田七十萬이어늘 何用是人爲畜之오 晏子曰 棄老取少를

50) 田無宇 : 陳無宇이다. 춘추시대 齊나라 大夫로 陳須無의 아들이다.
51) 中卿 : 卿은 官名으로, 상·중·하 세 등급으로 구분하였다.
52) (家臣)〔臣家〕: 저본에는 '家臣'으로 되어 있으나, ≪韓詩外傳集釋≫과 ≪晏子春秋≫에 '嬰之家'라고 한 것에 의거하여 '臣家'로 수정하였다.

謂之瞽요 貴而忘賤을 謂之亂이요 見色而說을 謂之逆이니 吾豈以逆亂瞽之道哉리오

9-27 鳳凰이 처음 날아 파닥파닥 열 걸음을 날 때에는 참새가 짹짹거리며 비웃다가, 높은 곳에 올라 날개를 한 번 접었다가 한 번 펴고서 구름 사이를 돌게 되면, 울타리의 참새가 풀이 죽어 멀리까지 미치지 못함을 알게 된다. 마찬가지로 선비가 거친 베옷이나 솜옷도 제대로 갖추어 입지 못하고 현미나 콩 잎 같은 음식도 배불리 먹지 못할 때에는 세속의 선비가 곧 부끄럽게 여기다가, 세상에 나가 백성을 편안하게 하고 등용되어 백성의 수명을 연장시키면, 세속의 선비가 풀이 죽어 멀리까지 미치지 못함을 알게 된다.

≪詩經≫ 〈曹風 鳲鳩〉에 말하였다.

"이 나라 사람들을 바르게 다스리니 어찌 만수무강하지 않으리오."

夫鳳凰之初起也에 翾翾(현현)①十步할새 之雀②이 喔咿(악이)而笑之라가 及其升於高③하여 一詘一信하여 展而雲間④하여는 藩木之雀⑤이 超然自知不及遠矣라 士褐衣縕著를 未嘗完也하고 糲藿之食을 未嘗飽也할새 世俗之士가 卽以爲羞耳라가 及其出則安百(議)〔姓〕[53]하고 用則延民命하여는 世俗之士가 超然自知不及遠矣라 詩曰 正是國人하니 胡不萬年이리오

① 翾翾 : '翾翾'은 약간 나는 것이다.
翾翾은 小飛也라

② 翾翾十步 之雀 : 趙懷玉本에 '翾翾十步 藩籬之雀'으로 되어 있고, 그 교감한 내용에 "'翾翾十步'는 ≪太平御覽≫ 권922에서 인용한 글에 '遙上千里(멀리 천 리를 오르다.)'로 되어 있는데 잘못된 듯하다. 뒤의 '藩籬' 2字는 舊本에 빠져 있었는데 ≪太平御覽≫에 의거하여 보충한다." 하였다.
趙本에 作翾翾十步藩籬之雀이요 校語에 翾翾十步는 御覽九百二十二引作遙上千里니 似誤라 下藩籬二字는 舊本缺이러니 據御覽補라

③ 及其升於高 : 趙懷玉本에 '及其升少陽'으로 되어 있고, 그 교감한 내용에 "舊本에는 '升於高'로 되어 있었는데 이제 ≪太平御覽≫을 따라 고친다." 하였다.
趙本에 作及其升少陽이요 校語에 舊本作升於高러니 今從御覽改라

④ 展而雲間 : 趙懷玉이 교감한 내용에 "≪太平御覽≫에 '輾轉雲間(구름 사이를 돌다.)'으로 되어 있다." 하였다.

---

53) (議)〔姓〕: 저본에는 '議'로 되어 있으나, 본서 2-32의 '動則安百姓 議則延民命'이라는 구절에 의거하여 '姓'으로 수정하였다.

趙校語에 御覽에 作輾轉雲間이라

⑤ 藩木之雀 : 趙懷玉本에 '藩籬之雀'으로 되어 있고, 그 교감한 내용에 "'籬'는 舊本에 잘못되어 '木'으로 되어 있었는데, ≪太平御覽≫에 의거하여 고친다." 하였다.

趙本에 作藩籬之雀이요 校語에 籬는 舊譌木하니 據御覽改라

9-28 齊나라 왕이 많은 혼수로 딸을 보내 소백정 吐에게 아내를 삼아주려고 하였는데, 소백정 토가 병을 핑계로 거절하였다. 그 벗이 물었다.

"그대는 이 비린내 나는 푸줏간에서 삶을 마칠 작정인가? 어찌하여 거절하였는가?"

그러자 토가 응답하여 말하였다.

"그 여인은 醜하네."

그 벗이 물었다.

"그대가 어떻게 아는가?"

토가 대답하였다.

"소를 잡는 나의 경험으로 아네."

그 벗이 물었다.

"무슨 말인가?"

토가 대답하였다.

"내가 파는 고기가 좋으면 정량대로 팔더라도 고기가 부족할까 걱정되는데, 내가 파는 고기가 좋지 않으면 비록 내 고기를 더 보태주더라도 오히려 팔리지 않네. 지금 많은 혼수로 딸을 보내는 것은 딸이 추하기 때문이네."

그 벗이 나중에 보니 과연 추하였다.

傳에 말하였다.

"눈은 쪼개진 살구 같고, 치아는 조개껍질을 묶은 듯하다."

齊王厚送女하여 欲妻屠牛吐①한대 屠牛吐辭以疾이러라 其友②日 子終死腥臭之肆而已乎아 何爲辭之오 吐應之曰 其女醜로다 其友曰 子何以知之오 吐曰以吾屠知之로다 其友曰 何謂也오 吐曰 吾肉善이면 (而去若)〔如量而去苦〕[54] 少耳③어니와 吾肉不善이면 雖以吾附益之④라도 尙猶賈不售라 今厚送子는 子醜故耳니라 其友後見之한대 果醜러라 傳曰 目如擗杏이요 齒如編貝로다

54) (而去若)〔如量而去苦〕 : 저본에는 '而去若'으로 되어 있으나, ≪初學記≫ 권19와 ≪太平御覽≫ 권382에 의거하여 '如量而去苦'로 수정하였다.

① 屠牛吐 : 趙懷玉이 교감한 내용에 "≪初學記≫ 권19에서 인용한 글에는 '屠門肚(소백정 肚)'로 되어 있는데, 그 注에 '肚一作吐(「肚」는 다른 판본에 「吐」라고 되어 있다.)'라고 하였다. ≪太平御覽≫ 권382도 같다." 하였다.

趙校語에 初學記十九引作屠門肚이라 注에 肚一作吐라 御覽三百八十二同이라

② 其友 : 趙懷玉이 교감한 내용에 "≪初學記≫와 ≪太平御覽≫ 두 책에 모두 '勸之' 2字가 있다." 하였다.

趙校語에 兩書에 俱有勸之二字라

③ 吾肉善而去若少耳 : 趙懷玉本에 '吾肉善如量而去苦少耳'로 되어 있고, 그 교감한 내용에 "'如量' 2字는 舊本에 없었고, 또 '苦'자는 '若'으로 되어 있었는데, 두 책에 의거하여 보태고 고친다." 하였다.

趙本에 作吾肉善如量而去苦少耳요 校語에 如量二字는 舊本無요 又苦字는 作若이니 據兩書增改라

④ 雖以吾附益之 : 趙懷玉이 교감한 내용에 "'以吾'는 ≪初學記≫에 '以他'로 되어 있다." 하였다.

趙校語에 以吾는 初學記作以他라

9-29 傳에 말하였다.

공자가 季康子[55]를 방문하였는데 子張과 子夏가 따라갔다. 공자가 안에 들어가 앉자 두 사람은 바깥에서 서로 토론하였는데 해가 넘어가도록 결판을 짓지 못하였다. 그러자 자하는 辭氣가 아주 급해지고 안색이 크게 변하였다. 그 모습을 보고 자장이 말하였다.

"그대 또한 선생님의 의론을 들었는가? 말투는 느릿느릿 온화하고 위의는 공손하며, 먼저 침묵한 뒤에 말하고 좋은 의견이 있더라도 미루어 양보하니, 그 의론이 크고도 넓어 正道가 귀의하네. 소인의 의론은 자기 멋대로 하고 자신만 옳게 여기며 남의 잘못만을 이야기하네. 또 눈을 부릅뜨고 팔을 걷어 올리며 분수를 내뿜듯 빨리 말하며 입으로는 침을 튀기고 눈은 붉어지네. 그러다가 한 번 요행으로 이기면 껄껄대고 웃으며, 威儀가 비루하고 辭氣가 거치네. 이 때문에 군자가 천시하는 것이네."

傳曰 孔子過康子한대 子張子夏從이라 孔子入坐어늘 二子相與論한대 終日不決하다 子夏辭氣甚隘하고 顔色甚變이어늘 子張曰 子亦聞夫子之議論邪아 徐言誾誾하고 威儀翼翼하며 後言

55) 季康子 : 춘추시대 魯나라의 大夫로, 이름은 肥이다. 노나라 三桓의 하나이다. 시호는 康이고, 哀公 말년에 죽었다

先默하고 得之推讓하니 巍巍乎 蕩蕩乎하여 道有歸矣라 小人之論也는 專意自是하고 言人之非하며 瞋目搤腕하고 疾言噴噴하고 口沸目赤하며 一幸得勝하면 疾笑嗌嗌(악악)하며 威儀固陋하고 辭氣鄙俗이라 是以君子賤之也①라

① 孔子過康子……是以君子賤之也 : 또한 ≪詩經≫의 내용이 빠져 있다. 趙懷玉이 교감한 내용에 "'噴噴'은 '嘖嘖'의 잘못인 듯하다." 하였다.
亦脫詩辭라 趙校語에 噴噴은 疑嘖嘖之譌라

傳은 모두 29장이다.

凡傳二十有九라

韓詩外傳 第十卷

10-1 齊 桓公이 흰 사슴을 뒤쫓다가 麥邱[1)]라는 고을에 이르러 한 노인을 만나 물었다.

"무엇을 하는 자인가?"

노인이 대답하였다.

"맥구 땅에 사는 사람입니다."

환공이 물었다.

"노인의 나이는 몇이오?"

노인이 대답하였다.

"신의 나이는 83세입니다."

환공이 말하였다.

"훌륭하오."

그러고는 그에게 술을 주면서 말하였다.

"노인은 어찌 과인을 위해 祝壽하지 않소?"

노인이 대답하였다.

"野人이라 君王을 위해 축수할 줄 모릅니다."

환공이 말하였다.

"어찌 노인의 장수로 과인에게 축수하지 않소?"

고을 노인이 술잔을 받들고 재배하고 말하였다.

"우리 임금으로 하여금 참으로 장수하게 하되, 金玉을 천하게 여기고 백성을 보배로 여기게 하소서."

환공이 이 말을 듣고 말하였다.

"훌륭하다. 축수여! 과인이 듣기로 지극한 덕은 외롭지 않고 좋은 말은 반드시 두 번 한다고 하였소. 노인께서는 어찌 다시 말해주지 않소?"

고을 노인이 술잔을 받들고 재배하며 말하였다.

---

1) 麥邱 : 麥丘라고도 쓴다. 제나라의 邑으로, 지금의 山東省 商河縣 西北쪽에 있다.

“우리 임금으로 하여금 배우기를 좋아하고 묻기를 싫어하지 않게 하여, 어진 사람이 곁에 있고 간언하는 사람이 조정에 들어올 수 있게 하소서.”

환공이 이 말을 듣고 말하였다.

“훌륭하다. 축수여! 과인이 듣기로 지극한 덕은 외롭지 않고 좋은 말은 반드시 세 번 한다고 하였소. 노인께서는 어찌 다시 말해주지 않소?”

고을 노인이 술잔을 받들고 재배하며 말하였다.

“신하들과 백성들로 하여금 우리 임금에게 죄를 짓는 일이 없게 하고, 우리 임금으로 하여금 신하들과 백성들에게 죄를 짓는 일이 없게 하소서.”

이 말을 듣고 환공이 불쾌하여 말하였다.

“이 말은 앞의 두 가지 말과 대등하지 않으니, 노인께서는 다른 말로 바꾸어 주시오.”

그러자 고을 노인이 눈물을 줄줄 흘리며 말하였다.

“임금께서는 곰곰이 생각해 보십시오. 이 한 마디 말이 앞의 두 가지 말보다 높은 뜻이 담겨 있습니다. 신이 듣기로 자식이 아버지에게 죄를 지으면 고모나 누나・여동생을 통해 사죄해야 아버지가 용서하고, 신하가 임금에게 죄를 지으면 좌우 사람들에게 사죄하게 해야 임금이 용서한다고 하였습니다. 옛날에 桀王이 신하에게 죄를 지었지만 지금까지도 사죄하지 않고 있습니다.”

환공이 이 말을 듣고 말하였다.

“훌륭하오. 과인이 宗廟의 福과 社稷의 英靈 덕분에 과인으로 하여금 여기에서 노인을 만나게 하였소.”

그러고는 부축하여 수레에 태우고 직접 수레를 몰고 돌아와 종묘에 천거하고 정사를 결단하게 하였다. 환공이 제후들을 규합하여 한번 천하를 바로잡되 무력을 쓰지 않은 것은, 管仲의 힘뿐만 아니라 또한 여기에서 노인을 만났기 때문이다.

≪詩經≫ 〈大雅 文王〉에 말하였다.

“훌륭한 많은 선비들이여, 문왕이 이들 때문에 편안하도다.”

齊桓公逐白鹿①하여 至麥邱之邦하여 遇人曰 何謂者也②오 對曰 臣은 麥邱之邦人③이니이다 桓公曰 叟年幾何오 對曰 臣年八十有三矣니이다 桓公曰 美哉라하고 與之飮하여 曰叟盍爲寡人壽也오 對曰 野人不知爲君王之壽④하니이다 桓公曰 盍以叟之壽祝寡人矣오 邦人奉觴再拜曰 使吾君固壽호대 金玉之賤⑤하고 人民是寶하소서 桓公曰 善哉라 祝乎여 寡人聞之矣호니 至德不孤요 善言必再라하니 叟盍(優)〔復〕之⑥오 邦人奉觴再拜曰 使吾君好學(士)⑦而不惡問하여 賢

者在側하고 諫者得入하소서 桓公曰 善哉라 祝乎여 寡人聞之호니 至德不孤요 善言必三이라하니 叟盍(優)〔復〕之오 邦人奉觴再拜曰 無使群臣百姓得罪於吾君⑧하고 無使吾君得罪於群臣百姓하소서 桓公不說曰 此言者⑨는 非夫前二言之(祝)〔匹〕⑩하니 叟其革之矣어다 邦人潸⑪然而涕下曰 願君熟思之하소서 此一言者가 夫前二言之上也⑫니이다 臣聞子得罪於父어든 可因姑姊妹謝也라야 父乃赦之⑬하고 臣得罪於君이어든 可使左右謝也라야 君乃赦之라하니이다 昔者에 桀得罪於臣也⑭로대 至今未有爲謝也⑮니이다 桓公曰 善哉라 寡人이 賴宗廟之福과 社稷之靈하여 使寡人遇叟於此하니라 扶而載之하여 自御以歸하여 薦之於廟而斷政焉하다 桓公之所以九合諸侯하여 一匡天下호대 不以兵車者는 非獨管仲也라 亦遇之於是니라 詩曰 濟濟多士여 文王以寧이샷다

① 齊桓公逐白鹿：≪新序≫〈雜事〉에 "桓公田(桓公이 사냥하다.)"이라고 하였다. 趙懷玉이 교감한 내용에 "≪晏子春秋≫〈諫上〉편에 '景公'이라고 하였다." 하였다.
新序雜事云 桓公田이라 趙校語에 晏子春秋諫上篇에 以爲景公이라

② 何謂者也：趙懷玉本에 '爾何爲者也'로 되어 있고, 그 교감한 내용에 "'遇人'은 ≪太平御覽≫ 권736에서 인용한 글에는 '見封人(封人을 만나다.)'으로 되어 있고, 또 '爾'자도 이에 의거하여 보탠다. '爲'는 舊本에 '謂'로 되어 있었는데 ≪新序≫〈雜事 四〉에 '爲'로 되어 있는 것에 의거하여 고친다." 하였다.
趙本에 作爾何爲者也요 校語에 遇人은 御覽七百三十六引作見封人이요 又爾字도 亦據增이라 爲는 舊本作謂러니 據新序雜事四作爲라

③ 臣麥邱之邦人：'邦'은 ≪新序≫에 '邑'으로 되어 있다. 趙懷玉이 교감한 내용에 "≪太平御覽≫에 '臣麥邱封人也'로 되어 있다. 이하 '邦人'은 모두 '封人'으로 되어 있다." 하였다.
邦은 序作邑이라 趙校語에 御覽에 作臣麥邱封人也라 以下邦人은 俱作封人이라

④ 野人不知爲君王之壽：趙懷玉이 교감한 내용에 "'君王'은 '吾君'으로 되어야 한다." 하였다.
趙校語에 君王은 當作吾君이라

⑤ 金玉之賤：趙懷玉本에 '金玉是賤'으로 되어 있고, 그 교감한 내용에 "舊本에 '是'는 '之'로 되어 있었는데, ≪初學記≫에서 인용한 글에 의거하여 고친다." 하였다.
趙本에 作金玉是賤이요 校語에 舊本에 是는 作之러니 據初學記引改라

⑥ 叟盍優之：'優'는 新序를 따라 '復'으로 되어야 한다. 趙懷玉이 교감한 내용에 "'優'는 ≪新序≫에 '復'으로 되어 있다." 하였다.
優는 當從新序爲復이라 趙校語에 優는 新序作復이라

⑦ 使吾君好學士：'士'자는 衍字인 듯하다.
士字는 疑衍이라

⑧ 無使群臣百姓得罪於吾君：≪新序≫에는 이 구절이 없다.
序에 無此句라

⑨ 此言者 : '言' 앞에 ≪新序≫에는 '一'자가 있다.
言上에 序有一字라

⑩ 非夫前二言之祝 : 여기의 '祝'은 ≪新序≫를 따라 '匹'이 되어야 한다. 趙懷玉이 교감한 내용에 "'之祝'은 ≪太平御覽≫에 '之善'으로 되어 있다." 하였다.
此祝은 當從序爲匹이라 趙校語에 之祝은 御覽作之善也라

⑪ 濟 : 趙懷玉이 교감한 내용에 "'濟'은 ≪太平御覽≫에 '瀾'으로 되어 있다." 하였다.
趙校語에 濟은 御覽作瀾이라

⑫ 夫前二言之上也 : '上'은 ≪新序≫에 '長'으로 되어 있다.
上은 序作長이라

⑬ 父乃赦之 : 趙懷玉이 교감한 내용에 "'乃'는 ≪新序≫에 '能'으로 되어 있다. 뒤에도 같다." 하였다.
趙校語에 乃는 新序作能이니 下同이라

⑭ 桀得罪於臣也 : ≪新序≫에 "桀得罪於湯 紂得罪於武王 此則君之得罪於其臣者也(桀王은 湯王에게 죄를 지었고, 紂王은 武王에게 죄를 지었으니, 이는 임금이 신하에게 죄를 지은 것이다.)"라고 하였으니, 이 문장은 빠져서 제대로 갖추어지지 못하였다. 趙懷玉本에 '昔者桀得罪於湯 紂得罪於武王 此君得罪於臣也'로 되어 있고, 그 교감한 내용에 "'湯'자 이하 12字는 舊本에 빠져 있었는데 ≪太平御覽≫에서 인용한 글에 의거하여 보충한다. ≪新序≫에도 이 구절이 있다." 하였다.
序云 桀得罪於湯하고 紂得罪於武王하니 此則君之得罪於其臣者也라하니 此文脫漏未具라 趙本에 作昔者桀得罪於湯이요 紂得罪於武王하니 此君得罪於臣也요 校語에 湯字以下十二字는 舊本脫이러니 據御覽引補라 新序亦有라

⑮ 也 : 趙懷玉이 교감한 내용에 "≪太平御覽≫에는 '者'로 되어 있다." 하였다.
趙校語에 御覽作者라

10-2 鮑叔이 管仲을 천거하며 말하였다.[2)]

"신이 管夷吾만 못한 것이 다섯 가지입니다. 〈백성들을〉 관대하게 대하고 은혜롭고 편안하게 하며 사랑하는 것은 신이 그만 못하고, 충성과 신의로 백성을 결집시키

2) 鮑叔이……말하였다. 포숙과 관중은 모두 齊나라 사람으로, 둘은 어려서부터 친구로 지냈다. 齊 襄公이 무도한 정치를 펴 내란이 일어나자, 양공의 아우인 糾와 小白은 모두 외국으로 망명하였는데 이때 관중은 공자 규를 따르고, 포숙은 소백을 따라갔다. 그 뒤에 양공이 弑害되자 규와 소백이 싸웠는데, 관중은 소백과 싸우던 중에 소백의 혁대 고리를 쏘아 맞추었다. 그 뒤에 소백이 이기고 본국에 돌아와 왕으로 즉위하여 桓公이 되었는데, 포숙은 환공과 원수지간에 있던 관중을 천거하여 환공을 도와 부국강병에 전력해서 五覇의 으뜸이 되게 하였다.(≪史記≫ 권62 〈管仲列傳〉)

는 것은 신이 그만 못하며, 예를 제정하여 사방에 본받게 하는 것은 신이 그만 못하고, 옥사를 결단하되 공정하게 처리하는 것은 신이 그만 못하며, 북채와 북을 잡고서 軍門에 서서 士卒들에게 용기를 북돋게 하는 것은 신이 그만 못합니다."

≪詩經≫ 〈大雅 文王〉에 말하였다.

"훌륭한 많은 선비들이여, 문왕이 이들 때문에 편안하도다."

鮑叔이 薦管仲曰 臣所不如管夷吾者五니 寬惠柔愛①는 臣弗如也요 忠信可結於百姓은 臣弗如也요 制禮約法於四方②은 臣弗如也요 決獄折中은 臣弗如也요 執枹鼓하여 立於軍門하여 使士卒勇③은 臣弗如也니이다 詩曰 濟濟多士여 文王以寧이샷다

① 愛 : 趙懷玉이 교감한 내용에 "≪國語≫ 〈齊語〉에 '民'으로 되어 있다." 하였다.
趙校語에 齊語作民이라

② 制禮約法於四方 : 趙懷玉이 교감한 내용에 "〈齊語〉에 '禮' 뒤에 '義'자가 있고 '約'은 '可'로 되어 있다." 하였다.
趙校語에 齊語에 禮下有義字하고 約作可라

③ 使士卒勇 : 趙懷玉이 교감한 내용에 "〈齊語〉에 '使士卒加勇焉(사졸들로 하여금 용기를 더하게 하다.)'으로 되어 있다." 하였다.
趙校語에 齊語에 作使士卒加勇焉이라

10-3 晉 文公 重耳가 망명하여[3] 曹나라를 지날 적에 里鳧須가 수행하였는데 기회를 엿보아 중이의 재물을 훔쳐 달아났다. 중이가 양식이 없어 굶주려 걷지도 못하자, 介子推[4]가 자신의 허벅지 살을 베어 중이에게 먹인 뒤에야 걸을 수 있었다. 중이가 본국에 돌아오자 나라 안의 사람들 중에 중이에게 귀의하지 않는 자가 많았다. 그러자 이부수가 나아가 뵙고 말하였다.

"신이 진나라를 안정시킬 수 있습니다."

그러자 문공이 사람을 시켜 이렇게 응답하게 하였다.

---

3) 晉 文公 重耳가 망명하여 : 진 문공은 晉 獻公의 둘째 아들이자 태자 申生의 아우인데, 헌공이 驪姬를 총애하여 신생을 죽이자 외국으로 망명하여 19년 동안 제후국을 전전하였다.(≪史記≫ 권39 〈晉世家〉)

4) 介子推 : 晉 文公에게 허벅지살을 베어 봉양할 정도로 충성을 다했던 인물이다. 문공이 즉위한 뒤 문공을 수행했던 사람들 대부분이 祿을 받았으나 그에게는 祿賞이 없었으므로 綿山에 숨어 버렸다. 문공이 뒤늦게 그 사실을 알고 그를 불렀으나 응하지 않으므로 산에 불을 놓아 그를 오게 했으나 끝내 타 죽고 말았다. 후에 그가 죽은 날을 寒食日이라고 하여 불을 지피지 않고 그의 덕을 추모하였다.(≪春秋左氏傳≫ 喜公 24년)

"그대는 오히려 무슨 面目으로 와서 과인을 보고서 진나라를 안정시키겠다고 하는가."

이 말을 듣고 이부수가 물었다.

"임금께서는 머리를 감고 계시는가?"

謁者가 대답하였다.

"그렇지 않소."

이부수가 말하였다.

"신이 듣기로 머리를 감는 자는 심장이 뒤집히고 심장이 뒤집힌 자는 말이 이치에 맞지 않는다고 합니다. 지금 임금께서 머리를 감지도 않고 계신데, 어찌하여 말이 이치에 맞지 않는단 말입니까?"

사자가 그대로 아뢰자 문공이 접견하였다. 이부수가 고개를 들고 말하였다.

"임금께서 나라를 떠난 지 오래되어 臣民들 중에 임금을 질책하는 사람이 많았는데, 임금께서 본국에 돌아오시자 백성들이 모두 〈보복 당할까 두려워〉 스스로 위태롭게 여기고 있습니다. 또 제가 임금의 재물을 몰래 다 훔치고 달아나 깊은 산에 숨은 탓에 임금께서 굶주렸는데 개자추가 허벅지 살을 베어 먹였으니 이 일은 천하 사람들이 모두 알고 있습니다. 신이 지은 죄가 또한 중대한지라 十族을 멸하더라도 책임을 면하기에 부족합니다. 하지만 임금께서 진실로 죄를 용서하시어 수레에 함께 태워 나라 안을 돌아다니신다면 백성들이 보고 임금께서 예전 惡行을 생각하지 않는다는 것을 사람들이 반드시 알게 되어 스스로 편안하게 여길 것입니다."

이에 문공이 크게 기뻐하여 그의 계책대로 나라 안에서 수레에 함께 타게 하자 백성들이 보고 모두 말하였다.

"이부수도 죽이지 않고 수레에 함께 태웠으니 우리들이 무엇을 두려워하겠는가."

이 때문에 진나라가 크게 안정되었다. 그러므로 ≪書經≫ 〈無逸〉에 "文王이 허름한 의복을 입고 백성을 편안하게 해 주는 일과 농사일에 전념하셨다."라고 하였다. 하지만 이부수의 죄 같은 경우는 용서할 수 없는 것이다.

≪詩經≫ 〈大雅 文王〉에 말하였다.

"훌륭한 많은 선비들이여, 문왕이 이들 때문에 편안하도다."

晉文公重耳亡하여 過曹할새 里鳧須從①이러니 因盜重耳資而亡하다 重耳無糧하여 餒不能行이어늘 子推割股肉하여 以食重耳然後能行하다 及重耳反國에 國中多不附重耳者러니 於是에 里鳧須造見曰 臣能安晉國이로이다 文公이 使人應之曰 子尙何面目으로 來見寡人하여 欲安晉也오 里鳧須

曰 君沐邪아 (使)〔謁〕者曰② 否라 里③鳧須曰 臣聞沐者其心倒하고 心倒者其言悖④라하니 今君不沐이어늘 何言之悖也오 使者以聞한대 文公見之하다 里鳧須仰首曰 離國久에 臣民多過君이러니 君反國에 而民皆自危요 里鳧須又襲竭君之資하여 避於深山하여 而君以餒어늘 介子推割股하니 天下莫不聞이로이다 臣之爲賊亦大矣라 罪至十族이라도 未足塞責이라 然君誠赦之罪하여 與驂乘⑤하여 遊於國中이면 百姓見之하고 必知不念舊惡하여 人自安矣리이다 於是에 文公大悅하여 從其計하여 使驂乘於國中한대 百姓見之하고 皆曰 夫里鳧須且不誅而驂乘하니 吾何懼也리오 是以晉國大寧이라 故書云 文王卑服으로 卽康功田功라하니 若里鳧須罪無赦者也⑥라 詩曰 濟濟多士여 文王以寧이샷다

① 晉文公重耳亡 過曹 里鳧須從 : ≪國語≫에 "文公之出也 豎頭須守藏者也 不從(文公이 달아날 때에 豎頭須는 창고를 지키는 자여서 따라가지 않다.)"이라고 하였으니, 여기에서는 따로 근거한 바가 있는 듯하다.
國語云 文公之出也에 豎頭須守藏者也라 不從이라하니 此疑別有所據라
② 使者曰 : '使'는 '謁'이 되어야 한다.
使는 當爲謁이라
③ 里 : 趙懷玉本에 '里'자가 없다.
趙本에 無里字라
④ 沐者其心倒 心倒者其言悖 : ≪國語≫에 "沐則心覆 心覆則圖反(머리를 감으면 심장이 뒤집히고 심장이 뒤집히면 도모하는 것이 반대가 된다.)"이라고 하였다. ≪新序≫ 〈雜事〉에 '倒'는 또한 '覆'으로 되어 있다.
語云 沐則心覆하고 心覆則圖反이라 新序雜事에 倒亦作覆이라
⑤ 與驂乘 : ≪新序≫에 "以爲右(오른쪽에 앉히다.)"라고 하였다.
序云 以爲右也라
⑥ 若里鳧須罪無赦者也 : 뒤에 빠진 것이 있는 듯하다.
下疑有脫이라

10-4 傳에 말하였다.

왕 노릇하기가 쉽지 않다고 말한다. 天命이 이르면 太宗, 太史, 太祝[5]이 흰 의복을 입고 策書[6]를 잡고서 北面하여 천자에게 이렇게 위문한다.

---

5) 太宗 太史 太祝 : 옛날의 관직명이다. 六太인 太宰, 太宗, 太史, 太祝, 太士, 太卜 중에 세 가지로, 天官에 속하여 법전을 주관한다.(≪禮記≫ 〈曲禮 下〉)
6) 策書 : 고대 제왕이 관리를 任免하거나 명령을 내릴 때 기록한 簡冊이다. 처음에는 대나무로 만들었는데, 뒤에는 옥으로 만들었다.

"천명이 이미 이르렀는데 어찌하여 걱정을 깊이 하십니까?"

그러고는 첫 번째 책서를 천자에게 바친다.

"공경히 제물을 드려 제사 지내고 길이 천명을 유지하되 끝없이 두려워하여 그 몸을 감히 편안히 두지 마소서."

그러고는 두 번째 책서를 천자에게 바친다.

"밤낮으로 공경하여 몸에 태만함이 없기를 축원하니 만민이 바라는 바입니다."

그러고는 세 번째 책서를 천자에게 바친다. 그리고 마지막으로 이렇게 말한다.

"천자는 南面하여 帝位를 받되 정치를 근심하고 제위를 즐거움으로 여기지 마소서."

≪詩經≫ 〈大雅 大明〉에 말하였다.

"하늘은 믿기 어려운지라 왕 노릇하기 쉽지 않도다."

傳曰 言爲王之不易也라 大命之至에 其太宗太史太祝이 斯素服執策①하여 北面而弔乎天子曰 大命既至矣니 如之何憂之長也잇가하고 授天子策一矣②니라 曰 敬享以祭하고 永主天命호대 畏之無疆하고 厥躬無敢寧하소서하고 授天子策二矣③니라 曰 敬之夙夜하여 伊祝厥躬無怠 萬民望之라하고 授天子策三矣④니라 曰 天子南面하여 授於帝位⑤호대 以治爲憂하고 未以位爲樂也⑥하소서 詩曰 天難忱斯라 不易惟王⑦이니라

① 策 : ≪荀子≫ 〈大略〉의 楊倞의 注에 "策者 編竹爲之 後易之以玉(策은 댓조각을 엮어 만든 것이니 후대에는 玉으로 바꾸었다.)"이라고 하였다.
荀子大略楊注云 策者는 編竹爲之니 後易之以玉이라

② 授天子策一矣 : 바치는 자는 上卿으로, 周나라에서는 冢宰와 같다.
授之者上卿이니 於周若冢宰也라

③ 授天子策二矣 : 바치는 자는 中卿으로, 宗伯과 같다.
授之者中卿이니 若宗伯也라

④ 授天子策三矣 : 바치는 자는 下卿으로, 司寇와 같다.
授之者는 下卿이니 若司寇也라

⑤ 授於帝位 : 趙懷玉本에 '受'로 되어 있고, 그 교감한 내용에 "'受'는 어떤 本에 '授'로 되어 있기도 하나 이제 毛晉의 汲古閣津逮秘書本을 따른다." 하였다.
趙本에 作受요 校語에 受는 本或作授나 今從毛本이라

⑥ 言爲王之不易也……未以位爲樂也 : 내가 살펴보건대 ≪荀子≫에 소재한 三策의 내용은 이 글과 다르다. 이제 요점을 뽑아 보면 다음과 같다. "일에 앞서서 일을 염려하고 근심에 앞서서 근심을 염려해야 하니, 일이 이른 뒤에 염려하면 일을 거행할 수 없고 근심이 이른 뒤에 염려하면 재앙을 막을 수 없다."

宋案컨대 荀子所載三策之辭는 與此文異라 今撮其要者云 先事慮事하고 先患慮患하니 事至後慮면 則事不擧하고 患至後慮면 禍不可禦라

⑦ 天難忱斯 不易惟王 : 趙懷玉本에 '訦斯'로 되어 있고, 그 교감한 내용에 "'訦'은 舊本에 '忱'으로 되어 있었는데, 이제 ≪詩攷≫를 따라 고친다." 하였다.

趙本에 作訦斯요 校語에 訦은 舊本作忱이러니 今從詩考改라

10-5 군자는 온화하고 검소하여 仁을 행하기를 구하고, 공손하고 겸양하여 예를 행하기를 구하여, 뜻을 얻으면 스스로 옳은 도를 행하고 뜻을 얻지 못해도 스스로 옳은 도를 행한다.[7] 그러므로 군자가 道에 대해서는 농부가 경작하는 것과 같아 비록 그 해에 수확이 넉넉하지 못하더라도 근면한 태도를 바꿀 수 없는 것이다. 大王(太王) 亶甫에게 太伯, 仲雍, 季歷이라는 아들이 있었고, 계력에게는 昌[8]이라는 아들이 있었다. 태백이 장성하자 태왕은 창이 賢德이 있다고 여겨 계력을 후사로 삼아 창에게 왕위를 넘겨주려 하였다. 그러자 태백은 吳나라로 가버렸다. 태왕이 죽을 때가 되어 계력에게 말하였다.

"내가 죽거든 너는 오나라에 가서 두 형께 왕위를 양보하라. 저들이 만약 오지 않으면 너의 행위가 의리에 맞아 안심할 수 있을 것이다."

태왕이 薨하자 계력이 오나라에 가서 태백과 중옹에게 이 사실을 알렸는데 태백과 중옹이 계력을 따라 돌아왔다. 신하들이 태백에게 계력을 왕위에 세워주기를 바랐는데 계력이 또 사양하였다. 그러자 태백이 중옹에게 말하였다.

太伯(泰伯)

"지금 신하들이 나에게 계력을 왕위에 세워주기를

7) 군자는……행한다 : ≪禮記≫ 〈表記〉에는 이보다 더 자세하게 나와 있다. 거기에 "군자가 공손하고 검소하여 인을 행하기를 구하고, 신실하고 겸양하여 예를 행하기를 구하며, 자신이 한 일을 스스로 높이지 않고 자기 몸을 스스로 높이지 않으며, 지위에 검소하고 욕심을 적게 하며, 어진 이에게 사양하며, 자신을 낮추고 남을 높이며, 조심하고 義를 두려워한다. 그리하여 군주를 섬기기를 구하여 얻으면 스스로 옳은 도를 행하고 얻지 못해도 스스로 옳은 도를 행해서 천명을 따르는 것이다.〔君子恭儉以求役仁 信讓以求役禮, 不自尙其事 不自尊其身 儉於位而寡於欲 讓於賢 卑己而尊人 小心而畏義 求以事君 得之自是 不得自是 以聽天命〕"라고 하였다.

8) 昌 : 周 文王의 이름이다.

바라는데 계력이 또 사양하였네. 어떻게 처리해야 하겠는가?"

중옹이 대답하였다.

"周나라의 규정에 이런 말이 있다고 말하십시오. '국가의 미약한 세력을 붙들어 일으키려고 할 때에는 막내도 세울 수 있다.'라고."

마침내 계력이 왕위에 서서 문왕을 잘 양육하니 문왕이 과연 天命을 받아 왕이 되었다. 孔子가 말하였다.

"태백은 홀로 보았고 왕계(季歷)는 홀로 알았으니, 태백은 아버지의 뜻을 보았고 계력은 아버지의 마음을 알았다. 그러므로 태왕, 태백, 왕계는 처음을 보고서 끝을 알아 아버지의 뜻을 잘 받들었다고 말할 만하다."

≪詩經≫ 〈大雅 皇矣〉에 말하였다.

"〈王業은〉 태왕과 왕계로부터 시작하였다. 이 왕계가 마음에서 우러나와 우애하여 그 형과 우애하여 그 경사를 두터이 하여 형에게 영광을 주니 복을 받고 잃지 않아 곧 사방을 소유하셨다."

이것을 말한다. 태백이 오나라로 돌아가자 오나라 사람들이 그를 군주로 삼았는데, 28代가 지나 夫差[9]에 이르러 멸망하였다.

君子溫儉以求於仁하며 恭讓以求於禮하여 得之自是하며 不得自是①니라 故君子之於道也는 猶農夫之耕하여 雖不獲年之優라도 無以易也니라 大王亶甫有子曰太伯仲雍季歷이요 歷有子曰昌이라 太伯長에 太王賢昌而欲季爲後也②어늘 太伯去之吳하다 太王將死에 謂曰我死어든 汝往讓兩兄하라 彼卽不來면 汝有義而安하리라 太王薨에 季之吳告伯仲한대 伯仲從季而歸어늘 群臣欲伯之立季호대 季又讓이라 伯謂仲曰 今群臣欲我立季호대 季又讓하니 何以處之오 仲曰 刑有所謂矣③니 要於扶微者可以立季라 季遂立而養文王④하니 文王果受命而王하다 孔子曰 太伯獨見이요 王季獨知하니 伯見父志하고 季知父心이라 故太王太伯王季는 可謂見始知終而能承志矣라 詩曰 自太伯王季로다 惟此王季 因心則友하여 則友其兄하여 則篤其慶하여 載錫之光하니 受祿無喪하여 奄有四方이라하니 此之謂也라 太伯反吳하니 吳以爲君이러니 二十八世에 至夫差而滅⑤하다

① 君子溫儉以求於仁……不得自是 : ≪禮記≫ 〈表記〉 글에 '溫'은 '恭'으로 되어 있고, '恭'은 '信'으로 되어 있으며, '於'는 모두 '役'으로 되어 있다. 趙懷玉이 교감한 내용도 같다.

9) 夫差 : 춘추시대 吳나라의 왕으로 越나라를 쳐서 父王의 원수를 갚았으나 나중에 월나라에 멸망당하였다.(≪史記≫ 권42 〈越王句踐世家〉)

禮表記文에 溫은 作恭이요 恭은 作信이요 於는 竝作役이라 趙校語同이라

② 太伯長 太王賢昌而欲季爲後也 : 趙懷玉本에 '太伯長' 3字가 없고, 그 교감한 내용에 "'太王' 앞에 毛晉의 汲古閣津逮秘書本에는 '太伯知' 3字가 있다. 이제 살펴보건대 만약 이 3字가 있으면 뒷 문장의 '去之吳' 앞에 곧 '太伯' 2字를 다시 쓸 필요가 없고, 만약 이 3字가 없으면 글의 뜻이 연결되지 않음이 없으니 보충하지 않아야 할 듯하다." 하였다.

趙本에 無太伯長三字요 校語에 太王上毛本有太伯知三字라 今案컨대 若有此三字면 下文去之吳에 卽不必復用太伯二字요 若無此三字면 文義未嘗不接續하니 似可不補라

③ 刑有所謂矣 : 의심스럽다. 趙懷玉이 교감한 내용에 "말이 불분명하다." 하였다.

疑라 趙校語에 語未詳이라

④ 季遂立而養文王 : '養'자 또한 의심스럽다.

養字亦疑라

⑤ 二十八世 至夫差而滅 : 趙懷玉本에 '至夫差二十八世而滅(夫差에 이르러 28代에 멸망하다.)'로 되어 있다.

趙本에 作至夫差二十八世而滅이라

10-6 齊 宣王[10]이 魏 惠王[11]과 교외에서 만나 사냥을 하였다. 위 혜왕이 물었다.

"왕께서도 보물이 있습니까?"

제 선왕이 대답하였다.

"없습니다."

위 혜왕이 물었다.

"과인과 같은 작은 나라에도 수레의 앞뒤를 비추는 직경 한 치의 구슬이 10枚가 있는데 어찌하여 만승의 나라인데도 보물이 없단 말입니까?"

제 선왕이 대답하였다.

"과인이 보물로 여기는 것은 왕과 다릅니다. 과인의 신하 중에 檀子[12]라는 자가 있는데, 그에게 南城[13]을 지키게 하였더니 楚나라 사람이 감히 쳐들어오지 못하고 泗水 가의 열두 제후들[14]이 모두 와서 조현을 하더이다. 과인의 신하 중에 盼子라는 자

10) 齊 宣王 : 齊 威王의 아들로, 이름은 辟彊이다.
11) 魏 惠王 : 梁 惠王이라고도 한다. 이름은 罃이다.
12) 檀子 : 전국시대 齊 威王의 신하로, 성은 檀이고 子는 성에 붙는 미칭이다.
13) 南城 : 춘추시대 魯나라 武城邑으로, 옛 성이 지금의 東費縣 西南쪽 90리에 있었다.
14) 泗水……제후들 : 사수는 山東省 서남부 지역을 흐르는 강 이름이다. 열 두 제후는 郲, 莒, 宋, 魯나라 등을 말한다.

가 있는데, 그에게 高唐[15] 땅을 지키게 하였더니 趙나라 사람이 감히 동쪽으로 와서 황하에서 고기를 잡지 못하더이다. 과인의 신하 중에 黔夫라는 자가 있는데, 그에게 徐州[16]를 지키게 하였더니 〈우리가 쳐들어올까 두려워〉 燕나라 사람은 齊나라 북문에서 제사를 지내고 조나라 사람은 제나라 서문에서 제사를 지내며 그를 따라서 귀순한 집이 만여 가였습니다. 과인의 신하 중에 種首라는 자가 있는데, 그에게 도적을 방비하게 하였더니 길에 떨어진 것도 주워가지 않더이다. 과인은 장차 천리 밖까지 비추려하니, 어찌 12대의 수레뿐이겠습니까."

이 말을 듣고 위 혜왕은 부끄러워 불쾌해 하면서 가버렸다.

≪詩經≫ 〈大雅 板〉에 말하였다.

"말을 기쁘게 하면 백성들이 안정되리라."

齊宣王이 與魏惠王會田於郊①한대 魏王曰 亦有寶乎잇가 齊王曰 無有하니이다 魏王曰若寡人之小國也도 尙有徑寸之珠하여 照車前後十二乘者十枚어늘 奈何以萬乘之國無寶乎잇가 齊王曰 寡人之所以爲寶는 與王異하노이다 吾臣有檀子者하니 使之守南城한대 則楚人不敢爲寇하고 泗水上有十二諸侯皆來朝②하며 吾臣有盼子者③하니 使之守高唐한대 則趙人不敢東漁於河하며 吾臣有黔夫者하니 使之守徐州한대 則燕人祭北門하고 趙人祭西門하고 從而歸之者十千餘家④하며 吾臣有種首者하니 使之備盜賊한대 而道不拾遺하니이다 吾將以照千里之外하니 豈特十二乘哉리오 魏王慙하여 不懌而去하다 詩曰 辭之懌矣면 民之莫矣리라

① 齊宣王與魏惠王會田於郊 : ≪史記≫ 〈田敬仲完世家〉에 "齊威王"이라고 하였다. 회합하여 사냥한 일은 周 威王 24년으로 魏 惠王 16년에 있었으니, 여기에서 '宣王'이라고 한 것은 전해들은 것이 다르다. 趙懷玉이 교감한 내용에 "≪史記≫ 〈田敬仲完世家〉에 '齊威王'으로 되어 있다." 하였다.
史記世家에 以爲齊威王也라 會田事는 在威王二十四年 魏惠王十六年이라 此云宣王는 蓋所傳聞異라 趙校語에 史記田齊世家에 作齊威王이라

② 泗水上有十二諸侯皆來朝 : 趙懷玉이 교감한 내용에 "'水'자와 '有'자는 모두 衍文이다."
趙校語에 水字有字는 皆衍文이라

③ 盼子 : 田盼이다. 趙懷玉本에 '肦子'로 되어 있고, 그 교감한 내용에 "'肦'은 '盼'으로 되어 있기도 하나 이제 ≪史記≫를 따른다." 하였다.
田盼也라 趙本에 作肦子요 校語에 肦或作盼이나 今從史記라

15) 高唐 : 춘추시대 齊나라 邑으로, 옛 성이 지금의 山東省 禹城縣 서남쪽에 있었다.
16) 徐州 : 중국의 九州 가운데 하나이다.

④ 從而歸之者十千餘家 : '從'은 ≪史記≫에 '徙'로 되어 있고, '歸'는 '從'으로 되어 있으며, '十'은 '七'로 되어 있다. 趙懷玉本에 '七千餘家'로 되어 있고, 그 교감한 내용에 "≪史記≫를 따라 '徙'로 되어야 한다." 하였다.

從은 史作徙요 歸는 作從이요 十은 作七이라 趙本에 作七千餘家요 校語에 從史記作徙라

10-7 東海에 菑邱訢이라는 勇士가 있었는데, 용맹으로 천하에 알려졌다. 飮馬淵이라는 신기한 못을 지나는데 그 마부가 말하였다.

"이 못에서 말에 물을 먹이면 말은 반드시 죽게 됩니다."

치구흔이 말하였다.

"내 말대로 물을 먹이거라."

그러자 그 말이 과연 물에 빠져 죽었다. 치구흔이 朝服을 벗고 칼을 빼고 연못으로 들어가 3일 밤낮 동안 세 마리의 교룡과 한 마리의 용을 죽이고 나왔다. 그러자 우레가 뒤따라 쳐서 10일 밤낮이 지난 뒤에 왼쪽 눈이 멀었다.

要離[17]가 이 일을 듣고 가서 보며 말하였다.

"치구흔은 있는가?"

집 사람이 대답하였다.

"問喪을 갔습니다."

이 말을 듣고 요리가 무덤에 가서 치구흔을 보고 말하였다.

"우레가 그대를 쳐서 10일 밤낮이 지난 뒤에 그대의 왼쪽 눈이 멀었다고 들었소. 하늘에 대한 원망은 하루가 지나기 전에 보복하고 사람에 대한 원망은 발길을 돌리기도 전에 보복하오. 그런데 지금까지 보복하지 않은 것은 어째서요?"

이 말을 듣고 치구흔이 큰 소리로 꾸짖고 떠나자, 무덤 위에 벌벌 떨며 넘어진 자가 이루 셀 수 없었다. 요리가 돌아와 門人에게 말하였다.

"치구흔은 천하의 용사이다. 오늘 내가 대중 앞에서 그를 욕보였으니 반드시 와서 나를 공격할 것이다. 저녁에도 대문을 닫지 말고 잠잘 때에도 방문을 닫지 말라."

치구흔이 과연 밤에 와서 칼을 빼어 요리의 목에 대고 말하였다.

"그대는 죽어 마땅한 죄가 세 가지 있소. 대중 앞에서 나를 욕보였으니 첫 번째 죽어 마땅한 죄이고, 저녁에도 대문을 닫지 않았으니 두 번째 죽어 마땅한 죄이고, 잠

17) 要離 : 춘추시대 吳나라 사람이다.

잘 때에도 방문을 닫지 않았으니 세 번째 죽어 마땅한 죄오."

요리가 말하였다.

"그대는 내 한 마디 말만 듣고 찾아왔으니 첫 번째 못난 점이고, 칼을 빼고서도 찌르지 않았으니 두 번째 못난 점이고, 칼을 먼저 들이대고 말을 나중에 하였으니 세 번째 못난 점이오. 나를 죽일 수 있는 것은 毒藥으로 죽일 수 있는 것 뿐이오."

치구흔이 칼을 거두고 떠나면서 말하였다.

"아, 내가 미칠 수 없는 자는 천하에 오직 이 사람뿐이로다."

傳에 말하였다.

"公子 目夷는 말을 잘하여 나라를 얻었는데[18] 이제 요리는 말을 잘하여 몸을 보존하였다. 그러므로 言辭는 좋게 꾸미지 않아서는 안 되는 것이 이와 같다."

≪詩經≫ 〈大雅 板〉에 말하였다.

"말을 기쁘게 하면 백성들이 안정되리라."

東海①有勇士曰菑邱訢②하니 以勇猛聞於天下③러라 遇神淵④曰飮馬한대 其僕曰 飮馬於此者는 馬必死⑤하니이다 曰以訢之言飮之하라한대 其馬果沈이러라 菑邱訢去朝服拔劍而入하여 三日三夜에 殺三蛟一龍而出이어늘 雷神隨而擊之하여 十日十夜에 眇其左目⑥하다 要離聞之하고 往見之曰 訢在乎아 曰 送有喪者⑦니이다 往見訢於墓曰 聞雷神擊子하여 十日十夜에 眇子左目이라호라 夫天怨不全日이요 人怨不旋踵⑧하나니 至今弗報는 何也오한대 叱而去어늘 墓上振憤者가 不可勝數러라 要離歸하여 謂門人⑨曰 菑邱訢은 天下之勇士也라 今日我辱之人中하니 是其必來攻我⑩하리니 暮無閉門하고 寢無閉戶하라 菑邱訢果夜來하여 拔劍(住)〔拄〕要離頸⑪曰 子有死罪三하니 辱我以人中하니 死罪一也⑫요 暮不閉門⑬하니 死罪二也요 寢不閉戶⑭하니 死罪三也니라 要離曰 子待我一言來謁⑮하니 不肖一也⑯요 拔劍不刺⑰하니 不肖二也요 刃先辭後하니 不肖三也라 能殺我者는 是毒藥之死耳니라 菑邱訢引劍而去⑱曰 嘻라 所不若者는 天下惟此子爾로다 傳曰 公子目夷는 以辭得國이러니 今要離以辭得身이라 言不可不文이 猶若此乎인저 詩曰 辭之懌矣면 民之莫矣리라

① 東海 : 趙懷玉이 교감한 내용에 "≪太平御覽≫ 권13에서 인용한 글에 '之上' 2字가 있다. 또 권70도 그와 같다."라고 하였다.

---

18) 公子……얻었는데 : 目夷는 춘추시대 宋 襄公의 庶兄으로, 자는 子魚이다. 공자 목이가 말을 잘하여 나라를 얻은 사실에 대해서는 ≪春秋左氏傳≫과 ≪史記≫ 〈宋微子世家〉에 보이지 않는다.(≪韓詩外傳今註今譯≫)

趙校語에 御覽十三引有之上二字라 又七十同이라

② 東海有勇士曰菑邱訢 : '菑'는 ≪吳越春秋≫에 '椒'로 되어 있다. 趙懷玉이 교감한 내용도 같다.

菑는 吳越春秋에 作椒라 趙校語同이라

③ 以勇猛聞於天下 : 趙懷玉은 "爲齊王使於吳過淮津(齊나라 왕을 위해 吳나라로 사신 가다가 淮津을 지나다.)"이라고 하였다. 趙懷玉이 교감한 내용에 "≪太平御覽≫에 '以勇游於天下(용맹으로 천하를 유람하다.)'로 되어 있다." 하였다.

趙云 爲齊王使於吳라가 過淮津이라 趙校語에 御覽에 作以勇游於天下라

④ 遇神淵 : 趙懷玉本에 '過神淵'으로 되어 있고, 그 교감한 내용에 "'過'는 舊本에 '遇'로 되어 있었는데, 이제 ≪太平御覽≫을 따른다." 하였다.

趙本에 作過神淵이요 校語에 過는 舊本作遇러니 今從御覽이라

⑤ 其僕曰 飮馬於此者 馬必死 : '其僕'은 趙懷玉本에 '津吏(나루의 관리)'로 되어 있고, 뒤에 "水中有神 見馬卽出 以害其馬 君勿飮也(물속에 신이 사는데 말을 보면 곧바로 나와 말을 해치니 그대는 먹이지 마시오.)"라고 하였다.

其僕은 趙作津吏라 下云 水中有神하니 見馬卽出하여 以害其馬이라 君勿飮也라

⑥ 菑邱訢去朝服拔劍而入……眇其左目 : 趙懷玉은 "袒裼持劍 入水求神 決戰連日乃出 眇其一目(웃옷을 벗고 칼을 쥐고 물에 들어가 신을 찾아 여러 날 동안 결전하고서 나왔는데 그 한쪽 눈이 멀어 있었다.)"이라고 하였다.

趙云 袒裼持劍하고 入水求神하여 決戰連日하여 乃出이어늘 眇其一目이라

⑦ 送有喪者 : 趙懷玉은 "之吳 會於友人之喪(吳나라에 가서 友人의 喪에 참여하다.)이라고 하였다.

趙云 之吳하여 會於友人之喪이라

⑧ 夫天怨不全日 人怨不旋踵 : 趙懷玉은 "勇士之鬪也 與日戰不移表 與神鬼戰者不旋踵 與人戰者不達聲 生往死還 不受其辱(勇士의 싸움은 해와 싸울 때에는 표시한 곳을 넘지 않으며, 귀신과 싸울 때에는 발길을 돌리기 전에 끝내며, 사람과 싸울 때에는 소리가 이르기 전에 끝내니, 살아서 갔다가 죽어서 돌아오더라도 그 모욕을 받지 않는다.)"이라고 하였다.

趙云 勇士之鬪也에 與日戰은 不移表하며 與神鬼戰者는 不旋踵하며 與人戰者는 不達聲하나니 生往死還이라도 不受其辱이라

⑨ 謂門人 : 趙懷玉本에 '誡其妻(그 아내에게 경계하다.)'로 되어 있다.

趙作誡其妻라

⑩ 是其必來攻我 : 趙懷玉은 "餘恨蔚恚 暝必來也(한이 남아 아주 화가 나서 밤에 반드시 찾아올 것이다.)"라고 하였다.

趙云 餘恨蔚恚하여 暝必來也라

⑪ 拔劍住要離頸 : '住'는 '拄'가 되어야 한다. 趙懷玉은 "手劍而捽要離頸(손에 칼을 쥐고 要離

의 목을 잡다.)"이라고 하였다. 趙懷玉에 '拄要離頸'으로 되어 있다.
住는 當爲拄라 趙云 手劍而捽要離頸라 趙本에 作拄要離頸이라

⑫ 辱我以人中 死罪一也 : 趙懷玉이 교감한 내용에 "'以'는 '於'가 되어야 할 듯하다." 하였다.
趙校語에 以는 疑當作於라

⑬ 暮不閉門 : 趙懷玉本에 '歸不關閉(돌아와 빗장을 걸지 않다.)'로 되어 있다.
趙作歸不關閉라

⑭ 寢不閉戶 : 趙懷玉本에 '臥不守御(누울 때에도 방비를 갖추지 않다.)'로 되어 있다.
趙作臥不守御라

⑮ 子待我一言來謁 : 趙懷玉은 "吾辱子於千人之衆 子無敢報(내가 천 명의 대중 앞에서 그대를 욕보였으니 그대가 감히 보복하지 않겠는가.)"라고 하였다.
趙云 吾辱子於千人之衆하니 子無敢報라

⑯ 子待我一言來謁 不肖一也 : 趙懷玉本에 '子待我一言 子有三不肖 昏暮來謁不肖一也(그대가 나의 한 마디 말을 기다렸으니 그대에게 세 가지 못난 점이 있다. 저물녘에 찾아왔으니 첫 번째 못난 점이다.)'로 되어 있고, 그 교감한 내용에 "'子有三不肖昏暮' 7字는 舊本에 모두 빠져 있었는데 이제 文義를 살펴보건대 마땅히 있어야 한다." 하였다.
趙本에 作子待我一言하니 子有三不肖라 昏暮來謁하니 不肖一也요 校語에 子有三不肖昏暮七字는 舊皆脫이러니 今案文義컨대 當有라

⑰ 拔劍不刺 : 趙懷玉은 "入門不咳 登堂無聲(문에 들어와 기침을 하지 않고 마루에 올라 소리를 내지 않다.)"이라고 하였다.
趙云 入門不咳하고 登堂無聲이라

⑱ 引劍而去 : 趙懷玉本에 '投劍而歎(칼을 던지고 탄식하다.)'으로 되어 있다.
趙作投劍而歎이라

10-8 傳(≪史記≫)에 말하였다.

齊나라에서 사신을 보내 楚나라에 큰 기러기를 바치게 하였다. 큰 기러기가 목말라하자 사신이 길에서 물을 먹이다가 큰 기러기가 獲笞(새장)를 빠져 나갔지만 사자는 끝까지 초나라에 가서 말하였다.

"제나라에서 신을 보내 큰 기러기를 바치게 하였는데 큰 기러기가 목말라하자 길에서 물을 먹이다가 〈큰 기러기가〉 확태를 빠져 나갔습니다. 신은 도망치고 싶었지만 〈그렇게 하면〉 양국 군주의 사신이 〈이로부터〉 단절될 것이고, 칼을 빼서 죽고 싶었지만 사람들이 장차 우리 군주는 선비를 경시하고 큰 기러기를 중시한다고 여길 것입니다. 빈 확태가 여기에 있으니 원컨대 처분해주소서."

초나라 왕이 그 말은 훌륭하고 그 논리는 정연하다고 여겨 이로 인해 머물게 하여 상을 하사하고 평생토록 上客으로 삼았다. 그러므로 사신은 文辭를 삼가고 성심으로 깨우치며, 志氣를 밝히고 자유자재로 문제를 해결해야 하니, 그러한 뒤에야 사신으로 갈 수 있는 것이다.

≪詩經≫ 〈大雅 板〉에 말하였다.

"말을 기쁘게 하면 백성들이 안정되리라."

傳曰 齊使使獻鴻於楚①하다 鴻渴이어늘 使者道飮이라가 鴻攫笞潰失②호대 使者遂之楚曰 齊使臣獻鴻이어늘 鴻渴道飮이라가 攫笞潰失하니이다 臣欲亡이로대 爲夫兩君之使不通③이요 欲拔劍而死로대 人將以吾君賤士貴鴻也니이다 攫笞在此하니 願以(汙)〔將〕事④하노이다 楚王賢其言하고 辯其詞하여 因留而賜之하고 終身以爲上客하다 故로 使者必矜⑤文辭하며 喩誠信하며 明氣志하며 解結申屈하니 然後可使也라 詩曰 辭之懌矣면 民之莫矣리라

① 齊使使獻鴻於楚 : 趙懷玉이 교감한 내용에 "≪說苑≫ 〈奉使〉편에 '魏文侯使舍人毋擇 獻鵠於齊(魏 文侯가 舍人 毋擇으로 하여금 齊나라에 고니를 바치게 하였다.)'라고 하였다." 하였다.

趙校語에 說苑奉使篇云 魏文侯使舍人毋擇으로 獻鵠於齊라

② 使使獻鴻於楚……鴻攫笞潰失 : 내가 살펴보건대, ≪說苑≫ 〈奉使〉에 "魏文侯使舍人毋擇獻鵠於齊侯 毋擇行道失之 徒獻空籠(魏 文侯가 舍人 毋擇으로 하여금 齊나라에 고니를 바치게 하였는데, 무택이 가는 길에 놓쳐버리고 빈 새장만을 바쳤다.)"이라고 하였으니, 일이 이 글과 같다. '攫笞'는 새장 이름이다. 趙懷玉이 교감한 내용에 "'攫笞'는 ≪說苑≫에 '空籠'으로 되어 있으니, 여기의 '笞'는 마땅히 또한 '籠'을 이른다. '攫'은 '擭'자인 듯하다." 하였다.

宋案컨대 說苑奉使云 魏文侯使舍人毋擇으로 獻鵠於齊侯한대 毋擇行道失之하여 徒獻空籠이라하니 事與此同이라 攫笞는 蓋籠名이라 趙校語에 攫笞는 說苑作空籠이니 此笞는 當亦謂籠也라 攫은 疑是擭字라

③ 爲夫兩君之使不通 : '夫'는 여러 本에 모두 '失'로 되어 있으니, 앞의 '潰失'자로 인하여 잘못된 듯하다. 趙懷玉本에 '失'로 되어 있다.

夫는 本皆作失이니 疑因上潰失字譌라 趙本에 作失이라

④ 願以汙事 : '汙'는 '將'이 되어야 한다.

汙는 當爲將이라

⑤ 矜 : 趙懷玉本에 '務'로 되어 있다.

趙本에 作務라

10-9 扁鵲[19]이 虢侯를 방문하였을 때 世子가 갑작스런 병으로 죽었다. 편작이 궁궐에 나아가 물었다.

"내가 듣기로 도성에 갑자기 葬事할 일이 있다고 하던데, 위급한 일이 있지 않습니까?"

문지기가 대답하였다.

"세자가 갑작스런 병으로 죽었습니다."

편작이 말하였다.

"궁중에 들어가 鄭나라 의원 秦越人이 치료할 수 있다고 말하시오."

中庶子 중에 方術을 좋아하는 자가 나와 응답하였다.

"내가 듣기로 上古시대에 弟父라는 의원이 있었습니다. 제부가 병을 치료할 적에 왕골로 자리를 만들고 꼴풀로 개의 형상을 만들어 북쪽을 향하여 빌면서 열 마디만 외었을 뿐인데, 모든 부축을 받고 온 사람과 들 것에 실려 온 사람들이 모두 원래대로 회복되었다고 합니다. 그대의 의술도 이와 같이 할 수 있습니까?"

편작이 대답하였다.

"그렇게 할 수 없습니다."

중서자가 또 말하였다.

"내가 듣기로 中古시대에 踰跗라는 의원이 있었습니다. 유부가 병을 치료할 적에 搦木으로 사람의 腦를 만들고 芷草로 사람의 몸통을 만든 뒤에 몸통의 구멍에 기운을 불어 뇌를 안정시켜 죽은 자를 다시 살려 냈다고 합니다. 그대의 의술도 이와 같이 할 수 있습니까?"

편작이 대답하였다.

"그렇게 할 수 없습니다."

중서자가 말하였다.

"진실로 그대의 의술 같은 경우는 비유하자면 대롱으로 하늘을 보고 송곳으로 땅을 찌르는 것과 같습니다. 보아야 할 하늘은 아주 큰데 정작 보는 것은 아주 작고, 찔러야 할 땅은 아주 큰데 정작 찌르는 것은 아주 적습니다. 그대의 의술 같은 것으

19) 扁鵲 : 중국 고대의 전설적인 名醫로, 盧나라 渤海郡 사람이다. 성은 秦, 이름은 越人이며, 편작은 그의 호이다.

로 어떻게 동자의 죽음을 변화시켜 살릴 수 있겠습니까."

편작이 대답하였다.

"그렇지 않습니다. 세상일은 어두운 곳에서 던져도 모기의 머리를 맞추기도 하고 눈을 감아도 흑백을 분별하기도 합니다. 세자의 병은 이른바 尸蹶[20]이라는 것입니다. 그렇지 않다고 생각하면 들어가 진단해 보십시오. 세자의 두 허벅지 사이는 응당 따뜻할 것이고 귀에서는 휘익하는 소리가 마치 울음소리와 같을 것입니다. 이런 증세라면 모두 살릴 수 있습니다."

중서자가 마침내 들어가 세자를 진단하고 그의 병세를 괵후에게 보고하자, 괵후가 이 일을 듣고 맨발로 일어나서 문에 이르러 말하였다.

"선생께서는 먼 곳에서 다행히 과인을 찾아왔으니 선생께서 행여 치료해준다면 비천한 저의 자식이 하늘이 덮어주고 땅이 실어주어 오래도록 사람으로 살겠지만, 선생께서 치료해주지 않는다면 과인보다 먼저 죽어 골짜기를 메울 것입니다."

말을 마치기도 전에 눈물이 옷깃을 적셨다. 편작이 들어가서 鍼石을 갈아 三陽과 五輪[21]의 經穴에 찌르고 先軒竈를 만들고 八拭湯을 달였다. 子同은 藥材를 찧고 子明은 陽脈에 뜸을 뜨며 子游는 세자를 按摩하고 子儀는 정신을 되돌리며 子越은 몸을 부축하였다.[22] 그러자 세자가 다시 살아났다. 천하 사람들이 이 일을 듣고 모두 편작은 죽은 사람도 살려낸다고 하였다. 편작이 말하였다.

"나는 죽은 사람을 살려낼 수 있는 것이 아니라 당연히 살 수 있는 사람을 살려 내게 할 뿐이다."

죽은 자에게도 약물을 써서 살릴 수 있는데 하물며 산 사람에게 있어서야 더 말할 것이 있겠는가. 슬프다. 혼란한 임금의 정치는 약물로도 구제할 수 없도다.

≪시경≫ 〈大雅 板〉에 말하였다.

"약물로도 구제할 수 없다."

이것은 반드시 멸망할 뿐임을 말한 것이다.

扁鵲過虢侯①할새 世子暴病而死②하다 扁鵲造宮③曰 吾聞國中에 卒有壤土之事라하니 得無

---

20) 尸蹶 : 病名으로, 갑작스럽게 정신이 혼미하여 人事不省의 상태가 되는 증세를 말한다.
21) 三陽과 五輪 : 삼양은 少陽·陽明·太陽의 三經脈을 말하고, 오수는 太衝·太陵·太白·太淵·太谿의 경맥의 血道를 말한다.
22) 子同은……부축하였다 : 子同·子明·子游·子儀·子越은 모두 편작의 제자이다.

有急乎아 曰 世子暴病而死하니이다 扁鵲曰 入言鄭醫秦越人能治之[④]하라 中庶子之好方者[⑤]出應之曰 吾聞上古醫曰弟父[⑥]하니 弟父之爲醫也에 以莞爲席하고 以芻爲狗하여 北面而祝之하여 發十言耳어늘 諸扶輿而來者가 皆平復如故라하니 子之方豈能若是乎아 扁鵲曰 不能이로이다 又曰 吾聞中古之爲醫者曰踰跗[⑦]하니 踰跗之爲醫也에 搦木爲腦[⑧]하고 芷草爲軀하여 吹竅定腦하여 死者復生이라하니 子之方豈能若是乎아 扁鵲曰 不能이로이다 中庶子曰 苟如子之方은 譬如以管窺天하고 以錐刺地라 所窺者大어늘 所見者小하고 所刺者巨어늘 所中者少라 如子之方이 豈足以變童子哉[⑨]리오 扁鵲曰 不然하다 事故有昧投而中蝨頭[⑩]하고 掩目而別白黑者니라 夫世子病은 所謂尸蹶者[⑪]니 以爲不然인댄 試入診하라 世子股陰當溫하고 耳焦焦如有啼者聲[⑫]하리니 若此者면 皆可活也니라 中庶子遂入診世子하고 以病報한대 虢侯[⑬]聞之하고 足跣而起하여 至門曰 先生遠辱幸臨寡人하니 先生幸而治之면 則糞土之息이 得蒙天地載長爲人[⑭]이어니와 先生弗治면 則先犬馬塡溝壑矣[⑮]니라 言未卒에 而涕泣沾襟이러라 扁鵲入하여 砥鍼礪石하여 取三陽五輸[⑯]하여 爲先軒之竈[⑰]하고 八拭之湯[⑱]하다 子同擣藥[⑲]하며 子明灸陽[⑳]하며 子游按摩하며 子儀反神[㉑]하며 子越扶形하니 於是에 世子復生하다 天下聞之하고 皆以扁鵲能起死人也라하니 扁鵲曰 吾不能起死人이라 直使夫當生者起니라 死者猶可藥이어든 而況生乎[㉒]아 悲夫라 罷君之治는 無可藥而息也[㉓]니라 詩曰 不可救藥이라하니 言必亡而已矣니라

① 扁鵲過虢侯 : ≪史記≫ 〈扁鵲列傳〉에 "勃海郡鄭人也 姓秦氏 名越人張(편작은 勃海郡의 鄭邑 사람이다. 姓은 秦氏이고 이름은 越人張이다.)"이라고 하였는데, 그 注에 "秦越人 與軒轅時扁鵲相類 仍號之爲扁鵲 又家於盧國 因命之曰盧醫也(秦越人이 軒轅 시대의 扁鵲과 서로 비슷하여 扁鵲이라고 불렀다. 또 집이 盧國에 있어 이로 인하여 '盧醫'라고 명명하였다.)"라고 하였다.

史記扁鵲傳云 勃海郡鄭人也라 姓秦氏요 名越人張이라한대 注에 秦越人이 與軒轅時扁鵲相類하여 仍號之爲扁鵲이요 又家於盧國하여 因命之曰盧醫也라

② 扁鵲過虢侯 世子暴病而死 : ≪說苑≫ 〈辯物〉에 "扁鵲過趙 趙王太子暴病而死(扁鵲이 趙나라를 지나갈 적에 趙王의 태자가 갑작스러운 병으로 죽다.)"라고 하였으니, 이 기록 및 ≪史記≫와도 모두 같지 않다. 趙懷玉本에 '扁鵲過虢 虢侯世子暴病而死'(扁鵲이 虢나라를 지나갈 적에 虢侯의 세자가 갑작스러운 병으로 죽다.)로 되어 있고, 그 교감한 내용에 "舊本에 '虢'자가 중복되지 않았는데 이제 文義를 살펴 보충한다. 史記에 의거하여 '侯'자를 생략한다. ≪說苑≫ 〈辨物〉편에 '虢'은 '趙'로 되어 있고, 뒤에 '趙王太子暴疾而死'라고 하였으니, 살펴보건대 이 때는 虢나라가 망한지 이미 오래되었으니 '趙'라고 하는 것이 옳다." 하였다.

說苑辯物云 扁鵲過趙할새 趙王太子暴病而死라하니 與此及史記로 竝不同이라 趙本에 作

扁鵲過虢할새 虢侯世子暴病而死요 校語에 舊本에 虢字不重이러니 今案文義補라 依史記하여 侯字可省이라 說苑辨物篇에 虢作趙요 下云 趙王太子暴疾而死라하니 案是時虢亡已久矣니 作趙是也라

③ 扁鵲造宮：趙懷玉이 교감한 내용에 "≪說苑≫에 '門'자가 있다." 하였다.

趙校語에 說苑有門字라

④ 能治之：趙懷玉이 교감한 내용에 "≪說苑≫에 '能活太子(太子를 살릴 수 있다.)'로 되어 있으니, 여기의 '治'자 또한 '活'자인 듯하다." 하였다.

趙校語에 說苑作能活太子하니 此治字는 亦疑是活이라

⑤ 中庶子之好方者：'中'자는 ≪史記≫를 따라 교정하고 보충한다. 趙懷玉本에는 '中'자가 없다.

中字는 從史記校補라 趙本에 無中字라

⑥ 弟父：'弟'는 劉向의 ≪說苑≫에 '苗'로 되어 있다. 趙懷玉이 교감한 내용에 "'弟'는 '茅'의 잘못이다. ≪說苑≫에 '苗父'로 되어 있다." 하였다.

弟는 劉作苗라 趙校語에 弟當是茅之譌라 說苑에 作苗父라

⑦ 踰跗：劉向의 ≪說苑≫에 '兪柎'로 되어 있다. 趙懷玉이 교감한 내용에 "≪史記≫에 '兪跗'로 되어 있고, ≪說苑≫에 '兪柎'로 되어 있다." 하였다.

劉作兪柎라 趙校語에 史記作兪跗요 說苑作兪柎라

⑧ 搦木爲腦：趙校語에 "'搦'은 ≪史記≫와 ≪說苑≫에 모두 手 부수를 따라 '搦'로 되어 있으나, 여기에서는 뒤의 '芷草'와 상대되는 글이기 때문에 舊本에 의거하여 木 부수를 따라야 할 듯하다. 音은 '溺'이다." 하였다.

趙校語에 搦은 史記說苑皆從手作搦이나 此與下芷草對文이니 似當依舊本從木이라 音溺이라

⑨ 豈足以變童子哉：趙懷玉이 교감한 내용에 "≪說苑≫에 '變' 뒤에 '駭'자가 있다." 하였다.

趙校語에 說苑에 變下有駭字라

⑩ 事故有昧投而中蝨頭：'投'는 劉向의 ≪說苑≫에 '揥'로 되어 있다.

投는 劉作揥라

⑪ 所謂尸蹶者：'蹶'은 ≪史記≫에 ' {厥/足} '로 되어 있는데 뜻은 같다. 劉向의 ≪說苑≫에는 '厥'로 되어 있다.

蹶은 史作蹷同이라 劉作厥이라

⑫ 耳焦焦如有啼者聲：≪史記≫에 "當聞其耳鳴而鼻張 循其兩股以至於陰 當尙溫也(귀에서는 소리가 나고 코는 벌렁거리며, 양쪽 허벅지부터 陰部에 이르기까지 아직 따뜻한 기운이 느껴질 것이다.)"라고 하였다.

史云 當聞其耳鳴而鼻張하며 循其兩股以至於陰하여 當尙溫也라

⑬ 虢侯：趙懷玉이 교감한 내용에 "마땅히 이 2字를 중첩해서 써야 한다." 하였다.

趙校語에 當重二字라

⑭ 得蒙天地載長爲人 : 趙懷玉이 교감한 내용에 "≪說苑≫에 '得蒙天履地而長爲人矣(하늘이 덮어주고 땅이 실어주어 길이 사람으로 살다.)'로 되어 있다." 하였다.

趙校語에 說苑에 作得蒙天履地而長爲人矣라

⑮ 先犬馬塡溝壑矣 : '溝'자는 ≪說苑≫을 따라 교정하고 보충한다. 趙懷玉本에 '溝'자가 없다.

溝字는 從說苑校補라 趙本에 無溝字라

⑯ 三陽五輸 : '輸'은 ≪史記≫에 '會'로 되어 있다.

輸은 史作會라

⑰ 先軒之竈 : '先軒'은 劉向의 ≪說苑≫에 '軒光'으로 되어 있다.

先軒은 劉作軒光이라

⑱ 八拭之湯 : ≪史記≫에 "乃使子豹爲五分之熨 以八減之齊和 煮之(이에 子豹에게 五分의 고약을 만들고 八減의 약제를 섞어 달이게 하다.)"라고 하였고, 劉向의 ≪說苑≫에 "八成之湯"이라고 하였으니, 그렇다면 '拭'은 '減'이나 '成'이 되어야 한다. '湯'은 여러 本에 모두 빠져 있었는데 이제 ≪說苑≫을 따라 교정하고 보충한다. 趙懷玉이 교감한 내용에 "≪說苑≫에 '軒光之竈八成之湯'으로 되어 있고, ≪史記≫에 '八減之齊'로 되어 있다." 하였다.

史云 乃使子豹로 爲五分之熨하고 以八減之齊和하여 煮之요 劉云 八成之湯이라하니 然則拭當爲減或成也라 湯은 本皆脫이러니 今從說苑校補라 趙校語에 說苑作軒光之竈八成之湯이요 史記作八減之齊라

⑲ 子同擣藥 : '同'은 劉向의 ≪說苑≫에 '容'으로 되어 있다. '擣'자는 어떤 本에 빠져 있는데 또한 ≪說苑≫을 따라 교정하고 보충한다. 趙懷玉이 교감한 내용에 "≪說苑≫에 '子容擣藥'으로 되어 있다. '擣'자는 舊本에 빠져 있었는데 이제 이에 의거하여 보충한다." 하였다.

同은 劉作容이라 擣字는 本脫이러니 亦從說苑校補라 趙校語에 說苑作子容擣藥하니 擣字는 舊本缺이러니 今據補라

⑳ 子明灸陽 : '灸陽'은 劉向의 ≪說苑≫에 '吹耳'로 되어 있다. 趙懷玉이 교감한 내용에 "≪說苑≫에 '吹耳'로 되어 있다." 하였다.

灸陽은 劉作吹耳라 趙校語에 說苑作吹耳라

㉑ 子儀反神 : 趙懷玉이 교감한 내용에 "≪說苑≫에 '子游矯摩'는 '扶形' 구절 뒤에 있고, '子儀'는 '陽儀'로 되어 있다." 하였다.

趙校語에 說苑에 子游矯摩는 在扶形句下요 子儀는 作陽儀라

㉒ 直使夫當生者起 死者猶可藥 而況生乎 : 趙懷玉本에 '當生者起耳 夫死者猶可藥 而況生乎'로 되어 있고, 그 교감한 내용에 "'耳夫' 2字는 ≪說苑≫에 의거하여 보충한다. 뒤에 '死者猶不可藥而生也(죽은 사람은 오히려 약물을 써도 살려낼 수 없다.)'라고 하였으니 마

땅히 따라야 할 듯하다." 하였다.

趙本에 作當生者起耳 夫死者猶可藥 而況生乎요 校語에 耳夫二字는 依說苑補라 下云 死者猶不可藥而生也이라하니 似當從之라

㉓ 罷君之治 無可藥而息也 : 趙懷玉이 교감한 내용에 "'罷'는 ≪說苑≫에 '亂'으로 되어 있고, '無'는 '不'로 되어 있다." 하였다.

趙校語에 罷는 說苑作亂이요 無는 作不이라

10-10 楚邱先生[23]이 도롱이를 입고 새끼줄을 허리에 매고 孟嘗君[24]을 찾아가 보았는데, 맹상군이 물었다.

"선생께서는 늙으셨고 春秋도 높으셔서 빠뜨리거나 잊은 것이 많을 것인데, 무엇을 저에게 가르쳐 주시겠습니까?"

초구선생이 말하였다.

"아, 君께서 나를 늙었다고 하시는군요. 아, 군께서 나를 늙었다고 하시는군요. 생각건대, 저에게 돌을 던지거나 뛰어넘는 일을 시키실 생각입니까? 수레와 말을 뒤쫓는 일을 시키실 생각입니까? 사슴과 고라니를 쫓고 호랑이와 표범을 잡는 일을 시키실 생각입니까? 이러한 일이라면 저는 진작 죽었을 것이니 어느 겨를에 늙겠습니까. 아니면 저에게 깊고 원대한 계획을 세우게 하실 생각입니까? 주저되는 일을 결정하고 의혹되는 일을 결단하게 하실 생각입니까? 바른말을 내어 제후들에게 응답하게 하실 생각입니까? 이러한 일이라면 저는 이제야 건장한 나이가 되었는데 어찌 늙었다고 할 수 있겠습니까."

맹상군이 부끄러워 땀이 발에까지 흘렀다. 그러고는 말하였다.

"제가 잘못했습니다. 제가 잘못했습니다."

≪詩經≫ 〈大雅 板〉에 말하였다.

"늙은이가 정성을 다하네."

楚邱先生①이 披蓑帶索(삭)②하여 往見孟嘗君한대 孟嘗君曰 先生老矣요 春秋高矣라 多遺忘矣니 何以教文고 楚邱先生曰 惡라 君謂我老로다 惡라 君謂我老로다 意者將使我投石超距乎아 追車赴馬乎아 逐麋鹿搏豹虎乎아 吾則死矣니 何暇老哉리오 將使我深計遠謀乎아 定猶豫而決

23) 楚邱先生 : 초구는 複姓이고, 이름은 미상이다.
24) 孟嘗君 : 전국시대 齊나라 公族으로, 성은 田이고, 이름은 文이며, 맹상군은 그의 호이다. 선비를 좋아하여 항상 門下에 食客이 3,000명이 있었다.

嫌疑乎아 出正辭而當諸侯乎아 吾乃始壯耳니 何老之有리오 孟嘗君赧然汗出至踵③하여 曰 文過矣로이다 文過矣로이다 詩曰 老夫灌灌이라

① 楚邱先生 : ≪新序≫ 〈雜事〉에 "行年七十(行年 70세이다.)"이라고 하였다.
新序雜事云 行年七十이라
② 披蓑帶索 : '蓑'는 劉向의 ≪新序≫에 '衰'로 되어 있다.
蓑는 劉作衰라
③ 赧然汗出至踵 : 劉向의 ≪新序≫에 "俊巡避席 面有愧色(머뭇거리며 자리에서 물러날 적에 얼굴에 부끄러운 기색이 있다.)"이라고 하였다.
劉云 俊巡避席에 面有愧色이라

10-11 齊景公이 牛山[25) 위에서 노닐면서 북쪽으로 齊나라를 바라보고 말하였다.

"아름답도다. 국가여! 울창한 泰山이로다. 가령 예로부터 죽는 사람이 없었다면 과인이 장차 이 세상을 버리고 어디로 가겠는가."

그러고는 고개를 숙이고 흐느껴 울어 옷깃을 적셨다. 國子와 高子[26)가 말하였다.

"그렇습니다. 신들은 임금의 은혜 덕분에 거친 밥과 변변찮은 고기를 먹을 수 있고 노둔한 말과 낡은 수레를 탈 수 있는데도 오히려 죽고 싶지 않은데, 하물며 임금이야 더 말할 것이 있겠습니까."

그러고는 고개를 숙이고 흐느껴 울었다.

晏子가 말하였다.

"즐겁습니다. 오늘 저의 유람이여! 죽음을 두려워하는 임금 한 분과 아첨하는 신하 둘을 보았으니 말입니다. 가령 예로부터 죽는 사람이 없었다면 太公[27)은 지금까지도 살아 있어 〈임금 노릇을 하기 때문에〉 우리 임금은 지금 도롱이와 삿갓을 쓰고 들녘에 서서 농사일을 근심하고 있을 것입니다. 그러니 어느 겨를에 죽음을 생각하겠습니까."

경공이 부끄러워 술잔을 들어 스스로 벌주를 마시고 인하여 두 명의 신하에게 벌주를 먹였다.

---

25) 牛山 : 齊나라 도성의 동남쪽에 있는 산 이름이다.
26) 國子와 高子 : 모두 齊 景公의 大夫이다. 국자는 國惠子로 이름은 夏이고, 고자는 高昭子로 이름은 張이다.
27) 太公 : 文王의 師傅인 太公望 呂尙으로, 齊나라의 시조이다.

齊景公遊於牛山之上하여 而北望齊[①]曰 美哉라 國乎여 鬱鬱泰山[②]이로다 使古而無死者면 則寡人將去此而何之리오 俯而泣沾襟한대 國子高子[③]曰 然하니이다 臣賴君之賜하여 疏食惡肉을 可得而食也요 駑馬柴車[④]를 可得而乘也로대 且猶不欲死어든 況君乎잇가 俯泣[⑤]한대 晏子曰[⑥] 樂哉라 今日嬰之遊也여 見怯君一而諛臣二니 使古而無死者면 則太公[⑦]至今猶存하여 吾君方今將被蓑笠而立乎畎畝之中하여 惟事之恤[⑧]어늘 何暇念死乎리오 景公慙하여 而擧觴自罰하고 因罰二臣[⑨]하다

① 而北望齊 : ≪列子≫ 〈力命〉에 "北臨其國城而流涕(북쪽으로 도성에 임하여 눈물을 흘리다.)"라고 하였다.
列子力命云 北臨其國城而流涕라

② 鬱鬱泰山 : ≪列子≫에 "鬱鬱芊芊 若何滴滴去此國而死乎(초목은 울울창창한데 어찌 덧없이 이 나라를 떠나 죽어야 한단 말인가.)"라고 하였다.
列云 鬱鬱芊芊하니 若何滴滴去此國而死乎라

③ 國子高子 : ≪列子≫에 "史孔梁邱據 皆從而泣(史孔과 梁邱據가 모두 임금을 따라 흐느껴 울다.)"이라고 하였는데, 여기에서는 잘못되어 '國高'가 된 듯하다. 趙懷玉이 교감한 내용에 "≪後漢書≫ 〈文苑列傳 趙壹〉 注에서 인용한 글에는 '周子高'로 되어 있다." 하였다.
列云 史孔梁邱據皆從而泣이라하니 疑此誤爲國高也라 趙校語에 後漢書趙壹傳注에 引作周子高라

④ 駑馬柴車 : '柴'는 ≪列子≫에 '稜'으로 되어 있다.
柴는 列作稜이라

⑤ 況君乎 俯泣 : 趙懷玉本에 '而況君乎 又俯而泣'으로 되어 있고, 그 교감한 내용에 "舊本에 '而'자와 '又'자 둘 다 없었는데 ≪太平御覽≫ 권160에서 인용한 글에 의거하여 보충한다." 하였다.
趙本에 作而況君乎又俯而泣이요 校語에 舊本에 無兩而字又字러니 據御覽百六十引補라

⑥ 晏子曰 : 趙懷玉本에 '晏子笑曰(안자가 웃으며 말하다.)'로 되어 있고, 그 교감한 내용에 "'笑'자는 舊本에 없었는데 ≪太平御覽≫에 의거하여 보충한다." 하였다.
趙本에 作晏子笑曰이요 校語에 笑字는 舊本無러니 據御覽補라

⑦ 太公 : 趙懷玉이 교감한 내용에 "≪太平御覽≫에 '丁公' 2字가 있다." 하였다.
趙校語에 御覽에 有丁公二字라

⑧ 惟事之恤 : 趙懷玉이 교감한 내용에 "≪太平御覽≫에 '惟' 뒤에 '農'자가 있다." 하였다.
趙校語에 御覽에 惟下有農字라

⑨ 齊景公遊於牛山之上……因罰二臣 : 이 기록과 뒤의 기록에 모두 ≪詩經≫의 내용이 빠져 있다.

此及下傳에 竝脫詩辭라

10-12 秦 繆公이 사냥을 나갔다가 말을 잃어버려서 사흘 동안 찾은 끝에 荎山[28]의 남쪽에서 발견하였는데, 村夫들이 말을 잡아서 함께 먹고 있었다. 목공이 말하였다.

"이 駿馬의 고기는 술과 함께 먹지 않으면 〈중독되어〉 죽는다."

목공은 이에 술을 구하여 두루 마시게 한 뒤에 떠났다. 그 다음 해에 晉나라 군대와 목공이 전쟁할 때에 晉나라의 車右인 路石이라는 자가 목공을 포위하여 공격하자 떨어진 갑옷이 6조각이었다. 그러자 목공의 말을 먹은 자 300여 인이 모두 말하였다.

"우리 군주께서 어질고 사람을 사랑하니 그를 위해 죽지 않을 수 없다."

그러고는 돌아가 晉나라의 車右인 路石을 공격하여 목공을 죽음에서 벗어나게 하였다.

秦繆公將田이라가 而喪其馬하여 求三日하여 而得之於荎山之陽①한대 有鄙夫乃相與食之②하다 繆公曰 此(駮)〔駿〕[29]馬之肉③은 不得酒者死라하고 繆公乃求酒하여 徧飮之然後去하다 明年④에 晉師與繆公戰⑤할새 晉之(左格右)〔右路石〕者⑥가 圍繆公而擊之하여 甲已墮者六〔札〕[30]矣⑦어늘 食馬者三百餘人이 皆曰 吾君仁而愛人하니 不可不死로다하고 還擊晉之(左格右)〔右路石〕하여 免繆公之死⑧하다

① 荎山之陽 : '荎山'은 ≪呂氏春秋≫ 〈仲秋紀〉에 '岐山'으로 되어 있다.
荎山은 呂氏春秋仲秋紀에 作岐山이라

② 有鄙夫乃相與食之 : '鄙夫'는 ≪呂氏春秋≫에 '野人'으로 되어 있다.
鄙夫는 呂作野人이라

③ 此駮馬之肉 : '駮'은 ≪呂氏春秋≫ 및 ≪說苑≫ 〈復恩〉에 모두 '駿'으로 되어 있다. 趙懷玉이 교감한 내용에 "'駮'은 ≪呂氏春秋≫ 〈愛士〉편에 '駿'으로 되어 있다." 하였다.
駮은 呂及說苑復恩에 竝作駿이라 趙校語에 駮은 呂氏春秋愛士篇에 作駿이라

④ 明年 : 劉向의 ≪說苑≫에 "居三年(3년이 지나다.)"이라고 하였다.
劉云 居三年이라

⑤ 晉師與繆公戰 :≪呂氏春秋≫에 "韓原에서의 전쟁[31]"이라고 하였다.

28) 荎山 : 산 이름이다.

29) (駮)〔駿〕: 저본에는 '駮'으로 되어 있으나 ≪呂氏春秋≫ 〈仲秋紀〉와 ≪說苑≫ 〈復恩〉에 의거하여 '駿'으로 수정하였다.

30) 札 : 저본에는 없으나, ≪呂氏春秋≫에 의거하여 보충하였다.

31) 韓原에서의 전쟁 : ≪春秋左氏傳≫ 僖公 15년 조에 보인다. 한원은 지금의 陝西省 韓城縣

呂에 以爲韓原之戰也라

⑥ 晉之左格右者 : '左格右' 3字는 모두 잘못된 것이다. ≪呂氏春秋≫에 "晉惠公之右路石(晉 惠公의 車右인 路石)"이라고 하였으니, ≪呂氏春秋≫를 따라 고쳐야 한다. 趙懷玉이 교감한 내용에 "≪呂氏春秋≫에 '晉之右路石奮(晉나라의 車右인 路石奮)'으로 되어 있다." 하였다.

左格右三字는 皆譌라 呂云 晉惠公之右路石也라하니 當改從呂라 趙校語에 呂氏春秋에 作晉之右路石奮이라

⑦ 甲已墮者六 : '六' 뒤에 ≪呂氏春秋≫에 '札'자가 있다.

六下에 呂有札字라

⑧ 秦繆公將田……免繆公之死 : ≪呂氏春秋≫에 "此詩之所謂 君君子則正 以行其德 君賤人則寬 以盡其力者也(이것이 ≪詩經≫에 이른바 '군자들에 대한 군주 노릇은 공정하게 대함으로써 그 덕을 실행하게 하고, 천한 사람들에 대한 군주 노릇은 관대하게 대함으로써 그 힘을 다하게 해야 한다.'라는 것이다.)"라고 하였는데, 高誘의 注에 "此逸詩也(이것은 逸詩이다.)"라고 하였다.

呂云 此詩之所謂 君君子則正하여 以行其德하고 君賤人則寬하여 以盡其力者也라한대 高注에 此逸詩也라

10-13 傳(≪新序≫)에 말하였다.

卞莊子[32]는 용맹을 좋아하였는데 어머니가 살아 계실 때 세 차례 싸워 세 차례 달아나자, 교유하는 벗들이 그를 비난하고 임금도 그에게 모욕을 주었다. 하지만 변장자는 비난과 모욕을 받고도 안색이 바뀌지 않았다. 그러다 어머니가 돌아가신지 3년이 지나 魯나라가 군대를 일으키자, 변장자가 從軍하기를 청하여 가서 장군을 보고 말하였다.

"전에는 오히려 어머니와 함께 살았기 때문에 전쟁에 나갔다가 달아나서 제 몸을 욕되게 하였는데, 지금은 어머니가 돌아가셨으니 책임을 메우겠습니다."

마침내 적의 진영에 달려가 싸워서 적군의 머리를 베어와 바치면서 말하였다.

"이것으로 첫 번째 달아난 책임을 메우겠습니다."

또 적군의 머리를 베어와 바치면서 말하였다.

서남쪽에 있다.

32) 卞莊子 : 魯나라 대부로, 勇士이다. 공자가 "장무중의 지혜와 공작의 욕심 없음과 변장자의 용맹과 염구의 재능에, 예악으로 문채를 더한다면 또한 성인이 될 수 있을 것이다.〔若臧武仲之知 公綽之不欲 卞莊子之勇 冉求之藝 文之以禮樂 亦可以爲成人矣〕"라고 변장자를 언급한 내용이 ≪論語≫ 〈憲問〉에 보인다.

"이것으로 두 번째 달아난 책임을 메우겠습니다."

장군이 만류하여 말하였다.

"이 정도면 충분하다."

그런데도 그치지 않고 또 적군의 머리를 베어와 바치면서 말하였다.

"이것으로 세 번째 달아난 책임을 메우겠습니다."

장군이 만류하여 말하였다.

"이 정도면 충분하니, 그대와 형제가 되기를 청하노라."

그러자 변장자가 말하였다.

"세 번이나 달아나면서 어머니를 봉양하였습니다. 그런데 이제 어머니가 돌아가셨으니 저의 책임을 메워야 합니다. 제가 듣기로 절조가 있는 선비는 모욕을 받으면서 살지 않는다고 합니다."

마침내 적의 진영에 달려가 10명을 죽이고 그도 죽었다. 군자가 이 일을 듣고 말하였다.

"세 번 달아난 것에 대해 이미 책임을 메웠는데 또 집안의 대를 끊어버렸으니, 선비의 절조는 조금 갖춘 것이지만 효도에 대해서는 끝까지 마치지 못한 것이다."

≪詩經≫ 〈大雅 蕩〉에 말하였다.

"처음 시작은 잘하는 이가 없지 않지만 마무리를 잘하는 이는 드물다."

傳曰 卞莊子好勇이러니 母無恙時에 三戰而三北(배)어늘 交游非之하고 國君辱之라 卞莊子受命호대 顔色不變이러라 及母死三年에 魯興師하여는 卞莊子請從하여 至見於將軍曰 前猶與母處라 是以戰而北也하여 辱吾身이어늘 今母歿矣라 請塞責호리라하고 遂走敵而鬬하여 獲甲首而獻之하여 請以此塞一北하노이다 又獲甲首而獻之하여 請以此塞再北하노이다 將軍止之曰 足이라호대 不止하고 又獲甲首而獻之曰 請以此塞三北하노이다 將軍止之曰 足하니 請爲兄弟라 卞莊子曰 三北以養母也①어늘 今母歿矣라 吾責塞矣니이다 吾聞之호니 節士不以辱生이라호이다하고 遂奔敵殺(七)十人而死②하다 君子聞之曰 三北已塞責어늘 又滅世斷宗하니 士節小具矣로대 而於孝未終也니라 詩曰 靡不有初나 鮮克有終이라

① 三北以養母也 : '三'은 어떤 本에 '夫'로 되어 있는데 잘못된 것이다. 이제 ≪新序≫ 〈義勇〉을 따라 校正한다. 趙懷玉本에 '夫北以養母也'로 되어 있다.
三은 本作夫誤라 今從新序義勇校正이라 趙本에 作夫北以養母也라

② 遂奔敵殺七十人而死 : ≪新序≫에 '七'자가 없으니 이것은 남는 글자인 듯하다. 趙懷玉

이 교감한 내용에 "≪新序≫ 〈義勇〉편에 '七'자가 없다." 하였다.

新序에 無七字하니 疑此爲美이라 趙校語에 新序義勇篇에 無七字라

10-14[33] 천자에게 간쟁하는 신하 일곱 사람이 있으면 비록 無道하더라도 그 천하를 잃지 않는다. 옛날에 殷나라 왕 紂가 백성들을 해치고 죽이며 天道를 끊고 어겨서 아침에 물을 건너는 사람의 다리를 도끼로 찍고 임산부의 배를 갈랐으며,[34] 鬼侯를 죽여 포를 뜨고 梅伯을 죽여 젓을 담그기까지 하였지만,[35] 멸망하지 않은 것은 箕子와 比干[36]이 있었기 때문이었다. 그런데 微子는 떠나고 箕子는 감옥에 갇혀 노예가 되고 比干은 간언하다가 죽은 뒤에야[37] 周나라가 군사를 일으켜 桀을 誅滅하였다.

제후에게 간쟁하는 신하 다섯 사람이 있으면 비록 무도하더라도 그 나라를 잃지 않는다. 吳王 夫差가 무도하여 한 고을의 백성들을 내몰아 그의 아버지 闔閭와 함께 묻기까지 하였지만, 멸망하지 않은 것은 伍子胥[38]가 있었기 때문이었다. 오자서가 죽자 越王 句踐이 吳나라를 치려고 하였는데 范蠡[39]가 이렇게 간언하였다.

"자서의 계책이 아직도 오왕의 腹心에 남아 잊혀지지 않고 있습니다."

자서가 죽은 뒤 3년이 지나서야 월나라가 공격할 수 있었다.

대부에게 간쟁하는 신하 세 사람이 있으면 비록 무도하더라도 그 집안을 잃지 않

---

33) 이 글은 ≪孝經≫ 〈諫諍章〉에 "천자에게 간쟁하는 신하 일곱 사람이 있으면 비록 無道하더라도 그 천하를 잃지 않고, 제후에게 간쟁하는 신하 다섯 사람이 있으면 비록 무도하더라도 그 나라를 잃지 않고, 대부에게 간쟁하는 신하 세 사람이 있으면 비록 무도하더라도 그 집안을 잃지 않는다.〔天子有爭臣七人 雖無道 不失其天下 諸侯有爭臣五人 雖無道 不失其國 大夫有爭臣三人 雖無道 不失其家〕"라고 한 말을 인용하여 각 항목에 맞는 사례를 적용시킨 것이다.

34) 아침에……갈랐으며 : 紂王의 잔악무도한 행태를 말하는 것으로, ≪書經≫ 〈周書 泰誓〉에 보인다.

35) 鬼侯를……하였지만 : 鬼侯와 梅伯은 모두 紂王 때의 제후들이다. ≪史記≫ 〈殷本紀〉에는 "九侯가 아름다운 딸을 주에게 바쳤는데 구후의 딸은 음란한 것을 좋아하지 않으므로, 주가 노하여 구후의 딸을 죽이고 구후를 죽여 젓을 담그게 하고 이를 간쟁한 鄂侯도 죽여 포를 뜨게 하였다.〔九侯有好女 入之紂 九侯女不喜淫 紂怒 殺之 而醢九侯 鄂侯爭之彊 辨之疾 竝脯鄂侯〕"라고 하였다.

36) 箕子와 比干 : 殷나라 말기의 忠臣이다.

37) 微子는……뒤에야 : 이와 비슷한 구절이 ≪論語≫ 〈微子〉에도 있는데, 거기에 "미자는 떠나가고 기자는 종이 되고 비간은 간하다가 죽었다. 공자가 말하기를 '은나라에 세 인자가 있었다.'라고 하였다.〔微子去之 箕子爲之奴 比干諫而死 孔子曰 殷有三仁焉〕"라고 하였다.

38) 伍子胥 : 楚나라 사람으로 이름은 員이다. 吳王 闔閭를 도와 오나라를 강국으로 만들었는데, 합려의 아들 부차가 즉위한 후에 太宰 伯嚭의 모함에 빠져 오자서에게 자결을 명하였다. 그 뒤 부차는 越王 句踐에 의해 멸망하였다.(≪史記≫ 권66 〈伍子胥列傳〉)

39) 范蠡 : 越나라 句踐의 謀士로, 그를 도와 吳나라를 멸망시켰다.

는다. 季氏가 무도하여 천자의 예를 참람하게 행하여 八佾舞를 추고 泰山에 旅祭를 지내며 雍詩를 노래하면서 祭器를 거두자, 공자가 말하였다.

"이 짓을 차마 한다면 무엇을 차마 하지 못하겠는가."[40)]

하지만 멸망하지 않은 것은 冉有와 季路[41)]가 家臣으로 있었기 때문이었다. 그러므로 "諤諤하며 간쟁하는 신하가 있으면 그 나라는 창성하고 침묵하며 아첨하는 신하가 있으면 그 나라는 멸망한다."라고 한 것이다.

≪詩經≫ 〈大雅 蕩〉에 말하였다.

"네가 덕을 밝히지 못하여 뒤에서나 곁에서 돕는 이가 없고, 네 덕이 밝지 못하여 너를 보좌하거나 卿으로서 돕는 이가 없도다."

天子有爭臣七人이면 雖無道나 不失其天下하니라 昔에 殷王紂殘賊百姓하고 絶逆天道하여 至斮朝涉하고 刳孕婦하며 脯鬼侯하고 醢梅伯이나 然所以不亡者는 以其有箕子比干之故러니 微子去之하고 箕子執囚爲奴하고 比干諫而死然後에 周加兵而誅絶之하니라 諸侯有爭臣五人이면 雖無道나 不失其國하니라 吳王夫差爲無道하여 至驅一市之民以葬闔閭하나 然所以不亡者는 有伍子胥之故也러니 胥以死에 越王句踐欲伐之한대 范蠡諫曰子胥之計策이 尙未忘於吳王之腹心也라 子胥死後三年에 越乃能攻之하니라 大夫有爭臣三人이면 雖無道나 不失其家하니라 季氏爲無道하여 僭天子하여 舞八佾하며 旅泰山하며 以雍徹이어늘 孔子曰 是可忍也온 孰不可忍也리오 然不亡者는 以冉有季路爲宰臣也라 故曰 有諤諤爭臣者이면 其國昌하고 有默默諛臣者이면 其國亡이라하니라 詩曰 不明爾德이라 時無背無側①하며 爾德不明이라 以無陪無卿이로다 言大王咨嗟②하여 痛殷商無輔弼諫諍之臣而亡天下矣라

① 時無背無側 : 趙懷玉이 교감한 내용에 "어떤 本에 '以無倍無側'으로 되어 있다." 하였다.
趙校語에 本一作以無倍無側이라

② 大王咨嗟 : '文王'은 어떤 本에 '太王'으로 되어 있는데 잘못된 것이다. 趙懷玉이 교감한 내용도 같다.
文王은 本作太王誤라 趙校語同이라

---

40) 季氏가……못하겠는가 : 季氏는 춘추시대 魯나라의 季孫氏인데 孟孫氏, 叔孫氏와 함께 노나라의 정권을 독단하였다. 八佾舞는 樂士 여덟 명이 여덟 줄로 늘어서서 모두 64명이 춤을 추는 것으로 天子만이 사용할 수 있고, 旅祭는 제후가 封地 내의 山川에 제사를 지내는 이름으로 제후만이 사용할 수 있으며, 雍詩는 ≪詩經≫ 周頌의 편명으로 천자가 제사를 마치고 제사상을 치울 때에 연주하는 樂章인데, 계손씨를 비롯한 三家의 집안에서 참람하게 이것을 사용하였다.(≪論語≫ 〈八佾〉)

41) 冉有와 季路 : 孔門 十哲 중 정사에 뛰어났던 인물이다.

10-15 齊 桓公이 나가 유람하다가 丈夫 한 사람을 만났는데 넓은 옷에 느린 걸음으로 桃殳[42]를 차고 있었다. 환공이 이상하게 여겨 물었다.

"이것의 명칭은 무엇인가? 어느 경전에 있으며 어느 篇에 실려 있는가? 그대를 내쫓아 나를 피해 멀리 가게 하겠다."

장부가 대답하였다.

"이것의 명칭은 戒桃로, '桃'라는 말은 '잃다'〔亡〕의 뜻입니다. 날마다 복숭아나무를 보며 조심하면 무슨 근심이 있겠습니까. 그러므로 멸망한 나라의 社稷에 〈이것을 심어서〉 제후들을 경계하고, 庶人들을 경계할 적에는 桃殳를 사용합니다."

환공이 그 말을 듣고 기뻐하여 함께 수레를 타고 돌아왔다. 이듬해 정월에 백성들이 모두 이것을 허리에 찼다.

≪詩經≫〈大雅 蕩〉에 말하였다.

"殷나라의 거울이 멀지 않다."

齊桓公出遊라가 遇一丈夫한대 裒衣應步에 帶著桃殳러라 桓公怪而問之曰 是何名고 何經所在오 何篇所居오 (何)〔可〕以斥逐고 (何)〔可〕以避余[43]오 丈夫曰 是名(二)〔戒〕[44]桃니 桃之爲言은 亡也니이다 夫日日愼桃면 何患之有리오 故亡國之社에 以戒諸侯하고 庶人之戒는 在於桃殳하니이다 桓公說其言하여 與之共載하다 來年正月에 庶人皆佩러라 詩曰 殷監不遠이라

10-16 齊 桓公이 술자리를 마련하여 여러 대부들에게 이렇게 명하였다.

"뒤늦게 온 자는 한 經程[45]의 술을 마셔야 할 것이다."

---

42) 桃殳 : 복숭아나무로 만든 창으로, 古人들이 이것을 차고 다니면서 경계로 삼았다.

43) (何)〔可〕斥逐 (何)〔可〕以避余 : 저본에는 2곳이 '何'로 되어 있으나, ≪韓詩外傳集釋≫에 의거하여 '何'를 '可'로 수정하였다. 이 구절에 대해 聞一多先生은 "이 구절은 의미가 통하지 않는다. 2곳의 '何'자는 모두 '可'가 되어야 한다. 앞의 구절과 연결되어 착오를 일으켰다. 옛날에 백성들이 기이한 복장을 하는 것에 대해 금지하였는데, 이 사람이 桃殳를 허리에 차고 있어 보통의 복식과 달랐기 때문에, 桓公이 그를 내쫓아 자신을 피하게 하려고 하였다."라고 하였다.(≪韓詩外傳集釋≫)

44) (二)〔戒〕 : 저본에는 '二'로 되어 있으나 ≪韓詩外傳集釋≫에 의거하여 '戒'로 수정하였다. 이 구절에 대해 孫詒讓은 "의미가 통하지 않는다. '二'는 '戒'가 되어야 한다. 뒤에 社稷을 경계하는 것을 원용하여 비유로 삼았고, 또 '庶人을 경계할 적에 桃殳를 사용한다.'라고 하였으니 바로 '戒桃'의 뜻을 해석한 것이다."라고 하였다. 維遹도 손이양이 교감한 것이 옳다고 하였다.(≪韓詩外傳集釋≫)

관중이 뒤늦게 왔으므로 한 경정의 술을 마셔야 하는데 반만 마시고 반을 버리자 환공이 물었다.

"仲父[46]는 한 경정의 술을 마셔야 하는데 반을 버린 것은 어째서요?"

관중이 대답하였다.

"신이 들으니 술이 입에 들어간 자는 말을 많이 하고, 말을 많이 하는 자는 몸을 버린다고 합니다. 몸을 버리는 것 보다는 술을 버리는 것이 낫지 않겠습니까."

환공이 말하였다.

"그 말이 좋소."

≪詩經≫ 〈大雅 抑〉에 말하였다.

"술에 푹 빠져있다."

齊桓公置酒하여 令諸(侯)大夫①曰 後者飮一經程이라한대 管仲後하여 當飮一經程이어늘 飮其一半而棄其半하니 桓公曰 仲父는 當飮一經程이어늘 而棄之는 何也오 管仲曰 臣聞之호니 酒入口者舌出하고 舌出者棄身이라하니 與其棄身으론 不寧棄酒乎잇가 桓公曰 善하다 詩曰 荒湛于酒로다

① 令諸侯大夫 : '侯'자는 衍字이다. ≪說苑≫ 〈敬愼〉에 "爲大臣具酒 期以日中(大臣들을 위해 술자리를 마련하여 정오에 만나기로 약속하다.)"이라고 하였다. 趙懷玉이 교감한 내용에 "衍字인 듯하다." 하였다.
侯字衍이라 說苑敬愼云 爲大臣具酒하여 期以日中也라 趙校語에 疑衍이라

10-17 齊 景公이 晏子를 파견하여 남쪽 초나라에 사신을 보냈다. 楚나라 왕이 이 일을 듣고 좌우 신하에게 일러 말하였다.

"제나라에서 안자를 파견하여 과인의 나라에 사신을 보냈다고 하는데 거의 도착하였을 것이다."

좌우의 신하들이 말하였다.

"안자는 천하의 辯士입니다. 그와 국가의 사무에 대해 논의하면 그에게 질 것이고, 그와 古代의 학술에 대해 토론해도 그에게 질 것입니다. 왕께서는 홀로 안자와 함께 앉아 있다가 有司를 시켜 사람을 결박하여 왕의 앞을 지나가게 하소서. 그런

---

45) 經程 : 술잔을 말한다.
46) 仲父 : 齊 桓公이 管仲을 존경하여 높여 부른 칭호이다. 仲은 관중의 字이고, 父는 아버지처럼 섬긴다는 뜻이다.

뒤에 왕께서 물으시면 제나라 사람이 도둑질을 잘하기 때문에 결박한 것이라고 말하게 하소서. 이렇게 하면 의당 그를 곤란하게 할 수 있을 것입니다."

왕이 대답하였다.

"좋다."

안자가 도착하여 곧바로 함께 앉아서 국가의 급선무를 논의하고 당세의 정치 득실에 대해 변론하였는데 두 차례의 질문에 두 차례 다 막혀서 왕이 침묵하고 말을 잇지 못하였다.

잠시 후에 도둑을 결박하여 왕의 앞을 지나가자 왕이 물었다.

"무슨 자인가?"

有司가 대답하였다.

"이 사람은 제나라 사람인데, 도둑질을 잘하므로 결박하여 관리에게 가는 것입니다."

왕이 기뻐 크게 웃으면서 말하였다.

"제나라는 바로 冠帶의 나라[47]인데 辯士의 교화가 진실로 도둑질을 잘하게 한 것인가?"

안자가 대답하였다.

"예. 이는 본래 그렇습니다. 왕께서는 江南에서 자라는 나무를 보지 못하셨습니까. 귤이라는 나무를 江北에 심으면 탱자로 바뀝니다. 어째서이겠습니까. 토질이 그렇게 만든 것입니다. 저 자가 제나라에 거처할 때에는 관대를 하고 서서 엄숙하게 伯夷의 청렴한 풍도가 있다가 이제 초나라에 살면서 도둑질을 잘하니, 아마도 땅의 변화가 그렇게 만든 것일 것입니다. 그러니 왕께서는 또 무엇을 이상하게 여기십니까."

≪詩經≫ 〈大雅 抑〉에 말하였다.

"말에 답하지 않음이 없으며 덕에 보답하지 않음이 없다."

齊景公遣晏子南使楚한대 楚王聞之하고 謂左右曰 齊遣晏子使寡人之國하니 幾至矣라 左右曰 晏子는 天下之辯士也라 與之議國家之務則不如也요 與之論往古之術則不如也니이다 王獨可以與晏子坐하여 使有司束人過王하고 王問之어든 使言齊人善盜故束之하면 是宜可以困之리이다 王曰 善하다 晏子至에 卽與之坐①하여 圖國之急務하고 辨當世之得失한대 再擧再窮에 王默然無以續語러라 居有間에 束徒以過之한대 王曰 何爲者也오 有司對曰 是齊人이라 善盜하여 束

47) 冠帶의 나라 : 禮敎가 성행한 나라를 말한다.

而詣吏니이다 王欣然大笑曰 齊乃冠帶之國이어늘 辯士之化가 固善盜乎아 晏子曰 然하니 固取之니이다 王不見夫江南之樹乎잇가 名橘樹之江北이면 則化爲枳하니 何則고 地土使然爾②니이다 夫子處齊之時에 冠帶而立하여 儼有伯夷之廉이라가 今居楚而善盜하니 意土地之化使然爾이니 王又何怪乎잇가 詩曰 無言不讎며 無德不報니라

① 卽與之坐 : ≪說苑≫ 〈奉使〉에 "荊王與晏子立語(楚王이 晏子와 서서 말하다.)"라고 하였다.
說苑奉使云 荊王與晏子立語라

② 地土使然爾 : 趙懷玉이 교감한 내용에 "'地土'는 뒷 문장에 의거하여 '土地'가 되어야 한다." 하였다.
趙校語에 地土는 當依下文作土地라

10-18 吳나라 延陵季子[48]가 齊나라에서 유람할 때에 떨어진 황금을 보고 牧者를 불러 가져가게 하자, 목자가 말하였다.

"그대는 어찌하여 높은 곳에 있으면서 낮은 곳을 쳐다보며, 모습은 군자인데 말은 비루하십니까? 저에게는 임금이 있지만 임금을 섬기지 않고 벗이 있지만 벗과 교제하지 않습니다. 더운 날에 가죽옷을 입고 있다고 그대는 황금을 가져갈 사람으로 보이십니까?"

이 말을 듣고 연릉계자는 그가 현자임을 알고 그의 성명을 물었는데 목자가 대답하였다.

"그대는 바로 겉모습만 보고 판단하는 선비인데 내 성명을 말해 무엇하겠습니까."

그러고는 마침내 떠났다. 연릉계자가 서서 바라보다가 보이지 않자 이에 시선을 거두었다. 공자가 말하였다.

"禮가 아니면 보지 말고 예가 아니면 듣지 말라."[49]

吳延陵季子가 遊於齊①할새 見遺金하고 呼牧者取之②한대 牧者曰 子何居之高③하여 視之下하며 貌之君子而言之野也④잇가 吾有君不君하며 有友不友라 當暑衣裘어늘 君疑取金者乎⑤잇가 延陵子知其爲賢者하고 請問姓字한대 牧者曰 子乃皮相之士也어늘 何足語姓字哉리오하고 遂去한대 延陵季子立而望之하여 不見乃止하다 孔子曰 非禮勿視하며 非禮勿聽이라

---

48) 延陵季子 : 춘추시대 吳나라 季札을 가리킨다. 오왕 壽夢의 넷째 아들로, 어질다는 명성이 있어서 수몽이 왕으로 세우고자 하였으나 사양한 채 받지 않자 延陵에 봉하였다. 그 뒤 上國을 두루 朝聘하면서 당시의 현인들과 교유하였다.(≪史記≫ 권31 〈吳太伯世家〉)

49) 禮가……말라 : ≪論語≫ 〈顏淵〉에 보인다.

① 遊於齊 : ≪論衡≫ 〈書虛〉에는 "出遊(나가서 유람하다.)"라고만 하고 齊나라는 말하지 않았다.
論衡書虛에 但云出遊하고 而不言齊라

② 呼牧者取之 : '牧'은 ≪論衡≫에 '薪'으로 되어 있다.
牧은 論衡作薪이라

③ 子何居之高 : '何'자는 여러 本에 모두 빠져 있었는데 이제 ≪論衡≫ 및 ≪高士傳≫을 따라 교정하고 보충한다. 趙懷玉本에는 '何'자가 없다.
何字는 本皆脫이러니 今從論衡及高士傳校補라 趙本에 無何字라

④ 貌之君子而言之野也 : ≪論衡≫에 "儀貌之壯 語言之野也(위의와 모습은 장엄하나 언어는 비루하다.)"라고 하였다.
論衡云 儀貌之壯이나 語言之野也라

⑤ 當暑衣裘 君疑取金者乎 : ≪論衡≫에 "五月 披裘而負薪 豈取金者哉(5월에 갖옷을 걸치고 땔나무를 지고 있지만 어찌 황금을 가져가겠습니까.)"라고 하였다.
傳云 五月에 披裘而負薪이나 豈取金者哉라

10-19 顔淵이 공자에게 물었다.

"저는 가난해도 부유한 것처럼 여기고 미천해도 귀한 것처럼 여기며, 용맹이 없어도 위엄을 갖추고 선비들과 교유할 때에 종신토록 근심과 어려움이 없기를 바라는데, 또한 이렇게 하는 것이 옳겠습니까?"

공자가 대답하였다.

"훌륭하다. 回여! 가난해도 부유한 것처럼 여기려면 만족함을 알아 욕심이 없어야 하고, 미천해도 귀한 것처럼 여기려면 사양하여 禮가 있어야 하며, 용맹이 없어도 위엄을 갖추려면 공경하여 남에게 실수가 없어야 하고, 종신토록 근심과 어려움이 없으려면 말을 가려서 해야 한다. 회는 수양의 경지가 지극하구나. 비록 上古시대의 성인이라도 또한 이와 같이 하였을 것이다."

顔淵問於孔子曰 淵願貧如富하며 賤如貴하며 無勇而威하며 與士交通에 終身無患難하니 亦且可乎잇가 孔子曰 善哉라 回也여 夫貧而如富는 其知足而無欲也요 賤而如貴는 其讓而有禮也요 無勇而威는 其恭敬而不失於人也요 終身無患難은 其擇言而出之也라 若回者는 其至乎인저 雖上古聖人이라도 亦如此而已①니라

① 顔淵問於孔子曰……亦如此而已 : 이 기록 이하 세 기록에 모두 ≪詩經≫의 내용이 빠져 있다.
此以下三傳에 竝脫詩辭라

10-20 齊 景公이 사냥하러 나가 17일 동안 돌아오지 않았다. 晏子가 수레를 타고 가서 도착할 즈음에 의관이 흐트러져 있자, 경공이 보고 이상하게 여겨 물었다.

"부자께서는 어찌하여 급하게 오셨소? 위급한 일이 있는 것이 아니오?"

안자가 대답하였다.

"그렇습니다. 위급한 일이 있습니다. 나라 사람들이 모두 임금께서 백성을 싫어하고 禽獸를 좋아한다고 생각하고 있습니다. 신이 듣기로 魚鼈은 깊은 연못을 싫어하여 물이 얕은 곳으로 나오기 때문에 낚시나 그물에 걸리고, 금수는 깊은 산을 싫어하여 못가로 내려오기 때문에 사냥꾼에게 잡힌다고 합니다. 지금 임금께서 사냥하러 나가 17일 동안 돌아오지 않고 있으니 또한 잘못된 것이 아니겠습니까."

경공이 대답하였다.

"그렇지 않소. 賓客을 應對할 수 없기 때문이오? 그런 일이라면 行人 子牛[50]가 있소. 종묘의 선조들에게 제사를 지낼 수 없기 때문이오? 그런 일이라면 祝人 太宰[51]가 있소. 獄事의 처결이 공정하지 못하기 때문이오? 그런 일이라면 大理 子幾[52]가 있소. 국가 財政에 남거나 부족한 것이 있기 때문이오? 그런 일이라면 巫賢[53]이 있소. 과인에게 네 사람이 있는 것은 몸에 四肢가 있는 것과 같아 나를 대신할 수 있는데 또 무엇을 근심한단 말이오?"

안자가 대답하였다.

"그렇습니다. 사람에게 사지가 있어 심장을 대신할 수 있는 것은 좋은 일이지만 사지로 하여금 심장이 없이 17일을 있게 한다면 죽지 않겠습니까."

경공이 말하였다.

"그 말이 좋소."

마침내 안자의 손을 잡고서 함께 수레를 타고 돌아왔다. 안자와 같은 사람은 간언을 잘하는 자라고 말할 만하다.

齊景公出田하여 十有七日而不反이라 晏子乘而往하여 比至에 衣冠不正이어늘 景公見而怪之曰 夫子何遽乎오 得無有急乎아 晏子對曰 然하니 有急이로이다 國人이 皆以君爲惡民好禽하니이다

50) 行人 子牛 : 행인은 朝覲과 聘問을 담당하던 官職名이고, 자우는 人名이다.
51) 祝人 太宰 : 축인은 祭祀를 담당하던 官職名이고, 태재는 人名이다.
52) 大理 子幾 : 대리는 刑法을 담당하던 官職名이고, 자기는 人名이다.
53) 巫賢 : 人名이다.

臣聞之호니 魚鼈厭①〔深〕[54]淵而就乾淺이라 故得於釣網하고 禽獸厭深山而下於都澤이라 故得於田獵이라하니 今君出田하여 十有七日而不反하니 不亦過乎잇가 景公曰 不然하다 爲賓客莫應待邪아 則行人子牛在하며 爲宗廟而不血食邪②아 則祝人太宰在하며 爲獄不中邪아 則大理子幾在하며 爲國家有餘不足邪아 則巫賢在하니라 寡人有四子는 猶有四肢也하여 而得代焉이어늘 (不可)〔又何〕患焉③이리오 晏子曰 然하니이다 人心有四肢하여 而得代焉은 則善矣어니와 令四肢無心十有七日이면 不死乎잇가 景公曰 善哉라 言이여 遂援晏子之手하여 與驂乘而歸하다 若晏子者는 可謂善諫者矣라

① 魚鼈厭 : 趙懷玉本에 '深淵(깊은 연못)'으로 되어 있다.
趙本에 作深淵이라

② 爲宗廟而不血食邪 : 趙懷玉이 교감한 내용에 "'而'자는 마땅히 衍字가 되어야 한다." 하였다.
趙校語에 而字當衍이라

③ 不可患焉 : '不可'는 '又何'가 되어야 하니, 글자가 잘못된 듯하다. 趙懷玉이 교감한 내용에 "'代'는 ≪晏子春秋≫ 〈諫上〉편에 '佚'로 되어 있다. 뒤에도 같다. '不可' 2字는 도치된 듯하다." 하였다.
不可는 當爲又何니 蓋字誤라 趙校語에 代는晏子春秋諫上篇作佚이니 下同이라 不可二字는 疑倒라

10-21 楚 莊王이 장차 군대를 일으켜 晉나라를 치려할 때에 士大夫에게 이렇게 고하였다.

"감히 諫하는 자는 죽이고 용서하지 않겠다."

孫叔敖[55]가 말하였다.

"신이 듣기로 회초리의 위엄을 두려워하여 감히 그 아버지에게 간하지 않는다면 효자가 아니고, 斧鉞의 주벌을 두려워하여 감히 그 임금에게 간하지 않는다면 충신이 아니라고 합니다."

그러고는 마침내 왕에게 나아가 이렇게 간하였다.

"신의 동산에 느릅나무가 있습니다. 그 위에 매미가 있는데 매미는 한창 날개를 치며 슬피 울면서 맑은 이슬을 먹으려고 하는 데 정신이 팔려 사마귀가 뒤에서 고개를

---

54) 深 : 저본에는 없으나 ≪廣博物志≫ 권18에 의거하여 보충하였다.
55) 孫叔敖 : 楚나라 재상으로 莊王을 도와 패업을 이룩하였다.

구부리고서 잡아채어 먹으려고 하는 줄도 모릅니다. 또 사마귀는 한창 매미를 잡아먹으려 하는 데 정신이 팔려 참새가 뒤에서 고개를 쳐들고 쪼아서 먹으려고 하는 줄도 모릅니다. 또 참새는 한창 사마귀를 잡아먹으려 하는 데 정신이 팔려 아이가 아래에서 탄환을 끼고서 조준하여 맞추려고 하는 줄도 모릅니다. 또 아이는 한창 참새를 맞추려고 하는 데 정신이 팔려 앞에 깊은 구덩이가 있고 뒤에 굴이 있는 줄도 모릅니다. 이는 모두 눈앞의 이익만 보고 後患을 고려하지 않는 것들입니다. 곤충과 서민들만 그러할 뿐만 아니라 임금 또한 그러합니다. 임금께서는 지금 저들의 땅을 탐할 줄만 알아 그 군사들이 죽는 것을 즐거워합니다."

결국 楚나라가 위태롭지 않고 晉나라가 편안할 수 있었던 것은 손숙오의 힘이었다.

楚莊王이 將興師伐晉①할새 告士大夫曰 敢諫者死無赦호리라 孫叔敖②曰 臣聞 畏鞭箠之嚴而不敢諫其父는 非孝子也요 懼斧鉞之誅而不敢諫其君은 非忠臣也라호라 於是에 遂進諫曰 臣園中有楡하니 其上有蟬이라 蟬方奮翼悲鳴하여 欲飮淸露라 不知螳螂之在後하여 曲其頸하여 欲攫而食之也요 螳螂方欲食蟬이라 而不知黃雀在後③하여 擧其頸하여 欲啄而食之也요 黃雀方欲食螳螂이라 不知童子挾彈丸在下④하여 迎而欲彈之요 童子方欲彈黃雀이라 不知前有深坑後有窟也⑤라 此皆(言)〔見〕前之利하여 而不顧後害者也⑥니이다 非獨昆蟲衆庶若此也라 人主亦然하니 君今知貪彼之土而樂其士卒⑦이니이다 〔楚〕[56]國不(怠)〔殆〕⑧하고 而(楚)〔晉〕[57]國以寧은 孫叔敖之力也라

① 楚莊王將興師伐晉 : ≪說苑≫ 〈正諫〉에 "吳王欲伐荊(吳王이 楚나라를 치려 하였다.)"이라고 하였다.
說苑正諫云 吳王欲伐荊이라

② 孫叔敖 : 劉向의 ≪說苑≫에 '少孺子'로 되어 있다.
劉에 作少孺子라

③ 在後 : 趙懷玉이 교감한 내용에 "≪太平御覽≫ 권303에서 인용한 글에는 '在其後(그 뒤에 있다.)'로 되어 있다." 하였다.
趙校語에 御覽三百三引作在其後라

④ 在下 : 趙懷玉이 교감한 내용에 "≪北堂書鈔≫ 권134에서 인용한 글에는 '在楡下(느릅나무 아래에 있다.)'로 되어 있다." 하였다.

56) 楚 : 저본에는 없으나, ≪太平御覽≫ 권350에서 인용한 글에 의거하여 보충하였다.
57) (楚)〔晉〕: 저본에는 '楚'로 되어 있으나, ≪太平御覽≫ 권350에서 인용한 글에 의거하여 '晉'으로 수정하였다.

趙校語에 北堂書鈔百三十四引作在榆下라

⑤ 後有窟也 : 趙懷玉本에 '後有掘株也(뒤에 그루터기가 있다.)'로 되어 있고, 그 교감한 내용에 "'掘株' 2字는 舊本에 '窟'로 되어 있었는데, 이제 ≪北堂書鈔≫에서 인용한 글에 의거하여 고친다. ≪說苑≫ 〈正諫〉편에서 少孺子가 吳王에게 간하는 말도 서로 비슷하다." 하였다.

趙本에 作後有掘株也요 校語에 掘株二字는 舊本作窟이러니 今據北堂書鈔引改라 說苑正諫篇에 少孺子諫吳王語亦相似라

⑥ 此皆言前之利 而不顧後害者也 : '言'은 '見'이 되어야 한다.

言은 當爲見이라

⑦ 君今知貪彼之土而樂其士卒 : 잘못되거나 빠진 글이 있는 듯하다. 趙懷玉이 교감한 내용에 "뒤에 빠진 글이 있다." 하였다.

疑有譌脫이라 趙校語에 下有脫文이라

⑧ 國不怠 : '怠'는 '殆'가 되어야 한다. 趙懷玉이 교감한 내용에 "'怠'는 '殆'와 뜻이 같다." 하였다.

怠는 當爲殆라 趙校語에 怠는 與殆同이라

10-22 晉 平公[58] 때에 보물을 보관하는 臺에 화재가 나자, 사대부 중에 이 일을 들은 자들이 수레와 말을 몰고 불을 끄기를 3일 밤낮을 한 뒤에야 불을 끌 수 있었다. 그런데 公子 晏子만은 홀로 束帛을 가지고 와서 이렇게 하례하였다.

"아주 잘된 일입니다."

그러자 평공이 발끈하여 얼굴을 붉히고 말하였다.

"〈화재가 난 곳은〉 珠玉이 보관된 곳이고 나라의 중요한 보물이 있는 곳이다. 그래서 화재가 나자 사대부들이 모두 수레와 말을 몰고 와서 불을 껐는데, 그대는 홀로 속백을 가지고 와서 하례한 것은 어째서인가? 타당한 이유가 있으면 살려주겠지만 타당한 이유가 없으면 죽이겠다."

공자 안자가 대답하였다.

"어찌 감히 이유가 없겠습니까. 신이 듣기로 王者는 〈보물을〉 천하에 보관하고 제후는 백성에게 보관하고 장사꾼은 상자에 보관한다고 합니다. 지금 백성들은 궁궐 밖에서 궁핍하여 짧은 베옷으로 몸을 가리지 못하고 거친 음식도 입에 채우지 못하고 있습니다. 그리하여 家産은 텅 비었는데도 賦斂이 그치지 않아 임금께서 태반을

58) 晉 平公 : 춘추시대 晉 悼公의 아들로, 이름은 彪이다.

거두어 대에 보관하고 계십니다. 이 때문에 화재가 난 것입니다. 또 신이 듣기로 옛날 桀王이 천하에 잔악한 짓을 하고 무분별하게 부렴하여 만백성이 매우 고달팠다고 합니다. 이 때문에 湯王이 주벌하여 천하에 치욕과 웃음거리가 된 것입니다. 지금 皇天이 보물을 보관하는 대에 재앙을 내린 것은 임금의 복인데 스스로 변화하고 깨닫지 못하고 계시니, 또한 임금께서 이웃나라에 웃음거리가 될까 두렵습니다."

공이 말하였다.

"좋다. 이제부터는 백성들에게 보물을 보관하겠다."

≪詩經≫ 〈大雅 蕩〉에 말하였다.

"농사짓는 것을 보배로 여기며, 祿食을 대신함이 좋은 일이로다."

晉平公之時에 藏寶之臺燒①어늘 士大夫聞者 趨車馳馬救火②하여 三日三夜에 乃勝之하다 公子晏子獨束帛而賀③曰 甚善矣로이다 平公勃然作色曰 珠玉之所藏也요 國之重寶也라 而天火之에 士大夫皆趨車走馬而救之어늘 子獨束帛而賀는 何也오 有說則生이어니와 無說則死호리라 公子晏子曰 何敢無說이리오 臣聞之호니 王者는 藏於天下하고 諸侯는 藏於百姓④하고 商賈는 藏於篋匱⑤이라호이다 今百姓乏於外하여 短褐不蔽形하고 糟糠不充口이라 虛秏⑥而賦歛無已⑦하여 (王)〔君〕收大半⑧而藏之臺하니 是以天火之니이다 且臣聞之호니 昔者에 桀殘賊海內하고 賦歛無度하여 萬民甚苦라 是故로 湯誅之하여 爲天下戮笑니이다 今皇天降災於藏臺는 是君之福也어늘 而不自知變悟하니 亦恐君之爲鄰國笑矣리이다 公曰 善하다 自今以往으로 請藏於百姓之間호리라 詩曰 稼穡維寶며 代食維好로다

① 晉平公之時 藏寶之臺燒 : ≪說苑≫ 〈反質〉에 기록된 "魏文侯御廩災 公子成父趨而入賀(魏 文侯의 御廩에 화재가 나자 公子 成父가 종종걸음으로 들어와 하례하다.)"라는 내용이 이것과 서로 비슷하다.

說苑反質에 所載魏文侯御廩災어늘 公子成父趨而入賀가 與此相類라

② 趨車馳馬救火 : 趙懷玉本에 '皆趨車馳馬救火(모두 수레와 말을 몰고 와서 불을 끄다.)'로 되어 있고, 그 교감한 내용에 "어떤 本에 '皆'자가 없기도 하나 毛晉의 汲古閣津逮秘書本과 林本에는 있다." 하였다.

趙本에 作皆趨車馳馬救火요 校語에 本或無皆字나 毛本林本有라

③ 獨束帛而賀 : 趙懷玉本에 '獨奉束帛而賀(홀로 束帛을 받들고 와서 하례하다.)'로 되어 있고, 그 교감한 내용에 "≪太平御覽≫ 권627에서 인용한 글에는 '公子晏'으로 되어 있고, 뒤에 '子'자가 없다. 뒤에도 같다. 舊本에 '奉'자가 없었는데 또한 이에 의거하여 보탠다." 하였다.

趙本에 作獨奉束帛而賀요 校語에 御覽六百二十七引作公子晏이요 下子字無하니 下同이라 舊本에 無奉字러니 亦據增이라

④ 諸侯藏於百姓 : 趙懷玉本에 '農夫藏於囷庾(농부는 곳집에 보관한다.)' 6字가 있고, 그 교감한 내용에 "舊本에 이 6字가 없었는데, ≪太平御覽≫에서 모두 세 차례 인용한 글에 모두 이 구절이 있고, 또 한 차례 인용한 글에는 '囷倉'으로 되어 있다." 하였다.

趙本에 有農夫藏於囷庾六字요 校語에 舊本에 脫此六字러니 御覽凡三引皆有此句요 又一引作囷倉이라

⑤ 匱 : 趙懷玉이 교감한 내용에 "≪太平御覽≫ 권190에서 인용한 글에는 '箭'로 되어 있다." 하였다.

趙校語에 御覽百九十引作箭라

⑥ 虛秏 : 글에 빠진 부분이 있는 듯하다.

文疑有脫이라

⑦ 虛秏而賦斂無已 : 趙懷玉이 교감한 내용에 "어떤 本에는 '秏'자가 없기도 하다." 하였다.

趙校語에 本或無秏字라

⑧ 王收大半 : '王'은 '君'으로 되어야 한다.

王은 當作君이라

10-23 魏 文侯가 李克에게 물었다.

"吳나라가 망한 이유는 어째서요?"

이극이 대답하였다.

"자주 싸워서 자주 승리하였기 때문입니다."

문후가 다시 물었다.

"자주 승리한 것은 나라의 복인데 유독 망한 것은 어째서요?"

이극이 대답하였다.

"자주 싸우면 백성들이 피폐해지고 자주 승리하면 임금이 교만해지는 법입니다. 교만해지면 방자해지고 방자해지면 욕심이 극에 달합니다. 上下가 모두 욕심이 극에 달하였으니 오나라가 멸망한 것은 오히려 늦은 감이 있습니다. 이것이 夫差가 干隧[59]에서 자살한 이유입니다."

≪詩經≫ 〈大雅 桑柔〉에 말하였다.

"하늘이 患亂을 내려 우리가 세운 왕을 멸망시켰다."

59) 干隧 : 옛 吳나라의 고을 이름으로, 吳王 夫差가 越王 句踐에게 사로잡힌 곳이다.

魏文侯問(里)〔李〕克①曰 吳之所以亡者는 何也오 (里)〔李〕克對曰 數(삭)戰而數勝이니이다 文侯曰 數勝②은 國之福也어늘 其獨亡은 何也오 (里)〔李〕克對曰 數戰則民疲하고 數勝則主驕하나니 驕則恣하고 恣則極③이라 上下俱極하니 吳之亡猶晚矣인저 此夫差所以自喪於干遂④니이다 詩曰 天降喪亂하여 滅我立王이라

① 里克 : '里'는 ≪新序≫ 〈雜事〉에 '李'로 되어 있으니 '里'와 '李'는 옛날에 통용되었다. 그러나 마땅히 ≪新序≫를 따라 '李'로 바꾸어 晉나라의 '里克'과 구별해야 한다. 어떤 本에는 '李'로 되어 있다. 趙懷玉이 교감한 내용에 "≪呂氏春秋≫ 〈適威〉편에 '魏武侯問李克'으로 되어 있으니, '里'와 '李'는 옛날에 통용되었다." 하였다.
里는 新序雜事에 作李니 里李古通이라 然當從序爲李하여 以別於晉之里克也라 一本作李라 趙校語에 呂氏春秋適威篇에 作魏武侯問李克하니 里李古通用이라

② 數勝 ; '數勝' 앞에 ≪新序≫에는 '數戰'자가 있다.
數勝上에 序有數戰字라

③ 驕則恣 恣則極 : 趙懷玉本에 '恣則極物 疲則怨 怨則極慮(방자해지면 사물에 대한 욕심이 극에 달하고, 피폐해지면 원망하고 원망하면 근심이 극에 달한다.)'로 되어 있고, 그 교감한 내용에 "'物' 뒤의 8字는 舊本에 없었는데 ≪呂氏春秋≫에 의거하여 보탠다. 뒤에 '上下俱極'이라고 하였으니 본래 있었음을 알 수 있다." 하였다.
趙本에 作恣則極物 疲則怨 怨則極慮요 校語에 物下八字는 舊本無러니 依呂氏春秋增이라 下云 上下俱極하니 則本有可知라

④ 此夫差所以自喪於干遂 : 내가 살펴보건대, 吳王 夫差가 秦의 餘杭山에서 자살하였으니, 일명 卑猶山이다. 그의 무덤이 猶亭 서쪽에 있는데 太湖와 가깝고 縣과는 17리가 떨어져 있다. '干遂'라는 지명은 듣지 못했다.
宋案컨대 吳王夫差自殺於秦餘杭山하니 一名卑猶山이라 其冢在猶亭西하니 近太湖하고 去縣十七里라 干遂는 未聞也라

10-24 楚나라 선비 중에 申鳴[60]이라는 사람이 과수원을 가꾸면서 부모님을 봉양하여 초나라에 효성으로 소문이 났다. 왕이 신명을 초빙하였는데 사양하고 가지 않았다. 그러자 그의 아버지가 물었다.

"왕이 너를 등용하려고 하는데 어찌하여 사양하느냐?"

신명이 대답하였다.

"어찌 자식 된 직분을 버리고 도리어 왕의 신하가 되겠습니까."

60) 申鳴 : 춘추시대 楚나라 사람이다.

그 아버지가 말하였다.

"가령 네가 나라에서 俸祿을 받고 조정에서 높은 지위를 얻어 네가 즐거우면 나는 근심이 없을 것이다. 나는 네가 벼슬하기를 바란다."

신명이 대답하였다.

"알겠습니다."

그러고는 마침내 조정에 나아가 명을 받으니 초나라 왕이 左司馬[61]로 삼았다.

그 해 白公이 난리를 일으켜 令尹 子西와 司馬 子期를 죽인 일이 있었다.[62] 신명이 이로 인하여 군사들을 거느리고 포위하자, 백공이 石乞[63]에게 물었다.

"신명은 천하의 勇士이다. 지금 군대를 거느리고 왔으니 어떻게 하면 좋겠는가?"

석걸이 대답하였다.

"제가 듣기로 신명은 효자라고 하니, 그의 아버지를 병기로 위협하소서."

〈백공이〉 사람을 보내 신명에게 알렸다.

"그대가 나를 도우면 그대와 초나라를 나누겠지만 나를 돕지 않으면 그대의 아버지를 죽일 것이다."

이 말을 듣고 신명은 눈물을 흘리며 응답하였다.

"처음에는 아버지의 자식이었지만 지금은 임금의 신하이다. 이미 효자는 될 수 없지만 어떻게 충신이 되지 않겠는가."

그러고는 북채를 당겨 진격의 북을 쳐 마침내 백공을 죽였지만 그 아버지도 이 일로 죽었다.

왕이 조정에 돌아와 상을 하사하자, 신명이 말하였다.

"임금의 봉록을 받고서 임금의 환난을 피한다면 충신이 아니고, 임금의 법을 집행하느라 아버지를 죽였으니 또 효자가 아닙니다. 行實은 둘 다 온전하게 할 수 없고 名分은 둘 다 세울 수 없습니다. 슬픕니다. 이와 같이 하고 산다면 또한 무엇으로 천하의 선비들에게 보여주겠습니까."

---

61) 左司馬 : 軍事를 담당하던 官職名이다.

62) 白公이……있었다 : 백공은 白公勝으로, 춘추시대 楚나라 太子 建의 아들이다. 어렸을 때 오나라에 있었는데 令尹 子西가 백공승을 불러 초나라로 돌아오게 하였다. 뒤에 백공승이 난리를 일으켜 子西와 子期를 죽이고 惠王을 겁박하였는데 葉公 子高가 토벌하자 백공승은 산중으로 도망가 스스로 목을 매고 죽었다.

63) 石乞 : 白公 勝의 家臣으로, 勇士이다.

마침내 스스로 목을 찔러 죽었다.
≪詩經≫ 〈大雅 桑柔〉에 말하였다.
“이러지도 저러지도 못하네.”

楚有士曰申鳴하여 治園以養父母하여 孝聞於楚하니 王召之申鳴호대 辭不往이러라 其父曰 王欲用汝어늘 何謂辭之①오 申鳴曰 何舍爲子하고 乃爲臣乎잇가 其父曰 使汝有祿於國하고 有位於廷하여 汝樂이면 而我不憂矣리니 我欲汝之仕也하노라 申鳴曰 諾다하고 遂之朝受命하니 楚王以爲左司馬하다 其年②에 遇白公之亂에 殺令尹子西司馬子期하다 申鳴因以兵圍之③하니 白公謂石乞曰 申鳴은 天下勇士也니 今將兵하니 爲之奈何오 石乞曰 吾聞申鳴은 孝子也④라하니 劫其父以兵하소서 使人謂申鳴曰 子與我면 則與子分楚國⑤이어니와 不與我면 則殺乃父호리라 申鳴流涕而應之曰 始則父之子나 今則君之臣이라 已不得爲孝子矣나 安得不爲忠臣乎리오 援桴鼓之하여 遂殺白公이나 其父亦死焉하다 王歸賞之한대 申鳴曰 受君之祿하여 避君之難은 非忠臣也요 正君之法하여 以殺其父⑥는 又非孝子也니이다 行不兩全하고 名不兩立하니 悲夫라 若此而生이면 亦何以示天下之士哉리오 遂自刎而死하다 詩曰 進退惟谷이라

① 何謂辭之 : 趙懷玉이 교감한 내용에 “‘謂’는 ‘爲’가 되어야 한다.” 하였다.
趙校語에 謂當作爲라
② 其年 : ≪說苑≫ 〈立節〉에 “居三年(3년이 지나다.)”이라고 하였다.
說苑立節云 居三年이라
③ 申鳴因以兵圍之 : ‘圍之’는 어떤 本에 ‘之衛’로 되어 있으나, 이제 ≪說苑≫을 따라 校正한다. 趙懷玉本에 ‘申鳴因以兵之衛’로 되어 있고, 그 교감한 내용에 “≪說苑≫ 〈立節〉편에 ‘之衛’는 ‘圍之’로 되어 있다.” 하였다.
圍之는 本作之衛나 今從說苑校正이라 趙本에 作申鳴因以兵之衛요 校語에 說苑立節篇에 之衛는 作圍之라
④ 孝子也 : ‘子’자 또한 ≪說苑≫을 따라 校正한다. 趙懷玉本에 ‘子’자가 없다.
子字亦從說苑校正이라 趙本에 無子字라
⑤ 與子分楚國 : ‘分’자 또한 ≪說苑≫을 따라 교정하고 보충한다. 趙懷玉이 교감한 내용에 “舊本에 ‘分’자가 빠져 있었는데 ≪說苑≫에 ‘分楚國之半(楚나라의 반을 나누다.)’으로 되어 있으므로, 이제 이에 의거하여 보탠다.” 하였다.
分字亦從說苑校補라 趙校語에 舊本脫分字러니 說苑作分楚國之半이라 今據增이라
⑥ 正君之法 以殺其父 : 劉向의 ≪說苑≫에 “定君之國 殺臣之父(임금의 나라를 안정시킨다하여 신의 아버지를 죽이다.)”라고 하였다.
劉云 定君之國하여 殺臣之父라

10-25 옛날에 太公 望과 周公 旦[64)]이 封地를 받고 만났는데, 태공이 주공에게 어떻게 魯나라를 다스릴 건지 묻자 주공이 대답하였다.

"존귀한 사람을 존중하고 친한 사람을 친하게 대하겠습니다."

이 말을 듣고 태공이 말하였다.

"노나라가 이제부터 세력이 약해질 것입니다."

주공이 태공에게 물었다.

"어떻게 제나라를 다스리겠습니까?"

태공이 대답하였다.

"어진 사람을 擧用하고 공이 있는 사람에게 상을 주겠습니다."

이 말을 듣고 주공이 말하였다.

"후세에 필시 겁박을 받아 시해당한 군주가 있을 것입니다."

그 뒤에 제나라는 날로 세력이 커졌다가 패자가 된지 24代가 지나서 田氏가 나라를 대신 소유하였고, 노나라는 날로 세력이 약해져 34代가 지나서 멸망하였다. 이를 통해 보면 성인은 기미를 잘 안다고 할 수 있다.

≪詩經≫ 〈大雅 桑柔〉에 말하였다.

"이 성인은 멀리 백리 밖을 내다보고 말을 한다."

昔者에 太公望周公旦이 受封而見한대 太公問周公何以治魯어늘 周公曰 尊尊親親①하니이다 太公曰 魯從此弱矣②로이다 周公問太公曰 何以治齊잇가 太公曰 擧賢賞功③하니이다 周公曰 後世必有劫殺之君矣④리라 後齊日以大하여 至於霸二十四世而田氏代之⑤하고 魯日以削하여 三十四世而亡하니 由此觀之컨대 聖人能知微矣로다 詩曰 惟此聖人은 瞻言百里로다

① 尊尊親親 : ≪呂氏春秋≫ 〈仲冬紀〉에 "親親上恩(친한 이를 친하게 대하고 은덕이 있는 이를 우대하다.)"이라고 하였다.
呂氏春秋仲冬紀云 親親上恩이라

② 魯從此弱矣 : '從'은 〈仲冬紀〉에 '自'로 되어 있고, '弱'은 '削'으로 되어 있다.
從은 紀作自요 弱은 作削라

③ 擧賢賞功 : 〈仲冬紀〉에 '尊賢上功(어진 이를 존경하고 공이 있는 이를 우대하다.)'으로 되어 있다.

---

64) 太公 望과 周公 旦 : 周 武王을 도와 殷나라를 멸망시킨 공로로, 태공 망은 齊나라에 봉해지고, 주공 단은 魯나라에 봉해졌다.

紀에 作尊賢上功이라

④ 後世必有劫殺之君矣：≪漢書≫ 〈地理志〉에 "後世必有簒弑之臣(후세에 필시 簒弑하는 신하가 있을 것이다.)"이라고 하였고, 〈仲冬紀〉에 "有齊國者亦必非呂氏也(제나라를 소유한 자는 또한 필시 呂氏가 아닐 것이다.)"라고 하였다.
漢書地理志云 後世必有簒弑之臣이요 紀云 有齊國者亦必非呂氏也라

⑤ 至於霸二十四世而田氏代之：高誘의 注에 "田成子弑簡公 適二十四世(田成子가 簡公을 시해한 것이 정확히 24代였다.)"라고 하였다. 〈地理志〉에 "其後二十九世爲田和所滅而和自立爲齊侯(이후 29代에 田和에게 멸망당하였고 전화가 자립하여 齊侯가 되었다.)"라고 하였다.
高誘云 田成子弑簡公이 適二十四世라 志云 其後二十九世에 爲田和所滅하고 而和自立爲齊侯라

凡傳二十有五

傳은 모두 25장이다.

韓詩外傳卷第十終

≪韓詩外傳≫ 권10 끝.

附錄

〔附錄 1〕- 索引

〔附錄 2〕- 參考資料

〔附 錄 1〕

索 引

索引凡例

1. 색인의 대상

본서의 색인은 ≪韓詩外傳≫(全10卷)의 原文 중 ≪韓詩外傳≫ 本文과 周廷寀의 注, 그리고 권두의 本傳, 識, 卷數에 대한 說, 舊序 세 편, 校刻韓詩外傳序를 대상으로 하였다.

2. 색인의 종류

1) 색인은 〈綜合索引〉을 작성하고, 주제별 색인인 〈人名索引〉, 〈地名·國名索引〉으로 구분하여 작성하였다.

2) 〈綜合索引〉은 ≪韓詩外傳≫ 本文과 周廷寀의 注, 그리고 저본의 번역 대상 부분에서 색인어를 추출하였다. 또 주제별 색인인 〈人名索引〉, 〈地名·國名索引〉을 편입시켜 종합적으로 참조할 수 있게 하였다.

3) 〈人名索引〉은 ≪韓詩外傳≫ 本文과 周廷寀의 注, 그리고 저본의 번역 대상 부분에서 색인어를 추출하였다. 인물에 관한 색인어는 해당 인물의 발언, 인물 간의 問答, 行跡 및 인물의 評價 등을 종속항목에 추출하여 참조할 수 있게 하였다.

4) 〈地名·國名索引〉은 ≪韓詩外傳≫ 本文과 周廷寀의 注, 그리고 저본의 번역 대상 부분에서 지명 및 국명과 관련된 색인어를 추출하였다. 지명·국명에 관한 색인어는 해당 장소와 관련된 사실이나 그곳에서 일어난 사건 등을 종속항목으로 추출하여 참조할 수 있게 하였다.

3. 색인 작성 방법

1) 索引語

(1) 색인어는 人名, 地名, 國名, 書名, 官職名 등의 고유명사와 주요 用語 및 특수하게 사용된 語彙, 본문의 핵심 구절과 고전 문헌에 자주 인용되는 구절 등을 중심으로 추출하였다.

(2) 周廷寀의 注와 권두의 글 일곱 편은 ≪韓詩外傳≫의 本文과 구별하여 색인어의 해당 일련

번호 뒤에 ( )를 사용하여 위치정보를 표기하였다. 권두의 글은 단락 번호 없이 약호만 표기하였다. 本文은 일련번호만 표기하였다.

〈색인어 추출 위치정보 표기 방식〉

색인어 위치	略號
≪韓詩外傳≫ 本文	없음
周廷寀의 注	(註)
本傳	(傳)
識	(識)
韓詩外傳漢志六卷隋唐志十卷	(卷說)
韓詩外傳舊序(錢惟善)	(錢)
韓詩外傳舊序(陳明)	(陳)
韓詩外傳舊序(盧文弨)	(盧)
校刻韓詩外傳序	(序)

(3) 해당 색인어의 변별력을 높이고 내용을 전달하기 위해 부가정보를 ( ) 안에 표기하였다. 특히 書名, 官職, 地名, 國名을 밝혔다.

예) 司寇(官名)　岐山(地)　梁石君(戰國 齊)　道德經(書)

2) 人名

(1) 人名의 경우 ( ) 안에 時代와 國名, 또는 기타사항을 부기하여 인물 구별이 용이하게 하였다. 國名이 불확실한 경우에는 시대만 표시하였다.

예) 姑布子卿(春秋 鄭)　申公巫臣(春秋 楚)　哀公(春秋 魯)

(2) 人名의 경우 일반적으로 통용되는 名稱을 정하고 異稱, 略稱, 別稱 등을 추출하여 색인어를 상호 참조하게 하였다.

예) 子路(春秋 魯)←由　子貢(春秋 衛)←賜
管仲(春秋 齊)←管夷吾, 仲父　湯(商)←成湯

(3) 人名이 2인 이상 合稱으로 쓰인 경우 색인어를 따로 뽑아서 상호 참조하게 하였다.

예) 文武→文王(周), 武王(周)　堯舜(唐虞)←堯(唐), 舜(虞)

3) 書名

(1) 書名 뒤에는 '書'라고 부기하였으며, 異稱은 상호 참조하게 하였다.

예) 孔叢子(書)←孔, 孔叢

4) 구절

(1) 핵심적인 내용을 담고 있거나 고전 문헌에 자주 인용되는 어휘나 구절, 문장을 색인어로 추출하였다. 표제어는 모두 본문에서 추출하였다.

예) 明王聖主 8-27　　　　　　　　　　靡不有初 5-17

(2) 가능하면 어휘나 단구 위주로 색인어를 추출하였으나, 인용문이나 관용 표현, 또는 의미상 단구로 분리하기 어려운 경우는 문장 전체를 색인어로 뽑았다. 다른 책에서 인용한 구절이나 문장은 ( ) 출처를 표시하였다.

예) 樂兮樂兮 四牡驕兮 2-22

　　夙夜匪解 以事一人(詩經) 8-3, 8-4, 8-23

5) 從屬項目

(1) 종속항목은 人名, 官職, 書名, 地名, 國名 및 구절 색인어 중 관련된 내용을 추출하여 작성하였다.

(2) 인명의 경우 해당 인물을 주체로 서술된 구절을 종속항목의 표제어로 추출하였다. 그러므로 종속항목의 표제어 앞에는 해당 인명이 놓이게 된다. 해당 인물이 다른 인물의 행동의 대상으로 등장하거나 부수적으로 언급된 경우 종속항목으로 뽑지 않고 해당 부분의 章節만 표시하였다.

예) 靈公(春秋 晉)

　　── 曰 非晉國之急也 1-22

(3) 官職은 종속항목에 해당 인명을 함께 추출하였다. 인명은 章節 표시 없이 제시하였고, 해당 관직이 언급된 구절을 함께 추출하여 관련 내용을 확인할 수 있게 하였다.

예) 太師(官名)

　　── 奏升車之樂 告出也 1-16

　　── 知之 8-18

(4) 書名은 종속항목에 해당 내용을 함께 추출하였다. 단, 본문에서 출처가 명기되었을 경우에만 종속항목으로 추출하였다.

예) 論語(書)

　　── 曰 君子於其言 無所苟而已矣 6-7

　　── 謂之擊磬襄 是也 5-7(註)

(5) 地名과 國名은 해당 장소를 언급한 구절을 종속항목으로 추출하였다. 단, '魯哀公', '鄭子産'과 같이 인명의 수식어로 사용된 부분은 종속항목으로 뽑지 않고 章節만 표시하였다.

예) 魯(國) 1-10(注), 1-4, 2-23, 3-25, 3-26(註), 4-4, 5-27, 5-27, 8-24, 8-27, 8-27(注), 8-6

—— 國之削 何也 6-14

—— 邦所瞻 樂山之謂也 3-26

(6) 어휘·단구·문장 색인은 해당 표제어가 포함된 구절 및 문장을 종속항목으로 추출하였다. 또, 본문의 특정 구절에 注解가 붙어 있는 ≪한시외전≫의 성격을 고려하여 해당 표제어에 대한 주해 내용을 종속항목으로 추출하였다. 주해에서 본문 내용을 그대로 반복하고 있을 경우에는 종속항목으로 뽑지 않았다. 어휘·단구·문장은 희소성과 범용성을 두루 고려하여 선별했으며, ≪詩經≫ 구절의 경우 우선 선별하였다.

예) 如切如磋

—— 如琢如磨 9-9

4. 항목 배열 및 표시

1) 색인어의 배열은 한글 가나다 순서를 따랐으며 두음법칙을 적용하였다.

2) 색인어의 위치는 '章-節'의 형태로 하고, 章과 節은 아라비아숫자로 표시하였다.

예) 賞罰不阿 2-34

3) 색인에 사용한 부호는 다음과 같다.

—— : 동일한 표제어 생략 표시
→ : 대표 표제어로 나간 표시
← : 대표 표제어로 모아주는 표시
( ) : 색인어에 대한 부가정보 표시

綜 合 索 引

【ㄱ】

【ㄴ】

【ㄷ】

【ㅂ】

【ㅅ】

【ㅇ】

【ㅈ】

【ㅊ】

【ㅌ】

【ㅍ】

【ㅎ】

人 名 索 引

【ㄱ】

【ㄴ】

【ㄷ】

【ㅁ】

【ㅂ】

【ㅇ】

【ㅈ】

【ㅊ】

【ㅌ】

【ㅍ】

【ㅎ】

地 名·國 名 索 引

【ㄱ】

【ㄴ】

【ㄷ】

【ㅇ】

【ㅈ】

【ㅊ】

【ㅌ】

【ㅍ】

【ㅎ】

〔附 錄 2〕 - 參考資料

1. ≪韓詩外傳 2≫ 參考書目

◇ 한국 번역본

- 임동석, ≪한시외전(韓詩外傳) - 310편의 중국 고사와 함께 읽는 ≪시경≫≫(예문서원, 2000)
- 임동석, ≪나무가 고요하고자 하나 바람이 멎지 아니하고 - 한시외전(韓詩外傳) 상≫(건국대학교출판부, 2003)
- 임동석, ≪대부는 텃밭을 일구지 않는다 - 한시외전(韓詩外傳) 하≫(건국대학교출판부, 2003)
- 임동석, ≪한시외전(韓詩外傳) 1・2・3≫(동서문화사, 2009)

◇ 한국 논문

- 송희준, 〈≪한시외전≫에 관한 고찰(1)〉, ≪중국어문학≫ 제40권, 2002
- 신은경, 〈≪한시외전≫과 ≪법구비유경≫의 비교연구〉, ≪비교문학≫ 제45권, 2008
- 이장휘, 〈≪한시외전≫ 문론 역주〉, ≪중국학≫제41집, 2012.
- 정일동, 〈≪한시외전≫과 ≪회남자≫에서의 천인상관론(天人相關論)〉, ≪중국사연구≫ 제48권, 2007
- 조계화, 〈≪韓詩外傳≫文本邏輯關係新論〉, ≪중국산문연구집간≫제8권, 2018

◇ 중국 번역본

- 趙善詒, ≪韓詩外傳補正≫, 商務印書館 1938

• 許維遹, ≪韓詩外傳集釋≫, 中華書局 1980
• 曹大中, ≪白話韓詩外傳≫, 岳麓書社 1993
• 賴炎元, ≪韓詩外傳今注今譯≫, 商務印書館 1994
• 王先謙 撰, 吳格 点校, ≪詩三家義集疏≫, 中華書局 2011
• 杜澤遜・莊大鈞, ≪韓詩外傳選譯≫, 鳳凰出版社 2011
• 屈守元, ≪韓詩外傳箋疏≫, 巴蜀書社 2012
• 孫立堯, ≪新譯韓詩外傳≫, 三民書局 2012
• 徐芹庭・徐耀環, ≪韓詩外傳解譯≫, 聖環 2013

◇ 중국 논문

• 胡平生, 〈曲阜雙古堆漢簡與≪孔子家語≫〉, ≪國學硏究≫ 第7卷, 北京大學出版社, 2000.
• 王政之, 〈王肅≪孔子家語≫注硏究〉, 曲阜師範大學孔子文化學院, 2006年碩士學位論文.

◇ 일본 주석서

• YOSHIDA Teruko, 〈Notes on "Han shi wai Chuan (韓詩外傳)〉" Vol.1-10 〔in Japanese〕, Bulletin of Fukuoka Women's Junior College 39-48, 1990-1994.
• 伊東 倫厚, 韓詩外傳校詮-1- 〔in Japanese〕, 北海道大學文學部紀要 26(1), p1-66, 1977-12
• 伊東 倫厚, 韓詩外傳校詮-2- 〔in Japanese〕, 北海道大學文學部紀要 26(2), p3-48, 1978-03

◇ 일본 번역서

• 吉田照子, ≪韓詩外傳≫, 明德出版社, 1993

◇ 일본 논문

- 吉田 照子, Han shi wai chuan and the thought of Lao Zhuang 〔in Japanese〕, 福岡女子短大紀要 (70), 89-101, 2007-12
- 高橋 良政, ≪韓詩外傳≫の書誌的考察--寶曆9年星文堂刻本について 〔in Japanese〕, 櫻文論叢 66, 103-119, 2006-02
- 余 崇生, Yu Ch'ung-shong≪韓詩外伝≫研究ノート(一)：≪荀子≫引用文との對照表 〔in Japanese〕, 待兼山論叢. 哲學篇 17, 21-36, 1983-12
- 豊島 睦, 韓嬰思想管見 -「韓詩外伝」引用荀子句を中心として, 支那學研究 (33), 50-58, 1968-01
- 岩井 直子,「韓詩外傳」の書誌的考察--唐本をもとに 〔in Japanese〕, 漢籍 (12), 1-10, 2004

◇ 미국 번역서

- Hightower, James Robert, 《Han shi wai chuan》, Silver Wolf Trading Co. (Albuquerque, NM, U.S.A.) 1952

2. ≪韓詩外傳 2≫ 參考圖版 目錄 및 出處

(20) 〈太公望〉, 田琦(朝鮮) 畫, ≪萬古際會圖像≫ / 149
(21) 〈湯〉, 田琦(朝鮮) 畫, ≪萬古際會圖像≫ / 158
(22) 〈伯牙鼓琴圖〉, 王振鵬(元) 畫, 北京古宮博物館 /172
(23) 〈禹〉, 田琦(朝鮮) 畫, ≪萬古際會圖像≫ / 192
(24) 〈皐陶〉, 田琦(朝鮮) 畫, ≪萬古際會圖像≫ / 192
(25) 〈子夏〉, 呂維祺(淸) 編, ≪聖賢像贊≫ / 203
(26) 〈太伯(泰伯)〉, 田琦(朝鮮) 畫, ≪萬古際會圖像≫ / 217

3. ≪韓詩外傳≫ 解 題

解 題

• QR코드를 스캔하면 ≪韓詩外傳≫ 解題를 볼 수 있습니다.

4. ≪韓詩外傳≫ 總目次

總目次

• QR코드를 스캔하면 ≪韓詩外傳≫ 總目次를 볼 수 있습니다.

責任飜譯

許敬震

1952년 출생
淵民 李家源 先生 師事
延世大學校 國文科 大學院 문학박사
牧園大學校 國語教育科, 延世大學校 國文科 교수 역임
淵民學會 편집위원장(現)

論著 및 譯書

論著 《허균평전》, 《사대부 소대헌 호연재 부부의 한평생》, 《조선의 중인들》
譯書 《西遊見聞》, 《三國遺事》(공역), 《孔子家語》(공역)

共同飜譯

具智賢

1970년 출생
延世大學校 國文科 大學院 문학박사
民族文化推進會 國譯硏修院 연수부 졸업
鮮文大學校 국어국문학과 교수(現)

論著 및 譯書

論著 《通信使 筆談唱和集의 세계》, 《癸未通信使 使行文學 硏究》
譯書 《懲毖錄》, 《滄槎紀行》, 《雲養集》(공역), 《孔子家語》(공역)

崔二浩

1978년 출생
韋堂 金在希 先生 師事
朝鮮大學校 국어국문학부 졸업
高麗大學校 大學院 박사과정 수료
韓國古典飜譯院 부설 飜譯教育院 전문과정 I.II 졸업
朝鮮大學校 據點硏究所 책임연구원(現)

論著 및 譯書

論著 〈茶山 丁若鏞의 書札 硏究〉
譯書 《長門戊辰問槎》, 《韓客對話贈答》, 《東渡筆談》, 《孔子家語》(공역)

東洋古典譯註叢書 136

譯註 韓詩外傳 2 36,000원

2020년 12월 31일 초판 발행
2025년 05월 30일 초판 3쇄

著　者 韓 嬰
註　疏 周廷寀
責任飜譯 許敬震
共同飜譯 具智賢 崔二浩
企劃編輯 東洋古典飜譯編輯委員會
原文校閱 吳圭根
飜譯硏究管理 南賢熙
潤　文 吳圭根 朴勝珠
校　訂 朴相水 李孝宰
裝　幀 김진디자인

發行人 金 炫
發行處 社團法人 傳統文化硏究會

등록 : 1989. 7. 3. 제1-936호
서울 종로구 삼봉로 81 두산위브파빌리온 1332호
전화 : (02)762-8401 전송 : (02)747-0083
전자우편 : juntong@juntong.or.kr
홈페이지 : juntong.or.kr
사이버書院 : hm.cyberseodang.or.kr
온라인서점 : book.cyberseodang.or.kr
총판 : 한국출판협동조합(070-7119-1750)

ISBN 979-11-5794-291-6 94140
978-89-85395-71-7(세트)

※ 이 책은 2020년도 교육부 고전문헌 국역지원사업 지원비에 의해 초판(비매품) 간행.

전통문화연구회 도서목록

新編 基礎漢文教材·漢文讀解捷徑

新編 四字小學·推句	고전교육연구실 編譯	11,000원
新編 啓蒙篇·童蒙先習	고전교육연구실 編譯	11,000원
新編 明心寶鑑	李祉坤·元周用 譯註	15,000원
新編 擊蒙要訣	咸賢贊 譯註	12,000원
新編 註解千字文	李忠九 譯註	12,000원
新編 原文으로 읽는 故事成語	元周用 編譯	15,000원
新編 唐音註解選	權卿相 譯註	22,000원
(개정판) 漢文독해기본패턴	고전교육연구실 著	20,000원
논어독해 첫걸음	고전교육연구실 著	17,000원
맹자독해 첫걸음		근간
한문독해첩경 文學篇	朴相水·李和春 외 著	17,000원
한문독해첩경 史學篇	朴相水·李和春 외 著	17,000원
한문독해첩경 哲學篇	朴相水·李和春 외 著	17,000원

五書五經讀本

論語集註 上·下	鄭太鉉 譯註	合 49,000원
孟子集註 上·下	田炳秀 外 譯註	合 60,000원
大學·中庸集註	李光虎 外 譯註	15,000원
小學集註 上·下	李忠九 外 譯註	合 50,000원
詩經集傳 上·中·下	朴小東 譯註	合 90,000원
書經集傳 上·中·下	金東柱 譯註	合 90,000원
周易傳義 元·亨·利·貞	崔英辰 外 譯註	合 120,000원
詳說 古文眞寶大全後集 上·下	李相夏 外 譯註	合 64,000원
春秋左氏傳 上·中·下	許鎬九 外 譯註	合 109,000원
禮記 上·中·下	成百曉 外 譯註	合 90,000원

東洋古典國譯叢書

大學·中庸集註 - 개정증보판	成百曉 譯註	12,000원
論語集註 - 개정증보판	成百曉 譯註	30,000원
孟子集註 - 개정증보판	成百曉 譯註	30,000원
詩經集傳 上·下	成百曉 譯註	合 70,000원
書經集傳 上·下	成百曉 譯註	合 66,000원
周易傳義 上·下	成百曉 譯註	合 80,000원
小學集註	成百曉 譯註	30,000원
古文眞寶 後集	成百曉 譯註	32,000원

東洋古典譯註叢書

〈經部〉

十三經注疏		
周易正義 1~4	成百曉 外 譯註	合 147,000원
尙書正義 1~7	金東柱 外 譯註	合 241,000원
毛詩正義 1~8 〔全15〕	朴小東 外 譯註	合 288,000원
禮記正義 1~3, 中庸·大學	李光虎 外 譯註	合 117,000원
論語注疏 1~3	鄭太鉉 外 譯註	合 117,000원
孟子注疏 1~4 〔全5〕	崔彩基 外 譯註	合 124,000원
孝經注疏	鄭太鉉 外 譯註	35,000원
周禮注疏 1~4 〔全15〕	金容天 外 譯註	合 129,000원
春秋左傳正義 1~2 〔全18〕	許鎬九 外 譯註	合 59,000원
春秋公羊傳注疏 1 〔全7〕	宋基采 外 譯註	合 37,000원
春秋左氏傳 1~8	鄭太鉉 譯註	合 255,000원
禮記集說大全 1~6 〔全10〕	辛承云 外 譯註	合 206,000원
東萊博議 1~5	鄭太鉉 外 譯註	合 172,000원
韓詩外傳 1~2	許敬震 外 譯註	合 65,000원
說文解字注 1~5 〔全20〕	李忠九 外 譯註	合 172,000원

〈史部〉

思政殿訓義 資治通鑑綱目 1~23 〔全39〕	辛承云 外 譯註	合 710,000원
通鑑節要 1~9	成百曉 譯註	合 316,000원
唐陸宣公奏議 1~2	沈慶昊 外 譯註	合 88,000원
貞觀政要集論 1~4	李忠九 外 譯註	合 109,000원
列女傳補注 1~2	崔秉準 外 譯註	合 68,000원
歷代君鑑 1~4	洪起殷 外 譯註	合 140,000원

〈子部〉

孔子家語 1~2	許敬震 外 譯註	合 79,000원
管子 1~4 〔全5〕	李錫明 外 譯註	合 130,000원
近思錄集解 1~3	成百曉 譯註	合 106,000원
老子道德經注	金是天 譯註	30,000원
大學衍義 1~5 〔全7〕	辛承云 外 譯註	合 148,000원
墨子閒詁 1~7	李相夏 外 譯註	合 267,000원
說苑 1~2	許鎬九 譯註	合 50,000원
世說新語補 1~5	金鎭玉 外 譯註	合 181,000원
荀子集解 1~7	宋基采 譯註	合 238,000원
心經附註	成百曉 譯註	38,000원
顔氏家訓 1~2	鄭在書 外 譯註	合 59,000원
揚子法言 1 〔全2〕	朴勝珠 譯註	24,000원
列子鬳齋口義	崔秉準·孔勤植·權憲俊 共譯	40,000원
二程全書 1~6 〔全8〕	崔錫起·外 譯註	合 220,000원
莊子 1~4	安炳周·田好根 共譯	合 143,000원
政經·牧民心鑑	洪起殷·全百燦 譯註	27,000원
韓非子集解 1~5	許鎬九 外 譯註	合 202,000원
武經七書直解		
孫武子直解·吳子直解	成百曉 外 譯註	45,000원
六韜直解·三略直解	成百曉 外 譯註	26,000원
尉繚子直解·李衛公問對直解	成百曉 外 譯註	26,000원
司馬法直解	成百曉 外 譯註	26,000원

〈集部〉

古文眞寶 前集	成百曉 譯註	30,000원
唐詩三百首 1~3	宋載卲 外 譯註	合 127,000원
唐宋八大家文抄 韓愈 1~3	鄭太鉉 譯註	合 78,000원
〃 柳宗元 1~2	宋基采 譯註	合 44,000원
〃 歐陽脩 1~7	李相夏 譯註	合 220,000원
〃 王安石 1~2	申用浩·許鎬九 共譯	合 45,000원
〃 曾鞏	宋基采 譯註	25,000원
〃 蘇洵	李章佑 外 譯註	25,000원
〃 蘇軾 1~5	成百曉 譯註	合 110,000원
〃 蘇轍 1~3	金東柱 譯註	合 64,000원
明清八大家文鈔 1 歸有光·方苞	李相夏 外 譯註	35,000원
〃 2 劉大櫆·姚鼐	李相夏 外 譯註	35,000원
〃 3 梅曾亮·曾國藩	李相夏 外 譯註	38,000원
〃 4 張裕釗·吳汝綸	李相夏 外 譯註	50,000원

東洋古典新譯

당시선	송재소·최경렬·김영죽 편역	24,000원
손자병법	성백효 역주	14,000원
장자	안병주·전호근·김형석 역주	13,000원
고문진보 후집	신용호 번역	28,000원
노자도덕경	김시천 역주	15,000원
고문진보 전집 上·下	신용호 번역	各 22,000원
신식 비문척독	박상수 번역	25,000원
쉽게 배우는 안씨가훈	김창진 편역	23,000원

동양문화총서

동양사상 해설과 원전	정규훈 외 저	22,000원
화합의 길 《중용》 읽기	금장태 저	20,000원
호설과 시장	신용호 저	20,000원
어느 노학자의 젊은 시절 - 《고문진보》 選譯	심재기 저	22,000원

문화문고

경전으로 본 세계종교 그리스도교	이정배 편저	10,000원
〃 도교	이강수 편역	13,000원
〃 천도교	윤석산 외 편저	10,000원
〃 힌두교	길희성 편역	10,000원
〃 유교	이기동 편저	10,000원
〃 불교	김용표 편저	22,000원
〃 이슬람	김영경 편역	13,000원
논어·대학·중용	조수익·박승주 공역	13,000원
맹자	조수익·박승주 공역	10,000원
소학	박승주·조수익 공역	10,000원
십구사략 1~2	정광호 저	合 24,000원
무경칠서 손자병법·오자병법	성백효 역	13,000원
〃 육도·삼략	성백효 역	10,000원
〃 사마법·울료자·이위공문대	성백효 역	10,000원
당시선	송재소·최경렬·김영죽 편역	10,000원
한문문법	이상진 저	20,000원
한자한문전통교재	조수익·이성민 공역	13,000원
士小節 선비 집안의 작은 예절	이동희 편역	13,000원
儒學이란 무엇인가	이동희 저	18,000원
동아시아의 유교와 전통문화	이동희 저	13,000원
현대인, 동양고전에서 길을 찾다	이동희 저	10,000원
100자에 담긴 한자문화 이야기	김경수 저	12,000원
우리 설화 1~2	김동주 편역	合 20,000원
대한민국 국무총리	이재원 저	10,000원
백운거사 이규보의 문학인생	신용호 저	14,000원